道路建筑材料

王宝民　潘宝峰　主编
钟　阳　主审

中国建材工业出版社

图书在版编目（CIP）数据

道路建筑材料/王宝民，潘宝峰主编．—北京：中国建材工业出版社，2010.8

ISBN 978-7-80227-804-2

Ⅰ.①道…　Ⅱ.①王…　②潘…　Ⅲ.①道路工程—建筑材料　Ⅳ.①U414

中国版本图书馆 CIP 数据核字（2010）第 122930 号

内容简介

本教材根据教学特点及要求以及编者多年的教学经验编写而成。编写中引用最新标准、规范。全书分为两大部分：

第一篇共9章，讲述道路建筑材料的基本知识。主要包括砂石材料、胶凝材料、水泥混凝土和砂浆、沥青材料、沥青混合料、工程高聚物材料、建筑钢材、道路标线材料、其他道路交通工程设施材料等内容。

第二篇共6章，为道路建筑材料试验，主要包括砂石材料试验、胶凝材料试验、水泥混凝土试验、沥青材料试验、沥青混合料试验、建筑钢材试验等内容。

本教材可以作为土木工程和交通运输类各专业包括土木工程（路桥方向）、交通规划、交通工程等专业的学生学习道路建筑材料专业基础课程的教科书，也可作为设计、科研、施工、监理等技术人员的参考用书。

道路建筑材料

王宝民　潘宝峰　主编

钟　阳　主审

出版发行：中国建材工业出版社

地　　址：北京市西城区车公庄大街6号

邮　　编：100044

经　　销：全国各地新华书店

印　　刷：北京鑫正大印刷有限公司

开　　本：787mm×1092mm　1/16

印　　张：22.75

字　　数：570千字

版　　次：2010年8月第1版

印　　次：2010年8月第1次

书　　号：ISBN 978-7-80227-804-2

定　　价：39.00元

本社网址：www.jccbs.com.cn

本书如出现印装质量问题，由我社发行部负责调换。联系电话：（010）88386906

前　言

道路建筑材料是指道路与桥梁工程等所用各种建筑材料的总称。各类道路建筑材料是构成道路、桥梁建筑物和构筑物的物质基础。道路建筑材料与路桥工程互为影响。一方面，建筑材料的性能和特点影响和制约着路桥工程的质量、功能、经济与技术等性能；另一方面，路桥工程技术的进步也会促进建筑材料的发展。

道路建筑材料是一门专业基础课，学习这门课程，一方面可以在路桥工程的基本理论学习和专业课程学习之间架起一座了解建筑材料科学知识的桥梁；另一方面为工程应用道路建筑材料提供必要的基本知识。本教材是根据教学特点和要求以及编者多年的教学经验编写而成。既注重材料的基本性质，又重点介绍主要建筑材料的基本知识，理论和实践统一。编写中注意引用最新标准、规范，如 GB 175—2007《通用硅酸盐水泥》、GB 1499.1—2008《钢筋混凝土用钢第一部分　热轧光圆钢筋》、JGJ/T 70—2009《建筑砂浆基本性能试验方法标准》等，教材的编写注重系统性、严密性、逻辑性，还特别注意启发学生创新，调动学生的学习积极性以及开拓他们的思维。

全书分为两大部分，第一篇共九章，讲述道路建筑材料的基本知识，主要包括砂石材料、胶凝材料、水泥混凝土和砂浆、沥青材料、沥青混合料、工程高聚物材料、建筑钢材、道路标线材料、其他道路交通工程设施材料等内容。第二篇共六章，为道路建筑材料试验，主要包括砂石材料试验、胶凝材料试验、水泥混凝土试验、沥青材料试验、沥青混合料试验、建筑钢材试验等内容。

本教材可以作为土木工程和交通运输类各专业包括土木工程（路桥方向）、交通规划、交通工程等专业的学生学习道路建筑材料专业基础课程的教科书，也可作为设计、科研、施工、监理等技术人员的参考用书。

全书由大连理工大学王宝民、潘宝峰主编。各章编写情况如下：绪论——王宝民、第一章——艾红梅；第二章——曹明莉、刘慧；第三章——任铮钺、王宝民；第四章——潘宝峰；第五章——彭永恒；第六、七章——范颖芳、李晓飞；第八、九章——曹春阳；第二篇——刘慧、王宝民。本书由大连理工大学钟阳教授审稿，在此深表感谢。

由于时间仓促及编写人员水平有限，错误在所难免，恳请指正，以便修正。

编者

2010 年 5 月

目　　录

第二篇 道路建筑材料试验

绪论

道路桥梁工程是土木工程的重要组成部分，在国民经济中占有重要地位。随着我国公路桥梁建设的大规模展开，道路建筑材料应用和发展的规模和水平提高到一个新的阶段。因此必须系统、深入地了解和掌握道路建筑材料的基础知识。

一、道路建筑材料的概念和作用

建筑材料（或称土木工程材料）是指土木工程所用材料和制品的总称。道路建筑材料是指道路与桥梁工程等所用各种建筑材料的总称。各类道路建筑材料是构成道路、桥梁建筑物和构筑物的物质基础。

道路建筑材料是随着人类社会生产力和科学技术水平的提高而逐步发展的，其发展历程往往成为时代的象征或文明的标志。

道路的修建是伴随着交通工具的出现而进行的，随之促进了道路用建筑材料的发展。道路用建筑材料的发展从古代、近代到现代大致经过了五个里程碑。

第一个里程碑是原始人类直接利用自然形成的道路。人类最早没有专门的道路，原始的道路是由人践踏而形成的小径。远古时代，人们经常沿着动物的足迹或是最省力的路径即别人走过的路来行走，结果被经常践踏的地方就成为小径，逐渐发展成为一般的道路。我国东汉训诂书《释名》解释道路为“道，蹈也，路，露也，人所践蹈而露见也”。

第二个里程碑是古代人类主动利用天然材料加工的沙石或泥土路。距今4000年前的新石器晚期，中国有记载役使牛马为人类运输而形成驮运道，为了便于车辆的通行，人们开始有意识地修建道路。欧洲较早出现了碎石路，这比土路前进了一大步。

第三个里程碑是烧土制品发明后，出现了石灰稳定土壤技术和砖铺路。烧土制品包括陶器、砖瓦、烧制石灰和玻璃，是最早的人工建筑材料。土坯最早见于公元前8000年左右中东到埃及一带使用。我国是西周时期（公元前1060年～前711年）开始使用黏土砖，到秦汉盛行，素有“秦砖汉瓦”之说。烧制石灰是最早的胶凝材料，在西周时期陕西凤雏遗址中就发现有石灰、黄沙和黏土混合的三合土抹面。商朝（公元前16世纪～前11世纪）已经懂得夯土筑路，并利用石灰稳定土壤。从商朝殷墟的发掘，发现有碎陶片和砾石铺筑的路面。

古罗马拥有庞大的道路系统，是世界古代最著名的道路网之一，从罗马向四面八方延伸出去，交通十分发达，因此有“条条大路通罗马”之说。当时的筑路技术水平很高，罗马时期的路面材料主要采用天然石料、砾石、砂及其混合料，面层是厚度为10～20cm的天然块石，表面平整，并在缝隙间填充石灰砂浆；下面是由火山灰质胶凝材料、砾石和砂拌制而成的火山灰混凝土，拌合状态下具有塑性变形能力，硬化后具有强度和黏结力，一方面作为石块的垫层，可以调整石块的厚度，保证道路表面平整，另一方面起到将块状石材黏结固定的作用，可以说是最早的水泥混凝土。罗马时期石块道路的总厚度一般为100～120cm，经过两千年左右车辆、行人的磨砺，至今仍然可以使用，足见石材的耐久性和当时道路修建技术的成熟。

秦朝（公元前221年～前206年）修筑的驰道可与罗马的道路网媲美，部分道路路基土壤采用金属锤夯实，以增加其密实度。秦始皇统一中国以后，将“车同轨”与“书同文”同样列为统一天下之大政，并推行馆驿制，十里设亭，三十里设驿。到西汉时设亭道路延续长达10万多公里。唐朝的朱雀大街宽达150米，街中80米宽，路面用砖铺成，道路两侧有排水沟和行道树。清朝（1644年～1911年）利用原有驿道修建了长达约15万公里的“邮差路线”。在筑路及养路方面也有新的提高，规定得很具体。在低洼地段，出现高路基的“叠道”，在软土地区用秫秸铺底筑路法，犹如今天的土工织物，对道路建设有不少新贡献。

第四个里程碑是近代西方道路技术的改进。16～17世纪，欧洲的贵族阶层对马车为主的交通工具使用越来越频繁，对道路的要求也越来越高，法国、英国、俄国等国家将罗马道路进行改良，以卵石、碎石为主体材料，加入少量胶凝材料铺筑的路面，其连续性和平整性提高，适合车辆行走。在砂、石原料较为贫乏的地区，人们甚至采用木块或砖块代替石块来铺筑道路。1820年，俄国的古烈耶夫在彼德堡首次用木块铺筑了道路；1872年美国修筑了第一条砖块的道路。18世纪，拿破仑时代的法国工程师特雷·萨盖发明了碎石铺装路面的方法，并主张建立道路养护系统。在他的影响下，拿破仑当政期间，建成了著名的法国道路网，为此特雷被尊称为法国现代道路建设之父。18世纪末至19世纪初，英国出现特尔福特和马卡丹等热心研究道路的专家。特尔福特认为：鱼脊型路面不宜过高，尽量避免修建陡坡道路；并采用一层式大石块基础路面结构，中间铺砌大石块，两边用较小的石块以形成路拱。马卡丹认为：不需要最下一层片石，在路面上铺一层碎砾石，就可平坦而坚固。实践证明：马卡丹式公路很适合当时的马车行驶。此后，欧洲各国相继修建了这种公路。

第五个里程碑是近代沥青材料的出现。在碎石上铺浇沥青是公路史上一大突破。1833年，英国开始采用煤沥青和碎石进行路面铺筑；1854年，在巴黎首次用碾压法进行沥青混合料路面的铺装，这是采用路面整体铺筑法修筑道路的最初尝试。19世纪中叶的产业革命推动了汽车工业的萌芽与诞生，1866年，德国的卡尔·奔驰制造出世界上第一辆汽车，标志着人类社会开始迈入机动化时代。与此同时，汽车与道路结合的快速、舒适的现代化出行方式很快被人类所青睐，道路的建设也就从此进入了一个新的阶段。20世纪初期，汽车获得了飞跃的发展，采用沥青混凝土和水泥混凝土铺装路面的道路在欧美等国家得到迅速发展。第二次世界大战前，德国建立了高速公路。

我国的机动车道路修建开始于20世纪初期，1906年，我国在广西友谊关至龙州之间修建了第一条汽车公路，全长55km；1913年，在湖南省采用新式筑路法修筑了长沙—湘潭的军用公路，全长50.11km，路面宽4.57m，面层平均厚度为15cm，路面材料为砂土；1935年，在南京附近采用了进口沥青修筑了沥青混凝土试验路面；1938年，昆明至缅甸的滇缅公路建成，在中国境内长959km，全长1200km。成为抗日战争时期最重要的国际运输干线，其中有155km长的路段采用了双层沥青混凝土路面；抗战胜利后，我国在浙江省修筑了沥青贯入式及双层沥青混凝土路面层的宁杭公路；20世纪前半期，我国道路建设处于十分落后的状态；到1949年新中国成立时，全国各等级道路总长度只有8万km，其中大部分未进行路面铺装。

新中国成立后，我国开展了大规模的公路建设，但由于受当时国家经济水平的限制，主要是将过去的马车道路拓宽、战时的临时道路进行整备，恢复正常通车，同时向一些边陲地区，包括青海、西藏、新疆等地修建了公路。1978 年我国推行改革开放政策以来，道路建设有了突破性进展。

从远古时期自然形成的人行土路，到罗马时期的石块道路，中世纪欧洲的碎石道路，再到现代社会沥青或混凝土铺装的高速公路，道路建设经过了漫长的发展历程。汽车工业的发展、社会经济的活跃带动了交通运输业的蓬勃发展，从而促进了道路及其材料的发展。

桥梁是道路的重要组成部分。桥梁建筑材料的发展大致可分为六个里程碑。

第一个里程碑是古代人类利用大自然形成的“天然桥梁”。人类在原始时代，跨越河流、沟壑或峡谷，是利用自然倒下来的树木、自然形成的石梁或石拱、溪涧突出的石块或攀缠生长的藤萝等，成为原始的“桥梁”。

第二个里程碑是古代人类利用天然材料建造桥梁，一般是用木、石材料建造的，并按建桥材料把桥分为石桥和木桥。人类进入石器时代以后，学会了使用石斧、石刀等工具，随着人类劳动工具的不断进步，又出现了青铜器、铁器，人类不仅能从自然界中获取树干、藤条、石块等架设桥梁的材料，而且能够将岩石切割成较规则的石块或长条形石板。距今 4000 年前的新石器晚期，中国有记载役使牛马为人类运输而形成驮运道，并出现了原始的临时性的简单桥梁。据考证，公元前 557 年，在我国山西的汾水河上就建造了木梁桥；公元前 305 年，在当时的长安渭水河面上曾用木材建造了长约 600m、宽 17m，共有 68 跨，每跨长度约 9m 的木造梁式桥；公元前 200 年左右，在陕西曾建造了长度 121m 锁链桥；公元 350 年，在四川省用竹材建造了世界著名的竹索桥——珠蒲桥；据史料记载，中国在周代（公元前 11 世纪 ~ 前 256 年）已建有梁桥和浮桥；战国时期（公元前 475 年 ~ 前 221 年）在山势险峻之处凿石成孔，插木为梁，上铺木板，旁置栏杆，称为栈道，是中国古代道路建设的一大特色；东汉时期（公元 25 年 ~ 220 年）就出现石拱桥，如出土的东汉画像砖，刻有拱桥图形；隋朝（581 年 ~ 618 年）匠人李春等在赵郡（今河北省赵县）洨河上修建了著名的赵州桥，首创圆弧形空腹石拱桥，是建桥技术上的卓越成就，为当时拱桥跨度世界之最。

世界上现存的最长、工程最艰巨的石梁桥是我国福建泉州的万安桥。该桥位于洛阳江入海口处，又称洛阳桥，建于宋代（1053 年 ~ 1059 年），距今已有近千年的历史。万安桥共有 47 孔石梁，每孔跨度大约 20m，总长度达 1100m 左右。万安桥之所以能经历千年的海潮冲蚀而不毁，整体受力性能好，是因为某些天然石材具有很强的耐腐蚀能力。为了解决桥墩基础在海潮冲击下的结构稳定性，当年建造该桥时，用海生动物牡蛎养殖在条石桥墩基础上，利用牡蛎分泌的生物胶来胶固桥墩的基础，增加基础的抗冲蚀能力，充分体现了古代造桥工匠的智慧。

古巴比伦王国在公元前 1800 年建造了多跨的木桥，桥长达 183m；古罗马在公元前 621 年建造了跨越台伯河的木桥；在公元前 481 年架起了跨越赫勒斯旁海峡的浮船桥；公元前 200 年 ~ 公元 200 年间在罗马台伯河建造了 8 座石拱桥，其中建于公元前 62 年的法布里西奥石拱桥，桥有 2 孔，各孔跨径为 24.4m。

欧洲石拱桥建造艺术的鼎盛时期是古罗马时代。古罗马时代的石拱桥多为半圆形拱，跨度一般都小于 25m，桥墩特别厚，约为孔宽的 1/3，以承受拱的推力，因此每一孔都能独立存在，这一点和我国古代北方的石拱桥十分相似。古罗马的石拱桥一般都不用灰浆砌筑，石料按规格仔细削琢，在拱架上直接安砌。不用灰浆的原因可能是为了加快施工速度，不必等灰浆凝固后再拆开拱架；其次是避免在长期使用过程中拱券因灰浆收缩而产生变形；另外灰浆本身的强度比拱石要弱，容易形成薄弱环节。而我国建造石拱桥的经验与欧洲有所不同。我国古代在砌筑拱桥时，常采用石灰、牛血、糯米汁等拌制成塑性灰浆，作为石块之间的黏结材料，灰浆硬化后其强度接近于花岗石，且具有黏结能力，使拱石之间的黏结十分牢靠。在有些拱石缝中还嵌有铁或铜钱，待其氧化生锈后生成氧化物体积膨胀，黏着于相邻的拱石上，使拱券更为坚实。

目前世界上跨径最大的石拱桥是瑞典与挪威之间的绥依纳大桥，跨径155m。

第三个里程碑是近代18世纪铁的生产和铸造，为桥梁提供了新的建造材料。实际上铸铁抗冲击性能差，抗拉性能也低，易断裂，并非良好的造桥材料。世界上第一座铸铁拱桥是1779年在英国建造的Coalerookdale桥，即现在的Iron桥，跨度30.6m，共用铸铁348.6t，最大构件重量达5.8t。1805年，英国人在Jess河上建造了一座长55m的铸铁拱桥——Yarm桥，但是由于桥墩的承载力不足，还没投入使用就在1806年1月13日垮掉。1878年6月，英国人曾用铸铁在北海的Tay湾上建造了全长3160m，单跨73.5m的跨海大桥，采用梁式桁架结构，在石材和砖砌筑的基础上采用铸铁管做桥墩，建成不到两年出现桥墩脆断、桥梁倒塌事故，主要原因是铸铁的桥墩在冲击荷载作用下发生的脆断所造成的。

第四个里程碑是采用性能优良的钢材建造桥梁。19世纪50年代以后，随着酸性转炉炼钢和平炉炼钢技术的发展，钢材成为重要的造桥材料。钢的抗拉强度大，抗冲击性能好，尤其是19世纪70年代出现钢板和矩形轧制断面钢材，为桥梁的部件在厂内组装创造了条件，使钢材应用日益广泛。人类最早建造的钢桥是1791年德国人将英国的Iron铸铁桥按比例缩小成1/4模拟制作了一座长度为7.75m的钢制拱桥。虽然只是一座人行道桥，但首次使用钢材，在桥梁材料的使用方面有新的突破。1825年，法国的桥梁设计者，Marc Seuin和Camille Seuin兄弟二人共同设计了Touron桥，首次采用了钢线组成的钢缆建造了悬索桥，这是一座跨度85m，共有两跨、宽4.5m的钢缆悬索吊桥，钢缆采用了112根直径为3.4mm的钢线组成。1883年，美国人开发了“平行线钢缆技术”，并首次采用了该技术建成了19世纪世界上最大跨度的悬索桥——纽约布鲁克林大桥，跨度为486m。目前世界上最大跨度的桥梁是日本的明石海峡大桥，跨度为1990m，大桥主跨两端的主塔高度230m，分别由30层钢制的模板叠合而成，主塔之间的悬索是直径粗达1.12m的钢缆，利用“平行线钢缆技术”，首先用127根直径为5mm钢线组成平行线束，然后用290根平行钢线束组成2根直径为1.12m的钢缆，共用钢缆36830根，总延长约为30万km，可以绕地球7周半。钢缆本身的重量3万吨，大约相当于东京塔的7倍。钢线的原材料钢材在冶炼过程中对其中的15种成分进行了控制，尤其对硅成分进行控制是世界上首次使用的技术。精湛的结构设计、性能优良的钢材以及高超的施工技术，使这座大桥为20世纪人类建桥史画上一个完美的句号。

第五个里程碑是混凝土、钢筋混凝土桥梁的出现。18世纪初期，发明了用石灰、黏土赤铁矿混合烧制而成的水泥。不配钢筋的素混凝土抗压强度可以和天然石材相比，但抗拉强度较低，所以不适合建造大跨度的桥梁。1871年在美国建造了第一座素混凝土拱桥，跨度只有9.4m。19世纪50年代，开始采用在混凝土中放置钢筋以弥补水泥抗拉性能差的缺点。1875 年~1877 年期间，法国的园艺家蒙耶建造了第一座供行人使用的钢筋混凝土桥，跨度 16m，宽 4m。跨度超过千米，采用钢结构的大型桥梁，几乎都采用混凝土作为桥墩和基础。

第六个里程碑是现代预应力混凝土、高强度钢材相继出现。混凝土由于抗拉性能差，容易产生裂缝，如果采用梁式混凝土结构桥梁，不适用于大跨度。由于预应力钢筋混凝土提高了混凝土构件的抗拉、抗裂性能，使得桥梁技术向前大大前进了一步。1928 年，法国工程师弗兰西涅确定了混凝土“徐变”的影响，从理论上解决了预应力钢筋混凝土的计算方法，并在法国建成了第一座预应力钢筋混凝土桥——博罗加斯太桥。从此，预应力钢筋混凝土技术得到迅速发展，并广泛应用于桥梁工程中。

现代桥梁按建桥材料可分为预应力钢筋混凝土桥、钢筋混凝土桥和钢桥。化学建材的飞速发展、混凝土外加剂的出现，高性能混凝土的发明，使得混凝土桥梁的耐久性大大提高。如我国的杭州湾跨海大桥、青岛海湾跨海大桥等设计寿命达到 100 年。

从道路桥梁材料的发展历史来看，道路建筑材料与道路、桥梁工程互为影响。一方面，道路建筑材料的性能和特点影响和制约着道路、桥梁工程的质量、功能、经济与技术等性能，材料的不断发展可以促进结构设计和施工工艺等方面的发展，道路建筑材料的研究，是道路与桥梁技术发展的重要基础。例如新的轻质、高强材料的不断涌现，为桥梁结构向大跨度、轻型化和新型结构形式发展提供了前提条件。在道路与桥梁工程的建设费用中，材料费用占到 30% ~70%，要降低工程造价，认真合理地选配材料是很重要的一个环节。另一方面，道路、桥梁工程技术的进步也会促进道路建筑材料的发展。

一般来说，道路桥梁工程对材料的基本要求包括安全（满足力学性能要求）、适用（诸如隔热、保温、隔声、防水等基本功能要求）、耐久（使用年限长）、稳定性好、经济（造价低）与美观（光泽、质感、色泽等）。

二、道路建筑材料的分类

道路建筑材料种类繁多，按照不同的划分依据，有不同的分类方法，一般常用的分类方法如下：

1. 按材料的来源分类

分为天然材料与人造材料（或人工材料）。天然材料（也称矿物材料）是指以天然矿物和岩石等为主要原料，经以不提纯金属或化工原料为目的的加工处理所得到的材料（或者是指对自然界中的物质仅进行简单的形状、尺寸或表面状态等物理处理或加工，而不改变其内部组成和结构的材料），主要包括砂子、石材、天然石膏、木材等。人造材料（或人工材料）是指对自然界中取得的原料进行煅烧、冶炼、提纯、合成或复合等加工而得到的材料，例如水泥、石灰、混凝土、钢材、铝合金、砖瓦、玻璃、塑料、石油沥青、涂料、木材制品等。

2. 按材料在建筑物或构筑物中的使用功能分类

分为结构材料和功能材料。结构材料如钢筋、混凝土；功能材料如保温隔热材料、吸声隔声材料、防水材料、装饰材料、滤水材料等。

3. 按材料的化学成分分类

根据材料的化学组成，分为无机材料、有机材料和复合材料，见表 0-1。

表 0-1 按材料的化学成分分类

建筑材料	无机材料	金属材料	黑色金属：钢、铁、不锈钢等
			有色金属：铝、铜等其他合金
		非金属材料	天然石材：砂、石及石材制品等
			烧土制品：砖、瓦、玻璃等
			胶凝材料：石灰、石膏、水泥、水玻璃等
			混凝土及硅酸盐制品：混凝土、砂浆及硅酸盐制品
	有机材料	植物材料：木材、竹材等	
		沥青材料：石油沥青、煤沥青、沥青制品等	
		高分子材料：塑料、涂料、胶黏剂等	
	复合材料	无机非金属材料与有机材料复合：玻璃钢、聚合物混凝土、沥青混合料等	
		金属材料与无机非金属材料复合：钢纤维混凝土等	
		金属材料与有机材料复合：轻质金属夹芯板等	

三、道路建筑材料的研究内容、学习目的与要求

1. 道路建筑材料学科的研究对象和内容

道路建筑材料作为一门科学，其研究对象为矿物材料和人造材料，研究领域涉及力学、化学、物理学、水力学甚至生物学等学科，研究内容主要包括：

（1）对道路建筑材料做科学的分类。道路建筑材料品种繁多，不做科学、细致的分类很难进行系统的研究。

（2）道路建筑材料的组成、结构及对性能的影响。

（3）道路建筑材料的基本性质。主要包括物理性质、力学性质、化学稳定性及耐久性和工艺性质等。只有全面地掌握这些基本性能及其主要影响因素、变化规律，才能正确评价材料性能、合理地选择和使用材料、保证工程质量。

① 物理性质。道路建筑材料的物理性质主要有密度、孔隙率、空隙率、吸水率等物理性能指标以及温度、湿度的变化引起的材料性能的改变。物理性能指标可用于混合料配合比设计、材料体积与质量换算等。一般通过测定材料的物理性能指标可以了解材料的内部组成结构，并且由于物理常数与其他性能之间有一定的相关性，可以用来判断材料的其他性能。

② 力学性质。道路建筑材料要承受各种荷载作用如竖向力、水平力、冲击力以及车轮的磨损等，所以道路建筑材料的力学性质主要包括强度、刚度、变形、抗冲击能力和柔韧性等。道路建筑材料的各项力学性能指标也是选择材料、进行混合料设计或配合比设计与结构分析的基本依据。

③ 化学稳定性及耐久性。材料的耐久性，是指在使用条件下，在各种因素作用下，在规定使用期限内不破坏，也不失去原有性能的性质。耐久性是材料的一种综合性质，诸如抗冻性、抗风化性、抗老化性、耐化学侵蚀性等均属于耐久性范围。化学稳定性专门指材料抵抗有害介质作用的性能。化学稳定性与耐久性有时互相交叉。材料所受的各种作用主要包括物理作用、化学作用和生物作用等。物理作用主要有干湿交替、温度变化、冻融循环等，例如夏季高温引起沥青混凝土路面的性能变化等。化学作用主要是指材料受到酸、碱、盐等物

质的水溶液或有害气体的侵蚀作用，如钢材的锈蚀等。生物作用主要是指材料受到虫蛀或菌类的腐朽作用而产生的破坏。如木材常会受到虫蛀破坏，白蚁也会对水泥混凝土造成较大破坏等。

④ 工艺性质。工艺性是指材料适合于按一定工艺要求加工的性能。例如，水泥混凝土在成型以前要求有一定的工作性（和易性），以便根据模板的形状浇注成型。自密实高性能混凝土（SCC）无须振捣就可以达到密实，其必须具备较高的工艺性质。钢材在加工过程中必须具备优异的工艺性能。材料能否通过一定的工艺过程，使构件或结构的最终技术性能达到设计要求目标，这是选择材料时必须考虑的重要因素。材料工艺性质也必须通过一定的试验方法和指标进行控制。

(4) 道路建筑材料的使用条件。研究不同种类、不同型号的道路建筑材料的使用条件，是安全、合理地选用道路建筑材料的前提和基础。

2. 本课程的内容体系

本课程内容体系分为两大部分，第一部分（教材第一篇）讲述道路建筑材料的基本知识，主要包括砂石材料、胶凝材料、水泥混凝土和砂浆、沥青材料、沥青混合料、工程高聚物材料、建筑钢材、道路标线材料、其他道路交通工程设施材料等内容。第二部分（教材第二篇）为道路建筑材料试验，主要包括砂石材料试验、胶凝材料试验、水泥混凝土试验、沥青材料试验、沥青混合料试验、建筑钢材试验等内容。

3. 道路建筑材料课程学习目的和要求

(1) 掌握道路建筑材料所涉及的物理学（密度、变形、热、声、光以及水分的传输等)、化学（酸、碱、盐侵蚀等)、力学（强度、硬度、刚度、弹性模量、徐变、韧性和耐疲劳性等)，甚至生物学（虫蛀等）等学科诸多性质；

(2) 掌握按照使用目的与使用条件，能安全合理地选用道路建筑材料；

按需取材是学习道路建筑材料学的最终目的之一。为了更好地选择材料，必须确切地掌握道路建筑材料本身的性质以及建筑物、构筑物各组成部分对材料性能的要求。

从根本上说，道路建筑材料是基础，材料决定了建筑形式和施工方法。新型道路建筑材料的出现，可促使建筑形式的变化、结构方法的改进和施工技术的革新。理想的建筑应使所用材料能最大限度地发挥其效能，并能合理、经济地满足各种功能要求。

因此，道路建筑材料选用总的原则为：

① 按建筑物类别选材，即先掌握所建建筑物或构筑物的类型，然后选用相应的技术标准或规范，提出所用材料的性能指标；

② 按建筑物或构筑物功能选材，即搞清所选材料是用于结构材料、围护材料，还是功能材料，然后在相应的范围内选择所需材料；

③ 掌握预选道路建筑材料的性质，按材料性质选材，使得选用材料的主要性能指标除必须满足功能要求外，还要兼顾其他性能、按综合指标选用；

④ 按经济条件选材，即所选材料必须经济，从材料的供给、运输、贮存、施工条件考虑，同时考虑耐久性要求。

(3) 了解道路建筑材料的成分、组成、构造及其矿物形成机理。由此可更深入地了解道路建筑材料的基本性质，以便选择适宜的工艺条件和研究方法，进一步改进材料或开发新材料。

四、道路建筑材料的发展趋势

道路建筑材料的发展与道路桥梁工程的进步相互制约、相互依赖和相互推动。新型道路建筑材料的诞生推动了道路桥梁工程设计方法和施工工艺的变化，而新的道路桥梁工程设计方法和施工工艺对道路建筑材料的品种和质量提出更高的和多元化的要求。随着社会发展和人类进步，道路建筑材料的发展必然要在科学发展观的指导下与资源、能源、环境等因素密切结合，走可持续发展的道路。现代道路建筑材料的发展趋势有以下几个方面：

(1) 产品性能上，要求轻质、高强、高耐久、高耐火性、高性能、智能化、绿色生态、复合化多功能等。这对提高道桥工程的安全性、适用性、经济性及使用寿命等有着非常重要的作用。

(2) 制品形式上，部分道路建筑材料向预制化、构件化、大尺寸方向发展。如大型桥梁预制构件等。

(3) 生产工艺上，采用现代技术，提高生产效率，降低生产能耗，节约能源。传统建材工业能耗较高。社会发展要求淘汰落后的生产工艺，采用现代科学技术，降低生产能耗，提高竞争力。

(4) 资源利用上，充分利用工业废弃物，保护环境，节约资源。材料的发展构筑了人类的物质文明，改善了人类的生存环境，但也加快了资源、能源的消耗，影响了环境质量。节省资源，不产生或不排放污染环境、破坏生态的有害物质，减轻对地球和生态系统的负荷，实现非再生性资源的可循环使用，可持续发展，是道路建筑材料发展的必由之路。

(5) 材料设计上，达到按指定性能定量化、精细化设计。

五、道路建筑材料的性能检测与技术标准

道路建筑材料的基本技术性质需要通过适当的检测手段来确定。一般材料性能检测应按照当前有关技术标准中规定的标准程序进行，以保证试验结果的科学性、公正性和权威性。材料的检测层次分为试验室材料性能测定、试验室模拟结构物的性能测定与工程现场性能测定。

材料的技术标准是国家有关部门对材料的规格、质量标准、技术指标及相关的试验方法所做出的详尽而明确的规定。标准一般包括：产品规格、分类、技术要求、检验方法、验收规则、标志、运输和贮存等方面的内容。科研、生产、设计与施工单位，应以这些标准为依据进行材料的性能评价、生产、设计和施工。

我国常用的技术标准分为三大类：国家标准、行业标准、企业和地方标准。国家标准是由国家标准主管部门委托有关部门起草，或有关部委提出报批，经国家技术监督局会同有关部委审批，由国家技术监督局颁发。行业标准是由中央部委标准机构指定有关研究院、所、大专院校、工厂等单位提出或联合提出，报请中央部委主管部门审批后发布，报国家技术监督局备案。企业标准与地方标准是由相应工厂、公司、院所等单位，根据生产常能保证的产品质量水平所制定的技术指标、报请本地区或本行业有关主管部门审批后，在该地区或行业中执行。各级技术标准按其权威程度又可分为强制性标准和推荐性标准。

每种技术标准都有自己的代号、编号与名称。代号代表标准等级，用汉语拼音字母表示，国标 GB、建工 JG、建材 JC、交通 JT、石油 SY、水电 SD 等。编号表示标准的顺序号

和颁布年代号，用阿拉伯数字表示。名称是表达该标准所适应产品的名字。

1. 国家标准

如“GB 175—2007 通用硅酸盐水泥”，“GB”为国家标准的代号，“175”为标准编号，“2007”为标准颁布年代号，“通用硅酸盐水泥”为该标准的技术（产品）名称。“GB/T 1596—2005 用于水泥和混凝土中的粉煤灰”中 GB/T 指推荐性国家标准。

2. 行业标准

如“JC/T 525—2007 炉渣砖”。其中“JC/T”为建材行业的标准代号；“T”表示推荐标准；“525”为此类技术标准的顺序号；“2007”为标准颁发年代号。

3. 地方或企业标准

地方标准代号为 DB。如：“DB 21/1210—2001 建筑模网混凝土技术规程”。其后分别注明地方代号、标准顺序号、制定年代号。企业标准代号为“QB”，其后分别注明企业代号、标准顺序号、制定年代号。如：“Q/HCDP · J · 01—1999 帝枇建筑模网”。

除了国内标准，国际上较有影响的技术标准见表 0-2。

表 0-2　国际及国外几个主要国家的标准代号

标准名称	缩写（全名）
国际标准	ISO（International Standards Organization）
美国国家标准	ANS（American National Standard）
美国材料与试验学会标准	ASTM（American Society for Testing and Materials）
英国标准	BS（British Standard）
德国工业标准	DIN（Deutsche Industry norms）
日本工业标准	JIS（Japanese Industrial Standard）
法国标准	NF（Norms France）

六、道路建筑材料的课程特点与学习方法

道路建筑材料课程是一门技术基础课，它为“桥梁工程”、“路基路面工程”等专业课提供材料方面的基础知识。本课程与物理学、化学、力学和工程地质学等学科有着密切的联系。

本课是以生产实践和科研实践为基础的一门实践性较强的课程；建筑材料种类繁多，课程各章节间没有严格的逻辑关系，因此不宜沿用数学、物理学、力学等基础课程的学习方法，应从材料科学的观点和方法以及实践的观点来进行学习。

应做到理论联系实际：重视实验课、重视工程实践。材料实验是认识材料基本性质的重要手段。要学好这门课程实验是重要的教学环节。其任务就是要验证建筑材料基本理论、学习实验方法、检验材料性能、培养动手能力和严谨的科学态度。充分利用参观、实习的机会，了解常用材料的品种、规格、性能、储运和使用情况。在日常生活中也要注意观察建筑材料在实际工程中的应用情况。

建筑材料课程是以组成、结构、性能与应用为主线，注意其内在联系，从材料的组成、结构来分析材料的性质，从材料的性质分析材料的用途和使用方法。重点掌握性能与应用，而对生产工艺只要求作一般性的了解。对各种建筑材料应注意比较其异同点。

目前应用多媒体手段进行教学的比例较高，其特点是形象生动、信息量大等，因此要求学生在做笔记时应记录提纲和要点，不宜多记细节内容，以免影响听课效果。

思 考 题

1. 论述道路建筑材料的地位和作用。
2. 道路建筑材料是如何分类的?
3. 道路建筑材料的发展趋势是什么?
4. 道路建筑材料应具备哪些性质?

第一篇
道路建筑材料

第一章　砂石材料

砂石材料是道路和桥梁工程中应用最广泛、用量最大的一种建筑材料，它是由地球表面的岩石风化或加工而成。重质致密的块体石材可直接用作道路与桥梁的圬工结构材料，常用于砌筑基础、桥涵挡土墙、护坡、沟渠与隧道衬砌等；散粒石材（如轧制的碎石、采用自然风化的卵石、砾石、砂等）广泛用作混凝土和沥青混合料的集料、道渣和筑路材料等；粒状石料可用作轻混凝土的集料；坚固耐久、色泽美观的石材可用作土木工程构筑物的饰面或保护材料。用作道路与桥梁工程的砂石材料应具备一定的技术性质，以适应不同建筑工程的技术要求，特别是作为混凝土和沥青混合料的集料，应按级配理论组成。

砂石材料具有较高的抗压强度、耐久性、耐磨性和耐火性，而且资源分布广泛、便于就地取材、价格低廉。但天然岩石的性质较脆，抗拉、抗弯强度较低，而且自重大、硬度高，开采和加工比较困难。

砂石材料按来源可以分为：天然的块状石料（简称石料）、人工轧制的粒状石料（简称集料）以及工业冶金矿渣。其中，集料又可按大小分为粗集料、细集料和石屑。路桥工程常用的砂石材料根据岩石开采方法、形状、尺寸及加工程序的不同，可分为以下主要品种：

（1）毛石：符合工程要求的岩石经爆破得到的石块，中部厚度不应小于200mm。毛石处于开采以后的自然状态，形状不规则的称为乱毛石，有两个大致平行面的称为平毛石。

（2）片石：符合工程要求的岩石，经爆破开采、直接炸取的不规则石材，边长一般不小于150mm，卵形和薄片不得采用。

（3）块石：符合工程要求的岩石，按岩石层理爆破或锲劈而成的石材。要求形状大致方正，上下面大致平整，厚度为200～300mm，宽度约为厚度的1.5～2.0倍，长度为厚度的1.5～3倍。块石一般不修凿加工，但应敲去尖角凸出部分。

（4）料石：按规定要求经凿琢加工而成的形状规则的石块。按表面加工的平整程度分为毛料石、粗料石、半细料石和细料石；按形状可分为条石、方石及拱石。毛料石、粗料石主要应用于建筑物的基础、勒脚、墙体部位，半细料石和细料石主要用作镶面材料。

（5）碎石：由天然岩石或卵石经机械破碎、筛分制成的粒径大于4.75mm的岩石颗粒。

（6）砾石（卵石）：经自然风化、水流搬运和分选、堆积形成的粒径大于4.75mm的岩石颗粒（粒径大于200mm者称为漂石）。

（7）石屑：采石场加工碎石时通过最小筛孔（通常为2.36mm或4.75mm）的筛下部分，也称筛屑。

（8）矿粉：由石灰等碱性石料经磨细加工得到的，在沥青混合料中起填料作用的以碳酸钙为主要成分的矿物质粉末。

（9）砂：岩石经风化或水流长期搬运作用或轧制而成的粒径小于4.75mm的粒料。

（10）砂砾：砂和砾石的混合物。

第一节　砂石材料的技术性质

一、岩石的分类

路桥工程所用的砂石材料均采自地表的岩石，砂石材料的性质与岩石的成分与构造有着密切的联系。

岩石是天然产出的具一定结构构造的矿物集合体，是构成地壳和上地幔的物质基础。目前已发现的主要造岩矿物有30多种，可以分为单矿岩和多矿岩。全部或几乎全部由一种矿物组成的岩石叫单矿岩，如石灰岩就是由95%以上的方解石组成的单矿岩；由两种或更多种矿物组成的岩石叫多矿岩（复矿岩），如花岗岩是由长石、石英、云母等几种矿物组成的多矿岩。

天然岩石按形成的原因不同可分为岩浆岩、沉积岩和变质岩（表1-1），花岗岩、砂岩、大理石可分别作为这三大类岩石的代表。

表1-1　岩石按成因分类

分类		成因	典型岩石
岩浆岩	喷出岩	岩浆在地表面冷凝而成	安山岩、玄武岩、流纹岩
	浅成岩	岩浆在地下数百米到数千米处冷凝而成	花岗岩、斑岩、辉绿岩
	深成岩	岩浆在地下数千米以上深处冷凝而成	橄榄岩、闪长岩、辉长岩
沉积岩	碎屑岩（机械沉积岩）	岩石及矿物的碎片、碎粒沉积而成	砂岩、页岩
	生物化学沉积岩（有机化学沉积岩）	生物的遗骸等沉积而成	石灰岩、燧石
	火山碎屑岩（火山灰沉积岩）	随着陆上或水中的火山爆发，由喷出的火山岩碎片沉积而成	凝灰岩
变质岩	热变质岩	由于热引起的再结晶作用	大理岩
	气成水热变质岩	在温泉、天然气或者高温的水蒸气等喷出处，岩石发生质变	蛇纹岩、陶石
	区域变质岩	由于应力变形与高压高温的作用再结晶而成，在大陆边缘的广大区域里形成的岩石	片麻石、结晶片岩

（一）岩浆岩

岩浆岩是由高温熔融的岩浆在地表或地下冷凝所形成的岩石，也称火成岩，它是组成地壳的主要岩石，具有结晶构造而没有层理，约占地壳总体积的65%左右。

岩浆岩类型的划分主要考虑岩浆的作用方式和岩石的基本特征（酸度和碱度）。

根据岩浆作用的方式，岩浆岩可以分为侵入岩和喷出岩。侵入岩是侵入在地壳一定深度上的岩浆经缓慢冷却而形成的岩石，其固结成岩需要的时间很长。喷出岩是岩浆喷出或者溢流到地表，在压力骤减和迅速冷却的条件下而形成的岩石。由于岩浆温度急剧降低，固结成岩时间相对较短，大部分岩浆喷出后还来不及完全结晶即凝固，因而常呈隐晶质（细小的结晶）或玻璃质结构。侵入岩根据形成深度的不同，又细分为深成岩和浅成岩。每个大类的侵入岩和喷出岩在化学成分上是一致的，但是由于形成环境不同，它们的结构和构造有明显的差别。

根据岩石的酸度（SiO_2 含量），可以把岩浆岩分成四个大类：超基性岩（$SiO_2 \leqslant 45\%$）、基性岩（SiO_2 45% ~53%）、中性岩（SiO_2 53% ~66%）和酸性岩（$SiO_2 \geqslant 66\%$）；每一大类岩石又可以根据碱度（全碱含量 $Na_2O + K_2O$）划分为钙碱性、碱性和过碱性岩三种类型。

花岗岩是典型的深成岩，在地壳上分布最广，主要成分是长石（40% ~60%）、石英（20% ~40%）及少量云母等暗色矿物。花岗岩的颜色由长石和暗色矿物决定，不同产地的花岗岩颜色不同，一般为灰白、微黄、淡红、深青等，代表性的有河南偃师县的菊花青、雪花青和云里梅，山东的济南青，四川的中国红，江西上高的豆绿等。

花岗岩结构均匀，质地坚硬，具有优异的耐磨性，对酸、碱具有较强的抗腐蚀能力，耐久性高；缺点是耐火性能和大气稳定性较差，容易风化，辐射性高于其他建材，不适宜作为家庭内部装修材料。

（二）沉积岩

沉积岩又称水成岩，是在地表条件下由风化作用、生物作用和火山作用产生的物质，经水、空气和冰川等外力的搬运、沉积并重新成岩而形成的岩石。沉积岩体积只占岩石圈的5%，分布面积却占陆地的75%，主要存在于地表及不太深的地下。其特点是：呈层状结构，外观多层理，表观密度小，孔隙率和吸水率大，强度较低，耐久性较差。沉积岩由于分布较广，加工较容易，在建筑上应用比较广泛。

沉积岩一般是以沉积物的来源作为基本类型的划分准则，而以沉积作用方式、成分、结构、成岩作用强度等作为进一步划分的依据。

根据沉积物的来源，沉积岩可分成三类，碎屑岩、生物化学沉积岩和火山碎屑岩。碎屑岩是由其他岩石的碎屑沉积形成的，根据粒度细分为砾岩、砂岩、粉砂岩和黏土岩；生物化学沉积岩是由生物体，如花粉、孢子、贝壳、珊瑚等大量堆积，经过成岩作用形成的；火山碎屑岩是由火山爆发喷射出的大量的火山物质沉积而成的。

砂岩是一种典型的沉积岩，是由源区岩石经风化、剥蚀和搬运，在盆地中堆积形成。砂岩由碎屑和填隙物两部分构成。碎屑除石英、长石外，还有白云母、重矿物、岩屑等。填隙物包括胶结物和碎屑杂基两种组分，常见胶结物有硅质和碳酸盐质胶结，岩石的硬度、强度和各种随胶结物种类不同而不同；杂基成分主要指与碎屑同时沉积的颗粒更细的黏土或粉砂质物。填隙物的成分和结构反映了砂岩形成的地质构造环境和物理化学条件。

砂岩按其沉积环境可划分为：石英砂岩、长石砂岩和岩屑砂岩三大类。根据胶结物种类可划分为：硅质砂岩、铁质砂岩、石灰砂岩和黏土质砂岩。其中，硅质砂岩是以氧化硅为胶结物，色淡，质硬，耐火性好，加工困难；铁质砂岩是以氧化铁为胶结物，呈黄色、红色，质不很坚硬，且不耐久，供一般建筑使用；石灰砂岩是以碳酸钙为胶结物，色淡、近于白色，质软，易加工，易受化学腐蚀；黏土质砂岩呈灰色、易风化、易吸水软化，无使用价值。

（三）变质岩

变质岩是由先成的岩浆岩或沉积岩，由于其所处地质环境的改变，经变质作用而形成的岩石，变质可能是重结晶、纹理改变或颜色改变。变质岩是组成地壳的主要成分，一般变质岩是在地下深处的高温（大于150℃）、高压下产生的，后来由于地壳运动而露出地表。

变质岩的性质决定于变质前的岩石成分和变质过程。

根据原岩的不同，一般将变质岩分为两大类：变质作用作用于岩浆岩，形成的变质岩称为正变质岩；变质作用作用于沉积岩，生成的变质岩称为副变质岩。沉积岩形成变质岩后，其建筑性能有所提高，如石灰岩和白云岩变质后得到的大理岩，比原来的岩石坚固耐久；而岩浆岩经变质后产生片状构造，性能反而下降，如花岗岩变质后成为片麻岩则易于分层剥落、耐久性差。

根据成因不同，变质岩也可分为两大类：变余构造，指变质岩中保留的原岩构造，如变余层理构造、变余气孔构造等；变成构造，指变质结晶和重结晶作用形成的构造，如板状、千枚状、片状、片麻状、条带状、块状构造等。

按变质作用类型和成因，可以把变质岩分为：热变质岩、气成水热变质岩和区域变质岩等。在每一大类变质岩中可按等化学系列和等物理系列的原则，再作进一步划分。

大理岩由石灰岩、白云质灰岩、白云岩等碳酸盐岩经区域变质作用或热接触变质作用形成。从矿物成分来看，大理岩主要由方解石和白云石组成，方解石和白云石的含量一般大于50%，有的可达99%。但是除少数纯大理岩外，在一般大理岩中往往含有少量的其他变质矿物。由于原来岩石中所含的杂质种类不同（如硅质、泥质、碳质、铁质、火山碎屑物质等），以及变质作用的温度、压力和水溶液含量等的差别，大理岩中伴生的矿物种类也不同，包括硅灰石、滑石、透闪石、透辉石、斜长石、石英、方镁石等。质地均匀、细粒、纯白色的大理岩又称汉白玉。由于在变质过程中掺进了杂质，所以大理岩呈现有灰、黑、红、黄、绿等色。

根据原岩不同，大理岩可分为方解石大理岩、白云石大理岩、石英大理岩、硅灰石大理岩、石墨大理岩等。根据结构构造、颜色可划分为白色大理岩、灰色大理岩、粉红色大理岩、细粒大理岩、粗粒大理岩、条带状大理岩等。

大理岩硬度不大，开采较方便，加工和磨光也较容易，是上等的装饰石材，适用于室内的表面装饰、纪念性建筑物的饰面等，开采和加工中的废料，可制成工艺品或经轧碎作生产水磨石、水刷石等的优质集料。但是，大理岩易受酸性流体、气体的侵蚀，且侵蚀后会失去光泽，变成粗糙多孔状而逐层剥蚀。

二、岩石的技术性质

直接用于路桥工程建筑的岩石主要包括毛石、片石、块石和料石，各种岩石均要根据其不同使用条件满足一定的形状、尺寸要求和技术要求。岩石的主要技术性质包括物理性质和力学性质。

（一）*岩石的物理性质*

岩石的物理性质包括物理常数（密度、毛体积密度和孔隙率等）、吸水性（吸水率、饱和吸水率等）、软化性（软化系数）和耐候性（抗冻性、坚固性等）。

1. 物理常数

岩石可由各种矿物形成不同排列的各种结构，但是从其质量和体积的物理观点出发，岩石的内部组成结构主要是由矿物实体和孔隙（包括与外界连通的开口孔隙和不与外界连通的闭口孔隙）所组成，如图1-1所示。

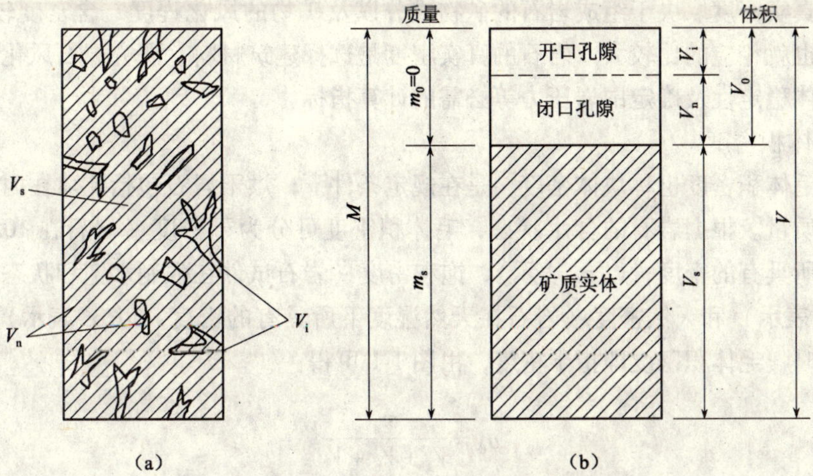

图 1-1　岩石组成结构示意图
（a）岩石组成结构外观示意图；（b）岩石组成结构的质量与体积关系

岩石的物理常数主要指它的密度和孔隙率。物理常数反映了岩石矿物组成结构状态，与岩石的技术性质有着密切的联系。此外，这些物理常数也是将岩石石料用于混合料配合比设计的参数之一。

（1）真实密度

岩石的真实密度（简称密度，又称颗粒密度）是岩石在规定条件下，岩石矿质单位体积（不含开口与闭口孔隙体积）的质量，真实密度用 ρ_t 表示，由图 1-1 可得：

$$\rho_t = \frac{m_s}{V_s} \tag{1-1a}$$

式中　ρ_t——岩石的真实密度，g/cm^3；

m_s——岩石矿质实体的质量，g；

V_s——岩石矿质实体的体积，cm^3。

由于测定岩石密度是在空气中称量岩石质量，所以岩石中的空气质量 $m_0=0$，岩石矿质实体的质量就等于岩石的质量 M，即 $m_s=M$，故式（1-1a）可改写为：

$$\rho_t = \frac{M}{V_s} \tag{1-1b}$$

式中　M——岩石的质量，g；

ρ_t、V_s——意义同前式。

根据《公路工程岩石试验规程》(JTG E41—2005 T 0203—2005)，岩石真实密度的测定采用密度瓶法：把岩石样品粉碎磨细成岩粉以排除其内部孔隙，在 105℃～110℃条件下烘干至恒重，置于干燥器中冷却至室温 20℃±2℃。将称好质量的试样用漏斗灌入密度瓶中，注入试液使岩粉分散（不含水溶性矿物成分的岩石以洁净水如蒸馏水做试液，反之以中性液体如煤油做试液）。采用沸煮法或真空抽气法使试液进入闭口孔隙排除气体（当使用煤油做试液时应采用真空抽气法），通过“置换法”测定其真实体积。已知真实体积和质量即可按式（1-1b）求得岩石的真实密度。

岩石的真实密度取决于组成岩石的矿物成分以及矿物的风化程度，含密度较大的矿物，岩石的密度也就相应的比较大。岩石的真实密度是选择建筑材料、研究岩石风化、评价地基基础工程岩体稳定性及确定围岩压力等必需的计算指标。

（2）毛体积密度

岩石的毛体积密度也称块体密度，是在规定条件下，烘干岩石包括孔隙在内的单位体积固体材料的质量。根据岩石的含水状态，毛体积密度可分为干密度（岩石在105℃～110℃烘干条件下所具有的密度，以ρ_d表示）、饱和密度（岩石试件在强制水饱和状态下所具有的密度，以ρ_s表示）和天然密度（岩石在天然湿度下所具有的密度，以ρ_o表示）。一般未说明含水情况时，毛体积密度即指干密度，由图1-1可得：

$$\rho_d = \frac{m_s}{V_s + V_n + V_i} \tag{1-2a}$$

式中 ρ_d——岩石的毛体积密度（干密度），g/cm^3；

m_s、V_s——意义同前式；

V_n、V_i——分别为岩石开口孔隙、闭口孔隙的体积，cm^3。

由于$m_s = M$，石料的总体积$V = V_s + V_n + V_i$，故式（1-2a）可改写为：

$$\rho_d = \frac{M}{V} \tag{1-2b}$$

《公路工程岩石试验规程》（JTG E41—2005）规定，根据岩石类型和试样形态，岩石毛体积密度的测定分别采用不同方法：

① 凡能制备成规则试样的岩石，宜采用量积法；

② 当岩石在水中的性质较稳定（即不出现遇水崩解、溶解和干缩湿胀）时，可采用水中称量法；

③ 不能用量积法或水中称量法进行测定的岩石，可采用蜡封法。

在公路系统中，岩石毛体积密度试验，绝大多数单位采用水中称量法，少数用量积法，而蜡封法只在特殊情况下采用。这三种方法各有明显的优缺点：水中称量法可以连续测定多种指标，但某些岩石受到限制；蜡封法适用于各种岩石和不规则试样，但测试技术较烦琐；量积法技术简易，但必须制备一定精度的规则试样。在试样制备方法及精度要求得到全面解决的前提下，规程JTG E41—2005建议推广量积法。

岩石的毛体积密度是一个间接反映岩石致密程度和孔隙发育程度的参数，也是评价工程岩体稳定性及确定围岩压力等必需的计算指标。相对而言，毛体积密度较大的岩石比较致密，岩石中所含孔隙较少；反之，则表示岩石中所含孔隙较多，岩石相对比较疏松。

（3）孔隙率

岩石的孔隙率是岩石孔隙体积占岩石总体积（包括孔隙体积在内）的百分率，由图1-1可得：

$$n = \frac{V_0}{V} \times 100\% \tag{1-3a}$$

式中 n——岩石的孔隙率，%；

V_0——岩石的孔隙（包括开口和闭口孔隙）的体积，cm^3；

V——意义同前式。

岩石的孔隙率一般不能实测，而是根据岩石的真实密度和毛体积密度计算求得。由式（1-3a）可得：$n=\left(1-\frac{V_s}{V}\right)\times100\%$，又由式（1-1b）和式（1-2b）得：$V_s=M/\rho_t$，$V=M/\rho_d$，故式（1-3a）可表达为：

$$n=\left(1-\frac{\rho_d}{\rho_t}\right)\times100\% \tag{1-3b}$$

岩石的孔隙率又可分为开口孔隙率和封闭孔隙率：岩石试样中与大气相通的孔隙体积占岩石试样总体积的百分比称为开口孔隙率，岩石试样中不与大气相通的孔隙体积占岩石试样总体积的百分比称为封闭孔隙率，两者之和称为总孔隙率，一般提到岩石孔隙率是指岩石的总孔隙率。此外，开口孔隙又有大小之分，常压下，岩石吸水时，水只能进入大开口孔隙，只有高压或真空条件下，水方能进入闭口孔隙和小开口孔隙。因此，在研究孔隙对岩石性能影响的时候，不仅仅要考虑岩石的孔隙率，而且要分析孔结构的特点，即孔隙大小、形态和分布等情况。例如：孔隙率大的岩石，其吸水性不一定就大。

岩石的孔隙率是表示岩石空隙性（包括孔隙性和裂隙性）的物理参数，反映了岩石裂隙的发育程度，而且能够间接反映岩石的力学性质。例如：相同矿物组成的岩石，孔隙率越大，强度越低。另外，岩石孔结构还会影响其所轧制成的集料在水泥混凝土和沥青混合料中，对水泥浆和沥青混合料的吸收、吸附等化学交互作用的程度。

2. 吸水性

岩石的吸水性是岩石在规定条件下吸水的能力。岩石与水作用后，水除了湿润岩石的表层外，还部分填充了岩石的孔隙。因此，水对岩石破坏作用的大小，主要取决于岩石造岩矿物的性质及其孔结构，可通过岩石的吸水性来反映。岩石的孔结构存在差异，在不同试验条件下吸水能力不同，为此，《公路工程岩石试验规程》（JTG E41—2005 T 0205—2005）规定，采用吸水率和饱和吸水率两项指标来表征岩石的吸水性。

（1）吸水率

岩石的吸水率是指在规定条件下（室内常温20℃±2℃，大气压），岩石试样最大的吸水质量与烘干岩石试件质量之比，以百分率表示。吸水率的计算见式（1-4a）：

$$W_a=\frac{m_1-m}{m}\times100\% \tag{1-4a}$$

式中　W_a——岩石吸水率，%；

m——烘至恒量时的试件质量，g；

m_1——吸水至恒量时的试件质量，g。

《公路工程岩石试验规程》（JTG E41—2005）规定采用自由吸水法测定岩石的吸水率：将岩石加工为规则试件，经105℃～110℃烘干称量后，在铺有薄砂的盛水容器中，用分层逐渐加水的方法使岩石中的空气逐渐逸出，最后完全浸于水中任其自由吸水，48h后取出称量。测得烘干至恒重的质量和吸水至恒重的质量，即可按式（1-4a）求得吸水率。

(2) 饱和吸水率

岩石饱和吸水率是在强制条件下（煮沸饱和或真空抽气，真空压力100kPa），岩石试样最大吸水质量与烘干岩石试件质量之比，以百分率表示。饱和吸水率的计算见（1-4b）：

$$W_{sa} = \frac{m_2 - m}{m} \times 100\% \tag{1-4b}$$

式中 W_{sa}——岩石饱和吸水率，%；

m——意义同前式；

m_2——试样经强制饱和后的质量，g。

《公路工程岩石试验规程》(JTG E41—2005) 规定采用煮沸法或真空抽气法测定岩石饱和吸水率。由于使用强制饱和试件，使水分几乎充满岩石开口空隙的全部体积，因此，岩石的饱和吸水率比吸水率高。

吸水率、饱和吸水率能有效地反映岩石微裂隙的发育程度，可用来判断岩石的抗冻性和抗风化性能。吸水率与饱和吸水率之比称为饱水系数，用 K_W 表示（$K_W = W_a/W_{sa}$）。它是评价岩石抗冻性的一种指标。一般来说，岩石的饱水系数为0.5～0.8，饱水系数愈大，说明常压下吸水后留余的空间有限，岩石愈容易被冻胀破坏，抗冻性差。

3. 软化性

含水状态对岩石强度有显著的影响，一般随含水率（岩石试样在105℃～110℃烘至恒重时所失去的水的质量与试件干质量的比值）增大，岩石强度降低，降低的程度主要取决于岩石的矿物成分、结构和构造特征。亲水性和可溶性矿物含量高、开口孔隙率大的岩石，强度降低更明显。含水状态对岩石强度的影响称为软化性，用软化系数表示。

软化系数是岩石试件在水饱和状态下的单轴抗压强度与其干燥状态下单轴抗压强度的比值，按式（1-5）计算：

$$K_p = \frac{R_w}{R_d} \tag{1-5}$$

式中 K_p——软化系数；

R_w——岩石饱和状态下的单轴抗压强度，MPa；

R_d——岩石烘干状态下的单轴抗压强度，MPa。

软化系数越大，说明岩石的抗水能力越强。未受风化作用的岩浆岩和某些变质岩，软化系数大都接近于1，是弱软化的岩石，其抗水、抗风化和抗冻性强。软化系数小于0.75的岩石，是软化性较强的岩石，工程性质比较差，如页岩、黏土岩。

4. 耐候性

道路与桥梁等建筑物暴露于自然条件下，用于这些工程的岩石，长期受到各种室外自然因素的综合作用，力学强度会逐渐降低。将岩石抵抗大气自然因素作用的性能称为耐候性。

在实际工程应用中，引起岩石组织结构破坏而导致力学强度降低的因素，首先是温度的升降，由于温度应力作用而引起岩石内部的破坏；其次是岩石在潮湿条件下，受到正、负气温的交替冻融作用，引起岩石内部组织结构的破坏。这两种因素哪一个是主要因素，取决于气候条件（在大多数地区，后者占主导地位）。评价岩石耐候性的指标包括抗冻性和坚固性。

(1) 抗冻性

岩石的抗冻性是岩石试样在饱和状态下，抵抗反复冻结和融化的性能。

在自然环境中，岩石往往是夏秋两季被水浸湿，而在冬春季节又受到冰雪冻融的交替作用。岩石经自然饱水后，它与外界连通的开口孔隙大部分被水充满。随着温度降低，该部分水会结成冰，水在结冰时体积增大9%左右，对岩石孔壁产生可达100MPa的压力，此压力在春季冰雪融化时渐渐消失。次年夏秋两季岩石再次被水浸湿，冬季又继续冰胀而产生压力。这样，在压力的反复作用下，使孔壁开裂，岩石逐渐产生裂缝、掉边、缺角或表面松散等破坏现象，这就是岩石冻融破坏的机理。

《公路工程岩石试验规程》(JTG E41—2005) 规定，采用直接冻融法测定岩石抗冻性。该方法是将岩石加工为规则的块状试样，105℃～110℃烘干称量后，在常温条件下20℃±5℃，采用逐渐浸水的方法，让试件自由吸水饱和，擦去表面水分，然后置于负温（通常采用-15℃）的冰箱中冻结4h，最后在常温条件下融解，如此为一个冻融循环。经若干次循环后，观察其外观破坏情况并加以记录。判断岩石抗冻性能的指标有三个：冻融后质量损失率、强度变化（冻融系数也称耐冻系数）以及外观变化，其中质量损失率和冻融系数是根据试验结果计算得到的直接指标。抗冻质量损失率按式（1-6）计算，冻融系数按式（1-7）计算。

$$L=\frac{m_s-m_f}{m_s}\times 100\% \tag{1-6}$$

式中　L——抗冻质量损失率，%；

m_s——试验前烘干试件的质量，g；

m_f——试验后烘干试件的质量，g。

$$K_f=\frac{R_f}{R_s} \tag{1-7}$$

式中　K_f——冻融系数（耐冻系数）；

R_f——经若干次冻融循环试验后的岩石试件饱水抗压强度，MPa；

R_s——未经冻融循环试验的岩石试件饱水抗压强度，MPa。

岩石的抗冻性固然与其矿物成分和结构特征有关，然而，通过前面冻融破坏机理的分析可知，岩石的抗冻性主要取决于岩石中大开口孔隙的发育情况、亲水性和可溶性矿物的含量及矿物颗粒间的连接力。大开口孔隙越多，亲水性和可溶性矿物含量越高，岩石的抗冻性越低。

对于岩石抗冻性能的评价，一般认为，冻融系数大于0.75，质量损失率小于2%时，为抗冻性好的岩石。另外，岩石的抗冻性同含水状态和吸水率指标关系密切，吸水率小于0.5%，软化系数大于0.75以及饱水系数小于0.8的岩石具有足够的抗冻能力。对于一般公路工程，往往根据上述标准来确定是否需要进行岩石的抗冻性试验。

在不同的工程环境气候下，对岩石的抗冻性有不同的要求。《公路工程岩石试验规程》(JTG E41—2005) 规定：在严寒地区（最冷月的月平均气温低于-15℃）岩石的冻融循环次数为25次；在寒冷地区（最冷月的月平均气温低于-15℃～-5℃）为15次；寒冷、严寒地区应采用直接冻融法进行岩石的抗冻性试验。

对于桥涵工程用岩石，《公路圬工桥涵设计规范》（JTG D61—2005）规定：累年最冷月平均气温低于或等于－10℃的地区，所用的石材抗冻性指标应符合表1-2的要求，即试件在饱水状态下经过－15℃的冻结与20℃的融化，达到表1-2中所要求的冻融循环次数后，无明显的损伤（裂缝、脱层），同时冻融系数不低于0.75，则认为抗冻性合格。根据以往实践经验证明具有足够抗冻性的岩石可不做抗冻性试验。

表1-2　桥涵用岩石抗冻性指标

结构物部位	大、中桥	小桥及涵洞
镶面或表面石材	50	25

（2）坚固性

岩石的坚固性是表征岩石试样经饱和硫酸钠溶液多次浸泡与烘干循环后不发生显著破坏或强度降低的性能。直接冻融法测定岩石抗冻性需要低温冰箱设备，同时试验周期较长，而坚固性试验是测定岩石抗冻性的一种简易方法。

《公路工程岩石试验规程》（JTG E41—2005）规定，岩石的坚固性采用硫酸钠侵蚀法来测定。将规则试件在105℃～110℃下烘干称量后，浸入饱和硫酸钠溶液，20h后取出置于105℃～110℃的烘箱中烘4h，取出冷却至室温，再重新浸入硫酸钠溶液中，至硫酸钠结晶溶解后取出试件，用放大镜及钢针观察岩石试件有无破坏现象。以此作为一个循环，反复浸烘5次。最后一个循环后，用热洁净水煮洗后再将试件用硫酸钠溶液洗净，烘干称量，计算其质量损失率（与直接冻融法相同）。

坚固性试验方法的机理是基于硫酸钠饱和溶液浸入岩石孔隙后，经烘干，硫酸钠结晶体积膨胀，产生与水结冰相似的作用，使岩石孔隙周壁受到张应力，经过多次循环，引起岩石破坏。这与直接冻融法的原理相同，其试验结果及表达方法也完全相同。研究表明，硫酸钠结晶对于岩石的破坏程度要比水结冰大得多，所以相同一种岩石，硫酸钠坚固法试验要求的循环次数较直接冻融法少。

一般来说，硫酸钠法试验抗冻性好的岩石，其冻融法试验抗冻性也是好的。但是由于各种岩石的组织和结构不同，对于抵抗直接冻融与硫酸钠结晶作用的能力也不一致，所以不能找到各种岩石通用的两种方法试验结果的换算关系。《公路工程岩石试验规程》（JTG E41—2005）规定，有条件者均应采用直接冻融法进行试验。

（二）岩石的力学性质

道桥工程结构物中使用的岩石除了受自然因素的影响外，还要受到车辆荷载等复杂力的综合作用，因此必须具备多种力学性质。岩石的力学性质是指岩石在应力作用下表现的变形和强度。路桥工程所用岩石在力学性质方面的要求，除了一般材料力学中所述及的抗压、抗拉、抗剪、抗弯、弹性模量等纯粹力学性质外，还有一些为路用性能特殊设计的力学指标，如抗磨光性、抗冲击性、抗磨耗性等。由于道路建筑用岩石多轧制成集料使用，故抗磨光、抗冲击和抗磨耗等性能将在后面集料的力学性质中讨论，这里仅介绍确定岩石等级的单轴抗压强度。

单轴抗压强度是反映岩石力学性质的组要指标之一，是岩体工程分类、建筑材料选择及工程岩体稳定性评价计算中的重要指标，主要用于岩石的强度分级和岩性描述。

《公路工程岩石试验规程》（JTG E41—2005）规定，路面工程用岩石的单轴抗压强度试验采用直径和高度均为50±2mm的圆柱体或边长为50±2mm的立方体试件，桥梁工程用岩石的单轴抗压强度试验采用边长70±2mm的立方体试件。试件吸水饱和后，在规定的加载条件下单轴受压，达到极限破坏时，单位承压面积的强度即为岩石的单轴抗压强度，按式（1-8）计算：

$$R=\frac{P}{A} \tag{1-8}$$

式中 R——岩石抗压强度，MPa；

P——试件破坏时的荷载，N；

A——试件的截面积，mm^2。

岩石的抗压强度，一方面取决于岩石本身的矿物组成、结构构造及含水状态等，另一方面也取决于试验条件，如试件形状、尺寸、加工精度、加荷速率、环境温湿度等。

试验中试件的含水状态主要依据工程的需要而定，可以选择烘干状态、天然状态、饱和状态和冻融循环后状态。例如，在确定单桩轴向受压容许承载力和桩嵌入基岩中的深度时，常用到天然湿度的岩石单轴极限抗压强度，这是因为在填充混凝土以后，岩石不再与水接触了。用于岩石强度分级时的抗压强度试验采用饱和状态试件。

三、集料的技术性质

集料是指在混合料中起骨架和填充作用的粒料，包括碎石、砾石（卵石）、机制砂、石屑、砂等。按照粒径的大小和所起的作用不同，工程上一般将集料分为细集料和粗集料两类：在水泥混凝土中，粗集料是指粒径大于4.75mm的碎石、砾石和破碎砾石等，粒径小于4.75mm的天然砂、人工砂称为细集料；在沥青混合料中，粗集料是指粒径大于2.36mm的碎石、破碎砾石、筛选砾石和矿渣等，粒径小于2.36mm的天然砂、人工砂（包括机制砂）和石屑称为细集料。

集料的物理、力学、化学性质对水泥混凝土或沥青混合料有较大的影响。选择性质优良、合格的集料是保证混凝土和沥青混合料具有良好的耐久性和强度等重要性质的先决条件，而且还有明显的经济效益。集料的技术性质的检验方法依据《公路工程集料试验规程》（JTG E42—2005）。

（一）粗集料的技术性质

公路工程中常用的粗集料有砾石（卵石）和碎石，对于沥青路面还可以采用筛选砾石、钢渣、矿渣等。

卵石分为河卵石、海卵石、山卵石等，其中河卵石分布广，应用较多。卵石的表面光滑，有机杂质含量较多。碎石表面粗糙、棱角多，较为清洁。与卵石比较，用碎石配制混凝土时，需水量及水泥用量较大，或混凝土拌合物的流动性较小，但由于碎石与水泥石间的界面黏结力强，故碎石混凝土的强度高于卵石混凝土。

钢渣和矿渣是钢铁厂冶炼生铁时产生的废渣，作为沥青混合料集料，有很好的黏附性、稳定性，并且耐高温。《公路沥青路面施工技术规范》（JTG F40—2004）规定：经过破碎且存放期超过6个月以上的钢渣可以作为粗集料使用，各项性能应符合沥青混合料用粗集料质量技术要求。钢渣使用前应进行活性检验，要求其中游离氧化钙含量不大于3%，浸水膨胀率不大于2%。另外，《公路沥青路面施工技术规范》(JTG F40—2004）还规定：高速公路和一级公路不得使用筛选砾石和矿渣；筛选砾石仅适用于三级及三级以下公路的沥青表面处置路面。

粗集料的技术性质主要包括粗集料的密度（真实密度、毛体积密度、表干密度、表观密度、堆积密度)、含水率与吸水率、颗粒级配与粗细程度、有害物质含量（泥和泥块、针片状颗粒、有机物、软弱颗粒等)、坚固性、碱活性、粗糙度（破碎砾石含量)、抗压碎能力（压碎值)、抗磨耗性（磨耗损失、磨耗值)，抗冲击性（冲击值)，抗磨光性（磨光值)、集料与沥青的黏附性（集料碱值）等。

1. 物理常数

在计算集料的物理常数时，不仅要考虑到集料颗粒中的孔隙（开口孔隙和闭口孔隙)，还要考虑颗粒间的空隙。集料体积与质量的关系，如图1-2所示。

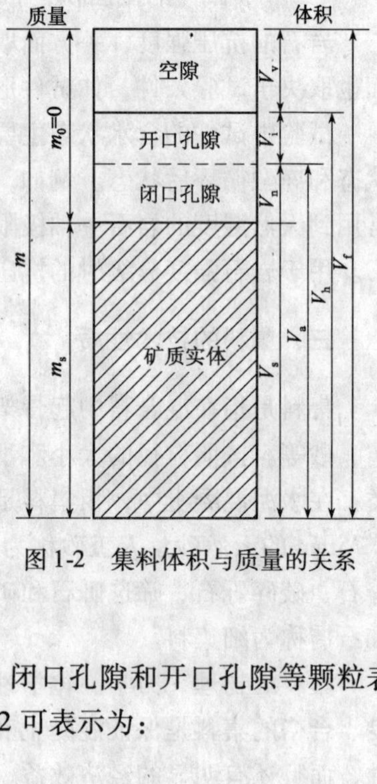

图1-2　集料体积与质量的关系

（1）表观密度（视密度）

粗集料的表观密度是单位体积（包括集料矿质实体和闭口孔隙的体积）集料颗粒的干质量（105℃ ±5℃烘干至恒重)，由图1-2可表示为：

$$\rho_a=\frac{m_s}{V_s+V_n} \tag{1-9}$$

式中　ρ_a——集料的表观密度，g/cm^3；

m_s——矿质集料烘干质量，g；

V_s——矿质实体体积，cm^3；

V_n——集料中闭口孔隙体积，cm^3。

（2）毛体积密度

粗集料的毛体积密度是单位体积（包括集料矿质实体、闭口孔隙和开口孔隙等颗粒表面轮廓线所包围的全部毛体积）集料颗粒的干质量，由图1-2可表示为：

$$\rho_b=\frac{m_s}{V_s+V_n+V_i} \tag{1-10}$$

式中　ρ_b——集料的毛体积密度，g/cm^3；

m_s、V_s、V_n——意义同前式；

V_i——集料中开口孔隙体积，cm^3。

（3）表干密度（饱和面干毛体积密度）

粗集料的表干密度是单位体积（包括集料矿质实体、闭口孔隙和开口孔隙等颗粒表面轮廓线所包围的全部毛体积）集料颗粒的饱和面干质量（矿质实体质量＋开口孔内吸水质量)。

$$\rho_s=\frac{m_s+V_i\rho_T}{V_s+V_n+V_i} \tag{1-11}$$

式中　ρ_s——集料的表干密度，g/cm^3；

m_s、V_s、V_n、V_i——意义同前式；

ρ_T——试验温度 T 时水的密度，g/cm³。

根据《公路工程集料试验规程》(JTG E42—2005)，粗集料表观密度、毛体积密度和表干密度的测定方法有两种：网篮法和容量瓶法，其中容量瓶法不适用于仲裁以及沥青混合料的配合比设计计算理论密度时使用。具体试验方法见第 2 篇第 1 章（砂石材料试验）。

（4）堆积密度

粗集料的堆积密度是单位体积（包括集料矿质实体、闭口孔隙、开口孔隙及颗粒间空隙体积）集料颗粒的质量。粗集料的堆积密度分为干堆积密度和湿堆积密度；由于颗粒排列的松紧程度不同，又可分为自然堆积状态、振实状态下（用于水泥混凝土）和捣实状态下（用于沥青混合料）的堆积密度。堆积密度由图 1-2 可表示为：

$$\rho = \frac{m}{V_s + V_n + V_i + V_v} = \frac{m}{V_f} \tag{1-12}$$

式中 ρ——粗集料的堆积密度，g/cm³；

m——粗集料的质量，g；

V_v——集料的空隙体积，cm³；

V_f——集料的堆积体积，cm³。

（5）空隙率（间隙率）

粗集料空隙率（间隙率）是集料颗粒之间的空隙体积占集料总体积的百分比。

① 水泥混凝土用粗集料振实状态下的空隙率：

$$V_c = \left(1 - \frac{\rho}{\rho_a}\right) \times 100\% \tag{1-13a}$$

式中 V_c——水泥混凝土用粗集料振实状态下的空隙率，%；

ρ_a——粗集料的表观密度，g/cm³；

ρ——按振实法测定的粗集料的堆积密度，g/cm³。

② 沥青混合料用粗集料骨架捣实状态下的间隙率：

$$VCA_{DRC} = \left(1 - \frac{\rho}{\rho_b}\right) \times 100\% \tag{1-13b}$$

式中 VCA_{DRC}——捣实状态下粗集料骨架间隙率，%；

ρ_b——粗集料的毛体积密度，g/cm³；

ρ——按捣实法测定的粗集料的自然堆积密度，g/cm³。

根据《公路工程集料试验规程》(JTG E42—2005)，粗集料堆积密度和空隙率测定方法采用容量筒法，具体试验方法见第 2 篇第 1 章（砂石材料试验）。

2. 颗粒级配与粗细程度

（1）颗粒级配

集料颗粒级配是指集料大小颗粒的搭配，亦即各种粒径颗粒在集料中所占的比例，粗集料的级配分为连续级配和间断级配两种。

连续级配是指粒级呈连续性，即颗粒由小到大，每种粒径的粗集料都占有一定的比例，且相邻两级粒径相差较小（比值小于2）。连续级配的空隙率较小，适合配制各种混凝土，尤其适合配制流动性大的混凝土，用其配制的混凝土和易性良好，不易发生分层、离析现象，在工程中的应用最多。

间断级配是指人为地剔除一级或几级中间粒径颗粒，使粗集料粒径不连续，造成颗粒级配间断，相邻两级粒径相差较大（比值约为5～6）。这种级配方法可获得更小的空隙率，密实性更好，从而可节约水泥。但是，间断级配中集料粒径相差较大，容易使混凝土拌合物分层、离析，造成施工困难，故仅适合配制流动性小的混凝土、半干硬性及干硬性混凝土、富混凝土（即水泥用量多的混凝土），且宜在预制厂使用，而不宜在工地现场使用。

采石场按供应方式，将石子分为连续粒级和单粒级两种。单粒级是主要由一个粒级组成，由于粒径差别较小，可避免连续粒级中较大粒径集料在堆放及装卸过程中的颗粒离析现象。用单粒级石子可组合成所要求级配的连续粒级，也可与连续粒级集料混合使用，以改善其级配或配成要求级配的连续粒级。

集料的颗粒级配是由筛分试验确定的。根据《公路工程集料试验规程》（JTG E42—2005 T 0302—2005），对水泥混凝土用粗集料可采用干筛法筛分试验，对沥青混合料及基层用粗集料必须采用水洗法筛分试验。干筛法与细集料的筛分试验相同，详见后面“细集料的技术性质”内容。

混凝土粗集料间空隙由水泥砂浆填充，细集料间空隙由水泥浆填充。为达到节约水泥和提高强度的目的，应尽量减少细集料间空隙。良好的颗粒级配可使集料间空隙最小，混凝土和混合料更加密实（如图1-3所示）。与细集料相比，粗集料的级配对混凝土性质的影响程度更大，特别在制备高强、高性能混凝土时，粗集料的级配尤为重要。

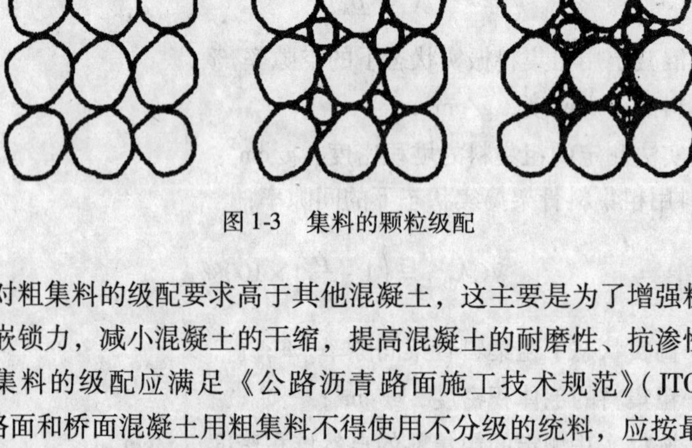

图1-3　集料的颗粒级配

路面混凝土对粗集料的级配要求高于其他混凝土，这主要是为了增强粗集料的骨架作用和在混凝土中的嵌锁力，减小混凝土的干缩，提高混凝土的耐磨性、抗渗性和抗冻性。沥青路面混合料用粗集料的级配应满足《公路沥青路面施工技术规范》（JTG F40—2004）表4.8.3的要求。路面和桥面混凝土用粗集料不得使用不分级的统料，应按最大公称粒径的不同采用2～4个粒级的集料进行掺配，合成级配应满足《公路水泥混凝土路面施工技术规范》（JTG F30—2003）表3.3.2的要求。

（2）粗细程度

粗集料采用最大粒径作为衡量其粗细程度的指标。粗集料公称粒径的上限称为该粒级的最大粒径。用较大粒径的粗集料配制混凝土，可减少用水量，节约水泥用量，降低混凝土的水化热、干缩和徐变，并可提高混凝土的强度与耐久性。对中低强度的混凝土，应尽量选择最大粒径较大的粗集料，但一般也不宜超过37.5mm（混凝土强度较低时可适当放宽），因这时，由于减少用水量获得的强度提高，被大粒径集料造成的界面黏结减弱和内部结构不均匀性所抵消。同时，最大粒径还受到混凝土结构截面尺寸和钢筋净距等的限制。对于路面和桥面混凝土，混凝土的抗折强度随最大粒径的增加而减小。因此，《公路水泥混凝土路面施工技术规范》(JTG F30—2003) 规定：碎石的最大公称粒径不宜大于31.5mm、碎卵石的最大公称粒径不宜大于26.5mm、卵石的最大公称粒径不宜大于19mm、贫混凝土基层粗集料的最大公称粒径不宜大于31.5mm、钢纤维混凝土与碾压混凝土粗集料的最大公称粒径不宜大于19mm。

当粗集料级配或最大粒径不符合要求时，应进行调整。方法是将两种或两种以上最大粒径与级配不同的粗集料按适当比例混合试配，直至符合要求。

3. 有害物质含量

(1) 含泥量及泥块含量

含泥量是砂、碎石或砾石中小于75μm的颗粒含量；砂的泥块含量是砂中原粒径大于1.18mm，经水浸洗、手捏后小于600μm的颗粒含量；粗集料的泥块含量是碎石或砾石中原粒径大于4.75mm，经水浸洗、手捏后小于2.36mm的颗粒含量。

根据《公路工程集料试验规程》(JTG E42—2005 T 0310—2005)，测定粗集料含泥量的试验步骤为：试样烘干称重 m_0，浸水24h，用手在水中淘洗颗粒（或用毛刷洗刷），使尘屑、黏土与较粗颗粒分开，并使之悬浮于水中；将浑浊液倒入1.18mm及0.075mm的套筛上，滤去小于0.075mm的颗粒。再次加水于容器中，重复上述步骤，直到洗出的水清澈为止。用水冲洗余留在筛上的细粒，并将0.075mm筛放在水中来回摇动，以充分洗除小于0.075mm的颗粒。而后将两只筛上余留的颗粒和容器中已经洗净的试样一并装入浅盘，烘干、冷却至室温后，称取试样的质量 m_1。碎石或砾石的含泥量计算见式1-14a：

$$Q_n = \frac{m_0 - m_1}{m_0} \times 100\% \tag{1-14a}$$

式中 Q_n——碎石或砾石的含泥量，%；

m_0——试验前烘干试样质量，g；

m_1——试验后烘干试样质量，g。

根据《公路工程集料试验规程》(JTG E42—2005 T 0310—2005)，测定粗集料泥块含量的试验步骤为：试样烘干至恒重，过4.75mm筛，称出筛上试样质量 m_2。试样浸水，24h后将水放掉，用手捻压泥块，然后将试样放在2.36mm筛上用水冲洗，直至洗出的水清澈为止。取出2.36mm筛上试样，烘干、冷却后称量 m_3。碎石或砾石中泥块含量计算见式1-14b：

$$Q_k = \frac{m_2 - m_3}{m_2} \times 100\% \tag{1-14b}$$

式中 Q_k——碎石或砾石中黏土泥块含量，%；

m_2——4.75mm筛的筛余量，g；

m_3——试验后烘干试样质量，g。

混凝土和混合料中，泥常包覆在集料的表面，大大降低了集料与基体间的界面黏结力，使混凝土和混合料强度降低；同时泥的比表面积大，含量多时会降低拌合物流动性，或增加拌合用水量和水泥用量，从而增大混凝土的干缩与徐变，并使混凝土的耐久性降低。泥块对混凝土和混合料性质的影响与泥基本相同，但害处更大。因此，不同规范中根据集料的级别、混凝土和混合料的工程应用情况（例如混凝土强度等级、道路等级、是否有抗冻和抗渗要求等），对集料的含泥量和泥块含量做出限制。

(2) 针、片状颗粒含量

针、片状颗粒指粗集料中细长的针状颗粒与扁平的片状颗粒。当颗粒形状的诸方向中的最小厚度（或直径）与最大长度（或宽度）的尺寸之比小于规定比例时，属于针、片状颗粒。

《建筑用卵石、碎石》(GB/T 14685—2001) 定义：颗粒长度大于该颗粒所属粒级的平均粒径2.4倍者称为针状颗粒，颗粒厚度小于平均粒径的0.4倍者称为片状颗粒（平均粒径是指该粒级上下限粒径的平均值）。

根据《公路工程集料试验规程》(JTG E42—2005)，测定粗集料针、片状颗粒含量的方法有规准仪法和游标卡尺法。

规准仪法使用专用规准仪测定，适用于测定水泥混凝土使用的4.75mm以上的粗集料的针状及片状颗粒含量。游标卡尺法是用游标卡尺测定粗集料颗粒的最大长度（或宽度）方向与最小厚度（或直径）方向的尺寸之比大于3倍的颗粒。针、片状颗粒含量见式1-15：

$$Q_e = \frac{m_1}{m_0} \times 100\% \tag{1-15}$$

式中 Q_e——试样的针、片状颗粒含量，%；

m_1——试样中所含针状颗粒与片状颗粒的总质量，g；

m_0——试样总质量，g。

针、片状集料的比表面积与空隙率较大，且内摩擦力大，受力时易折断，对混凝土和混合料的抗折强度比抗压强度影响更大。粗集料针、片状颗粒含量高时，会显著增加混凝土的用水量、水泥用量及混凝土的干缩与徐变，降低混凝土拌合物的流动性及混凝土的强度与耐久性。此外，针、片状颗粒还影响混凝土的铺摊效果和平整度。粗集料中针片状颗粒的含量，可用于评价集料的形状和抗压碎能力，以评定石料生产厂的生产水平及该材料在工程中的适用性。《建筑用卵石、碎石》(GB/T 14685—2001)、《公路沥青路面施工技术规范》(JTG F40—2004) 和《公路水泥混凝土路面施工技术规范》(JTG F30—2003) 均对要求粗集料的针、片状颗粒含量提出了限制要求。

4. 坚固性

坚固性也称安定性，是指集料在自然风化和其他外界物理化学因素作用下抵抗碎裂的能力。集料长期受到各种自然因素的综合作用，其物理力学性能会逐渐下降。自然因素主要包括温度变化、干湿变化和冻融循环等，其中冻融循环的破坏作用占主导地位。

《公路工程集料试验规程》(JTG E42—2005) 规定，坚固性的检验采用硫酸盐浸泡法：试样经饱和硫酸钠溶液多次浸泡与烘干循环，承受硫酸钠结晶压，检验5次循环后试样的表面破坏情况，并用质量损失百分率来评价其坚固性。

在严寒及寒冷地区室外使用，并处于潮湿或干湿交替状态下，以及有抗疲劳、耐磨、抗冲击要求，或有腐蚀介质作用，或受冰冻与盐冻作用，或经常处于水位变化区的地下结构混凝土和混合料，对所用集料的坚固性有着更加严格的要求。此外，由于集料的孔隙率和吸水率大小与坚固性好坏有着密切的关系，因此，当有抗冻性和抗盐冻性要求时，为保证集料的坚固性，对集料的吸水率也有相应的要求。

5. 碱活性

集料中含有活性氧化硅时，它会与水泥和外加剂中超量的碱发生碱-集料反应，使混凝土体积膨胀，最终导致混凝土胀裂，失去强度、弹性模量和耐久性。对重要工程混凝土使用的集料，应进行碱活性检验。经检验判断有潜在危害时，不宜作混凝土的集料，如必须使用，应采取适当措施后方可使用。采取的措施包括限制水泥的总碱含量、掺加适量的活性矿物掺合料、掺加专门的碱-集料反应抑制剂等。

《公路工程集料试验规程》(CJTG E42—2005）规定，粗集料的碱活性检验方法有岩相法和砂浆长度法。岩相法是通过肉眼和显微镜观察，鉴定各种砂、石料的种类和矿物成分，从而检验各种集料中是否含有活性矿物；砂浆长度法是通过测定水泥砂浆试件的长度变化，以鉴定水泥中碱与活性集料间反应所引起的膨胀是否具有潜在危害。另外，《公路工程集料试验规程》中的“抑制集料碱活性效能试验”可以用来评定矿物混合材对高碱硅酸盐水泥与高活性集料反应引起过量膨胀的抑制效能。

6. 路用粗集料的力学性质

（1）抗压碎能力（压碎值）

粗集料在混凝土和混合料中起着骨架作用，集料的强度直接影响混凝土和混合料的强度以及变形性能。压碎值是集料在连续增加的荷载下抵抗压碎的能力，压碎值越大，粗集料的强度越小。压碎值是反映粗集料强度的相对指标，在粗集料的抗压强度不便测定时，常用来评价粗集料的力学性能。

根据《公路工程集料试验规程》(JTG E42—2005 T 0316—2005)，粗集料压碎值的测定方法为：一定粒径（9.5～13.2mm）的风干集料试样，在规定的条件下加荷施压后，用2.36mm的标准筛筛分经压碎的全部试样，称取通过2.36mm筛孔的全部细料质量。压碎值的计算见式1-16：

$$Q_a = \frac{m_1}{m_0} \times 100\% \tag{1-16}$$

式中 Q_a——石料压碎值，%；

m_1——试验前试样质量，g；

m_0——试验后通过2.36mm筛孔的细料质量，g。

（2）抗磨耗性（磨耗损失、磨耗值AAV）

抗磨耗性反映了石料抵抗磨耗作用的能力，是路用粗集料的重要力学指标，与集料的抗压碎性能有良好的相关性。根据《公路工程集料试验规程》(JTG E42—2005)，粗集料抗磨耗性的测定方法有洛杉矶法、道瑞法和狄法尔法。

① 洛杉矶法

《公路工程集料试验规程》(JTG E42—2005 T 0317—2005）“粗集料磨耗试验（洛杉矶法)”是测定标准条件下粗集料抵抗摩擦、撞击的能力，以磨耗损失表示。该方法适用于各种等级规格集料以及岩石的磨耗性测定。

试验主要仪器为洛杉矶磨耗试验机，是由一个直径710±5mm、内侧长510±5mm、两端封闭的圆鼓和鼓中搁板所组成。选择一定粒级类别的集料试样加入磨耗鼓，同时加入相应个数和总质量的直径为46.8mm的钢球，以30～33r/min的转速转动至要求的回转次数后停止。取出试样，用1.7mm方孔筛筛去试样中被撞击磨碎的细屑，用水冲干净留在筛上的碎石，烘干至恒重后，称量m_2。洛杉矶磨耗值的计算见式1-17：

$$Q=\frac{m_1-m_2}{m_1}\times 100\% \tag{1-17}$$

式中　Q——洛杉矶磨耗损失,%；

m_1——装入圆筒中试样质量，g；

m_2——试验后在1.7mm筛上洗净烘干的试样质量，g。

② 道瑞法

《公路工程集料试验规程》(JTG E42—2005 T 0323—2000）“粗集料磨耗试验（道瑞试验)”用于评定公路路面表层所用粗集料抵抗车轮撞击及磨耗的能力，以磨耗值AAV表示，磨耗值越高，表明集料的耐磨性越差。

试验主要仪器为道瑞磨耗试验机，主要由直径不小于600mm的经过加工的圆形铸铁或钢研磨平板组成，圆平板（转盘）能以28～30r/min的速度作水平旋转。选取粒径为9.5～13.2mm（方孔筛）的集料试样，单层排放在试模内（试模中应排放尽可能多的粒料，集料颗粒须具有代表性，且不得少于24粒)，集料颗粒间空隙用细砂充填，再用环氧树脂砂浆填充密实。常温下养护24h后拆模，称量试样质量m_1。将符合要求的研磨石英砂（磨料）装入试验机附带的溜砂装置和砂的清除及收集装置上（该装置能以一定的速率将石英砂连续不断地撒布在试件前面的转盘上，在通过试件之后再将砂清除并重新收集起来，重复使用数次，直至整个试验完成时废弃)。将2块试件分别放入2个托盘内，再放入磨耗机（2块试件径向相对，集料裸露面朝向转盘)，然后将相应的配重放在试件上，使试件、托盘和配重的总质量为2000±10g，以保证试件对转盘表面的压力可以使试件受磨时被固定。转盘旋转500转后，取出试件，刷净残砂，准确称出试件质量m_2。道瑞计算磨耗值见式1-18：

$$AAV=\frac{3(m_1-m_2)}{\rho_s}\times 100\% \tag{1-18}$$

式中　AAV——集料的道瑞磨耗值,%；

m_1——磨耗前试件的质量，g；

m_2——磨耗后试件的质量，g；

ρ_s——集料表干密度，g/cm^3。

集料磨耗值越高，表明集料的耐磨性越差。

(3) 抗冲击性（冲击值AIV)

集料抵抗多次连续重复冲击荷载作用的性能，称为抗冲击性。《公路工程集料试验规程》(JTG E42—2005 T 0322—2000）规定，粗集料的抗冲击性能用冲击值来表征。试验方法是：选取粒径为9.5～13.2mm（方孔筛）的集料试样，按规定的方法分三次盛满量筒，称量量筒中集料的质量m。将称好的集料倒入冲击试验仪底座上的金属冲击杯中，初步压实。冲击锤沿导杆自380±5mm处自由落下连续锤击集料15次。将试验后的集料在2.36mm的筛上筛分并称量筛上及筛下的石屑质量m_1、m_2。抗冲击性的计算见式1-19：

$$AIV=\frac{m_2}{m}\times 100\% \tag{1-19}$$

式中　AIV——集料的冲击值,%；

m_2——冲击破碎后通过 2.36mm 筛孔的试样质量，g；

m——试样总质量，g。

（4）抗磨光性（磨光值 PSV）

现代高速交通的行车条件对路面的抗滑性提出了更高的要求。作为路面用的集料，在车辆轮胎的作用下，不仅要求具有较高的抗磨耗性，而且要求具有高的抗磨光性。《公路工程集料试验规程》(JTG E42—2005 T 0321—2005）规定，粗集料的抗磨光性用磨光值来表征。粗集料磨光值试验是利用加速磨光机磨光集料，用摆式摩擦系数测定仪测定集料经磨光后的摩擦系数值，以 PSV 来表示。集料磨光值是关系到一种集料能否用于沥青路面抗滑磨耗层的重要决定性指标，磨光值愈高，表示粗集料抗滑性愈好。磨光值试验试件的制作与粗集料磨耗试验（道瑞试验）类似。

7. 集料与沥青的黏附性（集料碱值）

在路桥建筑中，各种矿质集料是与结合料（水泥或沥青）组成混合料而使用于结构物中的。因此，除了集料本身的技术性质以外，矿质集料在混合料中与结合料之间的相互作用，很大程度地影响着混合料的物理力学性质。其中，集料与沥青的黏附性是沥青混合料一项重要的路用化学性能指标。

根据克罗斯的分类法，岩石化学组成中 SiO_2 质量分数大于 65% 的岩石称为酸性岩石，SiO_2 质量分数为 52% ~65% 的岩石称为中性岩石，SiO_2 质量分数小于 52% 的岩石称为碱性岩石。从碱性、中性直至酸性岩石，随着母岩化学组成中 SiO_2 含量的增加，由岩石加工而成的集料与沥青间的黏附性呈降低趋势。因此，可以通过对集料碱性的定量测定来反映集料与沥青间的黏附性。《公路工程集料试验规程》(JTG E42—2005 T 0347—2000）规定采用集料碱值试验来评价集料与沥青的黏附性。将集料试样清洗后烘干、破碎、研磨粉碎，过 0.075mm 筛，称取石粉 2 ±0.0002g，置于圆底烧瓶中。向烧瓶中加入 0.25mol/L 浓度的硫酸标准溶液 100mL，随后放入 130℃ 的油浴锅中回流 30min，冷却至室温。用精密酸度计测定上层清液中氧离子浓度 N_1。称取 2 ±0.0002g 的分析纯碳酸钙粉末，置于另一个圆底烧瓶中，按上述完全相同的步骤，测定氢离子浓度 N_2。集料的碱值计算见式 1-20：

$$C=\frac{N_0-N_1}{N_0-N_2} \tag{1-20}$$

式中　C——集料的碱值；

N_0——硫酸标准溶液的氢离子浓度；

N_1——检测集料与硫酸反应后的清液的氢离子浓度；

N_2——纯碳酸钙与硫酸反应后的清液的氢离子浓度。

该方法的基本原理是：不同集料的碱性不同，接受质子的能力不同，消耗掉的氢离子浓度也是不相同的，以分析纯的碳酸钙作为基准，测定集料与基准状态下消耗的氢离子浓度的比值，作为集料的碱值。

为保证沥青混合料的强度，在选择集料时应优先考虑采用碱性母岩集料，受当地条件限制必须采用酸性母岩集料时，宜掺加消石灰、水泥或用饱和石灰水处理后使用，必要时可同时在沥青中掺加耐热、耐水、长期性能好的抗剥落剂，也可以采用改性沥青来提高沥青与集料的黏附性。

（二）细集料的技术性质

工程中常用的细集料主要有天然砂和人工砂。

天然砂是由天然岩石经自然风化、水流搬运和分选、堆积形成的粒径小于4.75mm岩石颗粒，但不包括软质岩石、风化岩石的颗粒。按其产源不同，天然砂可分为河砂、湖砂、淡化海砂及山砂。河砂、湖砂和海砂由于长期受水流的冲刷作用，颗粒表面比较圆滑、洁净，且产源较广。海砂中常含有碎贝壳及可溶盐等有害杂质，山砂是岩体风化后在山涧堆积下来的岩石碎屑，其颗粒多具棱角，表面粗糙，砂中含泥量及有机杂质等有害物质较多。在天然砂中，河砂的综合性质最好，是工程中用量最多的细集料，特别是河砂的耐磨性较高，在特重、重交通混凝土路面中广泛使用。

人工砂是经除土处理的机制砂和混合砂的统称。机制砂是将天然岩石用机械破碎、筛分后制成的颗粒，其颗粒富有棱角，比较洁净，但片状颗粒及细粉含量较多，且成本较高，一般仅在缺乏天然砂时才使用。混合砂是由机制砂和天然砂混合而成，当仅靠天然砂不能满足用量需求时，可采用混合砂。

细集料的技术性质主要包括细集料的密度（真实密度、毛体积密度、表干密度、表观密度、堆积密度、紧装密度）、吸水率与含水率、颗粒级配与粗细程度、有害物质含量（泥和泥块、有机质、云母、轻物质、硫化物和硫酸盐等）、坚固性、棱角性、抗压碎能力（压碎指标）。其中，物理常数、有害物质含量、坚固性和抗压碎能力等性质的含义、试验原理和方法以及结果的计算与粗集料类似，依据的标准是《公路工程集料试验规程》(JTG E42—2005)，详见该标准中粗集料技术性质。这里只介绍细集料的颗粒级配、粗细程度和棱角性。

1. 颗粒级配与粗细程度

根据《公路工程集料试验规程》(JTG E42—2005 T 0327—2005)，测定细集料的颗粒级配及粗细程度，对水泥混凝土用细集料可采用干筛法，如果需要也可采用水洗法筛分；对沥青混合料及基层用细集料必须用水洗法筛分。

干筛法试验步骤：称取烘干试样约500g，在一整套标准筛上进行筛分，分别求出试样存留在各筛上的质量，然后计算其级配的有关参数。

水洗法试验步骤：称取烘干试样约500g（m_1），用洁净水将集料表面洗涤干净，使细粉悬浮在水中，然后用1.18mm筛及0.075mm筛组成套筛将集料中混有的小于0.075mm的细粉颗粒滤出。称量水洗后集料试样的烘干质量（m_2），m_1与m_2之差即为小于0.075mm的筛底部分。再进行筛分（方法同干筛法），然后计算其级配有关参数。

（1）分计筛余百分率

各号筛的分计筛余百分率为各号筛上的筛余量除以试样总量的百分率（式1-21a）。

$$a_i = \frac{m_i}{M} \times 100\% \tag{1-21a}$$

式中 a_i——各号筛的分计筛余百分率，%；

m_i——存留在某号筛上的质量，g；

M——试样的总质量，g。

(2) 累计筛余百分率

各号筛的累计筛余百分率为该号筛及大于该号筛的各号筛的分计筛余百分率之和（式1-21b）。

$$A_i = a_1 + a_2 + \cdots + a_i \tag{1-21b}$$

式中　A_i——各号筛的累计筛余百分率,%；

a_1，a_2，…，a_i——从4.75mm，2.36mm……至计算的某号筛的分计筛余（方孔筛）,%。

(3) 通过百分率

各号筛的质量通过百分率 P_i 等于100%减去该号筛的累计筛余百分率（式1-21c）。

$$P_i = 100\% - A_i \tag{1-21c}$$

(4) 细度模数

砂是不同粒径颗粒的混合体，砂的粗细是指砂粒混合后的平均粗细程度。天然砂的粗细程度通常用细度模数表示，根据筛分试验中各筛的累计筛余百分率可以计算天然砂的细度模数（式1-22）。

$$M_X = \frac{(A_{0.15} + A_{0.3} + A_{0.6} + A_{1.18} + A_{2.36}) - 5A_{4.75}}{100 - A_{4.75}} \tag{1-22}$$

式中　M_X——砂的细度模数；

$A_{0.15} \sim A_{4.75}$——分别为0.15～4.75mm各筛上的累计筛余百分率,%。

细度模数越大，表示细集料越粗。《建筑用砂》(GB/T 14684—2001）将砂按细度模数分为三级：$M_X = 3.7 \sim 3.1$ 为粗砂；$M_X = 3.0 \sim 2.3$ 为中砂；$M_X = 2.2 \sim 1.6$ 为细砂。

对于水泥混凝土，砂越粗，则比表面积越小，包裹砂表面所需的用水量和水泥浆用量就越少。因此，采用粗砂配制混凝土，可减少拌合用水量，节约水泥用量，降低水化热，减少混凝土的干缩与徐变；若保证用水量不变，则可提高混凝土拌合物的流动性；若保证混凝土拌合物的流动性和水泥用量不变，则可减少用水量，从而可提高混凝土的强度。因而，工程中应优先使用中砂或粗砂，当使用细砂时，应采取一些相应的技术措施。但是应该注意，砂过粗时，由于粗颗粒砂对石子的黏聚力较低，会引起混凝土拌合物的离析、分层，且拌合物内摩擦大，不易振捣成型。对路面和桥面工程用天然砂宜为中砂，也可使用细度模数为2.0～3.5的砂，而细砂会降低路面的耐磨性和抗滑性，不宜选用。另外，《公路水泥混凝土路面技术施工规范》(JTG F30—2003）规定，同一配比用砂的细度模数变化范围不应超过0.3，否则应分别堆放，并调整配合比中的砂率（砂占砂石总量的百分比）后使用。

(5) 级配区

细度模数只能用于划分砂的粗细程度，并不能反映砂的级配优劣，细度模数相同的砂，其级配不一定相同。级配好的砂应是大颗粒砂的空隙被中等颗粒砂所填充，而中等颗粒砂的空隙被小颗粒砂所填充，依次填充可使集料的空隙率最小。级配良好的砂可减少混凝土拌合物的水泥浆用量，节约水泥，提高混凝土拌合物的流动性和黏聚性，并可提高混凝土的密实度及混凝土的强度和耐久性。

以累计筛余百分率为纵坐标，以筛孔尺寸为横坐标，可以绘制级配曲线来判断表示砂颗粒级配情况。根据《建筑用砂》(GB/T 14684—2001)，M_X 在 3.7～1.6 的普通混凝土用砂，根据 0.63mm 筛孔的累计筛余量划分为三个级配区（表 1-3，图 1-4），混凝土用砂的级配应符合表 1-3 中任何一个级配区所规定的级配范围。

表 1-3 砂的分区及级配范围

筛孔尺寸（mm）	各级配区累计筛余（%）		
	Ⅰ区	Ⅱ区	Ⅲ区
9.5	0	0	0
4.75	10～0	10～0	10～0
2.36	35～5	25～0	15～0
1.18	65～35	50～10	25～0
0.6	85～71	70～41	40～16
0.3	95～80	92～70	85～55
0.15	100～90	100～90	100～90

注：砂的实际颗粒级配，除 4.75mm 和 0.6mm 筛档外，可以略有超出，但超出总量应小于 5%。

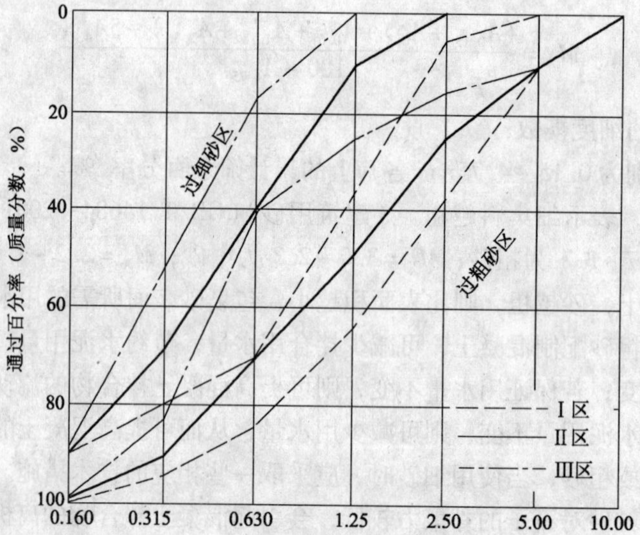

图 1-4 砂的级配区曲线

从表 1-3 可以看出：Ⅰ区砂粒较粗，混凝土拌合物保水性较差，适宜配制水泥用量多的混凝土和低流动性混凝土；Ⅱ区为一般常用砂，粗细程度适中；Ⅲ区砂粒较细，混凝土拌合物保水性好，但干缩较大。通过对图 1-4 观察，砂的筛分曲线是否完全落在三个级配区的任一区内，即可判定该砂级配的合格性。同时也可根据筛分曲线情况大致判断砂的粗细程度，当筛分曲线偏向右下方时，表示砂较粗，筛分曲线偏向左上方时，表示砂较细。当砂的自然级配不符合级配区要求时，应进行调整。方法是将粗、细不同的两种砂按适当比例混合试配，直至级配合格。

2. 棱角性

细集料的表面粗糙程度对于沥青混合料中细集料与沥青的黏附性、内摩擦角、抗流动变形性能以及高温抗车辙能力有重要的影响，同时对于新拌水泥混凝土的和易性也有影响。《公路工程集料试验规程》（JTG E42—2005）以棱角性来评价用于路面的天然砂、人工砂、石屑等细集料颗粒的表面构造和粗糙度，预测细集料对沥青混合料的内摩擦角和抗流动变形性能的影响。试验方法包括间隙率法和流动时间法。

（1）间隙率法

间隙率法以细集料的间隙率作为棱角性指标，间隙率越大，意味着有较大的内摩擦擦角，球状颗粒少，细集料的表面构造粗糙。

试验主要仪器是细集料棱角性测定仪：如图 1-5 所示，上部为容积不少于 250mL 的圆筒形容量瓶，下面接一个高 38mm 的倒圆锥筒漏斗，漏斗流出孔开口直径 12.7 ±0.6mm。测定仪下方放置一个 100mL 的铜制接受容器。

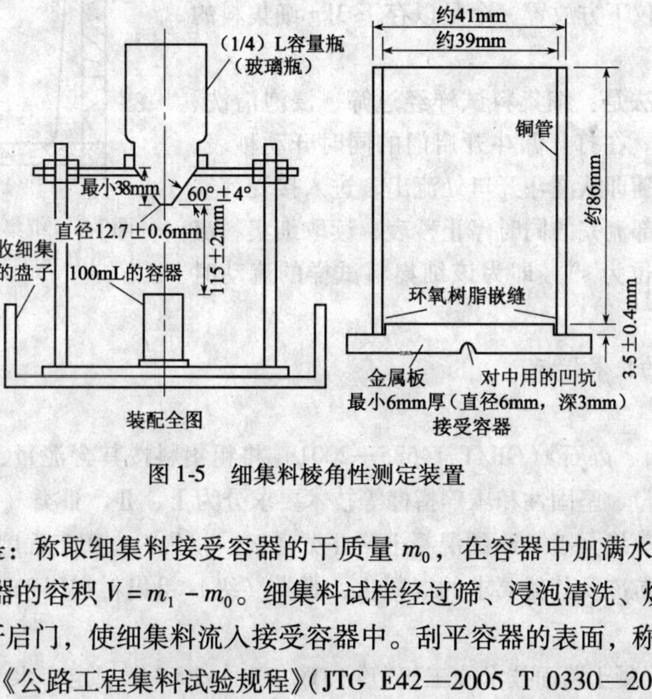

图 1-5　细集料棱角性测定装置

具体试验方法是：称取细集料接受容器的干质量 m_0，在容器中加满水，称取圆筒加水的质量 m_1，标定容器的容积 $V=m_1-m_0$。细集料试样经过筛、浸泡清洗、烘干后倒入漏斗。打开漏斗流出孔的开启门，使细集料流入接受容器中。刮平容器的表面，称取容器与细集料的总质量 m_2。根据《公路工程集料试验规程》（JTG E42—2005 T 0330—2005）测定试样毛体积相对密度 γ_b，计算容器中细集料的松装密度（式 1-23a）和间隙率（式 1-23b），间隙率即为细集料的棱角性。

$$\gamma_{fa}=\frac{m_2-m_0}{m_1-m_0} \tag{1-23a}$$

$$U=\left(1-\frac{\gamma_{fa}}{\gamma_b}\right)\times 100 \tag{1-23b}$$

式中　γ_{fa}——细集料的松装相对密度；

m_0——容器空时的质量，g；

m_1——容器与水的总质量，g；

m_2——容器与细集料的总质量，g；

U——细集料的间隙率，即棱角性，%；

γ_b——细集料的毛体积相对密度。

(2) 流动时间法

流动时间法是测定一定体积的细集料（机制砂、石屑、天然砂）全部通过标准漏斗所需要的流动时间，以此表征细集料的棱角性。

试验主要仪器是细集料流动时间测定仪：如图 1-6 所示，上部为直径 90mm，高 125mm 的金属圆筒，下部为可更换的开口 60°的金属或硬质塑料漏斗，其流出孔直径有两种可更换的规格 12mm 或 16mm，上部由螺纹与圆筒连接成一整体，漏斗下方有一个可以左右转动的开启挡板。测定仪下方放置一个足以存下 3kg 细集料的容器。

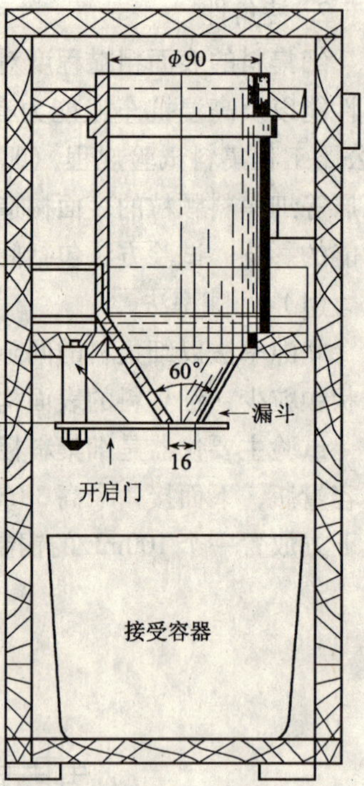

图 1-6　细集料流动时间测定仪
（流出孔径可更换，尺寸单位：mm）

具体试验方法是：细集料试样经过筛、浸泡清洗、烘干后倒入漏斗。在打开漏斗开启门的同时开动秒表。漏斗中的细集料随即从漏斗开口处流出，进入接受容器中。在细集料全部流完的同时停止秒表，读取细集料流出的时间 S（单位为 s），即为该细集料试样的流动时间。

（三）集料的技术指标

1. 粗集料

《建筑用卵石、碎石》(GB/T 14685—2001) 将粗集料按其含泥量、泥块含量、针片状含量、有害物含量、坚固性和压碎指标等技术要求分为Ⅰ、Ⅱ、Ⅲ类（级）。Ⅰ类（级）粗集料宜用于强度等级大于 C60 的混凝土，Ⅱ类（级）粗集料宜用于强度等级 C30 ~ C60 的混凝土和有抗渗、抗冻及其他要求的混凝土，Ⅲ类（级）粗集料宜用于强度等级小于 C30 的混凝土。

《公路水泥混凝土路面技术施工规范》(JTG F30—2003) 规定，水泥混凝土路面工程用粗集料的技术指标应符合表 1-4 的要求。

表 1-4　水泥混凝土用粗集料质量技术要求

项　　目	技术要求		
	Ⅰ级	Ⅱ级	Ⅲ级
碎石压碎指标（%）	<10	<15	<20①
卵石压碎指标（%）	<12	<14	<16
坚固性（%）	<5	<8	<12
针片状颗粒含量（%）	<5	<15	<20②
含泥量（%）	<0.5	<1.0	<1.5
泥块含量（%）	<0	<0.2	<0.5

续表

项目	技术要求		
	Ⅰ级	Ⅱ级	Ⅲ级
有机物含量（比色法）	合格	合格	合格
硫化物及硫酸盐［以 SO_3 质量计（%）］	<0.5	<1.0	<1.0
岩石抗压强度	火成岩≥100MPa，变质岩≥80MPa，水成岩≥60MPa		
表观密度（kg/m^3）	>2500		
松散堆积密度（kg/m^3）	>1350		
空隙率（%）	<47		
碱-集料反应	经碱-集料反应试验后，试件无裂缝、酥裂、胶体外溢等现象；在规定试验龄期的膨胀率<0.1%		

① Ⅲ级碎石的压碎指标，用做路面时<20%，用做下面层或基层时<25%；
② Ⅲ级粗集料的针片状颗粒含量，用做路面时<20%，用做下面层或基层时<25%。

高速公路、一级和二级公路及有抗（盐）冻要求的三、四级公路混凝土路面使用粗集料级别不低于Ⅱ级，无抗（盐）冻要求的三、四级公路混凝土路面、碾压混凝土及贫混凝土基层可使用Ⅲ级粗集料。有抗（盐）冻要求时，Ⅰ级集料吸水率不应大于1.0%；Ⅱ级集料吸水率不应大于2.0%。另外，碎卵石或卵石中粒径小于0.075mm的石粉含量不宜大于1%。

《公路沥青路面技术施工规范》(JTG F40—2004）规定，沥青路面工程用粗集料的技术指标应符合表1-5、表1-6的要求。

表1-5 沥青混合料用粗集料质量技术要求

指标	高速公路及一级公路		其他等级公路
	表面层	其他层次	
石料压碎值（%）	≤26	≤28	≤30
洛杉矶磨耗损失（%）	≤28	≤30	≤35
表观相对密度	≥2.60	≥2.50	≥2.45
吸水率（%）	≤2.0	≤3.0	≤3.0
坚固性（%）	≥12	≥12	—
针片状颗粒含量（%）	≤15	≤18	≤20
其中粒径大于9.5mm（%）	≤12	≤15	—
其中粒径小于9.5mm（%）	≤18	≤20	—
水洗法<0.075mm颗粒含量（%）	≤1	≤1	≤1
软石含量（%）	≤3	≤5	≤5

表1-6 粗集料与沥青的黏附性、磨光值的技术要求

雨量气候区	1（潮湿区）	2（湿润区）	3（半干区）	4（干旱区）
年降雨量（mm）	>1000	1000~500	500~250	<250
粗集料的磨光值PSV，不小于高速公路和一级公路表面层	42	40	38	36
粗集料与沥青的黏附性，不小于高速公路和一级公路表面层	5	4	4	3
高速公路和一级公路其他层次及其他等级公路的各个层次	4	4	3	3

《公路工程集料试验规程》(JTG E42—2005 T 0346—2000) 破碎砾石含量试验，是测定砾石经破碎机破碎后，具有要求数量（一个或两个）破碎面的粗集料占粗集料总量的比例。我国规范一直对破碎砾石的破碎面有要求，这是一个类似于细集料“棱角性”的指标，用以反映破碎砾石的粗糙度。《公路沥青路面技术施工规范》(JTG F40—2004) 规定：应采用粒径大于50mm、含泥量不大于1%的砾石轧制成破碎砾石，破碎砾石的破碎面应符合表1-7的要求。

表1-7 粗集料对破碎面的要求

路面部位或混合料类型		具有一定数量破碎面颗粒的含量（%）	
		1个破碎面	2个或2个以上破碎面
沥青路面表面层 高速公路和一级公路 其他等级公路	 不小于 不小于	 100 80	 90 60
沥青路面中下面层、基层 高速公路和一级公路 其他等级公路	 不小于 不小于	 90 70	 80 50
SMA混合料	不小于	100	90
贯入式路面	不小于	80	60

2. 细集料

《建筑用砂》(GB/T 14684—2001) 将细集料按其含泥量、泥块含量、石粉含量、有害物含量、坚固性和压碎指标等技术要求分为Ⅰ、Ⅱ、Ⅲ类（级）。Ⅰ类细集料宜用于强度等级大于C60的混凝土，Ⅱ类细集料宜用于强度等级C30～C60的混凝土和有抗渗、抗冻及其他要求的混凝土，Ⅲ类细集料宜用于强度等级小于C30的混凝土和建筑砂浆。

《公路水泥混凝土路面技术施工规范》(JTG F30—2003) 规定，水泥混凝土路面工程用细集料的技术指标应符合表1-8的要求。

表1-8 水泥混凝土用细集料质量技术要求

项目	技术要求		
	Ⅰ级	Ⅱ级	Ⅲ级
机制砂单粒级最大压碎指标（%）	<20	<25	<30
氯化物［氯离子质量计（%）］	<0.01	<0.02	<0.06
坚固性（%）	<6	<8	<10
云母［按质量计（%）］	<1.0	<2.0	<2.0
天然砂、机制砂含泥量（%）	<1.0	<2.0	<3.0①
天然砂、机制砂泥块含量（%）	<0	<1.0	<2.0
机制砂MB值<1.4或合格石粉含量［按质量计（%）］	<3.0	<5.0	<7.0
机制砂MB值≥1.4或不合格石粉含量［按质量计（%）］	<1.0	<3.0	<5.0
有机物含量（比色法）	合格	合格	合格
硫化物及硫酸盐［以 SO_3 质量计（%）］	<0.5	<0.5	<0.5

续表

项　　目	技术要求		
	Ⅰ级	Ⅱ级	Ⅲ级
轻物质［按质量计（%）］	<1.0	<1.0	<1.0
机制砂母岩抗压强度（MPa）	火成岩≥100，变质岩≥80，水成岩≥60		
表观密度（kg/m³）	>2500		
松散堆积密度（kg/m³）	>1350		
空隙率（%）	<47		
碱-集料反应	经碱-集料反应试验后，试件无裂缝、酥裂、胶体外溢等现象；在规定试验龄期的膨胀率<0.1%		

① 天然Ⅲ级砂用做路面时，含泥量<3%；用做贫混凝土基层时，含泥量可<5%。

高速公路、一级公路、二级公路及有抗（盐）冻要求的三、四级公路混凝土路面使用的砂应不低于Ⅱ级，无抗（盐）冻要求的三、四级公路混凝土路面、碾压混凝土及贫混凝土基层可使用Ⅲ级砂。特重、重交通混凝土路面宜使用河砂，砂的硅质含量不应低于25%。

《公路水泥混凝土路面技术施工规范》（JTG F30—2003）对海砂和机制砂的技术要求有以下规定：

（1）海砂

在河砂资源紧缺的沿海地区，二级及二级以下公路混凝土路面和基层可使用淡化海砂，使用时，其性能应满足规范要求；缩缝设传力杆的混凝土路面不宜使用淡化海砂；钢筋混凝土及钢纤维混凝土路面和桥面不得使用淡化海砂。淡化海砂使用时还应符合：引入单方混凝土中的含盐量不应大于1.0kg；甲壳类动物残留物含量不应大于1.0%；与河砂对比试验，淡化海砂应对砂浆磨光值、混凝土凝结时间、耐磨性、弯拉强度等无不利影响。

（2）机制砂

路面和桥面混凝土中使用机制砂时，其砂浆磨光值应大于35，不宜使用抗磨性较差的泥岩、页岩、板岩等水成岩类母岩品种生产机制砂。配制机制砂混凝土时，需同时掺加引气型高效减水剂。

《公路沥青路面技术施工规范》（JTG F40—2004）规定，沥青路面工程用细集料的技术指标应符合表1-9的要求。

表1-9　沥青混合料用细集料质量技术要求

指　　标	高速公路及一级公路	其他等级公路
表观相对密度	≥2.50	≥2.45
坚固性［大于0.3mm部分（%）］	≥12	—
含泥量［小于0.075mm部分（%）］	≤3	≤5
砂当量（%）	≥60	≥50
亚甲蓝值（g/kg）	≤2.5	—
棱角性［流动时间（s）］	≥30	—

第二节　矿质混合料的组成设计

矿质混合料是指大小不同粒径的几种集料混合在一起组成的集料混合料。矿质混合料的级配组成直接影响水泥混凝土或沥青混合料的强度、耐久性和施工和易性。因此，为了满足路用性能的要求，除了保证各种集料符合相应的技术要求外，还必须对矿质混合料进行组成设计。

矿质混合料的级配之所以对混合料性能产生影响，是因为矿质混合料的级配直接决定矿料的密实度和矿料颗粒间内摩阻力。

(1) 混合料中是以结合料（水泥或沥青）来填充集料的空隙并包裹集料的。集料空隙越大，填充集料颗粒空隙所需的结合料越多；集料的总表面积越大，包裹集料颗粒所需的结合料越多。从节约结合料的角度考虑，最好采用空隙较小，总表面积也较小的集料。

(2) 若各种粒径的集料颗粒在相互排列时，能够互相嵌锁又互相不干涉，形成紧密多级嵌挤的空间骨架结构，则集料颗粒间将具有最大的内摩阻力。

因此，矿质混合料组成设计的目的就是：根据工程实际使用的几种不同规格的集料，按一定的方法进行级配设计，组成具有最大密实度和最大摩擦力的矿质混合料。

矿质混合料组成设计的主要内容包括：级配理论和级配范围的确定以及基本组成的设计方法。

一、矿质混合料的级配理论

（一）级配类型

与前面讲到的粗集料的颗粒级配相似，各种不同粒径的集料按照一定的比例搭配，也可以形成不同级配组成的混合料。

1. 连续级配

连续级配是采用标准套筛对某一矿料进行筛分后，矿料的颗粒由大到小连续分布，每一级都占有适当的比例，所得级配曲线平顺圆滑，具有连续性。这种由大到小、逐级粒径均有、并按比例互相搭配组成的矿质混合料称为连续级配矿质混合料。

2. 间断级配

间断级配是在矿质混合料中剔除某一个或几个分级而形成的一种不连续的混合料，这种混合料称为间断级配矿质混合料。一般是剔除中间尺寸的颗粒，使得混合料中大粒径颗粒较好地发挥骨架作用，且有充足的小颗粒集料填充空隙。

间断级配主要是考虑减少集料空隙率，充分发挥矿料颗粒的骨架作用。实际应用中，由于缺少中间粒径，对水泥混凝土而言，采用间断级配的混合料易产生离析现象，因此，这种级配较适宜用于沥青混合料。

为了直观、形象地表示矿料各粒径的颗粒分布状况，常采用级配曲线的形式来描述矿料的级配。即以通过量的百分率为纵坐标，筛孔尺寸（即矿料的粒径）为横坐标，将各筛上的通过量绘制在坐标图中，然后用曲线将各点连接起来，得到级配曲线。不同级配类型的级配曲线如图 1-7 所示。

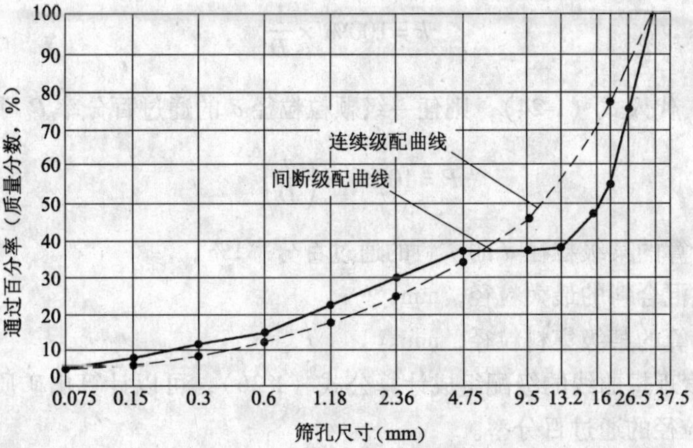

图 1-7　不同级配类型的级配曲线

（二）级配理论

目前常用的级配理论，主要有最大密度曲线理论和量子干涉理论。

最大密度曲线理论认为：固体颗粒按粒度大小，有规则地组合排列，粗细搭配，可以得到密度最大、空隙最小的混合料。当矿料级配曲线为抛物线时，所得矿料组成满足最大密实度的要求。最大密度曲线理论描述了连续级配的粒径分布，用于计算连续级配。

粒子干涉理论认为：不同粒径的固体颗粒组合在一起，要达到最大密实度，前一级颗粒之间的空隙，应由次一级颗粒所填充，剩余空隙再由更次一级颗粒填充。但填隙的颗粒粒径 d 不得大于其间隙的距离，否则大小颗粒之间势必发生干涉现象。为了避免干涉，大小粒子之间按一定数量分配，从临界干涉的情况下导出前一级颗粒间的距离 t，当处于临界干涉状态时，$t=d$，据此计算各级配参数。粒子干涉理论即可用于计算连续级配，也可计算间断级配。

根据粒子干涉理论提出的级配算法中大多只适用于各级粒径以 1/2 递减的情况，而我国沥青混合料常用级配统一按方孔筛划分，并不满足这一要求。因此，我国现有级配算法都是以最大密度曲线理论为基础发展而来。

1. 富勒理论——理想级配

最大密度曲线理论是富勒（Fuller）等人通过大量试验提出的一种理想曲线。初期研究的理想曲线是：细集料以下的颗粒级配为椭圆形曲线，粗集料为与椭圆相切的直线，由这两部分组成的级配曲线，可达到最大的密度。这种曲线计算比较繁杂，后来经过一系列研究改进，提出简化的"抛物线最大密度理想曲线"，最大密度曲线方程可表示为：

$$P^2 = kd \tag{1-24}$$

式中　P——各级颗粒粒径集料的通过百分率，%；

d——矿质混合料各级颗粒粒径，mm；

k——常数。

当粒径 d 等于集料最大粒径 D 时，矿质混合料的通过百分率 $P=100\%$，将此关系代入式（1-24）可得：

$$k = 100\% \times \frac{1}{D} \tag{1-25}$$

将式（1-25）代入式（1-24），则任一级颗粒粒径 d 的通过百分率 P 可按下式求得：

$$P = 100\% \times \left(\frac{d}{D}\right)^{0.5} \tag{1-26}$$

式中 P——欲计算的某级粒径 d 的矿料的通过百分率，%；

D——矿质混合料的最大粒径，mm；

d——欲计算的某级集料粒径，mm。

根据最大密度理想曲线的级配组成计算公式（1-26），可以计算出矿质混合料达到最大密度时各级颗粒粒径的通过百分率。

2. 泰波理论——级配范围

最大密度曲线是一种理论上的理想曲线，而实际工程中，由于矿料在轧制生产过程中的不均匀性以及混合料在配制时的波动误差等原因，所配制的混合料难以与理论级配完全吻合一致。因此，必须允许配料时的合成级配可以在适当的范围内波动，这个允许的波动范围就是“级配范围”。

基于这种思想，泰波（Tabol）将最大密度曲线方程修正为通式形式——最大密度曲线 n 次幂公式：

$$P = 100\% \times \left(\frac{d}{D}\right)^{n} \tag{1-27}$$

式中 P、d、D——意义同前式；

n——试验指数。

试验研究表明：$n = 0.3 \sim 0.6$ 时，矿质混合料具有较好的密实度。对于沥青混合料，$n = 0.45$ 时，不同级配的矿质混合料可获得最大密度。目前，级配组成计算公式：$P = 100 \times (d/D)^{0.45}$ 已经得到世界各国公认，在沥青混合料矿料级配设计中得到广泛的应用。

根据《公路工程沥青及沥青混合料试验规程》（JTJ 052—2000 T 0725），绘制级配曲线范围采用泰勒曲线标准画法：指数 $n = 0.45$，坐标采用半对数坐标。即横坐标（各颗粒粒径 d_i/筛孔尺寸）采用对数坐标 $y = 10^{0.45 \lg d_i}$，而纵坐标（通过百分率 P_i）用普通坐标。

为应用已有的研究成果和实践经验，通常是采用规范推荐的矿质混合料级配范围。实际级配合成操作时，只要得出的合成级配结果位于要求的级配范围之间，则认为该合成级配基本满足设计级配的要求。

二、矿质混合料的组成设计方法

天然或人工轧制的一种集料的级配往往很难完全符合某一种级配范围的要求，因此必须采用两种或两种以上的集料配合起来组成符合级配范围要求的矿质混合料。矿质混合料的组成设计就是根据实际工程中已有各种集料的级配参数（即筛分结果），按设计要求或技术规范要求的级配范围（即标准级配），确定组成混合料各集料的比例。

矿质混合料组成设计的方法很多，归纳起来主要可分为数解法与图解法两大类，这也是目前我国交通部部颁《公路沥青路面施工技术规范》（JTG F40—2004）和国家标准《沥青路面施工及验收规范》(GB 50092—96) 中推荐的沥青混凝土配比计算方法。

数解法中最常用的为试算法和正规方程法（或称线性规划法）：试算法用于 2 ~ 3 种矿料组成，要求矿料中某种粒径含量占优势；正规方程法是基于线性规划的一种计算机求解方法，通过设置规划求解中的约束条件计算出各种集料的用量。正规方程法可用于多种矿料组成，所得结果准确，但计算较为烦琐。

（一）数解法——试算法

1. 基本原理

试算法的基本原理：设有几种矿质集料，欲配制某种一定级配要求的混合料。在决定各组成集料在混合料中的比例时，首先假设混合料中某种粒径的颗粒是由某一种对这一粒径占优势的集料组成，而其他各种集料中不含有此粒径。然后根据各个主要粒径去试算各种集料在混合料中的大致比例。如果比例不合适再进行调整，逐步渐进，最终获得满足混合料级配要求的各集料的配合比例。

2. 基本方程

设有 A、B、C 三种集料，欲配制成级配为 M 的矿质混合料，进行矿质混合料组成设计的目的就是求 A、B、C 集料在混合料中的比例，即配合比。

设 A、B、C 三种集料在混合料 M 中的用量比例为 X、Y、Z，则：

$$X + Y + Z = 100 \tag{1-28}$$

再设混合料 M 中某一级粒径要求的含量（分计筛余百分率）为 $a_{M(i)}$，A、B、C 三种集料在原来级配中此粒径颗粒的含量（分计筛余百分率）分别为 $a_{A(i)}$、$a_{B(i)}$、$a_{C(i)}$，则：

$$a_{A(i)}X + a_{B(i)}Y + a_{C(i)}Z = a_{M(i)} \tag{1-29}$$

3. 计算步骤

(1) 计算 A 料在矿质混合料中的用量

在计算 A 料在混合料中的用量时，按 A 料在优势含量的某一粒径（i）计算，而忽略其他集料在此粒径的含量，即 B 料和 C 料在该粒径的含量 $a_{B(i)}$ 和 $a_{C(i)}$ 均等于零。由式（1-29）可得：

$$a_{A(i)}X = a_{M(i)}$$

则 A 料在混合料 M 中所占的比例为：

$$X = \frac{a_{M(i)}}{a_{A(i)}} \times 100\% \tag{1-30}$$

(2) 计算 C 料在矿质混合料中的用量

同理，在计算 C 料在混合料中的用量时，假设混合料 M 中某一粒径（j）的颗粒全部是由 C 料所组成，而忽略 A，B 集料在粒径（j）的含量，则 $a_{A(j)}$ 和 $a_{B(j)}$ 均等于零。由式（1-29）可得：

$$a_{C(j)}Z = a_{M(j)}$$

则 C 料在 M 中所占的比例为：

$$Z = \frac{a_{M(j)}}{a_{C(j)}} \times 100\% \tag{1-31}$$

(3) 计算 B 料在矿质混合料中的用量

由式（1-30）和式（1-31）求得 A 料和 C 料在混合料中的含量 X 和 Z，即可得 B 料在 M

中所占的比例为：

$$Y = 100 - (X + Z) \tag{1-32}$$

（4）校核调整

按以上计算的矿质混合料配合比，如经验算校核不在要求的级配范围内，应调整配合比重新计算和复核，经几次调整，逐步渐进，直到符合级配要求为止。如经数次调整仍不能达到要求，可掺加单粒级集料或调换其他原始集料。

【例题 1-1】

现有碎石、砂、矿粉三种集料，经筛分析后的分计筛余百分率结果列于表 1-10。要求将上述三种集料组配成符合《公路沥青路面设计规范》(JTG D50—2006）中细粒式沥青混合料 AC-13 级配要求（要求级配范围通过百分率见表 1-10）的矿质混合料。用试算法确定矿质混合料的配合比。

表 1-10 原材料的分计筛余百分率和混合料要求级配范围

筛孔尺寸 d_i（mm）	碎石分计筛余百分率 $a_{A(i)}$（%）	砂分计筛余百分率 $a_{B(i)}$（%）	矿粉分计筛余百分率 $a_{C(i)}$（%）	要求级配范围通过百分率 $P_{n1\sim n2}$（%）
16.0	0	—	—	100
13.2	10	—	—	90~100
9.5	38.8	—	—	68~85
4.75	44.7	1.9	—	38~68
2.36	6.5	18.3	—	24~50
1.18	—	22.2	—	15~38
0.6	—	19.8	—	10~28
0.3	—	17.4	—	7~20
0.15	—	10.8	—	5~15
0.075	—	8.6	7.9	4~8
<0.075	—	1.0	92.1	

【解】

（1）先将表 1-10 中矿质混合料要求级配范围通过百分率按中值换算为累计筛余百分率中值，再换算为分计筛余百分率中值，计算结果列于表 1-11。

表 1-11 原材料和混合料要求级配范围的分计筛余

筛孔尺寸 d_i（mm）	碎石分计筛余百分率 $a_{A(i)}$（%）	砂分计筛余百分率 $a_{B(i)}$（%）	矿粉分计筛余百分率 $a_{C(i)}$（%）	要求级配范围通过百分率中值（%）	要求级配范围累计筛余百分率中值 $A_{M(i)}$（%）	要求级配范围分计筛余百分率中值 $a_{M(i)}$（%）
16.0	0	—	—	100	0	0
13.2	10	—	—	95	5	5
9.5	38.9	—	—	76.5	23.5	18.5
4.75	44.7	1.9	—	53	47	23.5

续表

筛孔尺寸 d_i（mm）	碎石分计筛余百分率 $a_{A(i)}$（%）	砂分计筛余百分率 $a_{B(i)}$（%）	矿粉分计筛余百分率 $a_{C(i)}$（%）	要求级配范围通过百分率中值（%）	要求级配范围累计筛余百分率中值 $A_{M(i)}$（%）	要求级配范围分计筛余百分率中值 $a_{M(i)}$（%）
2.36	6.4	18.3	—	37	63	16
1.18	—	22.2	—	26.5	73.5	10.5
0.6	—	19.8	—	19	81	7.5
0.3	—	17.4	—	13.5	86.5	5.5
0.15	—	10.8	—	10	90	3.5
0.075	—	8.6	7.9	6	94	4
<0.075	—	1.0	92.1	—	100	6
合计	Σ=100	Σ=100	Σ=100			Σ=100

（2）计算碎石在混合料中所占的比例

由表1-10可知，碎石中4.75mm粒径颗粒含量占优势（分计筛余44.7%），假设混合料中4.75mm的粒径的颗粒全部由碎石提供，其他集料均不含这种粒径，由式（1-30）可得碎石在矿质混合料中所占的比例：

$$X=\frac{a_{M(4.75)}}{a_{A(4.75)}}\times100\%=\frac{23.5}{44.7}\times100\%=52.6\%$$

（3）计算矿粉在混合料中所占的比例

同理，由表1-10可知，矿粉中小于0.075mm粒径颗粒含量占优势（分计筛余92.1%），假设混合料中小于0.075mm粒径的颗粒全部由矿粉提供，其他集料均不含这种粒径，由式（1-31）可得矿粉在矿质混合料中所占的比例：

$$Z=\frac{a_{M(<0.075)}}{a_{C(<0.075)}}\times100\%=\frac{6}{92.1}\times100\%=6.5\%$$

（4）计算砂在混合料中所占的比例

由式（1-32）可得砂在矿质混合料中所占的比例：

$$Y=100-(X+Z)=[100-(52.6+6.5)]\%=40.9\%$$

（5）校核

根据以上计算得到矿质混合料的组成配合比为碎石 $X=52.6\%$，砂 $Y=40.9\%$，矿粉 $Z=6.5\%$。按表1-12进行校核。由校核结果可知，按上述组成配合比，矿质混合料的通过百分率均在标准级配范围内，符合《公路沥青路面设计规范》(JTG D50—2006）中AC-13沥青混凝土用矿料的级配要求。

如校核不符合标准或规定的级配要求，则应调整三种材料的配合比例，直至达到要求为止。如经几次调整，确实不能符合级配要求，应调整或增加集料种类。

表 1-12 矿质混合料组成计算和校核表

筛孔尺寸 d（mm）	碎石（%）			砂（%）			矿粉（%）			矿质混合料（%）			要求级配范围通过百分率 $P_{n1\sim n2}$（%）
	原分计筛余百分率 $a_{A(i)}$	用量比例 X	占混合料百分率 $a_{AM(i)}$	原分计筛余百分率 $a_{B(i)}$	用量比例 Y	占混合料百分率 $a_{BM(i)}$	原分计筛余百分率 $a_{C(i)}$	用量比例 Z	占混合料百分率 $a_{CM(i)}$	分计筛余百分率 $a_{M(i)}$	累计筛余百分率 $A_{M(i)}$	通过率 $P_{M(i)}$	
	1	2	3	4	5	6	7	8	9	10	11	12	13
	3 = 1 × 2			6 = 4 × 5			9 = 7 × 8			10 = 3 + 6 + 9			
16.0	0		0	—		—	—		—	0	0	100	100
13.2	10		5.3	—		—	—		—	5.3	5.3	94.7	90 ~ 100
9.5	38.8		20.4	—		—	—		—	20.5	25.7	74.3	68 ~ 85
4.75	44.7		23.5	1.9		0.8	—		—	24.3	50.0	50.0	38 ~ 68
2.36	6.5		3.4	18.3		7.5	—		—	10.9	60.9	39.1	24 ~ 50
1.18	—	52.6	—	22.2	40.9	9.1	—	6.5	—	9.1	69.9	30.1	15 ~ 38
0.6	—		—	19.8		8.1	—		—	8.1	78.0	22.0	10 ~ 28
0.3	—		—	17.4		7.1	—		—	7.1	85.2	14.8	7 ~ 20
0.15	—		—	10.8		4.4	—		—	4.4	89.6	10.4	5 ~ 15
0.075	—		—	8.6		3.5	7.9		0.5	4.0	93.6	6.4	4 ~ 8
<0.075	—		—	1.0		0.4	92.1		6.0	6.4	100.0	—	—
校核	Σ = 100		Σ = 52.6	Σ = 100		Σ = 40.9	Σ = 100		Σ = 6.5	Σ = 100			

（二）图解法——修正平衡面积法

图解法是根据解析几何的方法来求解，我国现行规范推荐采用的图解法为修正平衡面积法。这种方法适用于多种集料组成的矿料配合比设计，由三种以上的多种集料进行级配时，采用此方法进行设计十分方便。

图解法是采用一条直线来代替集料的级配曲线，以对角线作为要求级配曲线中值，这条直线使曲线左右两边的面积平衡（即相等），简化了曲线的复杂性。

图解法的计算步骤如下：

1. 绘制图解法坐标图

绘制一矩形框图：纵坐标为通过百分率，通常取10cm；横坐标为筛孔尺寸（或粒径），通常取15cm。连对角线 OO' 作为要求级配曲线中值（如图1-8所示）。

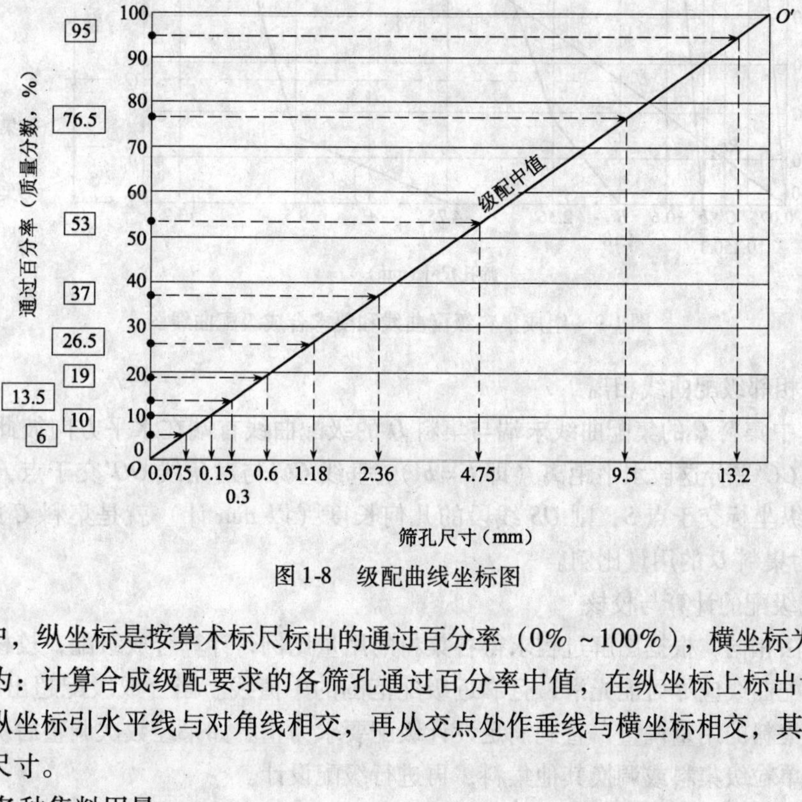

图1-8　级配曲线坐标图

图1-8中，纵坐标是按算术标尺标出的通过百分率（0%～100%），横坐标为筛孔尺寸，其确定方法为：计算合成级配要求的各筛孔通过百分率中值，在纵坐标上标出该中值的位置，然后从纵坐标引水平线与对角线相交，再从交点处作垂线与横坐标相交，其交点即为各相应筛孔的尺寸。

2. 确定各种集料用量

将各种集料的通过百分率绘于级配曲线坐标图上（图1-9）。实际集料的相邻级配曲线之间的位置关系可能有三种情况：重叠、相接、相离（实际操作过程中以重叠关系最为常见）。根据各集料之间的实际位置关系，按下述方法即可确定各种集料的用量：

（1）两相邻级配曲线重叠

图1-10中集料 A 级配曲线的下部与集料 B 级配曲线上部搭接，在两级配曲线之间引一根垂直于横坐标的直线 AA'，使 $a=a'$，垂线 AA' 与对角线 OO' 交于点 M。通过 M 作一水平线与纵坐标交于 P 点，$O'P$ 线段的几何长度（以mm计）就是集料 A 的用量比例。

（2）两相邻级配曲线相接

图1-10中集料 B 的级配曲线末端与集料 C 的级配曲线首端正好在一条垂直线上，将前

一集料 B 曲线末端与后一集料 C 曲线首端作垂线 BB' 相连，垂线 BB' 与对角线 OO' 相交于点 N。通过 N 作一水平线与纵坐标交于点 Q，则 PQ 线段的几何长度（以 mm 计）就是集料 B 的用量比例。

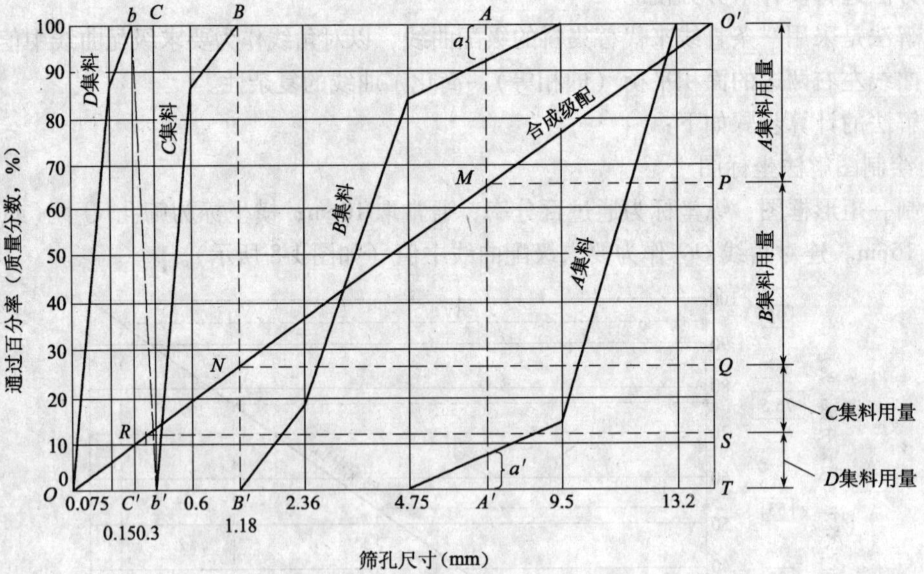

图 1-9　组成集料级配曲线和要求合成级配曲线图

（3）两相邻级配曲线相离

图 1-10 中集料 C 的集配曲线末端与集料 D 的级配曲线首端在水平方向彼此离开一段距离，作垂线 CC' 平分这段水平距离（即 $b=b'$），垂线 CC' 与对角线 OO' 交于点 R。通过 R 作一水平线与纵坐标交于点 S，则 QS 线段的几何长度（以 mm 计）就是集料 C 的用量比例。剩余 ST 即为集料 D 的用量比例。

3. 合成级配的计算与校核

与试算法相同，根据图解过程求得各集料的用量比例，计算合成级配，校核是否符合要求。合成级配曲线应尽可能光滑，且靠近级配范围的中值线。当合成级配超出级配范围时，需要进行各集料的用量调整，直到满足设计级配要求为止。如果经数次调整后仍不能达到要求，可掺加单粒级集料或调换其他集料，再进行级配设计。

【例题 1-2】

现有碎石、石屑、砂和矿粉四种矿料，筛分试验得到的各粒径通过百分率列于表 1-13 中。要求将上述四种集料组配成符合《公路沥青路面设计规范》(JTG D50—2006）中细粒式沥青混合料 AC-13 级配要求（见表 1-14）的矿质混合料，试用图解法确定矿质混合料的配合比。

表 1-13　各组成集料的筛分结果

原材料	筛孔尺寸（mm）									
	16.0	13.2	9.5	4.75	2.36	1.18	0.6	0.3	0.15	0.075
	通过百分率（%）									
碎石	100	93	17	0						
石屑	100	100	100	84	14	8	4	0		

续表

原材料	筛孔尺寸（mm）									
	16.0	13.2	9.5	4.75	2.36	1.18	0.6	0.3	0.15	0.075
	通过百分率（%）									
砂	100	100	100	100	92	82	42	21	11	4
矿粉	100	100	100	100	100	100	100	100	96	89

【解】

（1）首先根据《公路沥青路面设计规范》（JTG D50—2006）计算符合 AC-13 要求的矿质混合料的级配中值，计算结果列于表 1-14。

表 1-14　矿质混合料要求的级配范围和中值

AC—13	筛孔尺寸（mm）									
	16.0	13.2	9.5	4.75	2.36	1.18	0.6	0.3	0.15	0.075
	通过百分率（%）									
级配范围	100	90～100	68～85	38～68	24～50	15～38	10～28	7～20	5～15	4～8
级配中值	100	95	76.5	53	37	26.5	19	13.5	10	6

（2）绘制级配曲线图（图 1-10）

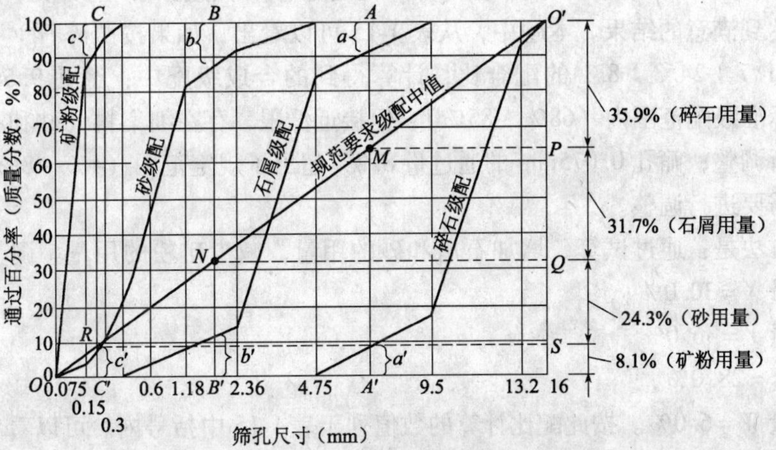

图 1-10　各组成材料和要求混合料级配图

在纵坐标上按算术坐标绘出通过量百分率。连对角线 OO'，表示规范要求的级配中值。根据表 1-14 中计算得到的级配范围中值，确定各筛孔尺寸在横坐标轴上的位置。根据碎石、石屑、砂和矿粉的筛分结果绘出各自的级配曲线。

（3）确定各集料的用量（图 1-10）

在碎石和石屑级配曲线相重叠部分作垂线 AA'，使 $a=a'$。AA' 与 OO' 交于点 M，过 M 引水平线与纵坐标交于 P 点，$O'P$ 的长度 $X=35.9\%$，即为碎石的用量。

同理，可求出石屑用量 $Y=31.7\%$，砂用量 $Z=24.3\%$，则矿粉用量 $W=8.1\%$。

（4）校核与调整

根据图解法求得的各集料的用量，列表进行校核计算，结果见表 1-15。

表 1-15 矿质混合料组成计算校核表

材料		筛孔尺寸（mm）									
		16.0	13.2	9.5	4.75	2.36	1.18	0.6	0.3	0.15	0.075
		通过百分率（%）									
各种矿料原级配	碎石	100	93	17	0						
	石屑	100	100	100	84	14	8	4	0		
	砂	100	100	100	100	92	82	42	21	11	4
	矿粉	100	100	100	100	100	100	100	100	96	89
各种矿料在混合料中的级配（%）	碎石 35.9% （30%）	35.9 (30.0)	33.4 (27.9)	6.1 (5.1)	0 (0)						
	石屑 31.7% （36%）	31.7 (36.0)	31.7 (36.0)	31.7 (36.0)	20.3 (23.0)	4.4 (5.0)	2.5 (2.9)	1.3 (1.4)	0 (0)		
	砂 24.3% （28%）	24.3 (28.0)	24.3 (28.0)	24.3 (28.0)	24.3 (28.0)	22.4 (25.8)	19.9 (23.0)	10.2 (11.8)	5.1 (5.9)	2.7 (3.1)	1.0 (1.1)
	矿粉 8.1% （6%）	8.1 (6.0)	8.1 (6.0)	8.1 (6.0)	8.1 (6.0)	8.1 (6.0)	8.1 (6.0)	8.1 (6.0)	8.1 (6.0)	7.8 (5.8)	7.2 (5.2)
设计矿质混合料的合成级配		100 (100)	97.5 (97.9)	70.2 (75.1)	52.7 (57.0)	34.9 (36.8)	30.5 (31.9)	19.6 (19.2)	13.2 (11.9)	10.5 (8.9)	8.2 (6.3)
AC—13 级配范围		100	90 ~ 100	68 ~ 85	38 ~ 68	24 ~ 50	15 ~ 38	10 ~ 28	7 ~ 20	5 ~ 15	4 ~ 8

图解法的各种材料用量比例是根据部分筛孔确定的，不能控制所有筛孔，通常需要调整修正，才能达到满意的结果。本题中，从表 1-15 可以看出，如果按照碎石：石屑：砂：矿粉 = 35.9：31.7：24.3：8.1 的配合比，计算得到的合成级配中：筛孔 9.5mm 的通过量 70.2% 虽在标准级配范围内（68% ~85%），但接近低限，存在细集料（砂和石屑）偏少现象，需要进行调整；筛孔 0.075mm 的通过量 8.2% 超出了规定范围（4% ~8%），存在矿粉偏多现象，需要进行调整。

调整的方法是：通过试算，增加石屑和砂的用量，减少矿粉的用量。调整后的配合比为：碎石用量 $X = 30.0\%$；

石屑用量 $Y = 36.0\%$，

砂用量 $Z = 28.0\%$，

矿粉用量 $W = 6.0\%$。按此配比计算的数值列于表 1-15 中括号内。可以看出，调整后的合成级配完全在规范要求的级配范围之内并且接近级配中值，因此，最后确定矿质混合料配合比为：碎石：石屑：砂：矿粉 = 30：36：28：6。

思 考 题

1. 岩石的主要物理常数有哪些？简述它们的含义。
2. 压碎值、磨耗值、磨光值及冲击值分别表征粗集料什么性质，对路面工程有何意义？
3. 什么是集料的级配？如何确定集料的级配？表征集料级配的参数有哪些？
4. 简述对矿质混合料进行组成设计的目的。
5. 常用矿质混合料配合比设计方法有几种？简述设计过程的主要步骤。
6. 经试验测得某岩石试样在空气中重 80g，封蜡后在空气中重 86g，水中重 48g，孔隙率为 11 %。试计算该试样的毛体积密度和真实密度（蜡的密度为 $0.93 g/cm^3$）。

7. 某道路工程沥青混合料用细集料的筛分试验结果见下表。试计算该细集料的细度模数，绘制级配曲线，判断该细集料的粗细程度并分析其级配是否符合设计级配范围的要求。

筛孔尺寸（mm）	9.5	4.75	2.36	1.18	0.6	0.3	0.15	0.075	筛底
筛余质量（g）	0	15	150	110	70	60	40	25	30
设计级配范围（%）	100	95 ~ 100	60 ~ 75	35 ~ 65	25 ~ 45	10 ~ 20	5 ~ 15	0 ~ 5	—

8. 碎石、石屑、砂和矿粉四种原材料的筛分析试验结果（通过百分率）和设计级配范围要求值列于下表。分别用试算法和图解法确定矿质混合料的配合比，并校核由此配合比组成的合成级配是否满足设计要求。

原材料	筛孔尺寸（mm）								
	16.0	9.5	4.75	2.36	1.18	0.6	0.3	0.15	0.075
	通过百分率（%）								
碎石	98	43	6	0					
石屑	100	100	98	34	23	14	8	0	
砂	100	100	96	85	74	57	33	9	0
矿粉	100	100	100	100	100	100	97	93	84
级配范围	95 ~ 100	70 ~ 80	50 ~ 65	35 ~ 50	25 ~ 40	8 ~ 30	13 ~ 21	8 ~ 15	4 ~ 9

第二章 胶凝材料

在土木工程中，通过物理化学作用，能从可塑性浆体变成坚固的石块体，并能将其他散粒材料（如砂子、石子）或块状材料（如砖、石块等）黏结成为具有一定强度的整体材料，统称为胶凝材料。

胶凝材料按其化学成分可分为有机胶凝材料和无机胶凝材料两大类。沥青及各种天然或人造树脂属于有机胶凝材料。无机胶凝材料按其硬化条件分为气硬性胶凝材料和水硬性胶凝材料。气硬性胶凝材料，只能在空气中硬化并保持或继续发展其强度，如石灰、石膏、水玻璃和镁质胶凝材料等；水硬性胶凝材料，既能在空气中硬化，又能更好地在水中硬化并保持或继续发展其强度，如水泥等。水硬性胶凝材料既适用于地上干燥环境、也适用于地下潮湿或水中环境。气硬性胶凝材料只适用于干燥环境，不宜用于潮湿环境，更不能用于水中。

第一节 石　灰

一、石灰的生产与分类

石灰是人类较早发现并使用的胶凝材料之一，是以碳酸盐类经过高温煅烧得到的一种气硬性胶凝材料，其主要成分为氧化钙（CaO）和氧化镁（MgO）。由于其原料来源广泛，生产工艺简单且成本低廉，石灰在建筑上应用得非常广泛。

（一）*石灰的原料与制备*

生石灰的原料是以含有碳酸钙（$CaCO_3$）为主要成分的天然岩石、最常用的是石灰石、白云质石灰石。

石灰石属方解石族，化学组成 $CaCO_3$，其中 CaO 56.03%、CO_2 43.97%，但经常含有 MgO、FeO、MnO 等杂质。白云石亦属方解石族，化学成分 $CaMg(CO_3)_2$，其中 CaO 30.41%、MgO 21.86%、CO_2 47.33%，组分中常含有 Fe、Mn 类杂质。

生产石灰的主要工艺是煅烧。煅烧时应根据原料性质、生产规模、燃料的种类以及对石灰质量的要求，选用不同形式、不同结构的煅烧窑，如土窑、立窑和回转窑等。制备石灰的化学反应方程式是：

$$CaCO_3 \xrightarrow{900℃ \sim 1200℃} CaO + CO_2\uparrow$$

$$MgCO_3 \xrightarrow{900℃ \sim 1200℃} MgO + CO_2\uparrow$$

分解温度一般是900℃左右。但为加速分解，窑内煅烧温度常控制在1000℃～1100℃。

生产所得的 CaO 称为生石灰，是一种白色或灰色的块状物质。由于原料的致密程度、块形大小和杂质含量不同以及煅烧温度的不均匀，生产过程中常出现欠火石灰或过火石灰。欠火石灰的产生主要是窑温不均匀，石灰石或白云石原料尺寸过大尚未完全分解而得到的石灰。欠火石灰的未消化残渣含量高，有效氧化钙和氧化镁含量低，使用时黏结力较小。过火石灰的产生主要是窑温过高或烧制的时间过长，原料中 SiO_2 和 Al_2O_3 等的玻璃化现象而得到难以水化的石灰。过火石灰颜色呈灰黑色，块体密度大，消化缓慢。欠火石灰和过火石灰都属石灰的废品，特别是过火石灰用于建筑结构物中仍能继续消化，会使硬化的灰浆或石灰制品产生局部体积膨胀而引起崩裂、鼓包、起皮、剥落或隆起，甚至产生裂缝等破坏现象，影响工程质量。由于过火石灰在生产中是很难避免的，所以石灰膏在使用前必须经过“陈伏”。“陈伏”的概念详见下述内容。

（二）*石灰的分类*

1. 按使用性质分类

主要有气硬性石灰和水硬性石灰两种。由黏土质杂质含量小于 8% 的原料经煅烧而得到的是气硬性石灰；否则是水硬性石灰。

2. 按含镁量分类

详见表 2-1。

表 2-1　钙质、镁质石灰分类（JC/T 479，JC/T 480，JC/T 481）

品　种	氧化镁含量（%）	
	钙质石灰	镁质石灰
生石灰	≤5	>5
生石灰粉	≤5	>5
消石灰粉	<4	4 ~ <24

注：白云石消石灰粉氧化镁含量为 24% ~30%。

3. 按加工方式分类

生石灰。石灰石或白云石经煅烧得到白色或灰白色的块状成品即是生石灰，亦称块石灰，主要成分是 CaO。经磨细后称磨细灰，要求 4900 孔/cm^2 筛余小于 15%。

熟石灰。生石灰加水得到氢氧化钙称为熟石灰，主要成分是 $Ca(OH)_2$。

石灰膏。当熟化时加入大量的水，则生成浆状石灰膏。CaO 熟化生成 $Ca(OH)_2$ 的理论需水量只要 32.1%，实际熟化过程均加入过量的水。一方面考虑熟化时放热引起水分蒸发损失；另一方面是确保 CaO 充分熟化。工地上常在化灰池中进行石灰膏的生产，即将块状生石灰用水冲淋，通过筛网，滤去欠火石灰和杂质，流入化灰池沉淀而得。石灰膏面层必须蓄水保养，其目的是隔断与空气直接接触，防止干硬固化和碳化固结，以免影响正常使用和效果。

石灰水。15℃溶有 0.3% 的 $Ca(OH)_2$ 的透明液体称为石灰水。

消石灰粉。当熟化时加入适量（60% ~80%）的水，则生成粉状熟石灰。这一过程通常称为消化，其产品称为消石灰粉。工地上可通过人工分层喷淋消化，但通常是在工厂集中生产消石灰粉，作为产品销售。

二、石灰的熟化和凝结硬化

（一）石灰的熟化

将生石灰 CaO 加水反应生成 $Ca(OH)_2$ 的过程称为石灰的熟化。生成物 $Ca(OH)_2$ 称为熟石灰。

$$CaO + H_2O =\!=\!= Ca(OH)_2$$

1. 速度快。煅烧良好的 CaO 与水接触时几秒钟内即反应完毕。

2. 体积膨胀。CaO 与水反应生成 $Ca(OH)_2$ 时，体积增大 1.5 ~2.0 倍。

3. 放出大量的热。1 摩尔 CaO 熟化生成 1 摩尔 $Ca(OH)_2$，约产生 64.9kJ 热量。

为防止熟石灰中过火石灰颗粒的危害，石灰浆应在熟化容器中静置 14d 以上，称为“陈伏”。陈伏时石灰浆表面应保持一层水，以防止石灰膏碳化（即石灰膏与二氧化碳发生反应生成 $CaCO_3$ 的过程）。

但若将生石灰磨细后使用，则不需要“陈伏”。这是因为粉磨过程使过火石灰表面积大大增加，与水熟化反应速度加快，几乎可以同步熟化，而且又均匀分散在生石灰粉中，不至引起过火石灰的种种危害。

（二）石灰的凝结硬化

石灰浆体的硬化包括干燥、结晶和碳化三个交错进行的过程。

石灰浆蒸发失水过程就是干燥过程。干燥过程中水分蒸发形成孔隙网，而孔隙中的自由水，因表面张力作用，在孔隙最窄处具有凹形弯月面产生毛细管压力，使石灰颗粒更加紧密而获得“附加强度”。由于多余水分蒸发或被砌体吸收，引起 $Ca(OH)_2$ 溶液过饱和而析晶，石灰浆体逐渐失去塑性，并凝结硬化产生“结晶强度”。

潮湿状态下 $Ca(OH)_2$ 与空气中的 CO_2 发生反应：

$$Ca(OH)_2 + CO_2 + nH_2O =\!=\!= CaCO_3 + (n+1)H_2O$$

$CaCO_3$ 晶体与 $Ca(OH)_2$ 晶体相互交叉连生并与共生，构成紧密交织的结构网，从而使硬化浆体获得“碳化强度”。

石灰凝结硬化过程的特点：

1. 速度慢。水分从内部迁移到表层被蒸发或被吸收的过程本身较慢，若表层 $Ca(OH)_2$ 被碳化，生成的 $CaCO_3$ 在石灰表面形成更加致密的膜层，使水分子和 CO_2 的进出更加困难。因此，石灰的凝结硬化过程极其缓慢，通常需要几周的时间。加快硬化速度的简易方法有加强通风和提高空气中 CO_2 的浓度。

2. 体积收缩大。容易产生收缩裂缝。

三、石灰的技术性质

（一）保水性与可塑性好

生石灰熟化后形成的石灰浆中，石灰粒子形成氢氧化钙胶体结构，$Ca(OH)_2$ 颗粒极细（粒径约为 1μm），比表面积很大（达 10 ~30m^2/g），其表面吸附一层较厚的水膜，可吸附大量的水，因而有较强保持水分的能力，即保水性好。将它掺入水泥砂浆中，配成混合砂浆，可显著提高砂浆的和易性，克服了水泥砂浆保水性差的缺点。

（二）凝结硬化慢、强度低

从石灰浆体的硬化过程可以看出，由于空气中二氧化碳稀薄，碳化甚为缓慢。而且表面碳化后，形成紧密外壳，不利于碳化作用的深入，也不利于内部水分的蒸发，因此石灰是硬化缓慢的材料。同时，石灰的硬化只能在空气中进行。硬化后的强度也不高，1：3 的石灰砂浆 28d 抗压强度通常只有 0.2～0.5MPa。但通过人工碳化，可使强度大幅度提高。如碳化石灰板及其制品。

（三）耐水性差

硬化后的石灰受潮后，其中的氢氧化钙和氧化钙会溶解，强度更低，在水中还会溃散。所以，石灰不宜在潮湿的环境中使用，也不宜单独用于建筑物基础。

（四）体积收缩大

石灰在硬化过程中，由于大量的游离水蒸发，从而引起显著的体积收缩，所以除调成石灰乳作薄层涂刷外，不宜单独使用。工程上常在其中掺入砂、各种纤维等加强材料减少收缩。

（五）吸湿性强

块状生石灰在放置过程中，会缓慢吸收空气中的水分而自动熟化成消石灰粉，再与空气中的二氧化碳作用生成碳酸钙，失去胶结能力。

储存生石灰，不但要防止受潮，而且不宜储存过久。最好运到工地（或熟化工厂）后立即熟化成石灰浆，将储存期变为陈伏期。由于生石灰受潮熟化时放出大量的热，而且体积膨胀，所以，储存和运输生石灰时，还要注意安全。

四、石灰的技术标准

石灰中产生胶结性的成分是有效氧化钙和氧化镁，它们的含量是评价石灰质量的主要指标。石灰中的有效氧化钙和氧化镁的含量可以直接测定，也可以通过氧化钙与氧化镁的总量和二氧化碳的含量反映。除了有效氧化钙和氧化镁这一主要指标外，生石灰还有未消化残渣含量的要求；生石灰粉有细度的要求；消石灰粉则还有体积安定性、细度和游离水含量的要求。

根据我国建筑石灰现行标准 JC/T 479、JC/T 480、JC/T 481，生石灰、磨细生石灰粉和消石灰技术指标见表 2-2。

五、建筑石灰的应用

建筑石灰在建筑中应用非常广泛，如石灰乳涂料、石灰砂浆、灰土和三合土以及硅酸盐制品等。

（一）石灰乳涂料和抹面

石灰乳通常采用石灰浆（膏）加入大量水调制成稀浆，用于要求不高的室内粉刷。目前已很少使用。

石灰膏掺入麻刀或纸筋作为墙面抹面材料，也称之为黄灰，过去较常用。目前主要采用石灰膏与水泥、砂或直接与砂配制成混合砂浆或石灰砂浆抹面。

（二）石灰混合砂浆

石灰、水泥和砂按一定比例与水配制成混合砂浆，用于砌筑和抹面。

（三）石灰土和三合土

消石灰粉和黏土拌合后称为石灰土。石灰土中再加入砂和石屑、炉渣等即为三合土。由于 $Ca(OH)_2$ 能和黏土中少量的活性 SiO_2 和 Al_2O_3 反应生成具有水硬性的产物，使密实度、强度和耐水性得到改善。因此广泛用于建筑物的基础和道路垫层。如石灰桩加固地基等。

但是，目前更常用的方法是石灰、粉煤灰和石子混合成“三合土”作为道路垫层，其固结强度高于黏土（因粉煤灰中活性 SiO_2 和 Al_2O_3 的含量高），且能利用废渣。

（四）用于生产硅酸盐制品

硅酸盐制品主要包括粉煤灰混凝土、粉煤灰砖、硅酸盐砌块、灰砂砖、加气混凝土等。它们主要以石英砂、粉煤灰、矿渣、炉渣等为原料，其中的 SiO_2、Al_2O_3 与石灰 $Ca(OH)_2$ 在蒸汽养护或蒸压养护条件下生成水化硅酸钙和水化铝酸钙等水硬性产物，产生强度。若没有参与反应，则强度很低。

表 2-2　石灰的技术指标（JC/T 479、JC/T 480、JC/T 481）

品种	项目			钙质			镁质			白云石消石灰		
				优等品	一等品	合格品	优等品	一等品	合格品	优等品	一等品	合格品
生石灰	$CaO+MgO$ 含量（%）不小于			90	85	80	85	80	75	—	—	—
	未消化残渣含量（5mm 圆孔筛余）(%)		不大于	5	10	15	5	10	15	—	—	—
	CO_2（%）		不大于	5	7	9	6	8	10	—	—	—
	产浆量（L/kg）不小于			2.8	2.3	2.0	2.8	2.3	2.0	—	—	—
生石灰粉	$CaO+MgO$ 含量(%)不大于			85	80	75	80	75	70	—	—	—
	CO_2 含量（%）		不大于	7	9	11	8	10	12	—	—	—
	细度	0.9mm 筛筛余（%）	不大于	0.2	0.5	1.5	0.2	0.5	1.5	—	—	—
	细度	0.125mm 筛筛余（%）	不大于	7	12	18	7	12	18	—	—	—
消石灰粉	$CaO+MgO$ 含量(%)不小于			70	65	60	65	60	55	65	60	55
	游离水（%）			0.4~2	0.4~2	0.4~2	0.4~2	0.4~2	0.4~2	0.4~2	0.4~2	0.4~2
	体积安定性			合格	合格	—	合格	合格	—	合格	合格	—
	细度	0.9mm 筛筛余（%）	不大于	0	0	0.5	0	0	0.5	0	0	0.4
	细度	0.125mm 筛筛余（%）	不大于	3	10	15	3	10	15	3	10	15

第二节　硅酸盐水泥

水泥是加水拌合成塑性浆体，能胶结砂石等适当材料并能在空气和水中硬化的粉状水硬性胶凝材料。

水泥在胶凝材料中占有极其重要的地位，是基本建设的主要材料之一。它广泛地应用于工业、农业、国防、城市建设、水利以及海洋开发等工程建设中，常用来拌制混凝土、砂浆及水泥制品。水泥的种类繁多，一般按照组成可将其分类如下：

- 水泥的种类
  - 硅酸盐系水泥
    - 硅酸盐水泥（P·I、P·II）
    - 普通硅酸盐水泥（P·O）
    - 矿渣硅酸盐水泥（P·S）
    - 粉煤灰硅酸盐水泥（P·F）
    - 火山灰质硅酸盐水泥（P·P）
    - 复合硅酸盐水泥
  - 铝酸盐系水泥
  - 硫铝酸盐系水泥
  - 氟铝酸盐系水泥
  - ……

硅酸盐系水泥是指组成水泥的基本物质——熟料的主要成分为硅酸钙，在所有的水泥中，它品种最多、应用最广。按照使用范围可以分为：通用水泥、专用水泥和特性水泥：

- 硅酸盐系水泥
  - 通用水泥
    - 硅酸盐水泥（P·I、P·II）
    - 普通硅酸盐水泥（P·O）
    - 矿渣硅酸盐水泥（P·S）
    - 火山灰质硅酸盐水泥（P·P）
    - 粉煤灰硅酸盐水泥（P·F）
    - 复合硅酸盐水泥（P·C）
  - 专用水泥
    - 砌筑水泥
    - 道路水泥
    - 油井水泥
    - ……
  - 特性水泥
    - 快硬硅酸盐水泥
    - 白色硅酸盐水泥
    - 硅酸盐膨胀水泥
    - 快凝快硬硅酸盐水泥
    - 无收缩快硬硅酸盐水泥
    - 中热、低热矿渣硅酸盐水泥
    - 硅酸盐自应力水泥
    - ……

一般土木工程中大多使用通用硅酸盐水泥，是以硅酸盐水泥熟料和适量的石膏或（和）混合材料制成的水硬性胶凝材料。按混合材料的品种和掺量分为硅酸盐水泥、普通硅酸盐水泥、矿渣硅酸盐水泥、火山灰质硅酸盐水泥、粉煤灰硅酸盐水泥和复合硅酸盐水泥。

硅酸盐水泥是通用硅酸盐水泥中的组成最简单的水泥品种，本节主要介绍硅酸盐水泥的生产和组成、水化理论与凝结硬化过程、技术性质和技术指标，以及实际应用。

一、硅酸盐水泥的组成和生产

（一）硅酸盐水泥的组成

通用硅酸盐水泥一般是由三部分组成的，即熟料、石膏缓凝剂和混合材料。

凡由硅酸盐水泥熟料、0% ~5%石灰石或粒化高炉矿渣、适量石膏磨细制成的水硬性胶凝材料称为硅酸盐水泥。

硅酸盐水泥包括两种类型：完全由硅酸盐水泥熟料及适量石膏组成，不掺混合材料的称为Ⅰ型硅酸盐水泥，代号P·Ⅰ；在硅酸盐水泥熟料粉磨时，掺加不超过水泥重5%的石灰石或粒化高炉矿渣混合材料的称Ⅱ型硅酸盐水泥，代号P·Ⅱ。国际上将这两种水泥统称为波特兰水泥。

1. 硅酸盐水泥熟料

由主要含氧化钙（CaO）、二氧化硅（SiO_2）、三氧化二铝（Al_2O_3）、三氧化二铁（Fe_2O_3）的原料，按适当比例磨成细粉烧至部分熔融所得以硅酸钙为主要矿物成分的水硬性胶凝物质。其中硅酸钙矿物不小于66%，氧化钙和氧化硅质量比不小于2.0。

硅酸盐水泥熟料中的主要矿物有四种：硅酸三钙（C_3S）、硅酸二钙（C_2S）、铝酸三钙（C_3A）和铁铝酸四钙（C_4AF）。硅酸盐水泥熟料的化学成分和矿物成分大致含量见表2-3。

表2-3 硅酸盐水泥熟料的化学成分和矿物成分含量

原料化学成分	含量（%）	矿物成分名称	矿物化学式	简式	含量（%）
CaO（C）	62~67	硅酸三钙	$3CaO \cdot SiO_2$	C_3S	37~60
SiO_2（S）	18~24	硅酸二钙	$2CaO \cdot SiO_2$	C_2S	15~37
Al_2O_3（A）	4~7	铝酸三钙	$3CaO \cdot Al_2O_3$	C_3A	7~15
Fe_2O_3（F）	2~5	铁铝酸四钙	$4CaO \cdot Al_2O_3 \cdot Fe_2O_3$	C_4AF	10~18

2. 石膏

用于水泥调凝剂的可以是二水石膏或无水石膏（硬石膏）或两者混合石膏。

使用天然石膏，则应是符合现行标准《石膏和硬石膏》GB/T 5483中规定的G类或M类二级（含）以上的石膏或混合石膏。M类：称为混合石膏产品；G类：称为石膏产品，以二水硫酸钙（$CaSO_4 \cdot 2H_2O$）的质量百分含量表示其品位。二级表示无水硫酸钙（$CaSO_4$）与二水硫酸钙（$CaSO_4 \cdot 2H_2O$）的质量百分含量之和不小于70%。

使用工业副产品石膏，则要求是以硫酸钙为主要成分的工业副产物。采用前应经过试验证明对水泥性能无害。

3. 混合材料

除硅酸盐水泥（P·Ⅰ）外，其他的通用硅酸盐水泥都掺入一定量的混合材料。混合材料按其性能分为活性混合材料和非活性混合材料。

(1) 活性混合材料

活性混合材料本身并不具有或具有极低的胶凝性，但常温下能与石灰、石膏或硅酸盐水泥一起，加水拌合能发生水化反应，生成水硬性的水化产物，因而这种具有火山灰活性矿物掺合料能改善混凝土性能和节约水泥。

活性矿物掺合料可分为天然、人工和工业废料三大类，见表2-4。

表2-4 火山灰质掺合料的分类

差别	品种
天然类	火山灰、凝灰岩、硅藻土、蛋白石质黏土、硅质页岩、钙性黏土及黏土页岩
人工类	煅烧页岩或黏土
工业废料类	粉煤灰、水淬高炉矿渣、硅灰

常用的活性混合材料有粒化高炉矿渣、粒化高炉矿渣粉、火山灰质混合材料以及粉煤灰。

① 粒化高炉矿渣

粒化高炉矿渣是将炼铁高炉中的熔融炉渣经急速冷却后形成的质地疏松的颗粒材料。由于采用水淬方法进行急冷，故又称水淬高炉矿渣。急冷的目的在于阻止其中的矿物成分结晶，使其在常温下成为不稳定的玻璃体（一般占80%以上），从而具有较高的化学能即具有较高的潜在活性。

粒化高炉矿渣中的活性成分主要是活性 Al_2O_3 和活性 SiO_2，矿渣的活性用质量系数 k 评定，按照国家标准《用于水泥中的粒化高炉矿渣》(GB/T 203—1994)，$k = (CaO + MgO + Al_2O_3)/(SiO_2 + MnO + TiO_2)$，质量系数反映了矿渣中活性组分与低活性和非活性组分之间的比例，k 值越大，则矿渣的活性越高。水泥用粒化高炉矿渣的质量系数不得小于1.2。

② 粒化高炉矿渣粉

符合现行标准 GB/T 203 标准规定的粒化高炉矿渣经干燥、粉磨（或添加少量石膏一起粉磨）达到相当细度且符合相应活性指数的粉体。矿渣粉磨时允许加入助磨剂，加入量不得大于矿渣粉质量的1%。《用于水泥和混凝土中的粒化高炉矿渣粉》(GB/T 18046—2000)要求：烧失量≤3.0%、28d 抗压强度比≥75%、SO_3 含量≤4.0%。

③ 火山灰质混合材料

火山灰质混合材料是指具有火山灰性的天然或人工的矿物材料。其品种很多，天然的有：火山灰、凝灰岩、浮石、浮石岩、沸石、硅藻土等；人工的有：烧页岩、烧黏土、煤渣、煤矸石、硅灰等。火山灰质混合材料的活性成分也是活性 Al_2O_3 和活性 SiO_2。按照国家标准《用于水泥中的火山灰质混合材料》(GB/T 2847—2005)，用作水泥活性混合材料的火山灰质混合材料要求其烧失量≤10%、抗压强度比≥65%、SO_3 含量≤3.5%。

④ 粉煤灰

粉煤灰是从燃煤发电厂的烟道气体中收集的粉末，又称飞灰。它以 Al_2O_3、SiO_2 为主要成分，含有少量 CaO，具有火山灰性，其活性主要取决于玻璃体的含量以及无定形 Al_2O_3 和 SiO_2 含量，同时颗粒形状及大小对其活性也有较大的影响，细小球形玻璃体含量越高，粉煤灰的活性越高。

国家标准《用于水泥和混凝土中的粉煤灰》(GB/T 1596—2005) 规定，粉煤灰的活性指数用水泥（掺粉煤灰的与不掺粉煤灰的）抗压强度比来评定。用作水泥活性混合材料的粉煤灰要求其烧失量≤8%、活性指数≥70%、SO_3 含量≤3.5%。

(2) 非活性混合材料

凡常温下与石灰、石膏或硅酸盐水泥一起，加水拌合后不能发生水化反应或反应甚微，不能生成水硬性产物的混合材料称为非活性混合材料。

常用的非活性混合材料主要包括：活性指标分别低于《用于水泥中的粒化高炉矿渣》(GB/T 203)、《用于水泥与混凝土中的粒化高炉矿渣粉》(GB/T 18046)、《用于水泥和混凝土中的粉煤灰》(GB/T 1596)、《用于水泥中的火山灰质混合材料》(GB/T 2847)，要求的粒化高炉矿渣、粒化高炉矿渣粉、粉煤灰、火山灰质混合材料；石灰石和砂岩，其中石灰石中的 Al_2O_3 含量应不大于2.5%。

相关研究表明，纯熟料硅酸盐水泥中掺入少于5%的石灰石后，早期标养强度有较大幅度的提高，约达5%～10%，后期强度变化不大，所以硅酸盐水泥（P·Ⅱ）允许掺入不超过水泥重5%的石灰石。

（3）窑灰

窑灰，特指符合《掺入水泥中的回转窑窑灰》（JC/T 742），是一种特殊的水泥混合材料。用回转窑生产硅酸盐水泥熟料时，随气流从窑尾排出的灰尘，经收尘设备收集所得的干燥粉末，称为回转窑窑灰。

由于窑灰经过高温煅烧，其组成与水泥熟料几乎相同，可以作为水泥的混合材料。但立窑水泥窑灰未经过充分高温煅烧，其组成接近生料，不能用为水泥的混合材料。

（4）混合材料在水泥中的作用

① 活性混合材料

活性混合材料掺入水泥中的主要作用是：改善水泥的某些性能、扩大水泥品种、调节水泥强度等级、降低水化热、降低生产成本、增加水泥产量。

磨细的活性混合材料与水调和后，本身不会硬化或硬化极其缓慢；但在饱和 $Ca(OH)_2$ 溶液中，常温下就会发生显著的水化反应：

$$x\mathrm{Ca(OH)_2} + \text{活性}\ \mathrm{SiO_2} + n_1\mathrm{H_2O} \longrightarrow x\mathrm{CaO}\cdot\mathrm{SiO_2}\cdot(n_1+x)\mathrm{H_2O}\ \text{（水化硅酸钙）}$$

$$y\mathrm{Ca(OH)_2} + \text{活性}\ \mathrm{Al_2O_3} + n_2\mathrm{H_2O} \longrightarrow y\mathrm{CaO}\cdot\mathrm{Al_2O_3}\cdot(n_2+y)\mathrm{H_2O}\ \text{（水化铝酸钙）}$$

生成的水化硅酸钙和水化铝酸钙是具有水硬性的产物，与硅酸盐水泥中的水化产物相同。当有石膏存在时，水化铝酸钙还可以和石膏进一步反应生成水化硫铝酸钙。由此可见，是氢氧化钙和石膏激发了混合材料的活性，故称它们为活性混合材料的激发剂；氢氧化钙称为碱性激发剂，石膏称为硫酸盐激发剂。

掺活性混合材料的硅酸盐水泥与水拌合后，首先是水泥熟料水化，之后是水泥熟料的水化产物 $Ca(OH)_2$ 与活性混合材料中的活性 SiO_2、活性 Al_2O_3 发生水化反应（亦称二次反应）生成水化产物，由此过程可知，掺活性混合材料的硅酸盐系水泥的水化速度较慢，故早期强度较低，而由于水泥中熟料含量相对减少，故水化热较低。

② 非活性混合材料

非活性混合材料掺入水泥中的主要作用是：调节水泥强度等级、降低水化热、降低生产成本、增加水泥产量。

（二）硅酸盐水泥的生产

生产硅酸盐水泥的原料主要是石灰质原料和黏土质原料两类，石灰质原料（如石灰、白垩、石灰质凝灰岩等）主要提供 CaO；黏土质原料（如黏土、黏土质页岩、黄土等）主要提供 SiO_2、Al_2O_3 及 Fe_2O_3。有时两种原料化学成分不能满足要求，还要加入少量校正原料（如硅藻土、黄铁矿渣等）调整。此外，为了改善煅烧条件，常加入少量的矿化剂，如萤石、重晶石尾矿等。

在水泥生产过程中，为了调节水泥的凝结时间还要加入二水石膏或半水石膏或无水石膏以及它们的混合物或工业副产品石膏等石膏缓凝剂。

为改善水泥性能、调节水泥强度等级，生产时往往还要加入一些矿物材料，称为混合材料。硅酸盐系水泥的生产工艺（图2-1），概括起来称为“两磨一烧”。

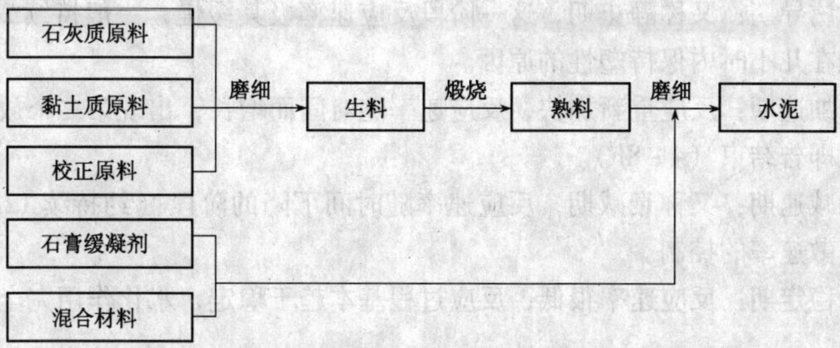

图 2-1　硅酸盐系水泥的生产工艺

二、硅酸盐水泥的水化反应及凝结硬化机理

水泥是由熟料、混合材料以及石膏等多种组分构成的混合物，成分复杂，而水泥熟料又是多矿物的聚集体，它的水化过程比较复杂。为了方便理解，首先研究硅酸盐水泥单矿物的水化，然后在这个基础上讨论硅酸盐水泥的水化作用及机理。

（一）*硅酸盐水泥熟料单矿物的水化*

1. 硅酸三钙的水化

由于硅酸三钙（C_3S）的水化过程对水泥来说具有代表性，所以许多研究人员把 C_3S 的水化作为水泥水化的模型。C_3S 水化速度很快，反应生成水化硅酸钙（$x\mathrm{CaO}\cdot\mathrm{SiO_2}\cdot y\mathrm{H_2O}$，简式 C-S-H）和氢氧化钙［$\mathrm{Ca(OH)_2}$ 简式 CH］，同时放出大量的水化热，其水化产物的强度很高。

在常温下，C_3S 的水化可大致用下列方程表述：

$$3\mathrm{CaO}\cdot\mathrm{SiO_2}+n\mathrm{H_2O}\longrightarrow x\mathrm{CaO}\cdot\mathrm{SiO_2}\cdot y\mathrm{H_2O}+(1-3-x)\mathrm{Ca(OH)_2}$$

根据 C_3S 水化时的放热速率随时间的变化关系，大体上可以把 C_3S 的水化过程分为五个阶段，如图 2-2 所示。水化过程的五个阶段为：

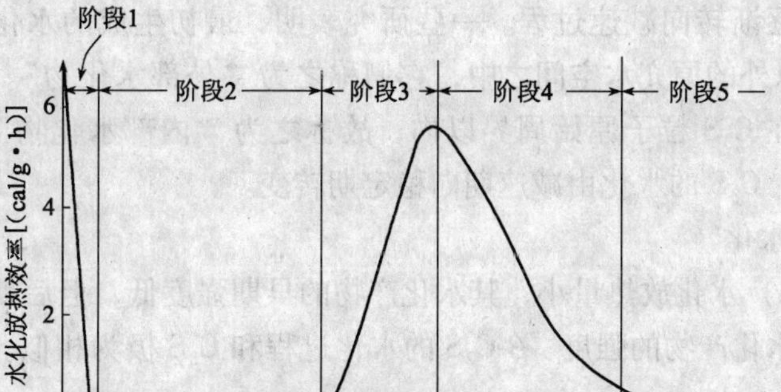

图 2-2　硅酸三钙（C_3S）水化放热速率

阶段 1 为诱导前期：加水后立即发生急剧反应，但该阶段的时间很短，在 15min 以内结束。

阶段 2 为诱导期：又称静止期，这一阶段反应速率极其缓慢，一般持续 2～4h，是硅酸盐水泥浆体能在几小时内保持塑性的原因。

阶段 3 为加速期：反应重新加快，反应速率随时间而增长，出现第二个放热峰，在达到峰顶时本阶段即告结束（4～8h）。

阶段 4 为减速期：又称衰减期，反应速率随时间下降的阶段（约持续 12～24h），水化作用逐渐受扩散速率的控制。

阶段 5 为稳定期：反应速率很低，反应过程基本趋于稳定，水化作用完全受扩散速率控制。

C_3S 的早期水化包括诱导前期、诱导期、加速期三个阶段。硬化浆体的性能与水化早期的浆体结构形成是密切相关的，并且诱导期的终止时间与浆体的初凝时间相关，而终凝大致发生在加速期的终止阶段。人们对 C_3S 早期水化进行的大量研究，主要是围绕着诱导期起讫的原因，即形成诱导期的本质这个关键问题进行的。

一般认为，当 C_3S 与水接触后，在 C_3S 表面有晶格缺陷的部位即发生水解，使 Ca^{2+} 和 OH^- 进入溶液，而在 C_3S 粒子表面形成一个缺钙的富硅层，接着溶液中的 Ca^{2+} 被该表面吸附而形成双电层，它导致 C_3S 溶解受阻而出现诱导期。此时，由于双电层所形成的 ξ 电位使颗粒在液相中保持分散状态。但由于 C_3S 仍在缓慢地水化而使溶液中 $Ca(OH)_2$ 浓度继续增高，当达到一定的过饱和度时，$Ca(OH)_2$ 析晶，双电层作用减弱或消失，因而促进了 C_3S 的溶解，这时诱导期结束，$Ca(OH)_2$ 析晶加速，与此同时，还有 C-S-H 析晶沉淀。因为硅酸根离子的迁移速度比 Ca^{2+} 慢，所以 C-S-H 主要在颗粒表面区域析晶，而 $Ca(OH)_2$ 晶体可以在远离颗粒表面或浆体的原充水空间中形成。

C_3S 的中期水化主要是指减速期，后期水化主要是指稳定期，也有人将这两个阶段合并称为扩散控制期。这两个阶段对水泥的性能，如强度、体积稳定性、耐久性等的影响是十分重要的。试验表明，在加速期的开始伴随着 $Ca(OH)_2$ 及 C-S-H 晶核的形成和长大，与此同时发生的是液相中 $Ca(OH)_2$ 和 C-S-H 的过饱和度降低，它反过来又会使 C-S-H 和$Ca(OH)_2$ 的生长速率逐渐变慢。随着水化物在颗粒周围的形成，C_3S 的水化作用也受到阻碍，因而，水化从加速过程又逐渐转向减速过程。一些研究表明，最初生成的水化产物大部分生长在 C_3S 粒子原始周界以外的原充水空间之中，它们称之为“外部水化物”。后期水化所形成的产物则大部分生长在 C_3S 粒子原始周界以内，故称之为“内部水化物”。随着“内部水化物”的形成和发展，C_3S 的水化由减速期向稳定期转变。

2. 硅酸二钙的水化

硅酸二钙（C_2S）水化放热量小，其水化产物的早期强度低，但后期强度高，在一年后可接近或达到 C_3S 水化产物的强度。β-C_2S 的水化过程和 C_3S 极为相似。其水化反应可用下式表述：

$$2CaO \cdot SiO_2 + mH_2O \longrightarrow xCaO \cdot SiO_2 \cdot yH_2O + (2-x)Ca(OH)_2$$

3. 铝酸三钙的水化

铝酸三钙（C_3A）是水泥熟料矿物的重要组成之一，它对水泥的早期水化和浆体的流变性质起着重要作用。C_3A 遇水后很快发生剧烈的水化反应。在常温下，C_3A 在纯水中的水化反应可用下式表述：

$$2(3CaO \cdot Al_2O_3) + 27H_2O \longrightarrow 4CaO \cdot Al_2O_3 \cdot 19H_2O + 2CaO \cdot Al_2O_3 \cdot 8H_2O$$

在硅酸盐水泥浆体中，熟料中的 C_3A 实际上是在 $Ca(OH)_2$ 和有石膏存在的环境中水化的，C_3A 在 $Ca(OH)_2$ 饱和溶液中的水化反应可以表述为：

$$C_3A + CH + 12H \longrightarrow C_4AH_{13}$$

处于水泥浆体的碱性介质中，C_4AH_{13} 在室温下能稳定存在，其数量增长也很快，这是水泥浆体产生瞬时凝结的主要原因之一。因此，在水泥粉磨时，需加入适量的石膏以调整其凝结时间。

在石膏、氧化钙同时存在的条件下，C_3A 虽然开始也很快水化成 C_4AH_{13}，但接着它会与石膏反应生成三硫型水化硫铝酸钙，又称钙矾石，以 AFt 表示。其反应式为：

$$4CaO \cdot Al_2O_3 \cdot 13H_2O + 3(CaSO_4 \cdot 2H_2O) + 14H_2O$$
$$== 3CaO \cdot Al_2O_3 \cdot 3CaSO_4 \cdot 32H_2O + Ca(OH)_2$$

当浆体中的石膏被消耗完毕后，而水泥中还有未完全水化 C_3A 时，C_3A 的水化物 C_4AH_{13} 又能与上述反应生成的钙矾石继续反应生成单硫型水化硫铝酸钙，以 AFm 表示

即：

$$3CaO \cdot Al_2O_3 \cdot 3CaSO_4 \cdot 32H_2O + 2(4CaO \cdot Al_2O_3 \cdot 13H_2O)$$
$$== 3(3CaO \cdot Al_2O_3 \cdot SO_4 \cdot 12H_2O) + 2Ca(OH)_2 + 20H_2O$$

用放热速率描述 C_3A-$CaSO_4 \cdot 2H_2O$-$Ca(OH)_2$-H_2O 体系的水化过程，如图 2-3 所示。图中第 1 阶段相应于 C_3A 的溶解和 AFt 的形成；第 2 阶段由于 C_3A 表面形成 AFt 的包裹层，使得水化速率减慢，并持续较长时间。但由于水化的继续进行，AFt 的包裹层缓慢加厚，并产生结晶压力，当结晶压力超过某一数值时，包裹层发生局部破裂。从而进入第 3 阶段，该阶段里包裹层破裂处水化的加速，又使新生成的 AFt 重新封闭破裂处。所以第 2 与第 3 阶段是包裹层不断破坏和修复的反复阶段；第 4 阶段则是由于 $CaSO_4 \cdot 2H_2O$ 消耗完毕，体系中剩余的 C_3A 与已经形成的 AFt 继续反应，生成 AFm，因而出现第二个放热峰。图中可见，在形成三硫型水化硫铝酸钙 AFt 的第一个放热峰较长时间以后才出现形成单硫型水化硫铝酸钙 AFm 的放热峰。这说明由于石膏的存在，C_3A 的水化延缓了，直到石膏被消耗完毕以后，C_3A 又重新水化而形成第二个放热峰。所以，石膏的掺量是决定 C_3A 的水化速率、水化产物类别以及数量的主要因素。此外，石膏的溶解速率对浆体的凝结时间也有重要影响。如果石膏不能及时向溶液中提供足够的硫酸根离子，则 C_3A 可能形成 AFt 之前先生成 AFm，而使浆体出现早凝；如果石膏的溶解速率太快，假如有半水石膏存在，可能使浆体在 AFt 包覆层出现以前而由于半水石膏的水化使浆体

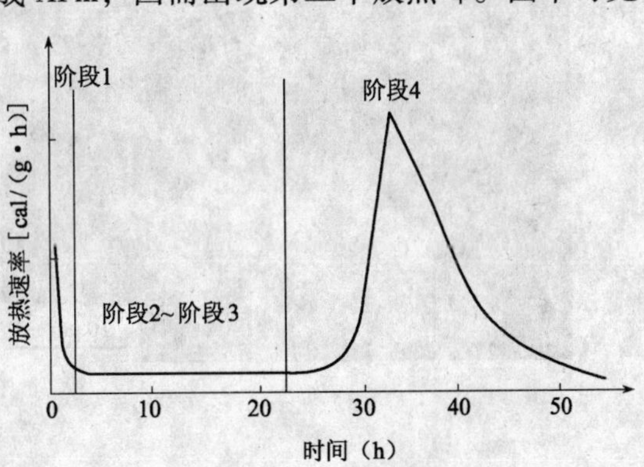

图 2-3　C_3A-$CaSO_4 \cdot 2H_2O$-$Ca(OH)_2$-H_2O 体系的水化过程

产生假凝。因此，硬石膏、半水石膏等不同类型的石膏对 C_3A 水化过程的影响是有差别的。所以相同的水泥熟料与不同的石膏共磨后得到的水泥，其性质是不同的。

4. 铁铝酸四钙的水化

铁铝酸四钙（C_4AF）的水化反应与铝酸三钙（C_3A）相似，而水化速率较 C_3A 略慢，水化热、水化产物强度较低，水化生成水化铝酸三钙和水化铁酸一钙（$CaO \cdot Fe_2O_3 \cdot H_2O$，简式 CFH）凝胶。

$$4CaO \cdot Al_2O_3 \cdot Fe_2O_3 + 7H_2O \longrightarrow 3CaO \cdot Al_2O_3 \cdot 6H_2O + CaO \cdot Fe_2O_3 \cdot H_2O$$

C_4AF 在 CH 饱和溶液中水化生成水化铝酸钙和水化铁酸钙的固溶体[$4CaO \cdot (Al_2O_3 \cdot Fe_2O_3) \cdot 13H_2O$，简式 $C_4(A \cdot F)H_{13}$]。

$$4CaO \cdot Al_2O_3 \cdot Fe_2O_3 + 4Ca(OH)_2 + 22H_2O \longrightarrow 2[4CaO \cdot (Al_2O_3 \cdot Fe_2O_3) \cdot 13H_2O]$$

表 2-5 为硅酸盐水泥单矿物水化产物形态特征。图 2-4 为钙矾石和单硫型硫铝酸盐晶体的电镜照片。

表 2-5 硅酸盐水泥单矿物水化产物形态特征

水化产物	密度（g/cm^3）	结晶度	在浆体中的形貌	浆体中典型晶体的尺度	分析方法＊
C-S-H	2.3～2.6＊＊	很差	薄片状	1×0.1μm（厚度小于 0.01mm）	SEM，TEM
CH	2.24	很好	无孔条纹状	0.01～0.1μm	OM，SEM
钙矾石	约 1.75	好	细长棱柱形针形晶体	10×0.5μm	OM，SEM
单硫铝酸盐	1.95	尚好	六角薄片状；不规则“玫瑰花形”	1×1×0.1μm	SEM

＊ OM 光学显微镜；SEM 扫描电子显微镜；TEM 透射电子显微镜。
＊＊ 与含水率有关。

（a）

（b）

图 2-4 钙矾石和单硫型硫铝酸钙的电镜照片
（a）钙矾石首先自硅酸盐水泥浆体中形成（右侧为条纹状 CH 晶体）；
（b）单硫型硫铝酸钙自铝酸三钙中形成

硅酸盐水泥熟料单矿物特性及其水化产物性质的比较见表 2-6。图 2-5 为硅酸盐水泥熟料矿物不同龄期的抗压强度增长和水化放热情况。

表 2-6　硅酸盐水泥熟料主要矿物组成特性及其水化产物性质

指标 \ 特性 \ 矿物组成		$3CaO \cdot SiO_2$ (C_3S)	$2CaO \cdot SiO_2$ (C_2S)	$3CaO \cdot Al_2O_3$ (C_3A)	$4CaO \cdot Al_2O_3 \cdot Fe_2O_3$ (C_4AF)
密度（g/cm^3）		3.25	3.28	3.04	3.77
水化反应速率		快	慢	最快	快
水化放热量		大	小	最大	中
强度	早期	高	低	低	低
	后期		高		
收缩		中	中	大	小
抗硫酸盐侵蚀性		中	最好	差	好

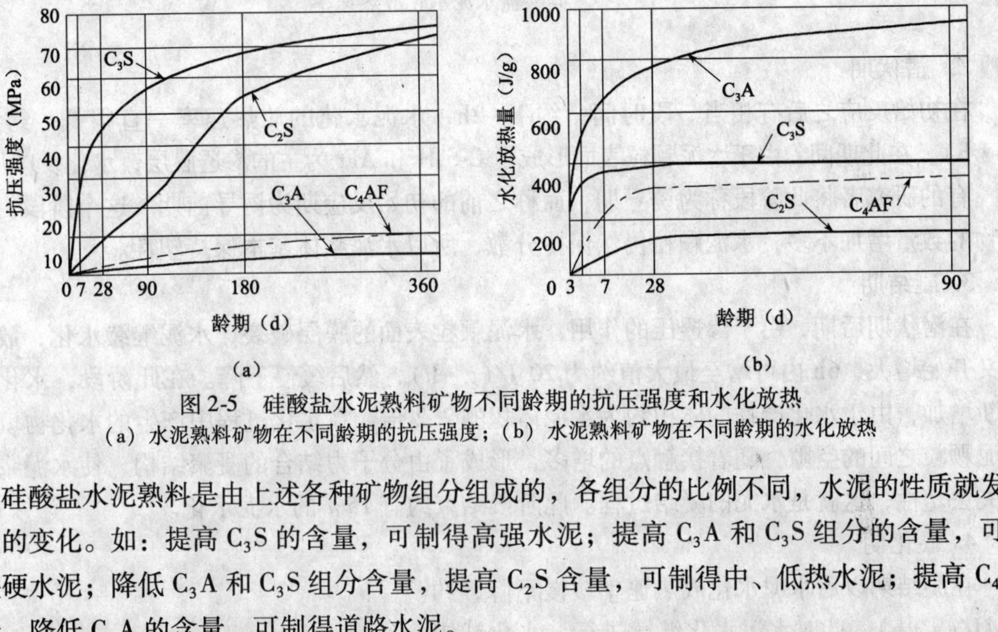

图 2-5　硅酸盐水泥熟料矿物不同龄期的抗压强度和水化放热

（a）水泥熟料矿物在不同龄期的抗压强度；（b）水泥熟料矿物在不同龄期的水化放热

硅酸盐水泥熟料是由上述各种矿物组分组成的，各组分的比例不同，水泥的性质就发生相应的变化。如：提高 C_3S 的含量，可制得高强水泥；提高 C_3A 和 C_3S 组分的含量，可制得快硬水泥；降低 C_3A 和 C_3S 组分含量，提高 C_2S 含量，可制得中、低热水泥；提高 C_4AF 含量，降低 C_3A 的含量，可制得道路水泥。

（二）硅酸盐水泥的水化、凝结硬化过程

以上分别讨论了硅酸盐水泥熟料单矿物的水化作用，但是水泥颗粒是一个多矿物的聚集体。水泥浆液体中的离子组成依赖于水泥中的各种组成及其溶解度。但是液相中的组成又反过来深刻地影响各熟料矿物的水化速率。硅酸盐水泥的水化不同于熟料单矿物水化的一个特点是不同矿物彼此之间对水化过程要产生影响。

一般对硅酸盐水泥（P·Ⅰ）的凝结硬化过程按水化反应速率和水泥浆体的结构特征分为：初始反应期、潜伏期、凝结期和硬化期四个阶段，各阶段水泥浆体水化反应放热速率分别如图 2-6 所示。

1. 初始反应期

水泥与水接触后立即发生水化反应，在反应初始的 5～10min 内，放热速率剧增，最大达到 168.5J/(g·h)，然后降至 4J/(g·h)。在此阶段，C_3S 开始水化并释放 $Ca(OH)_2$，且立

即溶于溶液中，使pH值增大至13左右，浓度达到过饱和后，$Ca(OH)_2$结晶析出；而首先和水发生反应的暴露在水泥颗粒表面的C_3A的水化产物会与已经溶解的石膏在$Ca(OH)_2$的过饱和溶液中反应形成AFt并且结晶析出，附着在水泥颗粒表面，此阶段约有1%的水泥发生水化。

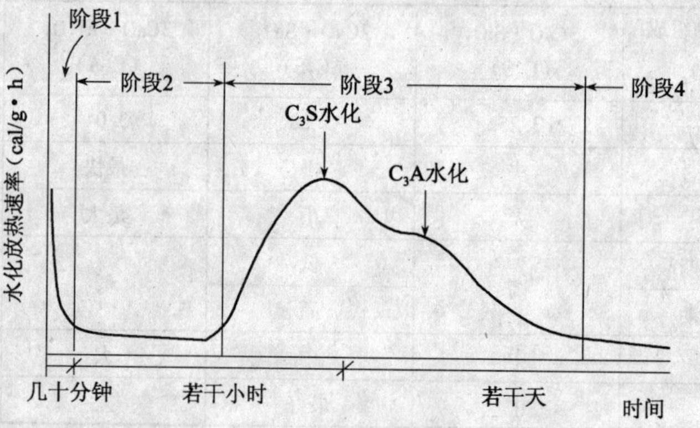

图2-6　硅酸盐水泥水化放热速率

2. 潜伏期

在初始反应之后有相当一段时间，约1～2h，水泥水化的放热速率一直很低，约为4J/(g·h)。在此期间，由于水泥颗粒表面形成了C-S-H和AFt为主的渗透膜层，水化反应很慢。

有的研究者将此阶段称为诱导期，而称之前的初始反应期为诱导前期。这个阶段，水化产物的数量增加不多，水泥颗粒仍然保持分散，所以水泥浆体基本保持塑性。

3. 凝结期

在潜伏期后期，由于渗透压的作用，水泥颗粒表面的膜层破裂，水泥继续水化，放热速率又开始增大，6h内可增至最大值约为20 J/(g·h)，然后缓慢下降。在此阶段，水化产物不断增加，由于水化产物的体积约为水泥体积的2.2倍，在水化过程中产生的水化物填充在水泥颗粒之间的空隙，随着接触点的增多，形成了由分子力结合的凝聚结构，使水泥浆体逐渐失去塑性，这就是水泥的凝结过程。此阶段结束约有15%的水泥水化。

4. 硬化期

在凝结期以后水泥水化放热速率缓慢下降，约为4J/(g·h)，此时水泥水化继续进行，水化铁铝酸钙、水化铝酸钙固溶体[$C_4(A·F)H_{13}$]开始形成，由于硫酸根离子的耗尽，部分AFt转化为AFm。水泥硬化可以持续很长时间，在适当的温度、湿度条件下，甚至几十年后水泥石的强度还会继续增长。

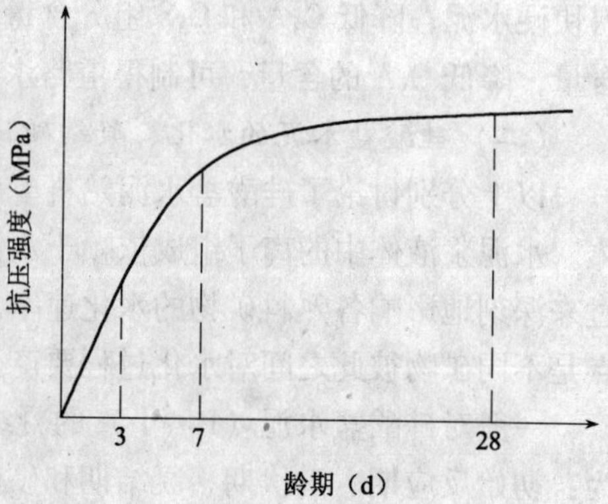

图2-7　硅酸盐水泥强度发展规律

进入硬化期后，水泥浆才开始具有强度，但是很低。前3d具有较快的增长率，3～7d强度增长率有所降低，7～28d进一步降低，超过28d强度会继续发展，但已经比较平稳，如图2-7所示。

上述的水泥水化的几个阶段并不是截然分开的，而是前后交错进行，不同的凝结硬化阶段，分别由不同的物理、化学变化起主导作用。

（三）水泥石的结构

在常温下硬化的水泥石，通常是由水化产物、未水化的水泥颗粒内核、孔隙等组成的多相（固、液、气）的多孔体系，其水化过程中微观结构变化示意图如图 2-8 所示，体积组成如图 2-9 所示。

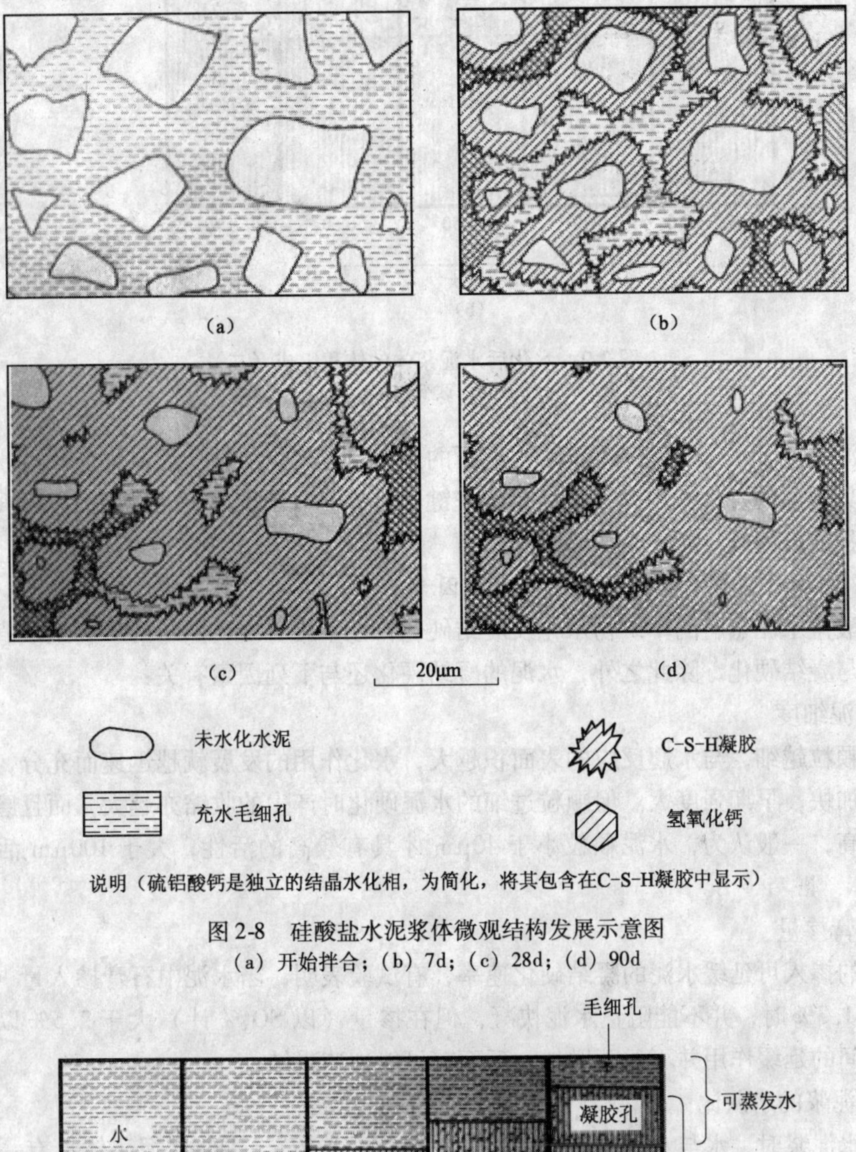

图 2-8　硅酸盐水泥浆体微观结构发展示意图

（a）开始拌合；（b）7d；（c）28d；（d）90d

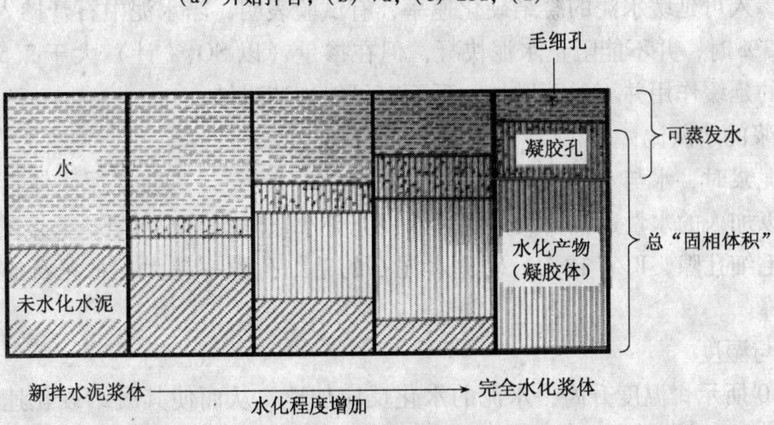

（a）

图 2-9　水化后水泥浆体的体积组成（一）

（a）为恒定水灰比 =0.5

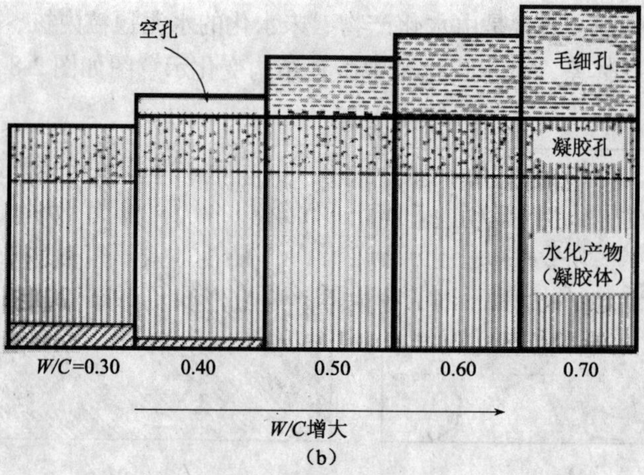

图 2-9　水化后水泥浆体的体积组成（二）
（b）改变水灰比

在水泥石中，水化硅酸钙凝胶对水泥石的强度及其他主要性质起支配作用。水泥石的强度来源于其内部的各种作用力，包括范德华键、氢键、原子价键等的作用力以及凝胶体的巨大内表面积的表面效应所产生的黏结力。

（四）影响硅酸盐水泥凝结硬化的主要因素

从硅酸盐水泥熟料的单矿物水化及凝结硬化特性不难看出，熟料的矿物组成直接影响着水泥水化与凝结硬化，除此之外，水泥的凝结硬化还与下列因素有关：

1. 水泥细度

水泥颗粒越细，与水起反应的表面积越大，水化作用的发展就越迅速而充分，使凝结硬化的速度加快，早期强度大。但颗粒过细的水泥硬化时产生的收缩亦越大，而且磨制水泥能耗多成本高，一般认为，水泥颗粒小于 40μm 才具有较高的活性，大于 100μm 活性就很小了。

2. 石膏掺量

石膏的掺入可延缓水泥的凝结硬化速率，有试验表明，当水泥中石膏掺入量（以 SO_3% 计）小于 1.3% 时，并不能阻止水泥快凝，但在掺量（以 SO_3% 计）大于 2.5% 以后，对水泥凝结时间的延缓作用并不显著增加，反而有可能加速凝结。

3. 水泥浆的水灰比

拌合水泥浆时，水与水泥的质量比称为水灰比（W/C）。为使水泥浆体具有一定塑性和流动性，所以加入的水量通常要大大超过水泥充分水化时所需的水量，多余的水在硬化的水泥石内形成毛细孔隙，W/C 越大，硬化水泥石的毛细孔隙率越大，水泥石的强度随其增加而呈直线下降。

4. 温度与湿度

如图 2-10 所示，温度升高，水泥的水化反应加速，从而使其凝结硬化速率加快，早期强度提高，但对后期强度反而可能有所下降；相反，在较低温度下，水泥的凝结硬化速度慢，早期强度低，但因生成的水化产物较致密而可以获得较高的最终强度；负温下水结成冰时，水泥的水化将停止。

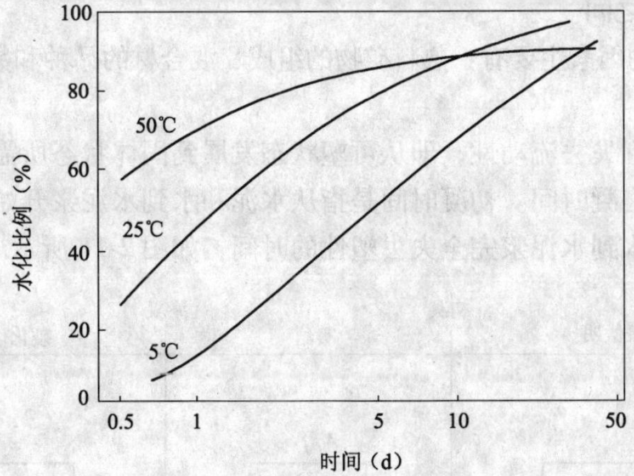

图 2-10　温度对硅酸三钙水化的影响

水是水泥水化硬化的必要条件，在干燥环境中，水分蒸发快，易使水泥浆失水而使水化不能正常进行，影响水泥石强度的正常增长，因此用水泥拌制的砂浆和混凝土，在浇注后应注意保水养护。

5. 养护龄期

水泥的水化硬化是一个较长时期不断进行的过程，随着时间的增加，水泥的水化程度提高，凝胶体不断增多，毛细孔减少，水泥石强度不断增加。

三、硅酸盐水泥的技术性质和指标

硅酸盐水泥的技术性质应完全符合现行国家标准《通用硅酸盐水泥》(GB 175—2007)的要求。其主要技术性质以及相关国家标准的指标要求归纳如下。

1. 密度

硅酸盐水泥（P·Ⅰ、P·Ⅱ）密度一般在 3.0～3.2g/cm^3 之间，而普通水泥、复合水泥略低，矿渣水泥在 2.8～3.0g/cm^3 之间，火山灰、粉煤灰水泥在 2.7～2.9g/cm^3 之间。

堆积密度一般为 900～1200kg/m^3，紧密堆积时可达 1600kg/m^3。

水泥的密度、堆积密度主要用于计算混凝土、砂浆的材料配合比以及水泥的贮运量。

2. 细度

细度是指粉状物料的粗细程度，通常以标准筛的筛余、比表面积或粒度分布表示。一般认为，水泥颗粒小于 40μm 才具有较高的活性，大于 100μm 活性就很小了。现行国家标准《通用硅酸盐水泥》(GB 175—2007) 规定硅酸盐水泥的细度以比表面积表示，其比表面积要求不小于 300m^2/kg。

3. 需水性

需水性是指水泥获得一定稠度所需水量多少的性质。为使水泥的凝结时间、安定性等重要技术性能的测定具有可比性，依据《水泥标准稠度用水量、凝结时间安定性检验方法》(GB/T 1346)，以水泥净浆达到统一规定的浆体可塑性状态进行试验。这一“统一规定的浆体可塑性状态”称为水泥净浆标准稠度。拌制水泥净浆达到标准稠度所需的加水量称为水泥净浆标准稠度需水量。一般以占水泥质量的百分数表示，硅酸盐系列水泥标准稠度需水量一般在24% ~30%之间。

影响水泥需水性的因素主要有：熟料矿物的组成、混合材的品种和数量、水泥的细度等。

4. 凝结时间

水泥从和水开始到失去流动性，即从可塑状态发展到固体状态所需要的时间称为凝结时间，分为初凝时间和终凝时间。初凝时间是指从水泥和水到水泥浆开始失去塑性的时间；终凝时间是指从水泥和水到水泥浆完全失去塑性的时间，如图2-11所示。

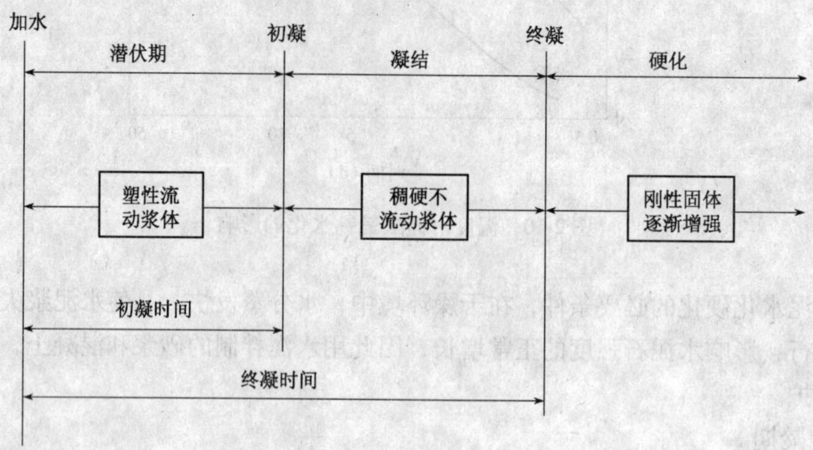

图2-11　水泥凝结时间与其浆体状态的关系

影响水泥凝结时间的主要因素有：水泥中 C_3A 的含量、石膏的掺量、混合材料的掺量、水泥的细度、水灰比等。

水泥的凝结时间在工程上有重要的意义。水泥的初凝不宜过早，以便施工时有足够的时间来完成混凝土、砂浆的搅拌、运输、浇筑成型等操作；水泥的终凝不能过迟，以便使混凝土能尽快硬化、达到一定的强度，以利于下一道工序的进行。

国家标准 GB 175 中规定硅酸盐水泥初凝时间不小于45min，终凝时间不大于390min。不符合的上述规定的水泥为不合格品。

水泥在工程中应用时还会遇到两种不正常凝结现象，即假凝、快（闪）凝。它们的共同特点是水泥和水后的几分钟内，物料就显示凝结，但假凝和快凝是不同的，前者放热量很少，并且经过剧烈搅拌后浆体又可恢复塑性，并达到正常凝结，对强度并无不利影响；而后者往往是由于缓凝不够所引起，发生后浆体即具有一定强度，重新搅拌并不能使其恢复塑性。

5. 安定性

安定性是指水泥浆体在硬化后体积变化的稳定性。若水泥硬化后体积变化不稳定，产生不均匀的体积变化，即所谓安定性不良，会使混凝土产生膨胀性裂纹，降低工程质量。因此，水泥安定性不合格的水泥不得用于工程中。

水泥中，由于熟料煅烧不完全而存在游离 CaO 与 MgO（*f*-CaO、*f*-MgO），由于是高温生成，因此水化活性小，在水泥硬化后水化，产生体积膨胀；生产水泥时加入过多的石膏（SO_3），在水泥硬化后还会继续与固态的水化铝酸钙反应生成水化硫铝酸钙，产生体积膨胀。这三种物质造成的膨胀均会导致水泥安定性不良，即使得硬化水泥石产生弯曲、裂缝甚至粉碎性破坏。沸煮能加速 *f*-CaO 的水化，国家标准规定通用硅酸盐水泥用沸煮法检验安定性；*f*-MgO 的水化比 *f*-CaO 更缓慢，沸煮法已不能检验，国家标准规定硅酸盐水泥 MgO 含量不得超过 5.0%，若经水泥压蒸检验合格，则 MgO 含量可放宽到 6.0%；由石膏造成的安定性不良，需经长期浸在常温水中才能发现，不便于检验，所以国家标准规定硅酸盐水泥中的 SO_3 含量不得超过 3.5%。

6. 强度等级

国际《水泥胶砂强度检验方法（ISO 法）》(GB/T 17671) 规定以标准胶砂试件强度来表示水泥的强度。该标准规定了 40mm×40mm×160mm 棱柱试体的制作、养护、抗压强度和抗折强度测定方法。

水泥在硬化过程中强度是逐渐增长的。因此，水泥的强度等级是以不同龄期的抗压强度和抗折强度来划分的。按早期强度（3d）的大小又分为早强型和普通型。硅酸盐水泥强度等级分为 42.5、42.5R、52.5、52.5R、62.5、62.5R 六个等级。各强度等级、各龄期的强度不得低于标准规定的数值（表 2-7），如有一项指标低于表中的数值，则为不合格品。

表 2-7 硅酸盐水泥强度等级各龄期强度值

强度等级	抗压强度（MPa）		抗折强度（MPa）	
	3d	28d	3d	28d
42.5	≥17.0	≥42.5	≥3.5	≥6.5
42.5R	≥22.0		≥4.0	
52.5	≥23.0	≥52.5	≥4.0	≥7.0
52.5R	≥27.0		≥5.0	
62.5	≥28.0	≥62.5	≥5.0	≥8.0
62.5R	≥32.0		≥5.5	

7. 水化热

水泥和水之间化学反应放出的热量，通常以 kJ/kg 表示。大部分水化热是伴随着强度的增长在水化初期放出的。水化热的大小和释放速率主要取决于水泥熟料的矿物、混合材的品种和数量、水泥的细度和养护条件等。

冬期施工，水化热有利于水泥的正常凝结硬化，防止冻害。而大体积混凝土工程如大型基础、桥墩等，高水化热是不利的，由于水泥水化热不能尽早散发出去，可能使混凝土造成温度裂缝。

8. 其他化学技术指标

除上述技术性质和指标外，硅酸盐水泥还应控制不溶物含量、烧失量、碱含量以及氯离子含量，具体见表 2-8。尤其是碱含量以及氯离子含量显著影响混凝土的耐久性。

表 2-8 硅酸盐水泥化学技术指标 %

水泥代号	不溶物	烧失量	碱含量	Cl^-	SO_3	MgO
P·Ⅰ	≤0.75	≤3.0	≤0.60	≤0.06	≤3.5	≤5.0*
P·Ⅱ	≤1.50	≤3.5				

*若水泥经压蒸试验合格，则此指标可放宽至 6.0%。

（1）不溶物：是指水泥经盐酸处理后的残渣，再以氢氧化钠溶液处理、盐酸中和过滤后所得的残渣经高温灼烧后所剩的物质。不溶物含量高对水泥质量有不良影响。

（2）烧失量：又称灼减量，是指水泥经高温灼烧，其中的水分（结晶水）排出、碳酸盐分解出 CO_2，硫酸盐分解出 SO_2，以及有机杂质被排除后物质量的损失百分数。主要用来限制石膏和混合材中杂质的含量，以保证水泥质量。

（3）碱含量：水泥中碱含量按 $Na_2O + 0.658K_2O$ 计算值表示。若使用活性集料，用户要求提供低碱水泥时，应低于0.60%或由供需双方协定。

（4）氯离子含量：通常要求低于0.06%。当有更低要求时，该指标可由供需双方协定。

四、硅酸盐水泥石的侵蚀和防止

1. 几种常见的侵蚀类型

环境介质的侵蚀作用可概括为：溶解浸析、离子交换以及形成膨胀性产物三种形式。如图2-12所示。

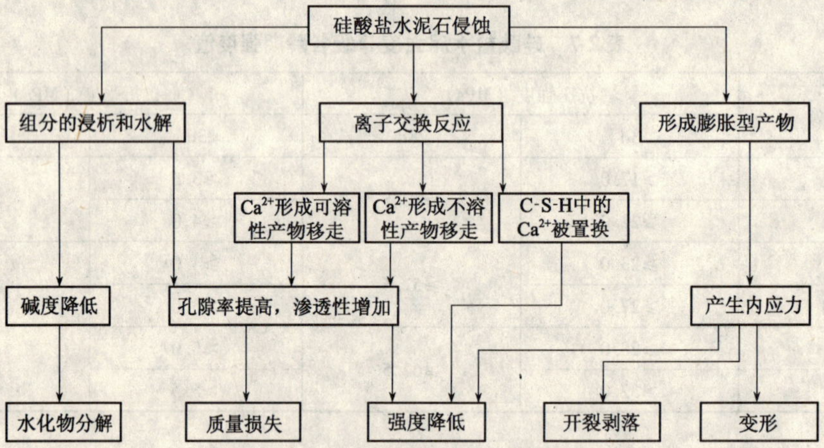

图2-12　环境介质对水泥石的侵蚀作用

（1）溶解浸析

硅酸盐水泥（P·Ⅰ）属于典型的水硬性胶凝材料，具有足够的抗水能力，尤其是对一般的江、河、湖或地下水等所谓“硬水”。而当受到冷凝水、雪水、冰川水或泉水等“软水”（即淡水）的作用时，尤其在流动水或承压水的作用下，其中一些组成如 $Ca(OH)_2$ 等将按照溶解度的大小，依次逐渐被水溶解，产生溶出性侵蚀，最终导致水泥石的破坏。

在各种水化产物中，$Ca(OH)_2$ 溶解度最大（25℃时约1.2gCaO/L），所以首先被溶解，这样不仅增加了孔隙率，使水更容易渗透，而且由于液相中 $Ca(OH)_2$ 浓度降低，还会使其他水化物发生分解。如高碱性的水化硅酸盐、水化铝碱盐等分解而成为低碱性的水化产物，若不断浸析，最后变成硅酸凝胶、氢氧化铝等无胶结能力的物质。

（2）离子交换

通过离子交换反应，水泥石可能发生如下四种侵蚀形式：

① 形成可溶性钙盐。在工业生产中，经常会有一些酸性溶液能与水泥石中的钙离子反应生成可溶性钙盐。如化工厂废水中就可能有盐酸、硫酸或硝酸存在；许多食品工厂有含醋酸、蚁酸或乳酸的废水排出；饮料中则含有碳酸。而在天然水中也会含有浓度很高的 CO_2。

通过离子交换反应，这些酸性溶液能与水泥石中的某些组分反应生成可溶性钙盐，如氯化钙、碳酸氢钙等，随水带走。

② 形成不溶性钙盐。侵蚀性水中有时含有某些阴离子，会与水泥石发生反应形成不溶性无胶结能力钙盐，被流水冲刷、渗漏滤出或车辆磨损带走。

③ 镁盐侵蚀。在地下水、海水及某些工业废水中，常有氯化镁、硫酸镁等存在，这些镁盐会与水泥石中的 $Ca(OH)_2$ 反应形成可溶性钙盐及无胶结能力的松散物 $Mg(OH)_2$。如 $MgSO_4$ 与 $Ca(OH)_2$ 会发生如下反应：

$$MgSO_4 + Ca(OH)_2 + 2H_2O \longrightarrow CaSO_4 \cdot 2H_2O + Mg(OH)_2$$

当然对于 $MgSO_4$ 同时属于下面的硫酸盐侵蚀。

④ 强碱的侵蚀。碱类溶液若浓度不大时，一般是无害的，但对于铝酸盐含量较高的硅酸盐水泥遇到强碱时如 $Na(OH)$，会发生如下反应：

$$3CaO \cdot Al_2O_3 + 6NaOH \longrightarrow 3Na_2O \cdot Al_2O_3 + 3Ca(OH)_2$$

生成的铝酸钠易溶于水，当水泥被 NaOH 浸透后，又在空气中干燥与空气中的 CO_2 作用生成 Na_2CO_3，会产生盐类结晶膨胀侵蚀。

(3) 形成膨胀性产物

外界侵蚀性介质与水泥石某些组分通过化学反应，生成膨胀性产物，最初只产生内应力并无明显的破坏，随着反应的继续进行，逐渐使水泥石剥落、开裂，强度急剧下降。

① 硫酸盐侵蚀。绝大多数硫酸盐对水泥石都有显著的侵蚀作用（除硫酸钡外），这主要是由于硫酸盐能与水泥石所含的 $Ca(OH)_2$ 作用生成硫酸钙，再与水化铝酸钙反应生成钙矾石，从而使固相体积增加（约增大 1.5 倍），最终发生膨胀破坏。因此，钙矾石又称“水泥杆菌”。此过程反应式如下：

$$Ca(OH)_2 + Na_2SO_4 \cdot 10H_2O \longrightarrow CaSO_4 \cdot 2H_2O + NaOH + 8H_2O$$

$$4CaO \cdot Al_2O_3 \cdot 19H_2O + 3(CaSO_4 \cdot 2H_2O) + 8H_2O \longrightarrow$$
$$3CaO \cdot Al_2O_3 \cdot 3CaSO_4 \cdot 32H_2O + Ca(OH)_2$$

② 盐类结晶膨胀。一些工程实例表明，即使不发生明显的化学反应，水泥石中盐类结晶也会导致相当大的破坏。如上述的硫酸盐侵蚀的第一步生成的硫酸钙，若结晶就会产生结晶膨胀的侵蚀。

③ 碱-集料反应。

近些年来各地发现了许多碱-集料反应导致混凝土结构破坏，即水泥中的碱和集料中的活性 SiO_2 反应，生成膨胀性的碱硅酸盐凝胶，导致混凝土开裂。这个反应和水泥的含碱量、集料的活性及混凝土的使用环境有关。

水泥的耐蚀性可用耐蚀系数定量地表示。耐蚀系数是以同一龄期下，水泥试体在侵蚀性溶液中的强度与在淡水中的强度之比。

2. 侵蚀的防止

由以上侵蚀的分析可以看出，水泥石的侵蚀主要是由于内部的某些矿物质成分如氢氧化钙和水化铝酸钙较易溶于水或与其他物质反应和水泥石不密实而使侵蚀介质进入而造成的。因此，针对具体情况可采取下列防止措施。

（1）根据侵蚀环境的特点，合理选用水泥品种。如当水泥石遭受软水侵蚀时，可选用水化物中 $Ca(OH)_2$ 含量较少的水泥；当水泥石处于硫酸盐侵蚀环境中时，可选用铝酸三钙含量较低的抗硫酸盐水泥。一般来说，硅酸盐水泥中混合材掺量越多，其抗侵蚀能力越强。

（2）提高水泥石的密实度。水泥石的密实度越高，抗渗能力越强，这样环境的侵蚀介质越难侵入。许多工程选择了合适的水泥品种，但由于密实度不高，而遭受了严重侵蚀，尤其是对于软水侵蚀，密实度的作用更加明显。

（3）做保护层。当侵蚀作用较强，上述的措施不能奏效时，可在水泥石表面加做一层耐侵蚀介质的材料如陶瓷、涂料、沥青等。

（4）控制水泥中的碱含量或控制集料中的活性成分含量。为防止碱-集料反应，即使用相同活性集料的情况下，不同的混凝土配比、使用环境对水泥的碱含量（Na_2O + $0.658K_2O$）要求也不一样。因此，标准中将碱含量定为任选要求。当用户要求时，由供需双方协商，但指定低碱水泥时，水泥中碱含量不得大于0.60%或由供需双方商定。

五、硅酸盐水泥的特性与应用

1. 凝结硬化快，早期强度与后期强度均高

这是因为硅酸盐水泥中硅酸盐水泥熟料多，即水泥中 C_3S 多。因此适用于现浇混凝土工程、预制混凝土工程、冬期施工混凝土工程、预应力混凝土工程、高强混凝土工程等。

2. 抗冻性好

硅酸盐水泥石具有较高的密实度，且具有对抗冻性有利的孔隙特征，因此抗冻性好，适用于严寒地区遭受反复冻融循环的混凝土工程。

3. 水化热高

硅酸盐水泥中 C_3S 和 C_3A 含量高，因此水化放热速度快、放热量大，所以适用于冬期施工，不适用于大体积混凝土工程。

4. 耐腐蚀性差

硅酸盐水泥石中的 $Ca(OH)_2$ 与水化铝酸钙较多，所以耐腐蚀性差，因此不适用于受流动软水和压力水作用的工程，也不宜用于受海水及其他侵蚀性介质作用的工程。

5. 耐热性差

水泥石中的水化产物在250℃～300℃时会产生脱水，强度开始降低，当温度达到700℃～1000℃时，水化产物分解，水泥石的结构几乎完全破坏，所以硅酸盐水泥不适用于耐热、高温要求的混凝土工程。但当温度为100℃～250℃时，由于额外的水化作用及脱水后凝胶与部分 $Ca(OH)_2$ 的结晶对水泥石的密实作用，水泥石的强度并不降低。

6. 抗碳化性好

水泥石中 $Ca(OH)_2$ 与空气中 CO_2 的作用称为碳化。硅酸盐水泥水化后，水泥石中含有较多的 $Ca(OH)_2$，因此抗碳化性好。

第三节　通用硅酸盐水泥

通用硅酸盐水泥在所有的水泥中品种最多、应用最广。按组成水泥的熟料数量、混合材料的品种与数量分为硅酸盐水泥、普通硅酸盐水泥、矿渣硅酸盐水泥、火山灰质硅酸盐水

泥、粉煤灰硅酸盐水泥和复合硅酸盐水泥六大品种。

其中硅酸盐水泥（P·Ⅰ、P·Ⅱ）的定义、生产和组成、水化凝结硬化机理、技术性质和应用，在第一节中有详细介绍。本节重点介绍其余五种水泥在组成、技术指标以及性能特点等方面的内容。

一、组成和代号

通用硅酸盐水泥各品种的组分和代号见表2-9。

表2-9　通用硅酸盐水泥各品种的组分和代号　%

品　种	代　号	组分				
		熟料+石膏	粒化高炉矿渣	火山灰质混合材料	粉煤灰	石灰石
硅酸盐水泥	P·Ⅰ	100	—	—	—	—
	P·Ⅱ	≥95	≤5	—	—	—
		≥95	—	—	—	≤5
普通硅酸盐水泥	P·O	≥80且<95	>5且≤20			—
矿渣硅酸盐水泥	P·S·A	≥50且<80	>20且≤50	—	—	—
	P·S·B	≥30且<50	>50且≤70	—	—	—
火山灰质硅酸盐水泥	P·P	≥60且<80	—	>20且≤40	—	—
粉煤灰硅酸盐水泥	P·F	≥60且<80	—	—	>20且≤40	—
复合硅酸盐水泥	P·C	≥50且<80	>20且≤50*			

* 此掺量指活性混合材料或非活性混合材料。表中所列其余混合材料的掺量均指活性混合材料。

可见，通用硅酸盐水泥具有统一的组成通式：硅酸盐水泥熟料+混合材料+石膏。与硅酸盐水泥相比，其余五种水泥的差别仅在于混合材料的种类和掺量的不同。这也是导致它们各自具有特色的根本原因。

1. 普通硅酸盐水泥

代号P·O，简称普通水泥。由硅酸盐水泥熟料、>5且≤20活性混合材料及适量石膏，共同磨细制成。活性混合材料的最大掺量不得超过20%，其中允许用不超过水泥重量5%的窑灰或不超过水泥重量8%的非活性混合材料来代替。

2. 矿渣硅酸盐水泥

简称矿渣水泥。由硅酸盐水泥熟料和20%～70%粒化高炉矿渣、适量石膏磨细制成。允许用不超过水泥质量8%的活性混合材料或非活性混合材料或窑灰中的任一种材料代替。

根据粒化高炉矿渣的掺量具体分为P·S·A和P·S·B两个品种，其中P·S·A中粒化高炉矿渣的掺量为>20%且≤50%；P·S·B中粒化高炉矿渣的掺量为>50%且≤70%。

3. 火山灰质硅酸盐水泥

代号P·P，简称火山灰水泥。由硅酸盐水泥熟料和>20%且≤40%的火山灰质混合材料、适量石膏磨细制成。

4. 粉煤灰硅酸盐水泥

代号P·F，简称粉煤灰水泥。由硅酸盐水泥熟料和>20%且≤40%的粉煤灰、适量石膏磨细制成。

5. 复合硅酸盐水泥

代号P·C，简称复合水泥。由硅酸盐水泥熟料和适量石膏，掺加两种或两种以上的活性混合材料或非活性混合材料组成，其中允许用不超过水泥质量8%的窑灰代替。掺矿渣时混合材料掺量不得与矿渣硅酸盐水泥重复。

二、技术指标

根据国家标准《通用硅酸盐水泥》(GB 175）的规定，普通水泥、矿渣水泥、火山灰水泥、粉煤灰水泥和复合水泥应符合下列技术要求：

1. 氧化镁

普通水泥中氧化镁的含量不得超过5.0%。如果经压蒸安定性试验合格，则氧化镁含量允许放宽到6.0%。

除矿渣水泥P·S·B外，矿渣水泥P·S·A、火山灰水泥、粉煤灰水泥和复合水泥中氧化镁的含量不得超过6.0%，若超过则需进行水泥压蒸安定性试验并要求检验结果为合格。

2. 三氧化硫

普通水泥、火山灰水泥、粉煤灰水泥和复合水泥中三氧化硫的含量不得超过3.5%。矿渣水泥中三氧化硫的含量不得超过4.0%。

3. 烧失量

普通水泥中烧失量不得大于5.0%。

4. 细度

普通水泥的细度以比表面积表示，其比表面积不小于300m^2/kg；矿渣水泥、火山灰水泥、粉煤灰水泥和复合水泥的细度以标准筛筛余百分数表示，要求80μm方孔筛筛余不大于10%或45μm方孔筛筛余不大于30%。

5. 凝结时间

普通水泥、矿渣水泥、火山灰水泥、粉煤灰水泥和复合水泥初凝时间不得早于45min，终凝时间不得迟于600min。

6. 安定性

用沸煮法检验必须合格。

7. 强度等级

按规定龄期的抗压强度和抗折强度划分，普通水泥分为四个强度等级，矿渣硅酸盐水泥、火山灰质硅酸盐水泥、粉煤灰硅酸盐水泥、复合硅酸盐水泥分为六个强度等级。各强度等级水泥的各龄期强度要求不得低于表2-10中数值。

表2-10 P·O、P·S、P·P、P·F、P·C水泥强度要求（GB 175）

品种	强度等级	抗压强度（MPa）		抗折强度（MPa）	
		3d	28d	3d	28d
普通硅酸盐水泥	42.5	≥17.0	≥42.5	≥3.5	≥6.5
	42.5R	≥22.0		≥4.0	
	52.5	≥23.0	≥52.5	≥4.0	≥7.0
	52.5R	≥27.0		≥5.0	

续表

品　　种	强度等级	抗压强度（MPa）		抗折强度（MPa）	
		3d	28d	3d	28d
矿渣硅酸盐水泥 火山灰质硅酸盐水泥 粉煤灰硅酸盐水泥 复合硅酸盐水泥	32.5	≥10.0	≥32.5	≥2.5	≥5.5
	32.5R	≥15.0		≥3.5	
	42.5	≥15.0	≥42.5	≥3.5	≥6.5
	42.5R	≥19.0		≥4.0	
	52.5	≥21.0	≥52.5	≥4.0	≥7.0
	52.5R	≥23.0		≥4.5	

8. 碱含量与氯离子含量

这两个指标的要求与硅酸盐水泥相同。

三、通用硅酸盐水泥的特性

（一）普通硅酸盐水泥

普通硅酸盐水泥中含有少量混合材料，而绝大部分仍是硅酸盐水泥熟料，故其特性与硅酸盐水泥基本相同；但由于掺入少量混合材料，因此与同强度等级的硅酸盐水泥相比，普通硅酸盐水泥早期硬化速度稍慢、3d强度稍低、抗冻性稍差、水化热稍小、耐蚀性稍好。

（二）矿渣水泥、火山灰水泥和粉煤灰水泥

由于粒化高炉矿渣、火山灰、粉煤灰这三种活性混合材料的化学组成和化学活性基本相同，使得水泥的水化产物及凝结硬化速度相近，因此矿渣水泥、火山灰水泥和粉煤灰水泥这三个品种水泥的大多数性质和应用相同或相近，即这三种水泥在许多情况下可替代使用。同时，又由于这三种活性混合材料的物理性质和表面特征及水化活性等有些差异，使得这三种水泥分别具有某些特性。与硅酸盐水泥或普通硅酸盐水泥相比，它们具有以下特点：

1. 矿渣水泥、火山灰水泥和粉煤灰水泥的共性

（1）早期强度低、后期强度发展高。其原因是这三种水泥的熟料含量少且二次水化反应（即活性混合材料的水化）慢，故早期（3d、7d）强度低。后期由于二次水化反应的不断进行和水泥熟料的不断水化，水化产物不断增多，强度可赶上或超过同强度等级的硅酸盐水泥或普通硅酸盐水泥（图2-13）。活性混合材料的掺量越多，早期强度越低，但后期强度增长越多。

这三种水泥不适合用于早期强度要求高的混凝土工程，如冬期施工现浇工程等。

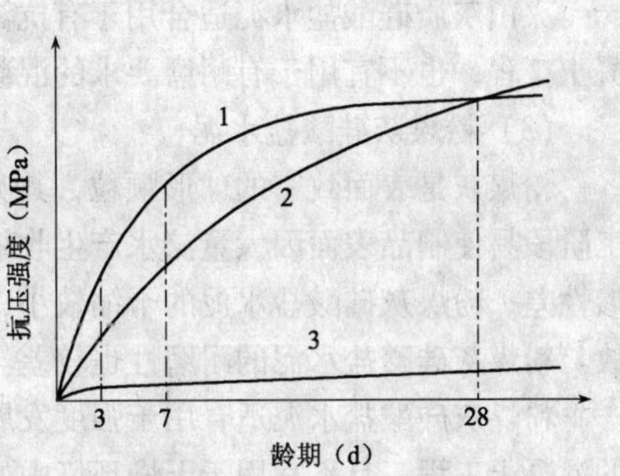

图2-13　强度发展规律

1—硅酸盐水泥；2— 掺混合材硅酸盐水泥；3—混合材料

（2）对温度敏感，适合高温养护。这三种水泥在低温下水化明显减慢，强度较低。采用高温养护可大大加速活性混合材料的水化，并可加速熟料的水化，故可大大提高早期强度，且不影响常温下后期强度的发展（图2-13）。

（3）耐腐蚀性好。这三种水泥的熟料数量相对较少，水化硬化后水泥石中的氢氧化

钙和水化铝酸钙的数量少，且活性混合材料的二次水化反应使水泥石中氢氧化钙的数量进一步降低，因此耐腐蚀性好，适合用于有硫酸盐、镁盐、软水等侵蚀作用的环境，如水工、海港、码头等混凝土工程。但当侵蚀介质的浓度较高或耐腐蚀性要求高时，仍不宜使用。

（4）水化热小。三种水泥中的熟料含量少，因而水化放热量少，尤其是早期放热速度慢，放热量少，适合用于大体积混凝土工程。

（5）抗冻性较差。矿渣和粉煤灰易泌水形成连通孔隙，火山灰一般需水量较大，会增加内部的孔隙含量，故这三种水泥的抗冻性均较差。

（6）抗碳化性较差。由于这三种水泥在水化硬化后，水泥石中的氢氧化钙的数量少，故抵抗碳化的能力差，因而不适用于二氧化碳浓度含量高的工业厂房，如铸造、翻砂车间等。

2. 矿渣水泥、火山灰水泥和粉煤灰水泥的特性

（1）矿渣硅酸盐水泥

由于粒化高炉矿渣玻璃体对水的吸附能力差，即对水分的保持能力差（保水性差），与水拌合时易产生泌水造成较多的连通孔隙，因此，矿渣硅酸盐水泥的抗渗性差，且干缩较大；矿渣硅酸盐水泥水化后氢氧化钙的含量少，故矿渣硅酸盐水泥的耐热性较好。

矿渣硅酸盐水泥适合用于有耐热要求的混凝土工程，不适合用于有抗渗要求的混凝土工程。

（2）火山灰质硅酸盐水泥

火山灰质混合材料内部含有大量的微细孔隙，故火山灰质硅酸盐水泥的保水性高；火山灰质硅酸盐水泥水化后形成较多的水化硅酸钙凝胶，使水泥石结构致密，因而其抗渗性较好；火山灰质硅酸盐水泥的干缩大，水泥石易产生微细裂纹，且空气中的二氧化碳能使水化硅酸钙凝胶分解成为碳酸钙和氧化硅的混合物，使水泥石的表面产生起粉现象。火山灰质硅酸盐水泥的耐磨性也较差。

火山灰质硅酸盐水泥适合用于有抗渗要求的混凝土工程，不宜用于干燥环境中的地上混凝土工程，也不宜用于有耐磨要求的混凝土工程。

（3）粉煤灰硅酸盐水泥

粉煤灰是表面致密的球形颗粒，其吸附水的能力较差，即保水性差、泌水性大，其在施工阶段易使制品表面因大量泌水产生收缩裂纹（又称失水裂纹），因而粉煤灰硅酸盐水泥抗渗性差；粉煤灰硅酸盐水泥的干缩较小，这是因为粉煤灰的比表面积小，拌合需水量小的缘故。粉煤灰硅酸盐水泥的耐磨性也较差。

粉煤灰硅酸盐水泥适合用于强度发展速度要求不高的混凝土工程，不宜用于有抗渗要求的混凝土工程，且不宜用于干燥环境中的混凝土及有耐磨要求的混凝土工程。

（三）复合硅酸盐水泥

复合水泥由于掺入了两种或两种以上规定的混合材料，其效果不只是各类混合材料的简单混合，而是互相取长补短，产生单一混合材料不能起到的优良效果，因此，复合水泥的性能介于普通水泥和矿渣水泥、火山灰水泥、粉煤灰水泥之间。

（四）小结

六种通用硅酸盐水泥特性见表 2-11。

表 2-11 六种通用水泥特性对比

名称	硅酸盐水泥	普通水泥	复合水泥	矿渣水泥	火山灰水泥	粉煤灰水泥
代号	P·Ⅰ，P·Ⅱ	P·O	P·C	P·S·A	P·P	P·F
强度等级	42.5，42.5R 52.5，52.5R 62.5，62.5R	42.5，42.5R 52.5，52.5R	32.5，32.5R 42.5，42.5R 52.5，52.5R			
主要特性	1. 强度高 2. 水化热高 3. 抗冻性好 4. 耐蚀性差 5. 耐热性差 6. 抗碳化强	性能接近前者： 1. 早期强度稍低 2. 水化热稍低 3. 抗冻性稍差 4. 耐蚀性稍好	介于前者和后者之间	1. 早期强度低，后期强度增长率大 2. 水化热低 3. 耐蚀性强 4. 抗冻性差 5. 抗大气性差 6. 抗渗性（P·P强） 7. 耐热性（P·S强，P·P、P·F差） 8. 干缩（P·S、P·P大，P·F小）		

四、硅酸盐系列水泥的选用

了解了通用硅酸盐水泥的性能后，可以根据具体工程的要求，正确、准确地选用水泥。表2-12 给出硅酸盐系列水泥的选用原则。

表 2-12 硅酸盐系列水泥的选用

混凝土工程特点或所处环境条件		优先选用	可以使用	不得使用
普通混凝土	1. 在普通气候环境中的混凝土	普通硅酸盐水泥	矿渣硅酸盐水泥、火山灰质硅酸盐水泥、粉煤灰硅酸盐水泥	—
	2. 在干燥环境中的混凝土	普通硅酸盐水泥	矿渣硅酸盐水泥	火山灰质硅酸盐水泥、粉煤灰硅酸盐水泥
	3. 在高湿度环境中或永远处在水下的混凝土	矿渣硅酸盐水泥	普通硅酸盐水泥、火山灰质硅酸盐水泥、粉煤灰硅酸盐水泥	—
	4. 厚大体积的混凝土	粉煤灰硅酸盐水泥、矿渣硅酸盐水泥、火山灰质硅酸盐水泥	普通硅酸盐水泥	硅酸盐水泥、快硬硅酸盐水泥
有特殊要求的混凝土	1. 要求快硬的混凝土	快硬硅酸盐水泥*、硅酸盐水泥	普通硅酸盐水泥	矿渣硅酸盐水泥、火山灰质硅酸盐水泥、粉煤灰硅酸盐水泥
	2. 高强（>C40级）的混凝土	硅酸盐水泥	普通硅酸盐水泥、矿渣硅酸盐水泥	火山灰质硅酸盐水泥、粉煤灰硅酸盐水泥
	3. 严寒地区的露天混凝土，寒冷地区的处在水位升降范围内的混凝土	普通硅酸盐水泥	矿渣硅酸盐水泥（强度等级>32.5）	—
	4. 严寒地区处在水位升降范围内的混凝土	普通硅酸盐水泥	—	火山灰质硅酸盐水泥、矿渣硅酸盐水泥、粉煤灰硅酸盐水泥

续表

混凝土工程特点或所处环境条件		优先选用	可以使用	不得使用
有特殊要求的混凝土	5. 有抗渗要求的混凝土	普通硅酸盐水泥、火山灰质硅酸盐水泥	—	矿渣硅酸盐水泥
	6. 有耐磨要求的混凝土	硅酸盐水泥、普通硅酸盐水泥	矿渣硅酸盐水泥（强度等级 >32.5）	火山灰质硅酸盐水泥、粉煤灰硅酸盐水泥
	7. 受侵蚀性介质作用的混凝土	矿渣水泥、火山灰水泥、粉煤灰水泥、复合水泥	—	硅酸盐水泥、普通水泥

*蒸汽养护时用的水泥品种，宜根据具体条件通过试验确定。

第四节 其他品种水泥

本节主要介绍铝酸盐水泥、硫铝酸盐系列水泥，以及特性水泥和专用水泥。

一、铝酸盐水泥

（一）概述

1. 定义

凡以铝酸钙为主的铝酸盐水泥熟料，磨细制成的水硬性胶凝材料称为铝酸盐水泥，代号 CA。根据需要也可在磨制 Al_2O_3 含量大于 68% 的水泥时掺加适量的 Al_2O_3 粉。

2. 分类

铝酸盐水泥按 Al_2O_3 含量百分数分为四类：

CA-50 Al_2O_3 含量≥50% 且 <60%；

CA-60 Al_2O_3 含量≥60% 且 <68%；

CA-70 Al_2O_3 含量≥68% 且 <77%；

CA-80 Al_2O_3 含量 =77%。

（二）组成

1. 化学成分

铝酸盐水泥的化学成分按水泥质量百分比计应符合表 2-13 要求。

表 2-13 铝酸盐水泥化学成分 %

类型	Al_2O_3	SiO_2	Fe_2O_3	R_2O ($Na_2O + 0.658K_2O$)	S[注]（全硫）	Cl[注]
CA-50	≥50 且 <60	≤8.0	≤2.5	≤0.40	≤0.1	≤0.1
CA-60	≥60 且 <68	≤5.0	≤2.0			
CA-70	≥67 且 <77	≤1.0	≤0.7			
CA-80	≥77	≤0.5	≤0.5			

注：当用户需要时，生产厂应提供结果和测定方法。

2. 矿物组成

铝酸盐水泥的原料一般为铝矾土和石灰石，其熟料的主要矿物成分是铝酸一钙（$CaO\cdot Al_2O_3$，简式 CA）和二铝酸一钙（$CaO\cdot 2Al_2O_3$，简式 CA_2），此外，尚有少量的硅酸二钙及其他铝酸盐如：七铝酸十二钙（$12CaO\cdot 7Al_2O_3$，简式 $C_{12}A_7$），铝方柱石（C_2AS），六铝酸一钙（CA_6）等。

（三）水化机理

铝酸一钙是铝酸盐水泥的主要矿物，具有很高的活性，其特点是凝结正常、硬化迅速，是铝酸盐水泥强度的主要来源。

二铝酸一钙水化硬化较慢，早期强度低，但后期强度能不断提高，提高 CA_2 的含量，铝酸盐水泥，耐热性能提高，但含量过多将影响其快硬性能。

CA 的水化与温度的关系极大，一般认为，当温度小于15℃～20℃时，

$$CaO\cdot Al_2O_3+10H_2O\longrightarrow CaO\cdot Al_2O_3\cdot 10H_2O$$

当温度在20℃～30℃时，

$$(2m+n)CaO\cdot Al_2O_3+(10n+11m)H_2O\longrightarrow(CaO\cdot Al_2O_3\cdot 10H_2O)+$$
$$m(2CaO\cdot Al_2O_3\cdot 8H_2O)+m(Al_2O_3\cdot 3H_2O)$$

其中，$Al_2O_3\cdot 3H_2O$ 即 AH_3 为氢氧化铝凝胶。

当温度大于30℃时，

$$3(CaO\cdot Al_2O_3)+12H_2O\longrightarrow 3CaO\cdot Al_2O_3\cdot 6H_2O+2(Al_2O_3\cdot 3H_2O)$$

CA_2 的水化反应和 CA 相似，但水化速度较慢；$C_{12}A_7$ 的水化作用较快，水化产物也是 C_2AH_8；C_2S 则生成 C-S-H。

CAH_{10} 和 C_2AH_8 为片状或针状的晶体。它们互相交错搭接，形成坚硬的结晶连生体骨架，同时生成的 AH_3 凝胶又填充于晶体骨架的空隙，形成了致密的结构，故使水泥获得较高的强度。水化5～7d后，水化物的数量很少增长。因此，铝酸盐水泥硬化初期强度增长很快，以后不显著。

需要指出的是 CAH_{10} 和 C_2AH_8 都是不稳定的，会逐步转化为 C_3AH_6，这个过程会由于温度的提高而加速，晶体转变的结果，使水泥石内析出了游离水，增大了孔隙率；同时也由于 C_3AH_6 本身强度较低，所以水泥石的强度明显下降。工程实践证明，铝酸盐水泥的长期强度确实下降，特别在湿热环境下，下降更加迅速，其后期强度可能比最高强度降低达40%以上，甚至可能引起结构破坏。

（四）铝酸盐水泥的技术性质和指标

现行国家标准《铝酸盐水泥》(GB 201) 规定的标准要求如下：

1. 化学成分

见表2-13。

2. 细度

比表面积不小于300m^2/kg 或0.045mm 筛余不大于20%，由供需双方商定，在无约定的情况下发生争议时以比表面积为准。

3. 凝结时间

凝结时间（胶砂）应符合表2-14要求，检验方法按现行国家标准 GB 201 附录 A 进行。

表 2-14 凝结时间

水泥类型	初凝时间不得早于（min）	终凝时间不得迟于（h）
CA-50、CA-70、CA-80	30	6
CA-60	60	18

4. 强度

各类型水泥各龄期强度值不得低于表 2-15 中的数值，胶砂试件强度检验方法按《水泥胶砂强度检验方法（ISO 法）》GB/T 17671 进行，但其中水灰比作如下修改：

表 2-15 水泥胶砂强度

水泥类型	抗压强度（MPa）				抗折强度（MPa）			
	6h	1d	3d	28d	6h	1d	3d	28d
CA-50	20	40	50	—	3.0*	5.5	6.5	—
CA-60	—	20	45	85	—	2.5	5.0	10.0
CA-70	—	30	40	—	—	5.0	6.0	—
CA-80	—	25	30	—	—	4.0	5.0	—

* 当用户需要时，生产厂应提供结果。

（1）CA-50 成型时水灰比按 0.44 和胶砂流动度达到 130 ~ 150mm 来确定。当用 0.44 水灰比制成的胶砂流动度正好在 130 ~ 150mm 时即用 0.44 水灰比，当胶砂流动度超出该流动度范围时，应在 0.4 基数上以 0.01 的整倍数增加或减少水灰比使制成胶砂流动度达到 130 ~ 140mm 或减至 150 ~ 140mm，试件成型时用达到上述要求流动度的水灰比来制备胶砂。

CA-60、CA-70、CA-80 成型时水灰比按 0.40 和胶砂流动度达到 130 ~ 150mm 来确定，若用 0.40 水灰比制成胶砂的流动度超出上述范围时按 CA-50 的方法进行调整。

胶砂流动度试验，除胶砂组成外，操作方法按现行国家标准 GB/T 2419 进行。

（2）试体成型后连同试模一起放在 20℃ ±1℃，相对湿度 >90% 的湿气养护箱中养护 6h 脱模，除 6h 龄期试体外，脱模后的试体应尽快放入 20℃ ±1℃ 水中养护。养护时不得与其他品种水泥试体放在一起。当因脱模可能影响试体强度试验结果时，可以延长养护时间，并作记录。

（3）各龄期强度试验时间如下：6h ±15min；1d ±30min；3d ±2h；28d ±4h。

（五）铝酸盐水泥的特性与应用

与硅酸盐水泥相比，铝酸盐水泥具有如下特性。

1. 快硬早强

铝酸盐水泥的最大特点是强度发展特别迅速，3d 之内可达最高强度，在低温下（5℃ ~ 10℃）也能很好地硬化，而在较高温度下（大于 30℃）养护，则强度剧烈下降，这一特性和硅酸盐水泥截然相反。因此，适用于紧急抢修和早期强度要求高的特殊工程，不适用于蒸汽养护及在较高温度季节施工的工程中。

在自然条件下，铝酸盐水泥长期强度下降有一个最低稳定值。应用时以铝酸盐水泥混凝土最低稳定强度设计。国家标准规定，其最低稳定强度是以试体脱模后放入 50℃ ±2℃ 水中养护，取龄期 7d 和 14d 强度低者的值。

2. 水化热高、放热快

铝酸盐水泥硬化时，放热量大，且集中在早期，1d 内可放出总水化热的 70% ~80%，而硅酸盐水泥仅为 25% ~50%。因此，铝酸盐水泥适用于寒冷地区的冬期施工混凝土工程，不适用于大体积混凝土工程。

3. 耐蚀性强

铝酸盐水泥中没有 $Ca(OH)_2$，且结构致密。因此，具有很好的抗硫酸盐及海水侵蚀的性能，比抗硫酸盐水泥还好，同时对碳酸水、稀酸等侵蚀性介质也有很好的稳定性，但晶体转变后，孔隙率增加，耐蚀性降低。这种水泥对碱的侵蚀无抵抗能力，故应避免碱性侵蚀。

4. 耐热性强

铝酸盐水泥在高温下仍能保持较高的强度，这是因为水化产物不含 $Ca(OH)_2$；且高温作用后，各组分之间发生固相反应，逐步代替了水泥的水化结合，所以铝酸盐水泥可作为耐热混凝土的胶结材料。

值得注意的是，铝酸盐水泥一般不得与硅酸盐水泥、石灰等能析出 $Ca(OH)_2$ 的胶凝材料混合使用，否则会引起闪凝，导致强度降低。

铝酸盐水泥与石膏等经过一定的配方，可制成各种类型的膨胀水泥，这是目前铝酸盐水泥最主要的用途之一。

二、硫铝酸盐水泥

硫铝酸盐水泥是以无水硫铝酸钙熟料为主要成分的一种新型水泥，这种水泥自从问世以来以其早期强度高，具有膨胀性、抗渗、耐蚀性好，同时生产工艺简单，生产成本不高等特点，很快在混凝土工程中得到了广泛的应用，目前国内已定型的产品有：

硫铝酸盐系列水泥
- 快硬硫铝酸盐水泥
- 低碱GRC水泥
- 高强硫铝酸盐水泥
- 膨胀硫铝酸盐水泥
- 自应力硫铝酸盐水泥
- ……

(一) 快硬硫铝酸盐水泥

1. 定义

凡以适当成分的生料，经煅烧所得以无水硫铝酸钙和硅酸二钙为主要成分的熟料，加入石灰石、适量的石膏共同磨细制成的早期强度高的水硬性胶凝材料，称为快硬硫铝酸盐水泥，代号 R·SAC。

《快硬硫铝酸盐水泥》JC 933—2003 要求：水泥组成中熟料和石膏总含量不小于 90%，石灰石不大于 10%；比表面积不应小于 $350m^2/kg$；凝结时间中初凝不早于 25min，终凝不迟于 180min，用户要求时可以变动。

快硬硫铝酸盐水泥的主要原料为：矾土、石灰石和石膏。其熟料的化学成分及矿物组成，见表 2-16。

表 2-16 快硬硫铝酸盐水泥熟料化学成分及矿物组成

化学成分	含量（%）	矿物组成	含量（%）
CaO	40~44	C_4A_3	36~44
Al_2O_3	18~22	C_2S	23~34
SiO_2	8~12	C_2F	10~17
Fe_2O_3	6~10	$CaSO_4$	12~17
SO_3	12~16		

2. 水化

快硬硫铝酸盐水泥水化时，主要发生了下列水化反应。

$$4CaO \cdot 3Al_2O_3 \cdot CaSO_4 + 2(CaSO_4 \cdot 2H_2O) + 34H_2O \longrightarrow$$
$$3CaO \cdot Al_2O_3 \cdot 3\,CaSO_4 \cdot 32\,H_2O + 2(Al_2O_3 \cdot 3H_2O)$$

$$4CaO \cdot 3Al_2O_3 \cdot CaSO_4 + 18H_2O \longrightarrow 3CaO \cdot Al_2O_3 \cdot CaSO_4 \cdot 12H_2O + 2(Al_2O_3 \cdot 3H_2O)$$

$$2CaO \cdot SiO_2 + mH_2O \longrightarrow xCaO \cdot SiO_2 \cdot yH_2O + (2-x)Ca(OH)_2$$

而生成的 CH 又与 AH_3 和 $CaSO_4 \cdot 2H_2O$ 发生如下反应。

$$3Ca(OH)_2 + 3(CaSO_4 \cdot 2H_2O + Al_2O_3 \cdot 3H_2O \longrightarrow$$
$$3CaO \cdot Al_2O_3 \cdot 3CaSO_4 \cdot 32H_2O$$

由于 C_4A_3S、C_2S 和 $CaSO_4 \cdot 2Al_2O_3$ 三者互相促进，上述的反应非常迅速。由此可见，快硬硫铝酸盐的主要水化产物是：高硫型水化硫铝酸钙（AF_t）、低硫型水化硫铝酸钙（AF_m）、铝胶 AH_3 和水化硅酸盐 C-S-H，由于 C_4A_3S、C_2S 和 $CaSO_4 \cdot 2Al_2O_3$ 在水化反应时互相促进，因此水泥的反应非常迅速，早期强度非常高。

3. 特性与应用

（1）凝结快、早期强度高

如上所述，快硬硫铝酸盐水泥凝结硬化特别快，而早期强度也高，在标准条件下，12h 的强度超过 30~40MPa，相当于同强度等级硅酸盐水泥 7d 强度；其 3d 强度可达到硅酸盐水泥的 28d 强度。但早期强度的温度敏感性比硅酸盐水泥大得多，所以特别适用于抢修、抢建、喷锚加固、堵漏注浆等工程。

其强度等级以 3d 抗压强度划分，见表 2-17。

表 2-17 快硬硫酸盐水泥各强度等级、各龄期强度值

强度等级	抗压强度（MPa）			抗折强度（MPa）		
	1d	3d	28d	1d	3d	28d
42.5	33.0	42.5	45.0	6.0	6.5	7.0
52.5	42.0	52.5	55.0	6.5	7.0	7.5
62.5	50.0	62.5	65.0	7.0	7.5	8.0
72.5	56.0	72.5	75.0	7.5	8.0	8.5

（2）水化放热快

快硬硫铝酸盐水泥由于水化速度特别快，所以水化放热也特别快，但总放热量并不大，

所以适用于冬期施工，不适用于大体积混凝土工程。

（3）微膨胀、低收缩

快硬硫铝酸盐水泥水化生成钙矾石，使水泥产生体积膨胀，但在空气中仍要收缩，收缩量很小，所以适用于有抗渗、抗裂要求的接头、接缝的混凝土工程。

（4）耐蚀性强

快硬硫铝酸盐水泥石中没有易侵蚀的 $Ca(OH)_2$、水化铝酸钙，同时低收缩，所以快硬硫铝酸盐水泥耐蚀性强，适用于有耐蚀性要求的混凝土工程。又由于低碱度，所以适用于玻璃纤维制品，而对钢筋的保护能力不如硅酸盐水泥好。

（5）耐热性差

由于水化产物 AF_t、AF_m 含有大量的结晶水，所以快硬硫铝酸盐水泥耐热性差，一般不能用于有耐热要求的混凝土工程。

（二）低碱度硫铝酸盐水泥

现行标准 JC/T 659—2003 对低碱度硫铝酸盐水泥的定义：以适当的生料，经煅烧所得以无水硫铝酸钙和硅酸二钙为主要矿物的熟料和石灰石、适量的石膏共同磨细制成，具有碱度低、自由膨胀较小的水硬性胶凝材料，代号 L·SAC。

水泥中熟料和石膏的总量占65%～85%，石灰石掺量15%～35%；比表面积应不小于 $4000m^2/kg$；凝结时间中初凝不早于25min，终凝不迟于180min，用户要求时可以变动。

其强度等级以7d抗压强度划分，见表2-18。

表2-18　低碱度硫酸盐水泥各强度等级、各龄期强度值

强度等级	抗压强度（MPa）		抗折强度（MPa）	
	1d	7d	1d	7d
32.5	25.0	32.5	3.5	5.0
42.5	32.0	42.5	4.0	5.5
52.5	39.0	52.5	4.5	6.0

三、特性水泥

（一）快硬早强型水泥

国防工程、交通工程和抢修工程中很多地方需要水泥快速达到使用强度。常用到的快硬早强型水泥除前面提到的铝酸盐水泥还有如下几种：

1. 快硬硅酸盐水泥

凡以硅酸盐水泥熟料和适量石膏磨细制成的，以3d抗压强度表示强度等级的水硬性胶凝材料称为快硬硅酸盐水泥（简称快硬水泥）。

快硬水泥的制造方法与硅酸盐水泥基本相同，只是适当增加了熟料中硬化快的矿物，通常硅酸三钙含量为50%～60%，铝酸三钙含量为8%～14%，两者总量为60%～65%，同时为加快硬化，适当增加了石膏的掺量（可达8%）和提高水泥的细度。

其技术性质应满足现行国家标准《快硬硅酸盐水泥》（GB 199）的规定：细度为0.08mm方孔筛筛余不大于10%；初凝不得小于45min，终凝不得迟于10h；安定性（沸煮法）合格，水泥中 SO_3 含量不得超过4.0%；快硬水泥各强度等级、各龄期强度均不得低于表2-19的数值。

表2-19 快硬硅酸盐水泥各强度等级、各龄期强度值

标号	抗压强度（MPa）			抗折强度（MPa）		
	1d	3d	28d	1d	3d	28d
325	15.0	32.5	52.5	3.5	5.0	7.2
375	17.0	37.5	57.5	4.0	6.0	7.6
425	19.0	42.5	62.5	4.5	6.4	8.0

2. 快硬硫铝酸盐水泥

快硬硫铝酸盐水泥的定义、水化、特性与应用强度等内容在前面已详细介绍。

（二）膨胀性自应力水泥

一般硅酸盐水泥在空气中凝结硬化时，通常都表现为收缩。收缩的大小随水泥品种、熟料的矿物组成、水泥的细度、石膏的加入量及用水量的多少有关。由于收缩，水泥混凝土内部会产生微裂纹，这样不但影响水泥混凝土的强度，而且也使水泥混凝土的耐久性下降。当采用膨胀性水泥时即可克服上述的缺点。根据膨胀值和用途的不同，膨胀性水泥可分为膨胀水泥和自应力水泥两类，前者膨胀性能较低，限制膨胀时所产生的压应力能大致抵消干缩所产生的拉应力，所以有时又称为不收缩水泥或补偿收缩水泥；而后者具有较高的膨胀性能，当用这种水泥配制钢筋混凝土时，由于握裹力的存在，混凝土本身受到来自钢筋的压应力，这种压应力实际上是水泥膨胀导致的，所以称为自应力，这种水泥称为自应力水泥。

1. 制造膨胀性水泥的基本原理

虽然有许多化学反应能使水泥混凝土产生膨胀，但适合制造膨胀性水泥主要有三种方法。

（1）在水泥中掺入一定量在特定温度下煅烧制得的氧化钙（CaO，生石灰），氧化钙水化时产生体积膨胀。煅烧温度一般控制在1150℃~1250℃。

（2）在水泥中掺入一定量在特定温度下煅烧制得的氧化镁（MgO，菱苦土），氧化镁水化时产生体积膨胀。煅烧温度通常控制在900℃~950℃。

（3）在水泥石中形成钙矾石产生体积膨胀。由于氧化钙和氧化镁的水化速度对环境温度较敏感，且CaO、MgO的水化速度和膨胀速度因其煅烧温度和颗粒大小的不同而改变，因此在生产上往往膨胀不够稳定，除此之外，CaO、MgO的胶凝性也较差，即水化后的强度较低，所以在生产上没有得到广泛的应用，实际上得到应用的是形成钙矾石的膨胀水泥。

2. 膨胀性水泥的主要类型和应用

（1）以硅酸盐水泥熟料为主

① 硅酸盐膨胀、自应力水泥（美国称M型膨胀水泥）

由硅酸盐水泥熟料或硅酸盐水泥加铝酸盐水泥和石膏制成。

② K型膨胀水泥

由硅酸盐水泥熟料或水泥加膨胀剂制成。膨胀剂由 C_4A_3 和石灰、石膏组成。

③ S型膨胀水泥

由 C_3A 含量高的硅酸盐水泥熟料加二水石膏磨细制成。

④ 明矾石膨胀、自应力水泥

由硅酸盐水泥熟料加煅烧的或未煅烧的明矾石和石膏磨细制成。明矾石膨胀水泥（JC/T 311—2004），主要用于补偿收缩结构混凝土工程，补强和防渗抹面工程，大口径混凝土排水管以及接缝、梁柱和管道接头，固定机器底座和地角螺栓等。

⑤ 膨胀油井水泥

由硅酸盐水泥熟料加入适量在一定温度下煅烧的 MgO 制成。

⑥ 无收缩快硬硅酸盐水泥

由硅酸盐水泥熟料加入适量在一定温度下煅烧的 CaO 制成。

⑦ 加气型水泥

由硅酸盐水泥加铝粉或铁粉和氧化剂（NH_4Cl）而制成。

（2）以铝酸盐水泥熟料为主

① 膨胀性不透水水泥

由铝酸盐水泥加水化铝酸钙和半水石膏制成。

② 无收缩不透水水泥

由铝酸盐水泥加半水石膏和消石灰制成。

③ 石膏矾土膨胀水泥、快凝膨胀水泥、铝酸盐自应力水泥

由铝酸盐水泥加石膏制成。

（3）以硫铝酸盐熟料为主

膨胀硫铝酸盐水泥、自应力硫铝酸盐水泥

由硫铝酸钙熟料加二水石膏制成。

膨胀水泥适用于补偿收缩混凝土结构工程、防渗层及防渗混凝土、构件的接缝及管道接头、结构的加固与修补、固结机器底座及地脚螺丝等

自应力水泥适用于制造自应力钢筋混凝土压力管及其配件。

（三）抗硫酸盐侵蚀水泥

除了前面提到的可抵抗硫酸盐侵蚀的铝酸盐水泥、氟铝酸盐水泥和碱-矿渣水泥以外，还有一种抗硫酸盐硅酸盐水泥。

凡以适当成分的生料，烧至部分熔融所得的以硅酸钙为主的特定矿物组成的熟料，加入适量石膏，磨细制成的具有一定抗硫酸盐侵蚀性能的水硬性胶凝材料，称为抗硫酸盐硅酸盐水泥（简称抗硫酸盐水泥）。

如前所述，造成水泥石产生硫酸盐侵蚀的主要成分是 $Ca(OH)_2$ 和水化铝酸钙，若降低 C_3S、C_3A 的相对含量便可提高水泥的抗硫酸盐侵蚀的能力。

抗硫酸盐水泥适用于一般受硫酸盐侵蚀的海港、水利、地下、隧涵、引水、道路和桥梁基础等工程。抗硫酸盐水泥一般可抵抗硫酸根离子浓度不超过 2500mg/L 的纯硫酸盐的腐蚀。

（四）中热、低热型水泥

现行国标 GB 200—2003《中热硅酸盐水泥 低热硅酸盐水泥 低热矿渣硅酸盐水泥》定义：

中热硅酸盐水泥：以适当成分的硅酸盐水泥熟料，加入适量石膏，磨细制成的具有中等水化热的水硬性胶凝材料，称为中热硅酸盐水泥（简称中热水泥），代号 P·MH。

低热硅酸盐水泥：以适当成分的硅酸盐水泥熟料，加入适量石膏，磨细制成的具有低水化热的水硬性胶凝材料，称为低热硅酸盐水泥（简称低热水泥），代号 P·LH。

低热矿渣硅酸盐水泥：以适当成分的硅酸盐水泥熟料，加入适量石膏，磨细制成的具有低水化热的水硬性胶凝材料，称为低热矿渣硅酸盐水泥（简称低热矿渣水泥），代号 P·SLH。

中热水泥熟料中 C_3S 含量≤55%，C_3A 含量≤6%，游离 CaO 含量≤1.0%；低热水泥熟料中 C_3S 含量≤40%，C_3A 含量≤6%，游离 CaO 含量≤1.0%；低热矿渣水泥熟料中 C_3A 含量≤8%，游离 CaO 含量≤1.2%，MgO 含量≤5.0%；低热矿渣水泥中粒化高炉矿渣掺加量按重量百分比计为20%～60%，允许用不超过混合材总量50%的粒化电炉磷渣或粉煤灰代替部分矿渣。

技术要求：细度为比表面积不低于 $250m^2/kg$；初凝不得小于 60min，终凝不得迟于 12h；安定性（沸煮法）合格，水泥中 SO_3 含量不得超过 3.5%。各强度等级、各龄期强度均不得低于表 2-20 中的数值。

表 2-20　水泥各强度等级、各龄期强度值

品　种	强度等级	抗压强度（MPa）			抗折强度（MPa）		
		3d	7d	28d	3d	7d	28d
中热水泥	42.5	12.0	22.0	42.5	3.0	4.5	6.5
低热水泥	42.5	—	13.0	42.5	—	3.5	6.5
低热矿渣水泥	32.5	—	12.0	32.5	—	3.0	6.5

各龄期水化热均不高于表 2-21 中的数值。

表 2-21　水泥各龄期水化热

品　种	强度等级	水化热（kJ/kg）		
		3d	7d	28d
中热水泥	42.5	251	293	310
低热水泥	42.5	230	260	—
低热矿渣水泥	32.5	197	230	—

中热、低热型水泥主要适用于要求水化热较低的大坝和大体积混凝土工程。

低热硅酸盐水泥品种（又称为高贝利特水泥），是一种以硅酸二钙为主导矿物，铝酸三钙含量较低的水泥。生产该品种水泥具有耗能低、有害气体排放少、生产成本低的特点。经大量研究和试验证实，该品种水泥具有良好的工作性、低水化热、高后期强度、高耐久性、高耐侵蚀性等通用硅酸盐水泥无法比拟的优点。该品种水泥的28d 强度相当于 42.5 中热硅酸盐水泥，后期强度远高于42.5 中热硅酸盐水泥，水化热仅相当于 32.5 低热水泥的水平。且干缩小，有微膨胀特性。该品种水泥特别适合水工大体积混凝土、高强高性能混凝土工程应用；是大坝混凝土原材料的重大突破和创新，能够显著提高大坝混凝土的耐久性和抗裂性。

（五）彩色水泥

1. 白色硅酸盐水泥

凡以适当成分的生料烧至部分熔融，所得以硅酸钙为主要成分、氧化铁含量少的白色硅酸盐水泥熟料，加入适量石膏及0%～10%石灰石或窑灰混合材料，磨细制成的水硬性胶凝材料，称为白色硅酸盐水泥（简称白水泥），代号P·W。

白水泥的性能与硅酸盐水泥基本相同，所不同的是严格控制水泥原料的铁含量，并严防在生产过程中混入铁质。白水泥中的 Fe_2O_3 含量一般小于0.5%，并尽可能除掉其他着色氧化物（MnO、TiO_2 等）。

白水泥的技术性质应满足国家标准《白色硅酸盐水泥》（GB 2015—2005）的规定，细度为0.08mm方孔筛筛余不大10%；初凝不得早于45min，终凝不得迟于10h；安定性（沸煮法）合格；水泥中 SO_3 含量不得超过3.5%。白水泥各强度等级、各龄期的强度均不得低于表2-22的数值。水泥白度不得低于87。

表2-22　白色硅酸盐水泥各强度等级、各龄期强度值（GB 2015—2005）

强度等级	抗压强度（MPa）		抗折强度（MPa）	
	3d	28d	3d	28d
32.5	12.0	32.5	3.0	6.0
42.5	17.0	42.5	3.5	6.5
52.5	22.0	52.5	4.0	7.0

2. 彩色硅酸盐水泥

彩色硅酸盐水泥主要用于建筑内外的表面装饰工程及预制构件的装饰。

由白色硅酸盐水泥熟料、石膏和碱性矿物颜料共同粉磨，可制成彩色硅酸盐水泥，碱性矿物颜料对水泥不起有害作用，常用的有：氧化铁、氧化锰、氧化铬等；制造红、黑、棕色水泥时，也可在一般水泥中加入碱性矿物颜料。

四、专用水泥

（一）道路硅酸盐水泥

随着我国高等级道路的发展，水泥混凝土路面已成为主要路面类型之一。对专供公路、城市、道路和机场道面用的道路水泥，我国已制定了国家标准。

1. 定义

以适当成分的生料烧至部分熔融，所得以硅酸钙为主要成分和较多量的铁铝酸钙的硅酸盐熟料称为道路硅酸盐水泥熟料。由道路硅酸盐水泥熟料、0%～10%活性混合材料和适量石膏磨细制成的水硬性胶凝材料，称为道路硅酸盐水泥（简称道路水泥），代号P·R。

2. 技术要求

《道路硅酸盐水泥》（GB 13693—2005）规定的技术要求如下：

（1）化学组成

在道路水泥或熟料中含有下列有害成分必须加以限制：

氧化镁：水泥中氧化镁含量不得超过5.0%。

三氧化硫：水泥中三氧化硫不得超过3.5%。

烧失量：水泥中烧失量不得大于3.0%。

游离氧化钙：熟料中游离氧化钙含量，旋窑生产者不得大于1.0%；立窑生产者不得大于1.8%。

碱含量：当用户提出要求时，由供需双方商定。但按现行标准《水泥混凝土路面施工及验收规范》(GBJ 97) 规定：水泥中碱含量不得大于0.6%。

(2) 矿物组成

铝酸三钙（C_3A）：熟料中铝酸三钙含量不得大于5.0%；

铁铝酸四钙（C_4AF）：熟料中铁铝酸四钙含量不得小于16.0%；

铝酸三钙和铁铝酸四钙含量按下式求得：

$$C_3A = 2.65(Al_2O_3 - 0.64Fe_2O_3), \%;$$

$$C_4AF = 3.04Fe_2O_3, \%.$$

(3) 物理力学性质

比表面积：300～450m^2/kg；

凝结时间：初凝不得早于1.5h，终凝不得迟于10h；

安定性：沸煮法必须合格；

干缩性：干缩率不得大于0.10%；

耐磨性：水泥胶砂磨损率不得大于3.00kg/m^2；

强度：道路水泥分为32.5、42.5和52.5三个强度等级，各等级、各龄期强度不得低于表2-23所规定数值。

表2-23　道路水泥各强度等级、各龄期强度值

强度等级	抗压强度（MPa）		抗折强度（MPa）	
	3d	28d	3d	28d
32.5	16.0	32.5	3.5	6.5
42.5	21.0	42.5	4.0	7.0
52.5	26.0	52.5	5.0	7.5

3. 特性与应用

道路水泥是一种强度高、特别是抗折强度高、耐磨性好、干缩性小、抗冲击性好、抗冻性和抗硫酸性比较好的专用水泥。它适用于道路路面、机场跑道道面、城市广场等工程。由于道路水泥具有干缩性小、耐磨、抗冲击等特性，可减少水泥混凝土路面的裂缝和磨耗等病害，减少维修、延长路面使用年限。

(二) 砌筑水泥

砌筑水泥对于我国大量的砖混结构有着特殊的意义。它既适应建筑砂浆的强度要求，又可以保证砂浆中胶凝材料的数量。它适用于工业与民用建筑的砌筑砂浆和抹面砂浆；不得用于结构混凝土。

1. 定义

《砌筑水泥》(GB/T 3183—2003)：凡由一种或者一种以上的水泥混合材料，加入适量硅酸盐水泥熟料和石膏，经磨细制成的水硬性胶凝材料，称为砌筑水泥，代号M。

其中混合材料的掺加量按质量百分比计应大于50%，允许掺加适量的石灰石或窑灰。

2. 技术指标

(1) 细度：80方孔筛筛余不大于10.0%；

（2）凝结时间：初凝不早于60min，终凝不迟于12h；

（3）安定性：沸煮法检验，应合格；

（4）三氧化硫：含量不大于4.0%；

（5）保水率：不低于80%；

（6）强度：砌筑水泥分12.5、22.5两个强度等级，各龄期强度应不低于表2-24中数值。

表2-24 砌筑水泥各强度等级、各龄期强度值

强度等级	抗压强度（MPa）		抗折强度（MPa）	
	7d	28d	7d	28d
12.5	7.0	12.5	1.5	3.0
22.5	10.0	22.5	2.0	4.0

思考题

1. 石灰的主要技术性质是什么？
2. 石灰的主要用途有哪些？
3. 硅酸盐水泥的主要技术性质有哪些？
4. 分别阐述通用硅酸盐水泥的主要特性和主要适用范围。
5. 道路水泥与通用硅酸盐水泥有何区别？
6. 水泥石的侵蚀类型有哪些？侵蚀机理是什么？

第三章 水泥混凝土和砂浆

混凝土是目前世界上用量最大的建筑材料，年用量接近 90 亿吨。混凝土也是人类最早应用的建筑材料之一。最早的混凝土应用可以追溯至公元前 5000 年。20 世纪 80 年代，考古人员在秦安大地湾遗址，发掘出的一座距今 5000 年编号为“F405”的建筑，平地起建，木骨泥墙，有人与动物构成的地画及防火建筑，是目前所见的我国史前时期面积最大、工艺水平最高的房屋建筑。其面积达 150m^2 的建筑主室，全部为料礓石和砂石混凝而成，类似现代混凝土的地面，屋内地面硬度相当于 C10 水泥混凝土，是中国最早的“混凝土”地面。这与古罗马人用火山灰制成的水泥同属世界上最古老的混凝土。

一、混凝土的定义与分类

混凝土是由无机胶凝材料（如石灰、石膏、水泥等）和水，或有机胶凝材料（如沥青、树脂等）的胶状物，与集料按一定比例配合搅拌，并在一定温湿条件下养护硬化而成的一种复合材料。

混凝土品种繁多，其分类方法也各不相同。一般按胶凝材料、集料、施工工艺、配筋方式、用途以及性能分类。常见的混凝土分类见表 3-1。

表 3-1 混凝土的不同分类方法

分类方法			名称	特性
按表观密度分类			重混凝土	混凝土干表观密度大于 2600kg/m^3，可用于防射线混凝土工程，一般用钢球、铁矿石、重晶石等作为集料
			普通混凝土	用普通砂、石子做集料，混凝土干表观密度为 1950～2500kg/m^3，广泛用于一般混凝土工程
			轻混凝土	混凝土干表观密度一般小于 1950kg/m^3，又可以分为三类：轻集料混凝土（用天然或人造轻集料）、多孔混凝土（泡沫混凝土、加气混凝土）、大孔混凝土（无细集料）
按胶凝材料分类	无机胶凝材料	水泥类	水泥混凝土	以硅酸盐水泥及其他各种水泥为胶凝材料。可广泛用于各种混凝土工程
		石灰类	石灰混凝土	以石灰、天然水泥、火山灰等活性硅酸盐、铝酸盐与消石灰的混合物为胶凝材料
		石膏类	石膏混凝土	以天然石膏及工业废料石膏为胶凝材料。可做小砌块及内隔墙等制品
		硫磺	硫磺混凝土	硫磺加热熔化，然后冷却硬化，可做混凝土的胶结材料及防腐材料
		水玻璃	水玻璃混凝土	以钠水玻璃或钾水玻璃为胶凝材料，可做耐酸结构
		碱矿渣类	碱矿渣混凝土	以磨细矿渣及碱溶液为胶凝材料。是一种新型混凝土，可做各种结构

续表

分类方法			名　称	特　性
按胶凝材料分类	有机胶凝材料	沥青类	沥青混凝土	用天然或人造沥青为胶凝材料，可做路面及耐酸、耐碱地面
		合成树脂加水泥	聚合物水泥混凝土	以水泥为主要胶凝材料，掺入少量乳胶或水溶性树脂，能提高混凝土的抗拉、抗弯强度及抗渗、抗冻、耐磨性能
		树脂	树脂混凝土	以聚酯树脂、环氧树脂、尿醛树脂等为胶结料，适于在侵蚀介质中使用
		以聚合物单体浸渍	聚合物浸渍混凝土	以低黏度的聚合物单体浸渍水泥混凝土，然后以热催化法或辐射法处理，使单体在混凝土孔隙中聚合，能改善混凝土的各种性能
按用途分类			水工混凝土	用于大坝等水工构筑物，多数为大体积工程，要求有抗冲刷、耐磨及抗大气腐蚀性，依其不同使用条件可选用普通水泥、矿渣或火山灰水泥及大坝水泥等
			海工混凝土	用于海洋工程（海岸及离岸工程），要求具有抗海水腐蚀性、抗冻性及抗渗性
			防水混凝土	能承受 0.6MPa 以上的水压，不透水的混凝土可分为普通防水混凝土、掺外加剂防水混凝土与膨胀水泥防水混凝土，要求有高密实性及抗渗性，多用于地下工程及贮水构筑物
			道路混凝土	用于路面的混凝土，可用水泥及沥青做胶结料，要求具有较高的抗折强度和足够的耐久性及耐磨性
			耐热混凝土	以铬铁矿、镁砖或耐火砖碎块等为集料，以硅酸盐水泥、矾土水泥及水玻璃等为胶凝混凝土，可在 350～1700℃高温下使用
			耐酸混凝土	以水玻璃为胶凝材料，加入固化剂和耐酸集料配制而成的混凝土，具有优良的耐酸及耐热性能
			防辐射混凝土	能屏蔽 x，γ 射线及中子射线的重混凝土，又称屏蔽混凝土或重混凝土，是原子能反应堆、粒子加速器等常用的防护材料
按施工工艺分类	现浇类		普通现浇混凝土	用一般现浇工艺施工的塑性混凝土
			喷射混凝土	用压缩空气喷射施工的混凝土，多用于井巷及隧道衬砌工程，又分干喷及湿喷两种工艺
			泵送混凝土	用混凝土泵输送和浇灌的流动性混凝土
			灌浆混凝土	先铺好粗集料，以后强制注入水泥砂浆的混凝土，适用于在大型基础等大体积混凝土工程
			真空吸水混凝土	用真空泵将混凝土中多余的水分吸出，从而提高其密实度的一种工艺，可用于层面、楼板、飞机跑道等工程
	预制类		振压混凝土	振动加压成型，用于制作混凝土板类构件
			挤压混凝土	以挤压机成型，用于空心楼板、T 型小梁等构件生产
			离心混凝土	以离心机成型，用于混凝土管、电杆等管状构件的生产

续表

分类方法		名　称	特　性
按配筋方式分类	无筋类	素混凝土	用于基础或垫层的低强度混凝土
	配筋类	钢筋混凝土	用普通钢筋加强的混凝土，其用途广泛
		钢丝网混凝土	用钢丝加强的无粗集料混凝土，又称钢网砂浆，可用于制作薄壳体、船等薄壁构件
		纤维混凝土	用各种纤维加强的混凝土，常用的为钢纤维混凝土，其抗冲击、抗拉、抗弯性能好可用于路面、桥面、机场跑道护面、隧道衬砌及桩头、桩帽等
		预应力混凝土	用先张法、后张法或化学方法使混凝土预压，以提高其抗拉、抗弯强度的配筋混凝土，可用于各种工程构筑物及建筑物，特别是大跨度桥梁等

二、混凝土的组成与结构

1. 混凝土的组成

混凝土一般由水泥，水，粗、细集料组成。其中水泥与水构成水泥浆，在水泥硬化前起到润滑作用，在硬化后起胶结作用，集料起骨架填充作用，水泥与水反应后形成坚固的水泥石，将集料牢固地黏结成整体。

于混凝土中的水泥，水，粗、细集料的特性和技术要求请详见本书其他章节的描述。

2. 混凝土结构特点

(1)混凝土为典型的多相结构，内部包括以硬化水泥浆、粗细集料为主的固相；以毛细孔水为主的液相；以空气中的饱和水蒸气为主的气相。

(2)过渡区

过渡区是围绕在集料颗粒表面的一层厚度为 10~20um 的薄壳，它是由 $Ca(OH)_2$ 和钙矾石结晶后形成的。其强度较硬化的水泥浆和集料都要低得多，往往成为混凝土结构中的薄弱环节。

(3)水的存在形式

水在混凝土中以化合水，晶体水，自由水，层间水的不同形式存在着。部分水会在环境湿度下降或温度升高的情况下逐步失去。

(4)孔隙

普通混凝土中存在大量的孔隙，一般地，普通混凝土的孔隙率为 1% 左右。混凝土中的孔隙的存在形式为 CSH 层间孔、毛细孔、气孔。

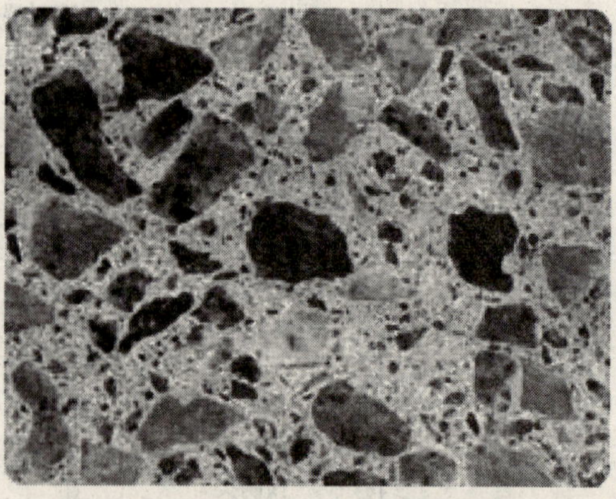

图 3-1 混凝土截面局部细观结构

三、混凝土的特点及质量要求

由于混凝土具有原料来源广，便于施工，可浇注成任意形状，能适应各种不同用途、不同使用性能和环境，经久耐用。因此，在国家基本建设中占有重要地位。

一般对混凝土质量的基本要求是：具有符合

设计要求的强度;具有与施工条件相适应的施工和易性(或工作性);具有与工程环境相适应的耐久性;具有与工程造价相适应的经济性。

第一节　水泥混凝土的主要技术性质

一、混凝土拌合物性质

1. 密度

混凝土拌合物成型捣实后的单位体积的质量,称为拌合物的密度。硬化后的混凝土的单位体积的质量称已硬化混凝土密度,二者统称为混凝土密度,均以 kg/m^3 为单位。

普通混凝土拌合物的密度因集料的密度、粗集料最大粒径、配合比、含气量及成型方法和捣实程度的不同而有所不同(见表 3-2 和表 3-3)。

表 3-2　拌合物的平均密度

集料的最大粒径(mm)	平均配合比			平均表观密度(kg/m^3)				
				集料密度				
	砂率(%)	水泥(kg/m^3)	水(kg/m^3)	2.55	2.60	2.65	2.70	2.75
20	42	357	192	2320	2350	2380	2420	2450
40	39	312	176	2340	2370	2400	2450	2480
80	34	267	159	2350	2390	2430	2470	2510
150	26	223	132	2390	2420	2470	2500	2550

表 3-3　已硬化的混凝土平均干表观密度*

集料的最大粒径(mm)	平均配合比			平均表观密度(kg/m^3)				
				集料密度				
	砂率(%)	水泥(kg/m^3)	水(kg/m^3)	2.55	2.60	2.65	2.70	2.75
20	42	357	192	2199	2299	2259	2299	2329
40	39	312	176	2226	2256	2286	2336	2366
80	34	267	159	2244	2284	2324	2364	2404
150	26	223	132	2303	2333	2383	2413	2463

* 已硬化的混凝土平均表观密度一般比拌合物的表观密度要小。

2. 工作性

(1)工作性的定义

工作性是指混凝土拌合物易于施工操作(拌合、运输、浇注、捣实)并能获得质量均匀和成型密实的性能。工作性是一项综合的技术性质,包括流动性、黏聚性和保水性三方面含义,工作性亦称和易性。

流动性是指混凝土拌合物在本身自重或施工机械振捣的作用下能产生流动,并均匀密实地填满模板的性能。黏聚性是指混凝土拌合物在施工中其各组分之间有一定的黏聚力,不致产生分层离析现象。保水性是指混凝土拌合物在施工中具有一定的保水能力,不产生严重的泌水现象。

混凝土拌合物的流动性、黏聚性和保水性具有各自含义，它们之间又相互联系，直接影响混凝土的密实性及性能。

(2)工作性指标

目前，尚没有能全面评价混凝土拌合物工作性的测定方法。通常只能测定拌合物的流动性，而黏聚性和保水性也只能靠直观经验评定。国际标准化组织(ISO)把混凝土拌合物的工作性，统称为稠度，并以此区分混凝土拌合物。通常采用坍落度试验和维勃稠度试验测试混凝土稠度。

坍落度试验测定流动性的方法：将混凝土拌合物按规定方法装入标准圆锥筒(无底)内，装满后刮平，然后垂直向上将筒提起，移至一旁，混凝土拌合物由于自重将产生坍落现象。量出向下坍落的距离(mm)称为混凝土拌合物的坍落度，作为流动性指标。坍落度愈大表示流动性愈大。提起筒后混凝土扩展后的平均直径称为混凝土的坍落扩展度。图 3-2 表示坍落度试验。当坍落度≤220mm 时，仅用坍落度反映混凝土的流动性。当坍落度 > 220mm 时，坍落度不能准确反映混凝土的流动性，同时用坍落扩展度作为流动性指标。该方法适用于集料最大粒径不大于 40mm、坍落度不小于 10mm 的混凝土拌合物稠度测定。

维勃稠度测试方法：开始在坍落度筒中按规定方法装满拌合物，提起坍落度筒，在拌合物试体顶面放一透明圆盘，开启振动台，同时用秒表计时，到透明圆盘的底面完全为水泥浆所布满时，停止秒表，关闭振动台。所读时间(s)称为维勃稠度。此法适用于集料最大粒径不超过 40mm，维勃稠度在 5 ~ 30s 之间的混凝土拌合物稠度测定。当维勃时间(Vt 值)超过 31s 的拌合物，称为超干硬性混凝土。图 3-3 表示维勃稠度试验。

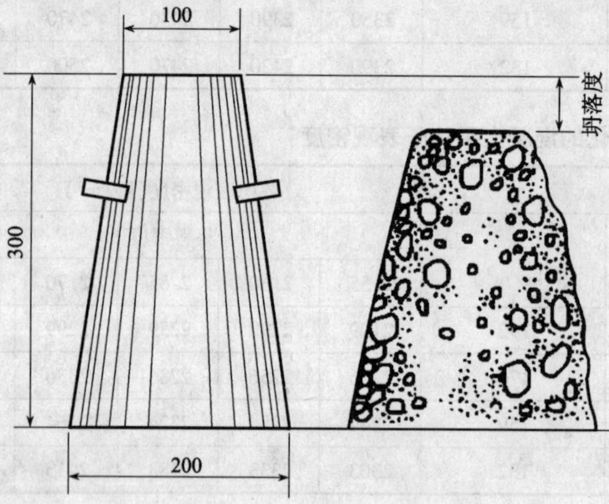

图 3-2 混凝土拌合物坍落度的测定

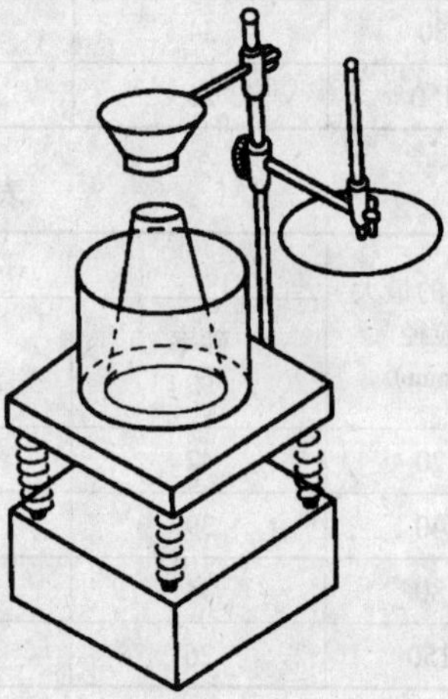

图 3-3 维勃稠度仪

塑性较好的混凝土拌合物，按其坍落度大小分为 T_1、T_2、T_3、T_4 四种级别，见表 3-4。

表 3-4 混凝土稠度按坍落度分级

级 别	名 称	坍落度(mm)
T_1	低塑性混凝土	10 ~ 40
T_2	塑性混凝土	50 ~ 90
T_3	流动性混凝土	100 ~ 150
T_4	大流动性混凝土	≥160

注：坍落度检测结果，在分级评定时，其表达取舍至临近的 10mm。

较干硬的混凝土按照维勃稠度值分类：

V0 级——超干硬性混凝土（Vt≥31s）；

V1 级——特干硬性混凝土（Vt 值 30～21s）；

V2 级——干硬性混凝土（Vt 值 20～11s）；

V3 级——半干硬性混凝土（Vt 值 10～5s）。

（3）坍落度选择

坍落度选择要根据混凝土构件截面大小、钢筋疏密和捣实方法等确定。如果混凝土构件截面尺寸较小，或钢筋间距较密，或采用人工插捣时，坍落度选择时应大一些；反之，选择时可小一些。采用机械振捣成型的坍落度宜按表 3-5 选择。在不妨碍施工操作并能保证振捣密实的条件下，尽可能采用较小的坍落度，以节约水泥并获得质量高的混凝土。

表 3-5 混凝土浇筑时的坍落度

项 次	结构种类	坍落度（mm）
1	基础或地面等的垫层、无配筋的厚大结构（挡土墙、基础或厚大的块体等）或配筋稀疏的结构	10～30
2	板、梁和大型及中型截面的柱子等	30～50
3	配筋密列的结构（薄壁、斗仓、筒仓、细柱等）	50～70
4	配筋特密的结构	70～90

注 1. 本表系指采用机械振捣的坍落度，采用人工捣实时可适当增大。
2. 需要配制大坍落度混凝土时，应掺用外加剂。
3. 曲面或斜面结构的混凝土，其坍落度值应根据实际需要另行选定。
4. 轻集料混凝土的坍落度，宜比表中数值减少 10～20mm。

如采用泵送混凝土拌合物，因坍落度在 150mm 以下施工困难，坍落度一般选择在 180mm 以上，通常采用高效减水剂与硫化剂，以降低用水量，也不会产生离析。高流动性混凝土其坍落度通常在 210mm 以上。

（4）影响工作性的主要因素

工作性是混凝土拌合物最重要的性能，其影响因素很多，主要有单位用水量、砂率、集灰比、集料、水泥品种和细度以及外加剂与掺合料、时间与温度等。

① 用水量。混凝土拌合物的水泥浆，赋予混凝土拌合物一定的流动性。用水量多少直接影响水与水泥用量的比例关系，即水灰比 W/C。水灰比不变的情况下，如果水泥浆愈多，则拌合物的流动性愈大。在水泥用量不变的情况下，用水量增大，水泥浆就愈稀，混凝土拌合物流动性愈大。反之流动性愈小，但这样会使施工困难，不能保证混凝土的密实性。用水量过大会造成混凝土拌合物的黏聚性和保水性不良，产生流浆和离析现象，并影响混凝土强度。单位用水量每增减 1.2%，坍落度相应增减约 10mm。

实践证明，在配制混凝土时，当所用粗细集料的种类及比例一定时，为获得要求的流动性，所需拌合用水量基本是一定的，即使水泥用量有所变动（$1m^3$ 混凝土水泥用量增减 50～100kg）时，也无甚大影响。这一关系称为“恒定用水量法则”，它为混凝土配合比设计时确定拌合用水量带来很大方便。

混凝土拌合物用水量应根据所需坍落度和粗集料最大粒径进行选择，见表 3-6。

表 3-6 塑性混凝土用水量与坍落度的关系

所需坍落度（mm）	卵石最大粒径（mm）				碎石最大粒径（mm）			
	10	20	31.5	40	15	20	31.5	40
10～30	190	170	160	150	200	185	175	165
30～50	200	180	170	160	210	195	185	175
55～70	210	190	180	170	220	205	195	185
75～90	215	195	185	175	230	215	205	195

注：本表用水量系采用中砂时的平均取值，采用细砂时每立方米混凝土用水量可增加 5～10kg，采用粗砂时则可减少 5～10kg。

② 砂率。砂率是指混凝土中砂的重量占砂、石总重量的百分率。砂率的变动会使集料的空隙率和集料的总表面积有显著改变，因而对混凝土拌合物的工作性产生影响。

水泥砂浆在混凝土拌合物中起润滑作用。砂率过大时，集料的总表面积及空隙率都会增大，在水泥浆含量不变的情况下，相对地，水泥浆显得少了，减弱了水泥浆润滑作用，使拌合物流动性减小。如果砂率过小，又不能保证在粗集料之间有足够的砂浆层，也会降低拌合物的流动性，且影响其黏聚性和保水性，容易产生离析和流浆现象。可见砂率存在一个合理值，即合理砂率（最佳砂率）。采用最佳砂率时，在用水量及水泥用量一定情况下，能使混凝土拌合物获得最大的流动性且能保持良好的黏聚性、保水性（图 3-4）。坍落度为 60mm 以下的混凝土砂率可根据粗集料的品种、粒径及水灰比按表 3-7 选取。

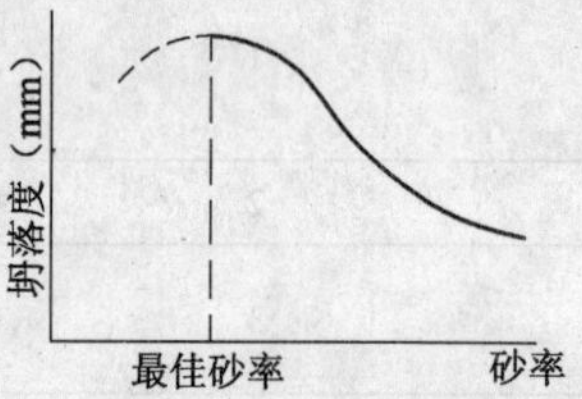

图 3-4 砂率与坍落度的关系（水泥与用水量一定）

表 3-7 混凝土砂率选用表 %

水灰比	碎石最大粒径（mm）			卵石最大粒径（mm）		
	10	20	40	10	20	40
0.4	30～35	29～34	27～32	26～32	25～31	24～30
0.5	33～38	32～37	30～35	30～35	29～34	28～33
0.6	36～41	35～40	33～38	33～38	32～37	31～36
0.7	39～44	38～43	36～41	36～41	35～40	34～39

注：表中数值系中砂的选用砂率。对细砂或粗砂，可相应减少或增加。

③ 集料。集料颗粒形状和表面粗糙度直接影响混凝土拌合物流动性。形状圆整、表面光滑，其流动性就大；反之，由于拌合物内摩擦力增加，使其流动性降低。故卵石混凝土比碎石混凝土的流动性好。

级配良好的集料空隙率小。在水泥浆相同时，其包裹集料表面的润滑层增加，使拌合物工作性得到改善。其中集料粒径小于 10mm，而大于 0.3mm 的颗粒对工作性影响最大，含量应适当控制。

④ 水泥品种和细度。水泥品种对混凝土拌合物工作性的影响，主要表现在不同品种水泥的需水量不同。但由于水泥用量在混凝土中所占体积相对较小，因此对拌合物工作性影响并不显著。常用水泥中普通硅酸盐水泥配制的混凝土拌合物，其流动性和保水性较好；矿渣水泥拌合物流动性较大，但黏聚性差，易泌水；火山灰质水泥拌合物，在水泥用量相同时流动性显著

降低,但其黏聚性和保水性较好。水泥颗粒越细,用水量越大。在用水量相同时,拌合物流动性减小,而黏聚性和保水性相应改善。

⑤ 外加剂与掺合料。外加剂能使混凝土拌合物在不增加水泥用量的条件下获得良好工作性,即增大流动性,改善黏聚性,降低泌水性,尚能提高混凝土耐久性。

掺入粉煤灰能改善混凝土拌合物的流动性。研究表明当粉煤灰的密度较大,标准稠度用水量较小和细度较细时,掺入10%～40%粉煤灰,可使坍落度平均增大15%～70%。

⑥ 时间与温度。拌合物拌制后,随时间增长而逐渐变得干稠,且流动性减小,出现坍落度损失现象。这是因为水泥水化消耗一部分水,而另一部分水被集料吸收,还有部分水被蒸发之故。

拌合物工作性也受温度影响。随着温度升高,混凝土拌合物的流动性随之降低,这是因为温度升高加速水泥水化之故。

(5)改善新拌混凝土和易性的措施

① 选用合适的水泥品种和强度等级;

② 采用最佳砂率;

③ 改善砂石级配;可能条件下尽量采用较粗砂石;

④当混凝土拌合物坍落度太小时,保持水灰比不变,增加适量的水泥浆;当坍落度太大时,保持砂率不变,增加适量的砂、石;

⑤ 使用外加剂、掺合料。

二、混凝土强度

1. 混凝土结构特征和受力破坏过程

混凝土内微观结构研究表明,加荷载前混凝土内部已存在微裂纹。这种微裂纹一般首先在较大集料颗粒与砂浆或水泥石接触面处形成,通常称为黏结裂缝。微裂纹的产生主要是混凝土硬化过程中混凝土内部的物理化学反应以及混凝土的湿度变化造成混凝土收缩,这些收缩变形常为干缩、化学收缩和碳化收缩等几种变形的叠加。由于集料有较大刚度,所以这些收缩使集料界面上的水泥石中产生拉应力和剪应力。如果这些应力超过水泥石与集料的黏结强度,就会出现这种微裂纹。

混凝土受压时的破坏是一种复杂的变化过程。混凝土内裂缝发展分四个阶段,如图3-5(a),其相应裂缝形态如图3-5(b)所示。

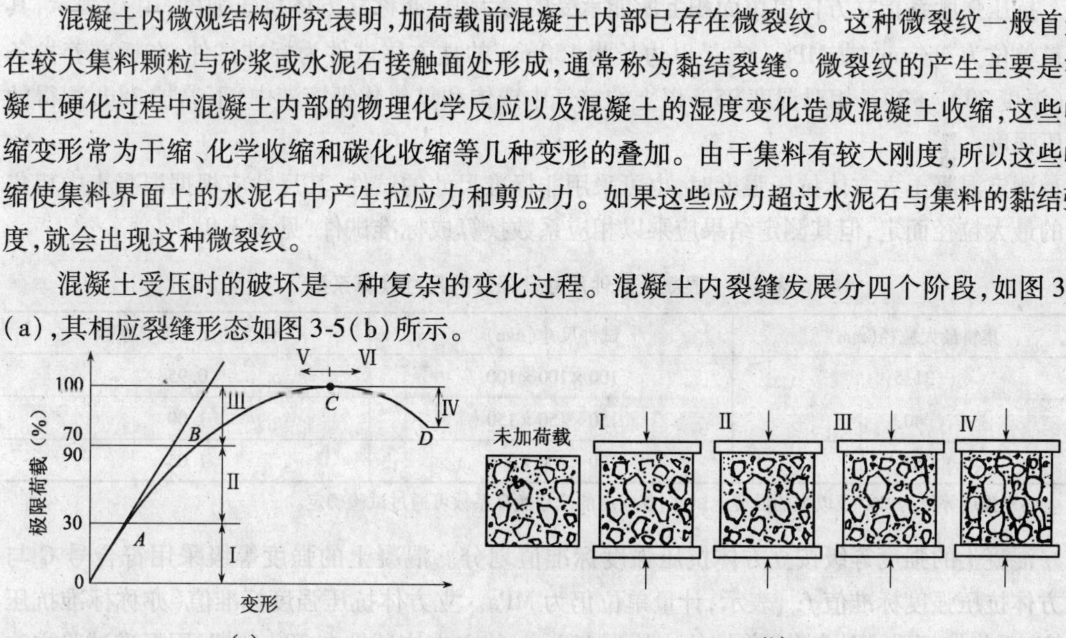

图3-5　混凝土受力状态

(a)混凝土受压变形曲线;(b)不同受力阶段裂缝示意图

Ⅰ—OA界面裂缝无明显变化;Ⅱ—AB界面裂缝增长;Ⅲ—BC出现砂浆裂缝和连续裂缝;

Ⅳ—CD连续裂缝迅速发展;Ⅴ—裂缝缓慢增长;Ⅵ裂缝迅速增长

第Ⅰ阶段（*OA* 段见图 3-5a）直线变化阶段，荷载在破坏荷载 30% ~50% 以下，特点是当荷载保持不变或卸载时，即不再产生新的裂缝，混凝土基本处于弹性工作阶段，亦称局部断裂的稳定裂缝阶段。

第Ⅱ阶段（*AB* 段见图 3-5a）曲线逐渐偏离直线变化阶段，荷载在破坏荷载 30% ~50% 以上，已有裂缝的长度和宽度随之传播延伸扩展，但只要荷载不超过其破坏荷载的 70% ~90%，这种裂缝的传播延伸，就会随荷载保持不变甚至卸载时马上停止，属稳定裂缝传播阶段。

第Ⅲ阶段（*BC* 段见图 3-5a）荷载加至破坏荷载 70% ~90%，主要是裂缝急剧增加发展，并与邻近黏结裂缝连成通缝，成为常值荷载下可以自行继续传播扩展的非稳定裂缝。

第Ⅳ阶段（*CD* 段见图 3-5a）达到破坏荷载 *C* 点以后通缝急速发展，承载能力下降，变形迅速增大直至破坏。

图中 *B*、*A* 点可分别作为混凝土破坏准则的上限和下限的依据，分别称为临界点和比例极限点。一般来讲，混凝土在 *B* 水平以下的长期荷载作用不会发生破坏，在 *A* 水平以下的重复荷载作用下不会破坏。*C* 点为曲线峰值点，*D* 点为下降段与收敛段的反弯点。

2. 混凝土强度与强度等级

通常说的混凝土强度是指抗压强度。这是因为混凝土强度所包括的抗压、抗拉、抗弯和抗剪等强度中，尤以抗压强度为最大。在工程中混凝土主要承受压力，特别是在钢筋混凝土的设计中，有效地利用着抗压强度，此外根据抗压强度还可判断混凝土质量好坏和估计其他强度。因此，抗压强度系混凝土最重要的性质。

（1）抗压强度

① 立方体抗压强度

抗压强度系指立方体单位面积上所能承受的最大值，亦称立方体抗压强度，用 f_{cu} 表示，其计量单位为 N/mm^2 或 MPa。它是以边长为 150mm 的立方体试件为标准试件，在标准养护条件（温度 20℃ ±2℃，相对湿度 95% 以上的空气中或饱和氢氧化钙溶液中）下养护 28d，测得的抗压强度。

测定混凝土立方体抗压强度时，也可采用非标准尺寸的试件，其尺寸应根据混凝土中粗集料的最大粒径而定，但其测定结果应乘以相应系数换算成标准试件，见表 3-8。

表 3-8　混凝土试件尺寸及强度的尺寸换算系数

集料最大粒径（mm）	试件尺寸（mm）	强度的尺寸换算系数
31.5	100×100×100	0.95
40	150×150×150	1.00
63	200×200×200	1.05

注：对强度等级为 C60 及以上的混凝土试件，其强度的尺寸换算系数可通过试验确定。

混凝土的强度等级按立方体抗压强度标准值划分。混凝土的强度等级采用符合号 C 与立方体抗压强度标准值 $f_{cu,k}$ 表示，计量单位仍为 MPa。立方体抗压强度标准值（亦称标准抗压强度）系指按标准方法制作、养护的边长为 150mm 的立方体试件在 28d 龄期，用标准试验方法测得的具有 95% 保证率的抗压强度。普通混凝土强度等级分为 C10、C15、C20、C25、C30、C35、C40、C45、C50、C55、C60（C60 及以上称为高强混凝土）。例如强度等级 C30 表示立方体抗压强度标准值为 30MPa 的混凝土。

②轴心抗压强度

混凝土的立方体抗压强度只是评定强度等级的一个标志，但它不能直接用来作为设计依据。在结构设计中实际使用的是混凝土轴心抗压强度，即棱柱体抗压强度 f_{cp}。此外，在进行弹性模量、徐变等项试验时也需先进行轴心抗压强度试验以定出试验所必须的参数。

测定轴心抗压强度，采用 150mm × 150mm × 300mm 的棱柱体试件作为标准试件。当采用非标准尺寸的棱柱体试件时，高宽比 h/a 应在 2 ~ 3m 范围内。大量试验表明，立方体抗压强度 f_{cu} 为 10 ~ 55MPa 时，轴心抗压强度 f_{cp} 与立方体抗压强度 f_{cu} 之比为 0.7 ~ 0.8。一般为 $f_{cp} = 0.76f_{cu}$。

(2)抗拉强度

混凝土在轴向拉力作用下，单位面积所能承受的最大拉应力，称轴心抗拉强度，用 f_{ts} 表示。

混凝土是种脆性材料，抗拉强度比抗压强度小得多，仅为 1/10 ~ 1/20。混凝土工作时一般不依靠其抗拉强度，但混凝土抗拉强度对抵抗裂缝的产生有重要意义，是混凝土抗裂度的重要指标。

目前，我国仍无测定抗拉强度的标准试验方法。劈裂强度是衡量混凝土抗拉性能的一个相对指标，其测值大小与试验所采用的垫条形状、尺寸、有无垫层、试件尺寸、加荷方向和粗集料最大粒径有关。其劈裂强度计算按下试计算：

$$f_{ts} = \frac{2F}{\pi A} = 0.637\frac{F}{A} \tag{3-1}$$

式中　f_{ts}——混凝土劈裂强度，MPa；

F——破坏荷载，N；

A——试件劈裂面面积 mm^2，标准件为 150mm 边长的立方体。

轴心抗拉强度 f_{ts} 与 150mm 边长立方体抗压强度关系为：$f_{ts} = 0.56f_{cu}^{2/3}$

3. 影响混凝土强度的因素

由混凝土破坏过程分析可知，混凝土强度主要取决于集料与水泥石间的黏结强度和水泥石的强度，而水泥石与集料的黏结强度和水泥石本身强度又取决于水泥的强度、水灰比及集料等，此外还与外加剂、养护条件、龄期、施工条件、实验测试方法有关。

(1)水泥强度

水泥是混凝土胶凝材料，是混凝土中的活性组分，其强度大小直接影响混凝土强度的高低。在配合比相同条件下，所用水泥强度越高，水泥石的强度以及它与集料间的黏结强度也越大，进而制成的混凝土强度也越高。

(2)水灰比

当水泥品种及强度等级一定时，混凝土强度主要取决于水灰比，这一规律通常称为水灰比定则。根据混凝土结构特征分析可知，水泥硬化后多余的水在混凝土内部形成各种不同尺寸的孔隙。这些孔隙会大大地减少混凝土抵抗荷载作用的有效断面，特别是在孔隙周围易产生应力集中现象。因此，水灰比越小，水泥石强度及其与集料的黏结强度越大，混凝土强度越高。但水灰比过小，混凝土拌合物过于干硬，不易浇注，反而使混凝土强度下降。试验证明，混凝土强度与灰水比(即水灰比倒数)呈直线关系，如图 3-6 所示。

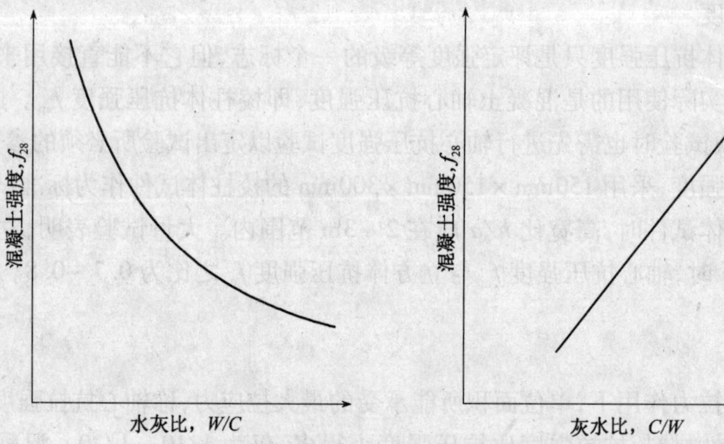

图 3-6 混凝土强度与水灰比及灰水比的关系
(a)混凝土强度与水灰比关系；(b)混凝土强度与灰水比关系

根据工程实践可建立混凝土强度与水泥强度及灰水比间经验公式，即 Bolomey 公式：

$$f_{cu} = \alpha_a f_{ce}\left(\frac{C}{W} - \alpha_b\right) \tag{3-2}$$

式中 f_{cu}——混凝土 28d 龄期的抗压强度，MPa；

f_{ce}——水泥的实际强度，MPa；f_{ce}可按式 $f_{ce} = \gamma_c \cdot f_{ce,g}$；$\gamma_c$ 为水泥强度的富余系数，可按实际统计资料确定。

C/W——灰水比，水灰比倒数；

α_a、α_b——回归系数，与集料种类及水泥品种有关，回归系数应根据工程所使用的水泥集料通过试验由建立的水灰比与混凝土强度关系式确定。当不具备上述试验统计资料时则可按《普通混凝土配合比设计规程》(JGJ55—2000)提供的经验系数取用，如表 3-9 所示。

表 3-9 回归系数选用表

系数 \ 石子品种	碎石	卵石
α_a	0.46	0.48
α_b	0.07	0.33

(3)集料

集料，特别是粗集料的种类和表面状态直接影响混凝土强度。碎石表面粗糙，水泥石与其表面黏结强度较大；而卵石表面光滑，黏结力小。因此在水泥强度和水灰比相同条件下，碎石混凝土强度往往高于卵石混凝土的强度。实践证明，当水灰比低于 0.4 时，用碎石比用卵石的混凝土强度增高 38%。

(4)混凝土工艺

工艺条件是确保混凝土结构均匀密实、正常硬化、达到设计强度的基本条件。只有把拌合物搅拌均匀、浇筑成型后捣固密实，且经过良好的养护才能使混凝土硬化后达到预期强度。

搅拌机的类型和搅拌时间对混凝土强度有影响。干硬性拌合物宜用强制式搅拌机搅拌，塑性拌合物则宜用自落式搅拌机。

采用振动方法捣实混凝土可使强度提高20%～30%。如采用真空吸水、离心、滚压、加压振动、重复振动等操作都会使混凝土更加密实，从而提高强度。

混凝土强度的发展取决于养护龄期、养护的湿度和温度等条件。采用自然养护时，对硅酸盐水泥或普通硅酸盐水泥，或矿渣水泥制成的混凝土，浇水润湿养护不得小于7d；对火山灰质硅酸盐水泥，或粉煤灰硅酸盐水泥等制成的混凝土，浇水养护不得小于14d。

潮湿状态下持续养护时，混凝土强度随龄期增长；如先潮湿而后干燥养护，则强度增长减缓，最后逐渐下降；如先在空气干燥养护后又在潮湿状态下持续养护，则强度又继续增长，且与湿养龄期有关。

混凝土强度随温度增加而增高。温度高，早期强度增长快，但后期强度增长率较小。

普通硅酸盐水泥制成的塑性混凝土，在标准养护条件下，其强度发展大致与其龄期的常用对数呈对比。

$$f_{cu,n}=f_{cu,28}\frac{\lg n}{\lg 28} \tag{3-3}$$

式中　$f_{cu,n}$——龄期为 n 天的混凝土抗压强度，MPa；

$f_{cu,28}$——龄期为28d的混凝土抗压强度，MPa；

$\lg n$，$\lg 28$——n 和28的常用对数（$n \geqslant 3$d）。

根据上式可由已知龄期的混凝土强度，估算28d内任意龄期的强度。

（5）测试条件

试验条件不同，会影响混凝土强度的试验值。试验条件主要指试件尺寸、形状、表面状态、混凝土含水程度测试方法等。实践证明，即使混凝土的原材料、配合比、工艺条件完全相同，但因试验条件不同，所得的强度试验结果差异很大。

试件尺寸和形状不同，会影响混凝土抗压强度值。试件尺寸越小，测得的抗压强度值越大。这是因为试件在压力机上加压时，在沿加荷方向发展纵向变形的同时，也按泊松比效应产生横向变形。压力机上、下两块压板的弹性模量比混凝土大5～15倍，而泊松比不大于2倍，致使压板的横向应变小于混凝土试件的横向应变，上、下压板相对试件的横向膨胀产生约束作用。越接近试件端面，约束作用就越大。试件破坏后，其上、下部分呈现出棱锥体就是这种约束作用的结果，通常称之为环箍效应。如果在压板与试件表面之间施加润滑剂，使环箍效应大大减小，试件将出现直裂破坏，测得强度也低。试件尺寸较大时，环箍效应相对较小，测得的抗压强度就偏低。反之，试件尺寸较小时，测得的抗压强度就偏高。

另外，大尺寸试件中裂缝、孔隙等缺陷存在的几率增大，由于这些缺陷减少受力面和引起应力集中，使得测得的抗压强度偏低。试件尺寸对抗压强度值影响如图3-7所示。

4. 提高混凝土强度的措施

提高混凝土强度的主要措施有采用高强水泥或早强型水泥；降低水灰比；采用级配良好的集料和合理砂率；采用机械搅拌合振捣；加强养护；采用外加剂与掺合料。

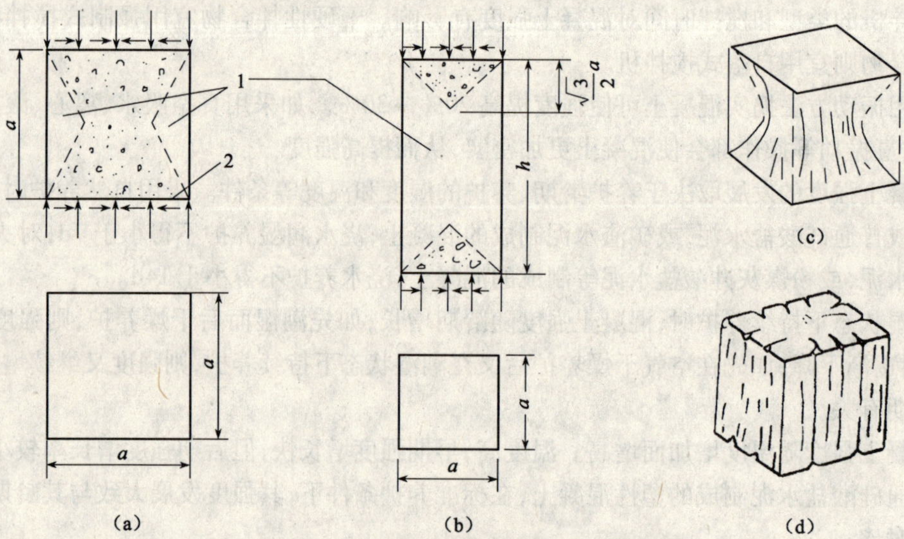

图 3-7　混凝土试件的破坏状态

(a)立方体试件;(b)棱柱体试件;(c)试块破坏后的棱柱体;

(d)不受压板约束时试块破坏情况

1—破裂部分;2—摩擦力

三、混凝土变形性能

混凝土在硬化和使用过程中,受多种因素影响而产生变形。这些变形或使结构产生裂缝,从而降低其强度和刚度;或使混凝土内部产生微裂缝,破坏混凝土微观结构,降低其耐久性。

1. 收缩

混凝土材料因物理化学作用而产生的体积缩小的现象总称为收缩。主要包括物理收缩、化学收缩和碳化收缩。只有在大体积混凝土中,化学收缩才有实际意义。

混凝土拌合物在刚成型之后,固体颗粒下沉,表面产生泌水而形成混凝土体积减小,故又称“塑性收缩”,在沉缩大的混凝土中,有时可能产生沉降裂缝。

化学收缩是指混凝土在硬化过程中,由于水泥水化产物的体积小于反应物(水泥与水)的体积,导致混凝土在硬化时产生收缩。收缩量随混凝土的硬化龄期的延长而增加,一般在 40d 内逐渐趋向稳定。化学收缩值很小(小于 1%),是不可恢复的。对混凝土结构没有破坏作用,但在混凝土内部可能产生微细裂缝。

混凝土在环境中还会产生干缩湿胀变形,主要机理是水泥石内凝胶体颗粒的吸附水和毛细孔水蒸发时,会引起凝胶体紧缩和毛细孔负压,从而使混凝土产生收缩。当混凝土吸湿时,由于毛细孔负压减小或消失而产生膨胀。干缩湿胀变形具有可恢复性(可逆性)。混凝土的湿胀变形量很小,一般无破坏作用。但干湿收缩能使混凝土表面出现拉应力而导致开裂,严重影响混凝土的耐久性。一般条件下混凝土的极限收缩值为 0.50 ~ 0.90mm/m 左右,在工程设计时,混凝土的线收缩采用 0.15 ~ 0.20mm/m。

碳化收缩是水泥石与 CO_2 作用所引起一种体积收缩现象。碳化收缩的原因是由于碳化置换出水分子,引起水泥石体积变化。化学反应式为 $Ca(OH)_2 + CO_2 + H_2O \longrightarrow CaCO_3 + 2H_2O$。研究表明,当相对湿度为 100% 时,不产生碳化收缩,随着湿度下降,碳化收缩值增大,湿度为55%时达到最大值，之后随之减小，直至湿度为25%时，不产生碳化收缩。

2. 温度变形

混凝土材料也具有热胀冷缩性质，即温度变形。混凝土温度膨胀系数约为1×10^{-5}，即温度升高1℃，膨胀0.01mm/m。

混凝土硬化初期，水泥水化释放出较多热量，使混凝土内部温度升高，内外温差达50℃～70℃，造成内部膨胀而外部收缩，使外部混凝土产生拉应力。当超过混凝土本身极限拉应力时，混凝土就会产生裂缝。因此温度变形对大体积混凝土极为不利。为此一般采用低热水泥（或在水泥中掺入粉煤灰、矿渣等掺合料）、减少水泥用量、采用人工降温或对表面保温保湿等，以减少温差，控制裂缝的产生和发展。对纵长的混凝土结构应设置温度伸缩缝，并在内部配置温度钢筋。

3. 弹性模量

混凝土是多相复合体系，其加荷和卸荷时表现出明显弹塑性性质，这种性质常用其应力-应变的全曲线表达。但用以描述在荷载作用下的变形、裂缝和破坏全过程的全曲线，必须采用适宜的试验方法，用足够刚度的试验机（即试验机回弹变形小于试件的压缩变形），缓慢和平稳地加载，量测试件的纵向和横向应变，绘制出典型应力-应变全曲线，如图3-8所示。

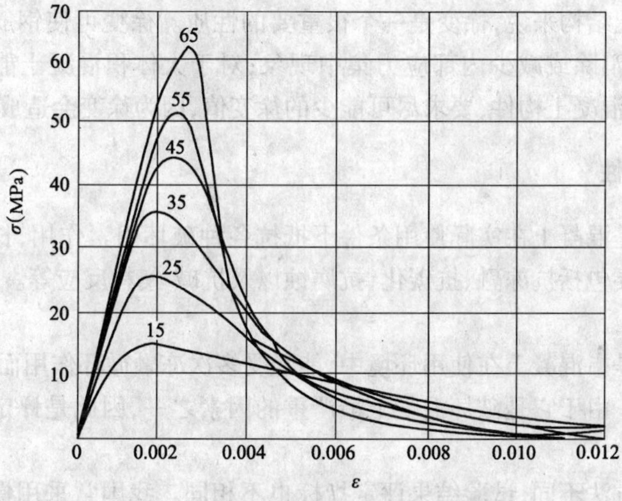

图3-8 不同强度混凝土的应力-应变全曲线

初始切线模量是应力-应变曲线原点处切线的斜率，不易测准。切线模量是该曲线上任意一点的切线斜率，但它仅适用于很小的荷载变化范围；割线弹性模量是应力 应变曲线上任意一点与原点连线的斜率，表示选择点的实际变形，并且较易测准，常被工程上采用。根据我国有关标准规定，取40%轴心抗压强度应力下的割线模量作为混凝土弹性模量值。

4. 徐变

在持续的恒定荷载作用下，混凝土的变形随时间变化（图3-9）。从图中看出，加荷载后立即产生一个瞬时弹性变形，而后随时间增长变形逐渐增大。这种在恒定荷载作用下依赖时间而增长的变形，称为徐变，有时亦称蠕变。当卸荷时，混凝土立即产生一反向的瞬时弹性变形，称为瞬时恢复，其后还有一个随时间而减少的变形恢复称为徐变恢复。最后残留不能恢复的变形称为残余变形。徐变恢复有时亦称弹性后效。

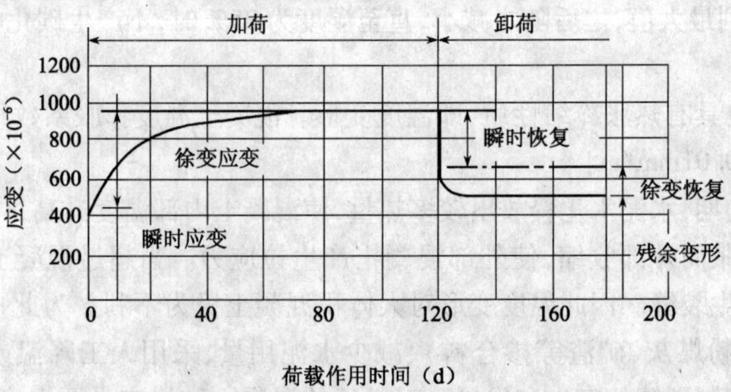

图 3-9　徐变与徐变恢复

混凝土徐变主要是水泥石的徐变,集料起限制作用。一般认为,混凝土徐变是由于水泥石中凝胶体在长期荷载作用下的黏性流动引起。加载初期,由于毛细孔较多,凝胶体在荷载作用下移动,故初期徐变增长较快,以后由于内部移动和水化的进展,毛细孔逐渐减少,同时水化物结晶程度也不断提高,使得黏性流动困难,造成徐变越来越慢。混凝土徐变一般可达数年,其徐变应变值一般可达$(3\sim15)\times10^{-4}$,即0.3~1.5mm/m。

对于水泥混凝土结构来说,徐变是一个很重要的性质。徐变可使钢筋混凝土构件截面中应力重新分布,从而消除或减少内部应力集中现象;对于大体积混凝土能消除一部分温度应力;但对于预应钢筋混凝土构件,要求尽可能少的徐变值,因为徐变会造成预应力损失。

四、混凝土耐久性

混凝土耐久性是混凝土在实际使用条件下抵抗各种破坏因素作用,长期保持强度和外观完整性的能力。主要包括抗冻融、抗碳化、抗腐蚀以及抗碱-集料反应等。

1. 抗冻性

混凝土抗冻性是指混凝土在使用环境中,能经受多次冻融循环作用而不破坏,同时也不急剧降低强度的性能。由于它是破坏混凝土最严重的因素之一,因此是评定混凝土耐久性的主要指标。

由于抗冻试验方法不同,试验结果评定指标也不相同。我国常采用慢冻法、快冻法两种。慢冻法采用气冻水融的循环制度,一般采用边长为100mm或150mm立方体试件,每次循环周期8~12h;快冻法采用水冻水融的循环制度,每次冻融循环所需时间只有2~4h,采用尺寸为100mm×100mm×400mm的棱柱体试件。

试验结果评定指标有:

(1)抗冻等级是以28d龄期的混凝土标准试件,在饱水后承受反复冻融循环,以抗压强度损失不超过25%,且质量损失不超过5%时所能承受的最大循环次数来确定。以大写F和最大循环次数表示,如F100、F200等,适用于慢冻法。

(2)混凝土耐久性指标。它是以混凝土经受快速冻融循环,同时满足相对动弹性模量值不小于60%和重量损失率不超过5%时的最大循环次数来表示,适用于快冻法,如F200、F300等。

(3)耐久性系数。耐久性系数用下式计算,适于快冻法。

$$K_n=\frac{P\cdot N}{300} \tag{3-4}$$

式中　K_n——混凝土耐久性系数；

N——达到要求（冻融循环300次，或相对动弹模量值下降到60%，或重量损失率达到5%，停止试验）的冻融循环次数；

P——经N次冻融循环的试件的相对动弹性模量。

2. 抗渗性

混凝土抗渗性是指混凝土抵抗压力水渗透的能力。混凝土渗透性主要是内部孔隙形成连通渗水通道所致。因此，它直接影响混凝土抗冻性和抗侵蚀性。

混凝土抗渗性用抗渗标号表示。它是以28d龄期的标准试件，按规定方法试验，所能承受的最大静水压力表示，有P2、P4、P6、P8、P10、P12六个标号，分别表示能抵抗0.2、0.4、0.6、0.8、1.0、1.2MPa的静水压力而不渗透。

3. 碳化

空气中的CO_2气体渗透到混凝土内，与其碱性物质起化学反应后生成碳酸盐和水，使混凝土碱度降低的过程，称为混凝土碳化，亦称中性化。其化学反应式为

$$Ca(OH)_2 + CO_2 = CaCO_3 + H_2O \tag{3-5}$$

水泥水化生成大量的氢氧化钙，pH值为12～13。碱性介质对钢筋有良好的保护作用，在钢筋表面生成难溶的Fe_2O_3，称为钝化膜。碳化后，使混凝土碱度降低，混凝土失去对钢筋的保护作用，造成钢筋锈蚀。

影响混凝土碳化因素很多，不仅有材料、施工工艺、养护工艺还有周围介质因素等，碳化作用只有在适中的湿度下（如50%）才会较快进行。过高湿度（如100%）使混凝土孔隙充满水，CO_2不易扩散到水泥石中或水泥石中钙离子通过水扩散到表面，碳化过程不易进行。过低湿度（如25%）孔隙中没有足够水使CO_2生成碳酸，碳化也不易进行。

4. 碱-集料反应

混凝土中的碱性氧化物（Na_2O和K_2O）与集料中二氧化硅成分产生化学反应时，由于所生成的物质不断膨胀，导致混凝土发生裂纹、崩裂和强度降低，甚至混凝土破坏现象称为碱-集料反应（简称AAR）。一般分为碱-硅反应、碱-硅酸盐反应和碱-碳酸盐反应三种。

控制碱-集料反应关键在于控制水泥及外加剂或掺合料的碱含量（一般控制每立方米混凝土不大于0.75kg碱量）和可溶型集料。

碱-集料反应对混凝土破坏的主要特征是引起混凝土膨胀、开裂。但与常见的干缩干裂、荷载引起裂缝以及其耐久性引起的破坏不同，主要特点是：

（1）碱-集料反应引起混凝土开裂、剥落，在其周围往往聚集较多白色浸出物，当钢筋锈露时，其附近有棕色沉淀物。从混凝土芯样看，集料周围有裂缝、反应环及白色胶状泌出物。

（2）碱-集料反应产生的裂缝形貌与分布，与结构中钢筋形成限制和约束作用有关，其裂缝往往发生在顺筋方向，裂缝呈龟背状或地图形状。

（3）碱-集料反应引起的混凝土裂缝，往往发生在断面大，受雨水或渗水区段、受环境温度与湿度变化大的部位。对同一构件或结构，在潮湿部位出现裂缝有白色沉淀物，而干燥部位无裂缝症状，应考虑碱-集料反应破坏。

（4）碱-集料反应引起混凝土开裂速度和危害比其他耐久性因素引起的破坏都快，且更为严重。一般不到2年就有明显裂缝出现。

5. 提高混凝土耐久性措施

虽然混凝土在不同环境条件破坏过程各不相同，但对于提高其耐久性措施来说，却有许多共同之处。这就是选择适当的原材料，提高混凝土密实度和改善混凝土内部孔结构。

混凝土原材料选择在有关章节都有讲述。至于提高混凝土密实度，关键在于严格控制水灰比和保证足够的水泥用量，这在我国现行《混凝土结构工程施工及验收规范》(GB50204)中规定了混凝土最大水灰比和最小水泥用量。另外还应选择好集料级配和砂率，使集料最密集堆积；以及采用适当施工工艺，如搅拌均匀、合理浇注、振捣密实、养护等，在配料中掺入减水剂都可提高混凝土密实度。

表 3-10 混凝土最大水灰比和最小水泥用量

环境条件		结构物类别	最大水灰比			最小水泥用量(kg)		
			素混凝土	钢筋混凝土	预应力混凝土	素混凝土	钢筋混凝土	预应力混凝土
干燥环境		正常的居住或办公用房屋内部件	不作规定	0.65	0.60	200	260	300
潮湿环境	无冻害	高湿度的室内部件；室外部件；在非侵蚀性土和(或)水中的部件	0.70	0.60	0.60	225	280	300
	有冻害	经受冻害的室外部件；在非侵蚀性土和(或)水中且经受冻害的部件；高湿度且经受冻害的室内部件	0.55	0.55	0.55	250	280	300
有冻害和除冰剂的潮湿环境		经受冻害的除冰剂作用的室内和室外部件	0.50	0.50	0.50	300	300	300

注：1. 当用活性掺合料取代部分水泥时，表中的最大水灰比及最小水泥用量即为替代前的水灰比和水泥用量。
2. 配制 C15 级及其以下等级的混凝土可不受本表限制。

如果引入引气剂可使混凝土内部形成闭孔的孔结构，也可提高混凝土抗冻性、抗渗性及抗侵蚀性等耐久性。混凝土最大水灰比和最小水泥用量应根据现行标准确定。

第二节 水泥混凝土的配合比设计

混凝土配合比是指根据工程要求、结构形式和施工条件等来确定混凝土各组分的比例关系。它是混凝土工艺中最主要的项目之一，其目的是能生产出优质而经济的混凝土最基本的前提。

混凝土配合比一般采用质量比表达，即以 $1m^3$ 混凝土所用水泥(m_c)、细集料(m_s)、粗集料(m_g)、和水(m_w)的实际用量表示，也可用水泥质量为 1 来表示其他组分用量的相对关系。

一、混凝土强度离散的统计特性

1. 混凝土强度的离散性

在混凝土生产过程中，体现混凝土质量的强度值总是离散的。这是由于原材料和施工条件的影响(如水泥、集料及外加剂等原材料质量及其计量的波动；用水量或集料含水的变化引起水灰比的波动；搅拌运输、浇注、捣实、养护条件的波动以及施工时气候变化等)以及试验条件的影响(如取样方法、试件成型及试件养护条件的差异;试验机误差以及试验人员的操作熟练程度等),必然会造成混凝土强度的离散性。

2. 混凝土强度的总体分布函数

尽管混凝土强度是离散的,但并非是杂乱无章,它是具有统计规律的。因此可把混凝土强度看作是随机变量,用数理统计方法进行研究。

关于混凝土强度分布规律,一直存有争议。有的认为应服从正态分布,也有的认为应服从某种偏态分布。但从世界各国有关规范、标准的现状看,多数采用的是正态分布或对数止态分布,如图 3-10 所示。

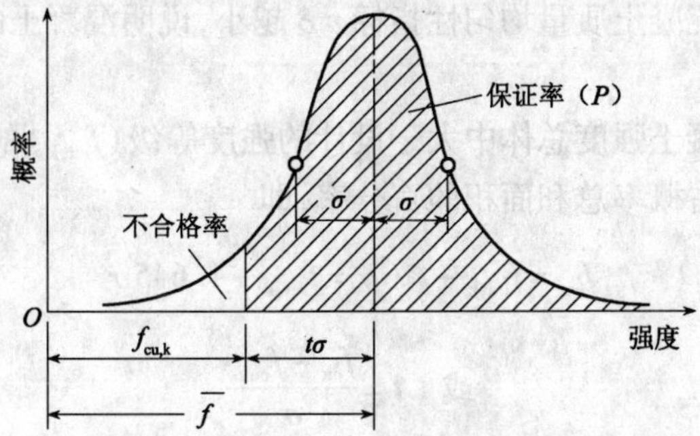

图 3-10 正态分布曲线

正态分布的特点是:

(1)以平均强度 μ 为对称轴,两边对称。距对称轴越远,出现的概率越小,并逐渐趋近于零。

(2)曲线与横坐标之间的面积为概率的总和,等于 100%。

(3)曲线对称轴两侧各有一个拐点。

(4)曲线窄而高,说明强度测定值比较集中,施工水平较高。反之,曲线宽而矮,说明强度值离散程度大,施工水平较差。

3. 混凝土强度总体参数估计

混凝土强度呈正态分布,其中总体参数(或特征值)有两个。一个是数学期望(强度平均值)μ,一个是标准差 σ。前者反映混凝土平均强度,后者反映混凝土强度的离散程度,是混凝土质量的重要标志,有时也用相对值——变异系数,$d=\mu/s$

实际上,总体参数通常是未知的,只能根据样本强度来估算其估计量,即用样本特征值作为总体特征值的无偏有效点估计。

(1)强度平均值 $\bar{f}_{cu}$

$$\bar{f}_{cu} = \frac{1}{n}\sum_{i=1}^{n}\bar{f}_{cu,i} \tag{3-6}$$

式中 $\bar{f}_{cu}$——n 组混凝土试件立方体抗压强度的平均值,N/mm^2 或 MPa。

强度平均值仅代表样本混凝土强度的平均值,并不能说明强度的波动情况。

(2)标准差 σ

计算中一般用修正的样本标准差作为总体的无偏有效点估计。但习惯上仍用 σ 表达标准差:

$$\sigma = \sqrt{\frac{\sum_{i=1}^{n} f_{cu,i}^{2} - n\bar{f}_{cu}^{2}}{n-1}} \tag{3-7}$$

标准差是强度分布曲线上拐点距平均强度的距离。标准差越大,强度分布曲线越宽而矮,说明强度离散程度越大,混凝土质量越不均匀。

(3)变异系数 δ

$$\delta = \frac{\sigma}{\bar{f}_{cu}} \times 100\% \tag{3-8}$$

变异系数也是评定混凝土质量均匀性指标。δ 越小,说明混凝土的质量越均匀。

(4)强度保证率 P

强度保证率是指混凝土强度总体中大于设计的强度等级($f_{cu,k}$)的概率。也是正态分布曲线图中阴影部分的面积占概率总和面积的百分率,即

$$\bar{f}_{cu} = f_{cu,k} + t \cdot \sigma = f_{cu,k} + 1.645\sigma \tag{3-9}$$

$$或\quad t = \frac{\bar{f}_{cu} - f_{cu,k}}{\sigma} \tag{3-10}$$

式中 t——概率度,也称保证率系数。t 与 P 关系可由表 3-11 查出。

表 3-11　t 值与 P 的关系

概率度	0	0.524	0.842	1.00	1.282	1.645	2.05	2.33
保证率(%)	50	70	80	84.1	90	95	98	99

二、混凝土配合比数学模型

混凝土配合比设计数学模型是指根据混凝土的物理模型所建立的数学表达式,目的是为确定混凝土各组分用量提供计算依据。

1. 绝对体积法

该法认为混凝土材料的 $1m^3$ 体积等于水泥、砂、石和水四种材料的绝对体积和含空气体积之和。因此,$1m^3$ 混凝土拌合物,按下列方程组计算出粗、细集料用量:

$$\frac{m_{c0}}{\rho_c} + \frac{m_{s0}}{\rho_s} + \frac{m_{g0}}{\rho_g} + \frac{m_{w0}}{\rho_w} + 0.01\alpha = 1 \tag{3-11}$$

$$\beta_s = \frac{m_{s0}}{m_{g0} + m_{s0}} \times 100\%$$

式中　m_c、m_s、m_g、m_w——分别为 $1m^3$ 混凝土的水泥、砂、石和水用量,kg;

ρ_c、ρ_s、ρ_g、ρ_w——相应材料的表观密度,kg/m^3;

α——混凝土的含气量百分数,不使用引气剂时 $\alpha = 1$;

β_s——砂率,%。

考虑到工程应用的习惯多采用升(L)为体积计量单位,以及小数运算容易引起计算误差。若取 $1m^3$ 等于 1000L,将上式等号两边同乘 1000,则上式改写成为:

$$\frac{m_{c0}}{\rho_c}+\frac{m_{s0}}{\rho_s}+\frac{m_{g0}}{\rho_g}+\frac{m_{w0}}{\rho_w}+10\alpha=1000 \tag{3-12}$$

式中 ρ_c、ρ_s、ρ_g、ρ_w 单位用 kg/L 或 g/cm³ 表达。

实际上，该式混淆了单位和数值间关系，方程式两侧量纲是不平衡的。严格讲，此式是不规范的。这在计算中是应特别注意的。

2. 表观密度法

该法认为混凝土表观密度等于 1m³ 混凝土各组分材料用量之和，即：

$$m_{c0}+m_{s0}+m_{g0}+m_{w0}=m_{cp} \tag{3-13}$$

$$\beta_s=\frac{m_{s0}}{m_{g0}+m_{s0}}\times 100\%$$

m_{cp}——每 m³ 混凝土拌合物的假定重量，kg。

此公式看上去比较简单，但欲用配合比计算出单位体积捣实混凝土各组分数量并非易事。在实践中经常遇到的问题是根据要求限定水泥用量和单位用水量，进而找出一个指定稠度的混凝土配合比。这个问题之所以复杂，其原因就在于 1m³ 捣实混凝土中，水泥用量不仅决定于配合比还取决于混凝土表观密度，因为这里包含作为变量的空气含量在内。也就是说，为计算混凝土中水泥含量，除配合比外，还需知道混凝土中空气含量。因此，表观密度法一般不直接用于混凝土配合比计算。

三、混凝土配合比设计的方法和步骤

1. 配合比设计基本要求

(1)使混凝土拌合物具有与施工条件相适应的良好工作性；

(2)硬化后的混凝土应具有工程设计要求的强度等级；

(3)混凝土必须具有适合于使用环境条件下的使用性能和耐久性；

(4)在满足上述条件下，要最大限度地节约水泥，降低造价。

2. 配合比设计基本原则

(1)在同时满足强度等级、耐久性条件下，取水灰比较大值；

(2)在符合坍落度要求的条件下，取单位用水量较小值；

(3)在满足黏聚性要求的条件下，取砂率较小值。

3. 配合比设计方法

混凝土配合比设计的方法是计算——试验法。先根据原始资料进行初步计算得出“初步计算配合比”；然后经试配得出工作性满足要求的“基准配合比”；最后再经强度复核，定出满足设计与施工要求，且较为经济合理的“试验室配合比”；考虑到施工现场集料含水状况，应进行调整得出“施工配合比”。

进行混凝土配合比应具备必要的原始资料，包括：

(1)设计要求的强度等级及混凝土性能和耐久性要求；

(2)选用的水泥品种及等级；

(3)选用的集料品种、质量、数量、粗细程度、级配和表观密度等；

(4)混凝土施工方法、养护方法及施工质量控制水平等。

4. 混凝土配合比确定

(1)初步计算配合比计算步骤

①计算试配强度 $f_{cu,0}$

因为混凝土强度具有要求的保证率,因此其试配强度必须高于设计的强度等级 $f_{cu,k}$。实际上,测得的强度平均值就是配制时的实际强度,即为试配强度,则

$$f_{cu,0}=f_{cu,k}+t\sigma$$

$$或者\quad f_{cu,0}=\frac{f_{cu,k}}{1+t\sigma} \tag{3-14}$$

概率度 t 和标准差 σ 或变异系数 δ,根据强度保证率要求和施工控制水平确定,见表 3-12。强度保证率 95% 的概率度 $t=1.645$,因此:

$$f_{cu,0}=f_{cu,k}+1.645\sigma \tag{3-15}$$

式中 σ 取值混凝土强度标准差宜根据同类混凝土统计资料计算确定,若无统计资料,应符合国家现行标准《混凝土结构工程施工及验收规范》(GB50204)的要求。

表 3-12　混凝土强度标准差的取值

生产质量水平		优良		一般	
评定指标	生产场所 \\ 混凝土强度等级	<C20	≥C20	<C20	≥C20
混凝土强度标准差 σ (N/mm²)	商品混凝土厂和预制混凝土构件厂	≤3.0	≤3.5	≤4.0	≤5.0
	集中搅拌混凝土的施工现场	≤3.5	≤4.0	≤4.5	≤5.5
强度不低于规定强度等级值的百分率 P(%)	商品混凝土厂、预制混凝土构件厂及集中搅拌混凝土的施工现场	≥95		>85	

② 根据试配强度及耐久性要求,确定水灰比 W/C。

一般先按混凝土强度公式,利用试配强度、水泥实际强度以及粗集料种类,计算水灰比。然后与考虑耐久性要求的水灰比进行比较。在同时满足强度和耐久性要求条件下,取较大者。

③ 根据施工要求的混凝土拌合物的坍落度指标(表 3-5)以及粗集料最大粒径查表 3-6 确定单位用水量 m_{w0} 也可按下式估算:

$$m_{w0}=\frac{10}{3}(T+K) \tag{3-16}$$

式中 T 为混凝土拌合物的坍落度,cm;K 为系数,按表 3-13 选取。

表 3-13　混凝土单位用水量计算公式中的 K 值

系　数	碎　石				卵　石			
	最大粒径(mm)							
	10	20	40	80	10	20	40	80
K	57.5	53.0	48.5	44.0	54.5	50.0	45.5	41.0

④ 计算单位水泥用量 $m_{c0}=m_{w0}\times(W/C)$，并按表中的最大水灰比及最小水泥用量的要求进行复核，如计算值超出规定的限值，应取表中规定取值。

⑤ 根据水灰比和粗集料最大粒径选取合理砂率，如表 3-6 所示。

⑥ 再根据绝对体积法或假定表观密度法的数学模型和砂率计算公式，计算出砂、石用量（S 和 G），给出初步计算配合比。

（2）配合比试配

按初步计算配合比，称取相应数量材料，进行试拌并检验混凝土拌合物的工作性。当坍落度低于设计要求时，可保持水灰比不变，适当增加水泥浆；当坍落度大时，可保持砂率不变增加集料。如果黏聚性和保水性不良时，可适当增大砂率。直到符合要求为止，然后提出供混凝土强度试验用的基准配合比。

为了检验混凝土强度，应至少采用 3 个不同的配合比，其中一个为基准配合比，另外两个配合比的水灰比值应在基准配合比的水灰比基础上分别增加和减少 0.05，其用水量应保持与基准配合比相同，用水量应与基准配合比相同，砂率可分别增加和减少 1%。当不同水灰比的混凝土拌合物坍落度与要求值的差超过允许偏差时，可通过增减用水量进行调整。

（3）配合比的调整与确定

每种配合比应至少制备一组（三块）试样，标准养护 28d，试压得出三种配合比混凝土强度，用作图法求出与 $f_{cu,o}$ 相对应的灰水比值 C/W，然后按此 C/W 对其他用料适当调整，并按照以下原则定出试验室配合比。

① 用水量 m_w 应在基准配合比用水量的基础上，根据制作强度试件时测得的坍落度或维勃稠度进行调整确定；

② 水泥用量 m_c 应以用水量 m_w 乘以选定出来的灰水比计算确定；

③ 粗骨料和细骨料用量（m_g 和 m_s）和应在基准配合比的粗骨料和细骨料用量的基础上，按选定的灰水比进行调整后确定。

经试配确定配合比后尚应进行校正。按下式计算混凝土的表观密度计算值 $\rho_{c,c}$：

$$\rho_{c,c}=m_c+m_s+m_g+m_w \tag{3-17}$$

当混凝土表观密度实测值与计算值之差的绝对值不超过计算值的 2% 时，按上述方法确定的配合比即为确定的设计配合比；当二者之差超过 2% 时，应将配合比中每项材料用量均乘以校正系数 δ，即可得确定的设计配合比。

$$\delta=\frac{\rho_{c,t}}{\rho_{c,c}} \tag{3-18}$$

其中　$\rho_{c,c}$——表观密度计算值，kg/m^3；

$\rho_{c,t}$——表观密度实测值，kg/m^3。

（4）施工配合比确定

实验室得出的配合比都是以干燥材料为基准，而施工现场所用集料都含有一定的水分，因此施工时应根据集料含水情况，对实验室配合比进行修正。如施工现场集料中砂含水率为 $a\%$，石子含水率为 $b\%$，则施工配合比修正如下：

$$
\begin{aligned}
m'_{c} &= m_{c} \\
m'_{s} &= m_{s} \times (1 + a\%) \\
m'_{g} &= m_{g} \times (1 + b\%) \\
m'_{w} &= m_{w} - m_{s} \times a\% - m_{g} \times b\%
\end{aligned}
\tag{3-19}
$$

式中 m_c、m_s、m_g、m_w 为实验室配合比各种材料用量。

四、混凝土配合比设计举例

【例题1】

某工程的预制钢筋混凝土梁(不受风雪影响),混凝土设计强度等级为C25。施工要求坍落度为30~50mm(采用机械搅拌、振捣),根据施工单位近期同一品种混凝土强度资料,混凝土强度标准差 $\sigma = 4.5\text{MPa}$。

采用材料如下:

水泥,32.5强度等级的硅酸盐水泥,水泥强度富余系数1.13,$\rho = 3.2\text{g/cm}^3$;

砂为河砂 $\rho_s = 2.65\text{g/cm}^3$, $M_x = 2.5$;

石子为碎石 $\rho_g = 2.70\text{g/cm}^3$, $D_m = 20\text{mm}$;

自来水。

试设计该混凝土配合比(以干燥状态集料为基准)。

【解】

1. 初步计算配合比计算

(1)计算试配强度 $f_{cu,o}$

$$f_{cu,o} = f_{cu,k} + t\sigma$$

取保证率 $P = 95\%$ 时,$t = 1.645$,

$$f_{cu,o} = 25 + 1.645 \times 4.5 = 32.4\text{MPa}$$

(2)确定配合比基本参数

① 水灰比 W/C,根据表3-9对回归系数 α_a、α_b 分别取0.46和0.07。

$$\frac{W}{C} = \frac{\alpha_a \cdot f_{ce}}{f_{cu,o} + \alpha_a \cdot \alpha_b \cdot f_{ce}}$$

因在无风雪影响的情况下对最大水灰比不作规定,取 $W/C = 0.50$。

② 单位用水量 m_{w0} 查表3-6,取 $W = 195\text{kg}$

③ 单位水泥用量 $m_{c0} = m_{w0} \times C / W = 390\ \text{kg}$

④ 砂率 β_s 查表3-7取 $\beta_s = 34\%$。

(3)按绝对体积法和砂率公式联立方程组

$$\frac{m_{c0}}{\rho_c} + \frac{m_{s0}}{\rho_s} + \frac{m_{g0}}{\rho_g} + \frac{m_{w0}}{\rho_w} + 0.01\alpha = 1$$

$$\beta_s = \frac{m_{s0}}{m_{g0} + m_{s0}} \times 100\%$$

(4)计算砂石和水泥用量

$$m_{w0}=195\text{kg}$$
$$m_{c0}=m_{w0}/0.50=390\text{kg}$$
$$m_{s0}=632\text{kg}$$
$$m_{g0}=1173\text{kg}$$

得到初步计算配合比

$$m_{c0}:m_{s0}:m_{g0}:m_{w0}=390:632:1173:195。$$

2. 基准配合比确定

按初步计算配合比，称取 15L 混凝土拌合物所需材料：水泥 5.85kg、砂 9.48kg、石 17.595kg、水 2.925kg。

经拌合后作稠度试验。拌合物黏聚性和保水性良好，坍落度偏低，为 20mm。在保证水灰比不变的条件下，调整水泥浆用量。按 5% 计递增调整，两次调整后水泥增加 0.58kg、水增加 0.29kg，再经拌合后作稠度试验，测得坍落度为 40mm，符合要求。并实测拌合物的表观密度为 2405kg/m^3。各材料用量为水泥 6.43kg、砂 9.48kg、石 17.595kg、水 3.22kg。

3. 试验室配合比确定

拌制三种不同水灰比的混凝土，每种配合比作一组（三块）试件，标准养护 28d，测定各自平均抗压强度。绘制强度与灰水比关系曲线，如图 3-11 所示。

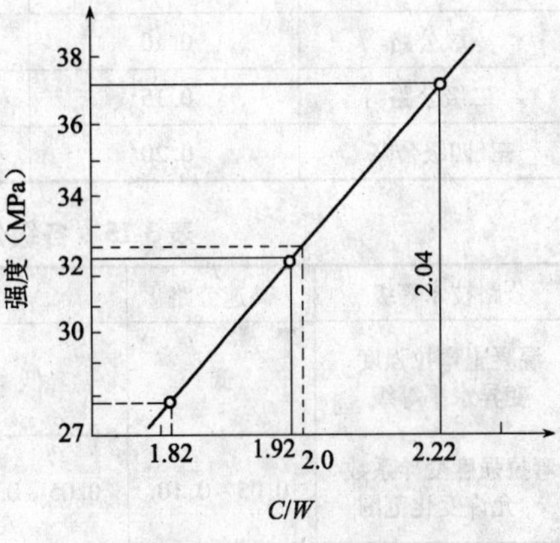

图 3-11 强度-灰水比关系曲线

查得试配强度等级 32.4MPa 所对应的灰水比为 1.92，$W/C=0.52$。此时混凝土配合比可确定为：水 211kg、水泥 406kg、砂 595kg、石子 1155kg。

校正系数：$\delta=\dfrac{\rho_{c,t}}{\rho_{c,c}}=\dfrac{2405}{2367}=1.016$

因两者绝对值之差小于 2%，故可以不做调整。得出试验室配合比为 $m_c:m_s:m_g:m_w=406:595:1155:211$。

4. 施工配合比

若实测砂含水率为 5%，石子含水率 2%，

$$m'_c=m_c=406\text{kg}$$
$$m'_s=m_s\times(1+a\%)=625\text{kg}$$
$$m'_g=m_g\times(1+b\%)=1180\text{kg}$$
$$m'_w=m_w-m_s\times a\%-m_g\times b\%=156\text{kg}$$

五、路面水泥混凝土配合比设计（以抗弯拉强度为指标的设计方法）

1. 普通混凝土路面的配合比设计在兼顾经济性的同时应满足下列三项技术要求：

(1)弯拉强度

① 各交通等级路面板的28d设计弯拉强度标准值f_r应符合现行《公路水泥混凝土路面设计规范》(JTG D40)的规定。

② 应按式(3-20)计算配制28d弯拉强度的均值。

$$f_c = \frac{f_r}{1 - 1.04c_v} + ts \tag{3-20}$$

式中 f_c——配制28d弯拉强度的均值,MPa;

f_r——设计弯拉强度标准值,MPa;

s——弯拉强度试验样本的标准差,MPa;

t——保证率系数,应按表3-14确定;

c_v——弯拉强度变异系数,应按统计数据在表3-15的规定范围内取值;在无统计数据时,弯拉强度变异系数应按设计取值;如果施工配制弯拉强度超出设计给定的弯拉强度变异系数上限,则必须改进机械装备和提高施工控制水平。

表3-14 保证率系数

公路技术等级	判别概率 P	样本数 n(组)				
		3	6	9	15	20
高速公路	0.05	1.36	0.79	0.61	0.45	0.39
一级公路	0.10	0.95	0.59	0.46	0.35	0.30
二级公路	0.15	0.72	0.46	0.37	0.28	0.24
三、四级公路	0.20	0.56	0.37	0.29	0.22	0.19

表3-15 各级公路混凝土路面弯拉强度变异系数

公路技术等级	高速公路	一级公路		二级公路		三、四级公路
混凝土弯拉强度变异水平等级	低	低	中	中	中	高
弯拉强度变异系数 c_v 允许变化范围	0.05~0.10	0.05~0.10	0.10~0.15	0.10~0.15	0.10~0.15	0.15~0.20

(2)工作性

① 滑模摊铺机前拌合物最佳工作性及允许范围应符合表3-16的规定。

表3-16 混凝土路面滑模摊铺最佳工作及允许范围

指标 / 界限	坍落度 S_L(mm)		振动黏度系数 η($N \cdot s/m^2$)
	卵石混凝土	碎石混凝土	
最佳工作性	20~40	25~50	200~500
允许波动范围	555	10~65	100~600

注:1. 滑模摊铺机适宜的摊铺速度应控制在0.5~2.0m/min之间;

2. 本表适用于设超铺角的滑模摊铺机;对不设超铺角的滑模摊铺机,最佳振动黏度系数为250~600$N \cdot s/m^2$;最佳坍落度卵石为10~40mm;碎石为10~30mm;

3. 滑模摊铺时的最大单位用水量卵石混凝土不宜大于155kg/m^3;碎石混凝土不宜大于160kg/m^3。

② 轨道摊铺机、三根轴机组、小型机具摊铺的路面混凝土坍落度及最大单位用水量,应满足表3-17的规定。

表 3－17　不同路面施工方式混凝土坍落度及最大单位用水量

摊铺方式	轨道摊铺机摊铺		摊三辊轴机组摊铺		小型机具摊铺	
出机坍落度(mm)	40～60		30～50		10～40	
摊铺坍落度(mm)	20～40		10～30		0～20	
最大单位用水量(kg/m^3)	碎石 156	卵石 153	碎石 153	卵石 148	碎石 150	卵石 145

注：1. 表中的最大单位用水量系采用中砂、粗细集料为风干状态的取值，采用细砂时，应使用减水率较大的(高效)减水剂；
2. 使用碎卵石时，最大单位用水量可取碎石与卵石中值。

(3)耐久性

① 根据当地路面无抗冻性、有抗冻性或有抗盐冻性要求及混凝土最大公称粒径，路面混凝土含气量宜符合表 3-18 的规定。

表 3-18　路面混凝土含气量及允许偏差　%

最大公称粒径(mm)	无抗冻性要求	有抗冻性要求	有抗盐冻要求
19.0	4.0±1.0	5.0±0.5	6.0±0.5
26.5	3.5±1.0	4.5±0.5	5.5±0.5
31.5	3.5±1.0	4.0±0.5	5.0±0.5

② 各交通等级路面混凝土满足耐久性要求的最大水灰(胶)比和最小单位水泥用量应符合表 3-19 的规定。最大单位水泥用量不宜大于 $400kg/m^3$。

表 3-19　混凝土满足耐久性要求的最大水灰(胶)比和最小单位水泥用量

公路技术等级		高速公路、一级公路	二级公路	三、四级公路
最大水灰(胶)比		0.44	0.46	0.48
抗冰冻要求最大水灰(胶)比		0.42	0.44	0.46
抗盐冻要求最大水灰(胶)比		0.40	0.42	0.44
最小单位水泥用量(kg/m^3)	42.5 级	300	300	290
	32.5 级	310	310	305
抗冰(盐)冻时最小单位水泥用量(kg/m^3)	42.5 级	320	320	315
	32.5 级	330	330	325
掺粉煤灰时最小单位水泥用量(kg/m^3)	42.5 级	260	260	255
	32.5 级	280	270	265
抗冰(盐)冻掺粉煤灰最小单位水泥用量(42.5 级水泥)(kg/m^3)		280	270	265

注：1. 水灰(胶)比计算以砂石料的自然风干状态计(砂含水量≤1.0%；石子含水量≤0.5%)；
2. 处在除冰盐、海风、酸雨或硫酸盐等腐蚀性环境中、或在大纵坡等加减速车道上的混凝土，最大水灰(胶)比可比表中数值降低 0.01～0.02。

③ 严寒地区路面混凝土抗冻标号不宜小于 F250，寒冷地区不宜小于 F200。

④ 在海风、酸雨、除冰盐或硫酸盐等腐蚀环境影响范围内的混凝土路面和桥面，在使用硅酸盐水泥时，应掺加粉煤灰、磨细矿渣或硅灰掺合料，不宜单独使用硅酸盐水泥，可使用矿渣水泥或普通水泥。

2. 配合比参数的计算应符合下列要求

(1) 水灰(胶)比的计算和确定

① 根据粗集料的类型，水灰比可分别按下列统计公式计算：

碎石或碎卵石混凝土：

$$\frac{W}{C}=\frac{1.5684}{f_{c}+1.0097-0.3595f_{s}} \tag{3-21}$$

卵石混凝土：

$$\frac{W}{C}=\frac{1.2618}{f_{c}+1.5492-0.4709f_{s}} \tag{3-22}$$

式中 $\frac{W}{C}$——水灰比；

f_s——水泥实测 28d 抗折强度，MPa。

② 应在满足弯拉强度计算值和耐久性（表 3-19）两者要求的水灰（胶）比中取小值。

（2）砂率应根据砂的细度模数和粗集料种类，查表 3-20 取值。在软做抗滑槽时，砂率在表 3-20 基础上可增大 1% ~2%。

表 3-20　砂的细度模数与最优砂率关系

砂细度模数		2.2 ~ 2.5	2.5 ~ 2.8	2.8 ~ 3.1	3.1 ~ 3.4	3.4 ~ 3.7
砂率 S_P(%)	碎石	30 ~ 34	32 ~ 36	34 ~ 38	36 ~ 40	38 ~ 42
	碎石	28 ~ 32	30 ~ 34	32 ~ 36	34 ~ 38	36 ~ 40

注：碎卵石可在碎石和卵石混凝土之间内插取值。

（3）根据粗集料种类和表 3-16、表 3-17 中适宜的坍落度，分别按下列经验式计算单位用水量（砂石料以自然风干状态计）：

碎石：$W_0=104.97+0.309S_L+11.27\frac{C}{W}+0.61S_P$

卵石：$W_0=86.89+0.370S_L+11.24\frac{C}{W}+1.00S_P$

式中 W_0——不掺外加剂与掺合料混凝土的单位的用水量，kg/m^3；

S_L——坍落度，mm；

S_P——砂率，%；

$\frac{C}{W}$——灰水比，水灰比之倒数。

（4）单位水泥用量应由式（3-23）计算，并取计算值与表 3-18 规定值两者中的大值。

$$C_0=\left(\frac{C}{W}\right)W_0 \tag{3-23}$$

式中 C_0——单位水泥用量，kg/m^3。

（5）砂石料用量可按密度法或体积法计算。按密度法计算时，混凝土单位质量可取 2400 ~ 2450kg/m^3；按体积法计算时，应计入设计含气量。

（6）重要路面、桥面工程应采用正交试验法进行配合比优选。

3. 配合比确定与调整

（1）由上述各经验公式推算得出的普通混凝土、钢纤维混凝土、碾压混凝土和贫混凝土配合比，应在实验室内按下述步骤和《公路工程水泥混凝土试验规程》(JTJ053)规定方法进行试配检验和调整：

① 首先检验各种混凝土拌合物是否满足不同摊铺方式的最佳工作性要求。检验项目包括含气量、坍落度及其损失、振动黏度系数、改进VC值、外加剂品种及其最佳掺量。在工作性和含气量不满足相应摊铺方式要求时，可在保持水灰（胶）比不变的前提下调整单位用水量、外加剂掺量或砂率，不得减小满足计算弯拉强度及耐久性要求的单位水泥用量、钢纤维体积率。

② 对于采用密度法计算的配合比，应实测拌合物视密度，并应按规定密度调整配合比，调整时水灰比不得增大，单位水泥用量、多纤维掺量不得减小，调整后的拌合物视密度允许偏差为±2.0%。实测拌合物含气量 a(%)及其偏差应满足表3-17的规定，不满足要求时，应调整引气剂掺量直至达到规定含气量。

③ 以初选水灰（胶）比为中心，按0.02增减幅度选定2～4个水灰（胶）比，制作试件，检验各种混凝土7d和28d配制弯拉强度、抗压强度、耐久性等指标（有抗冻性要求的地区，抗冻性为必测项目，耐磨性及干缩为选测项目），也可保持计算水灰（胶）比不变，以初选单位水泥用量为中心，按15～20kg/m^{3}增减幅度选定2～4个单位水泥用量；钢纤维混凝土还应以选下的钢纤维掺量为中心，按0.1%增减幅度选定24个钢纤维掺量，制作试件并做上述各项检验。

④ 施工单位通过上述各项指标检验提出的配合比，且经监理或建设方中心实验室验证合格后，方可确定为实验室基准配合比。

(2)实验室的基准配合比应通过搅拌楼实际拌合检验和不小于200m试验路段的验证，并应根据料场砂石料含水量、拌合物实测视密度、含气量、坍落度及其损失，调整单位用水量、砂率或外加剂掺量。调整时，水灰（胶）比、单位水泥用量、钢纤维体积率不得减小。考虑施工中原材料含泥量、泥块含量、含水量变化和施工变异性等因素，单位水泥用量应适当增加5～10kg。满足试拌试铺工作性、28d（至少7d）配制弯拉强度、抗压强度和耐久性等要求的配合比，经监理或建设方批准后方可确定施工配合比。

(3)施工期间配合比的微调与控制应符合下列要求：

① 根据施工季节、气温和运距等的变化，可微调缓凝（高效）减水剂、引气剂或保塑剂的掺量，保持摊铺现场的坍落度始终适宜铺筑，且波动最小。

② 降雨后，应根据每天不同时间的气温及砂石料实际含水量变化，微调加水量，同时微调砂石料称量，其他配合比参数不得变更，维持施工配合比基本不变。雨天或砂石料变化经时应加强控制，保持现场拌合物工作性始终适宜摊铺和稳定。

第三节　混凝土外加剂

混凝土外加剂是一种在混凝土搅拌之前或拌制过程中加入（掺加量一般不大于水泥重量5%，特殊情况除外）用以改善新拌混凝土或硬化混凝土性能的材料。

混凝土外加剂按其成分可分为两类：一类是化学外加剂，工程上常说的混凝土外加剂就是指这类化学外加剂，其掺量一般较小。另外一类是矿物外加剂，是在混凝土拌制之前或拌制过程中以控制量加入的、具有一定细度和活性、用以改善新拌和硬化混凝土性能（特别是混凝土耐久性）的某些矿物类物质。

一、化学外加剂的分类

混凝土化学外加剂的掺量一般只占水泥量的5%以下，却能显著改善混凝土的和易性、强度、耐久性或调节凝结时间及节约水泥。混凝土化学外加剂的应用促进了混凝土技术的飞速进步，技术经济效益十分显著，使得高强高性能混凝土的生产和应用成为现实，并解决了许多工程技术难题。如远距离运输和高耸建筑物的泵送问题；紧急抢修工程的早强速凝问题；大体积混凝土工程的水化热问题；纵长结构的收缩补偿问题；地下建筑物的防渗漏问题等等。目前，外加剂已成为除水泥、水、砂子、石子以外的第五组成材料，应用越来越广泛。混凝土化学外加剂有的是表面活性剂，而有一些则不属于表面活性剂。

混凝土化学外加剂种类很多，按混凝土化学外加剂主要功能分成四大类：

(1)改善混凝土拌合物流变性能的外加剂，包括各种减水剂、引气剂和泵送剂；

(2)调节混凝土凝结时间、硬化性能的外加剂，包括缓凝剂、早强剂和速凝剂等；

(3)改善混凝土耐久性的外加剂，包括引气剂、防水剂和阻锈剂等；

(4)改善混凝土其他性能的外加剂，包括加气剂、膨胀剂、防冻剂、着色剂、防水剂和泵送剂等。

二、常用的混凝土化学外加剂品种

1. 减水剂

减水剂是指在混凝土坍落度相同的条件下，能减少拌合用水量；或者在混凝土配合比和用水量均不变的情况下，能增加混凝土坍落度的外加剂。根据减水率大小或坍落度增加幅度分为普通减水剂和高效减水剂两大类。此外，尚有复合型减水剂，如引气减水剂，既具有减水作用，同时又具有引气作用；早强减水剂，既具有减水作用，又具有提高早期强度作用；缓凝减水剂，同时具有延缓凝结时间的功能等等。

(1)减水剂的主要功能

① 配合比不变时显著提高流动性。

② 流动性和水泥用量不变时，减少用水量，降低水灰比，提高强度。

③ 保持流动性和强度不变时，节约水泥用量，降低成本。

④ 配置高强高性能混凝土。

(2)减水剂的作用机理

减水剂提高混凝土拌合物流动性的作用机理主要包括分散作用和润滑作用两方面。减水剂实际上为一种表面活性剂，多为阴离子表面活性剂。长分子链的一端易溶于水——亲水基，另一端难溶于水——憎水基，如图3-12所示。

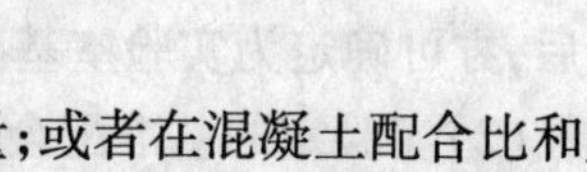

图3-12 表面活性剂(减水剂)

分散作用：水泥加水拌合后，由于水泥颗粒分子引力的作用，使水泥浆形成絮凝结构，让10%～30%的拌合水被包裹在水泥颗粒之中，不能参与自由流动和润滑作用，从而影响了混凝土拌合物的流动性(如图3-13a)。当加入减水剂后，由于减水剂分子能定向吸附于水泥颗粒表面，使水泥颗粒表面带有同一种电荷(通常为负电荷)，形成静电排斥作用，促使水泥颗粒相互分散，絮凝结构破坏，释放出被包裹的部分水，参与流动，从而有效地增加混凝土拌合物的流动性(如图3-13b)。

润滑作用：减水剂中的亲水基极性很强，因此水泥颗粒表面的减水剂吸附膜能与水分子形成一层稳定的溶剂化水膜(如图3-13c),这层水膜具有很好的润滑作用,能有效降低水泥颗粒间的滑动阻力,从而使混凝土流动性进一步提高。

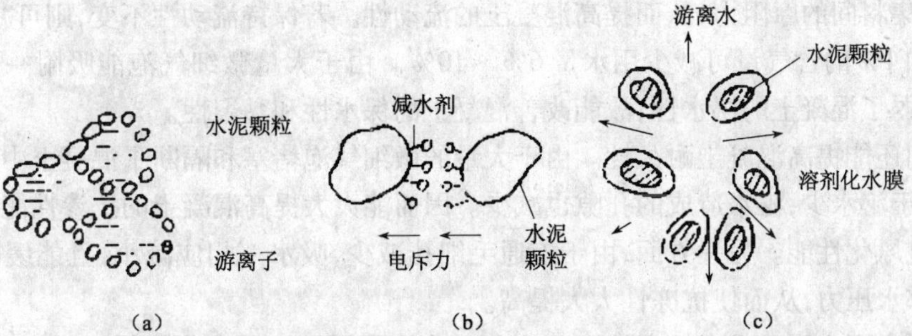

图3-13 减水剂作用机理示意图
(a)絮凝结构;(b)静电斥力;(c)水膜润滑

(3)常用减水剂品种

减水剂可按化学组分来分类,或按其对水泥凝结时间的影响来分类,也可按其是否引入气泡来分类。减水剂一般在减水的同时,往往又伴随有引气、缓凝或早强等作用。因此,国外又将减水剂分为标准型减水剂、引气型减水剂、缓凝型减水剂和早强型减水剂等。工程中常用的减水剂有:木质素系减水剂、萘磺酸盐系减水剂、树脂系减水剂、糖蜜类减水剂、复合减水剂。

单一减水剂往往很难满足不同工程性质和不同施工条件的要求,因此,减水剂研究和生产中往往复合各种其他外加剂,组成早强减水剂、缓凝减水剂、引气减水剂、缓凝引气减水剂等等。随着工程建设和混凝土技术进步的需要,各种新型多功能复合减水剂正在不断研制生产中,如2~3h内无坍落度损失的保塑高效减水剂等,这一类外加剂主要有:聚羧酸盐与改性木质素的复合物、带磺酸端基的聚羧酸多元聚合物、芳香族氨基磺酸系高分子化合物、改性羟基衍生物与烷基芳香磺酸盐的复合物、萘磺酸甲醛缩合物与木钙等的复合物、三聚氰胺甲醛缩合物与木钙等的复合物。

2. 早强剂

早强剂是指能加速混凝土早期强度发展的外加剂。主要作用机理是加速水泥水化速度,加速水化产物的早期结晶和沉淀。主要功能是缩短混凝土施工养护期,加快施工进度,提高模板的周转率。主要适用于有早强要求的混凝土工程及低温、负温施工混凝土、有防冻要求的混凝土、预制构件、蒸汽养护等等。

早强剂可分成无机盐类、有机物类、复合型早强剂3大类。无机盐类主要有氯化物、硫酸盐、硝酸盐及亚硝酸盐、碳酸盐等。有机物主要是指三乙醇胺、三异丙醇胺、甲酸、乙二醇等。复合型是指有机与无机盐复合型早强剂。常用的早强剂有氯盐、硫酸盐和有机胺类,但更多使用的是它们的复合早强剂。

3. 引气剂

引气剂是指混凝土在搅拌过程中能引入大量均匀、稳定且封闭的微小气泡的外加剂。气泡直径一般为0.02~1.0mm,绝大部分<0.2mm。其作用机理为引气剂作用于气-液界面,使表面张力下降,从而形成稳定的微细封闭气孔。常用引气剂有松香树脂、烷基苯磺碱盐、脂肪醇磺酸盐等等。最常用的为松香热聚树脂和松香皂两种。掺量一般为0.005%~0.01%。严

防超量掺用，否则将严重降低混凝土强度。当采用高频振捣时，引气剂掺量可适当提高。

引气剂能够改善混凝土拌合物的和易性。在拌合物中，相互封闭的微小气泡能起到滚珠作用，减小集料间的摩阻力，从而提高混凝土的流动性。若保持流动性不变，则可减少用水量，一般每增加1%的含气量可减少用水量6%～10%。由于大量微细气泡能吸附一层稳定的水膜，从而减弱了混凝土的泌水性，故能改善混凝土的保水性和黏聚性。

引气剂还能提高混凝土耐久性。由于大量的微细气泡堵塞和隔断了混凝土中的毛细孔通道，同时由于泌水少，泌水造成的孔隙也减少。因而能大大提高混凝土的抗渗性能。提高抗腐蚀性能和抗风化性能。另一方面，由于连通毛细孔减少，吸水率相应减小，且能缓冲水结冰时引起的内部水压力，从而使抗冻性大大提高。

引气剂主要应用于具有较高抗渗和抗冻要求的混凝土工程或贫混凝土，提高混凝土耐久性，也可用来改善泵送性。工程上常与减水剂复合使用，或采用复合引气减水剂。

由于引气剂导致混凝土含气量提高，混凝土有效受力面积减小，故混凝土强度将下降，一般每增加1%含气量，抗压强度下降5%左右，抗折强度下降2%～3%。故引气剂的掺量必须通过含气量试验严格加以控制，普通混凝土中含气量的限值可按表3-21控制。

表3-21　普通混凝土中含气量限值

粗集料最大粒径(mm)	10	15	20	25	40
含气量(%)≤	7.0	6.0	5.5	5.0	4.5

4. 缓凝剂

缓凝剂是指能延长混凝土的初凝和终凝时间的外加剂。最常用的缓凝剂为木钙和糖蜜。糖蜜的缓凝效果优于木钙，一般能缓凝3h以上。缓凝剂可以降低大体积混凝土的水化热和推迟温峰出现时间，有利于减小混凝土内外温差引起的应力开裂；便于夏季施工和连续浇捣的混凝土，防止出现混凝土施工缝；便于泵送施工、滑模施工和远距离运输；缓凝剂通常具有减水作用，故亦能提高混凝土后期强度或增加流动性或节约水泥用量。

常用的缓凝剂种类有羟基羧酸盐类，如葡萄糖、蔗糖、糖蜜等；多元醇及其衍生物类，如丙三醇(甘油)、聚乙烯醇、山梨醇、甘露醇等，其中丙三醇可以缓凝到全部停止水化；纤维素类，如甲基纤维素、缩甲基纤维素。

5. 速凝剂

速凝剂是指能使混凝土迅速硬化的外加剂。一般初凝时间小于5min，终凝时间小于10h，1h内即产生强度，3d强度可达基准混凝土3倍以上，但后期强度一般低于基准混凝土。常用的速凝剂品种有红星Ⅰ型、711型、782型和8604型等。

速凝剂主要用于喷射混凝土和紧急抢修工程、军事工程、防洪堵水工程等。如矿井、隧道、引水涵洞、地下工程岩壁衬砌、边坡和基坑支护等等。

6. 防冻剂

防冻剂指能使混凝土在负温下硬化，并在规定养护条件下达到预期性能的外加剂。绝大部分防冻剂由防冻组分、早强组分、减水组分或引气剂复合而成，主要适用于冬季负温条件下的施工。值得说明的一点是，防冻组分本身并不一定能提高硬化混凝土抗冻性。

常用防冻剂分类包括：

氯盐类防冻剂：以氯化钙、氯化钠为主要组分。

氯盐类阻锈防冻剂：以氯盐和阻锈剂（亚硝酸钠、亚硝酸钙）为主与其他低温早强剂、减水剂、引气剂等复合而成。

无氯盐类防冻剂：以亚硝酸盐、硝酸盐、硫酸盐、碳酸盐为主要组分。

有机化合物类：以某些醇类、尿素等有机化合物为主要组分。

复合型防冻剂：防冻组分复合早强、引气、减水等组分。

7. 膨胀剂

膨胀剂是指能使混凝土产生一定体积膨胀的外加剂。掺入膨胀剂的目的是补偿混凝土自身收缩、干缩和温度变形，防止混凝土开裂，并提高混凝土的密实性和防水性能。常用膨胀剂品种有硫铝酸钙、氧化钙、氧化镁、铁屑膨胀剂和复合膨胀剂，也有采用加气类膨胀剂，如铝粉膨胀剂。

目前，建筑工程中膨胀剂的应用越来越多，如地下室底板和侧墙混凝土、钢管混凝土、超长结构混凝土、有防水要求的混凝土工程等等。膨胀剂应用过程中应注意的问题：应严格按照规定掺量掺加。掺量过低膨胀率小，起不到补偿收缩作用；掺量过高则会破坏混凝土结构。掺膨胀剂混凝土应加强养护，尤其是早期养护，以保证充分发挥膨胀剂的补偿收缩作用，浇水养护时间不得少于14d。如果不能保证充分潮湿养护，有可能产生比不掺膨胀剂更大的收缩，导致混凝土开裂。

8. 加气剂

以化学反应的方法引入大量封闭气泡，用以调节混凝土的含气量和表观密度，也可以用来生产轻混凝土。常用的加气剂有：

释放型加气剂：主要是较活泼的金属 Al、Mg、Zn 等在碱性条件下与水反应放出 H_2。

O_2 释放型加气剂：H_2O_2 在氧化剂 $Ca(ClO)_2$、$KMnO_4$ 等作用下放出 O_2。

N_2 释放型加气剂：主要是分子中含有 N-N 键的化合物，如偶氮类或肼类化合物在活化剂如铝酸盐、铜盐的作用下释放出 N_2。

C_2H_2 释放型加气剂：碳化钙与水反应生成乙炔气体。

空气释放型加气剂：通过30目筛的流化焦或活性炭在混凝土拌制过程中逐渐释放吸附的空气。

高聚物型加气剂：异丁烯-马来酸酐共聚物的镁盐、天然高分子物质（如水解蛋白质和适量增稠剂），配成水溶液，用发泡机制得密度为0.1～0.2kg/L的泡沫，引入水泥砂浆或混凝土中，硬化后即得轻质砂浆或混凝土。

综合考虑引气质量、可控制性和经济因素，实际工程中以铝粉较常用。

9. 絮凝剂

絮凝剂主要用以提高混凝土的黏聚性和保水性，使混凝土即使受到水的冲刷，水泥和集料也不离析分散。因此，这种混凝土又称为抗冲刷混凝土或水下不分散混凝土，适用于水下施工。常用的品种有：

纤维素系：主要是非离子型水溶性纤维素醚，如亲水性强的羟基纤维素（HEC）、羟乙基甲基纤维素（HEMC）和羟丙基甲基纤维素（PHMC）等。它们的料度随分子量和取代基团的不同而不同。

丙烯基系：以聚丙烯酰胺为主要成分。絮凝剂常与其他外加剂复合使用。如与减水剂复合、与引气剂复合、与调凝剂复合等。

10. 养护剂

养护剂又称混凝土养生液，其主要作用是涂敷于混凝土表面，形成一层致密的薄膜，使混凝土表面与空气隔绝，防止水分蒸发，使混凝土利用自身水分最大限度地完成水化的外加剂。按主要成膜物质分为三大类：

无机物类：主要成分为水玻璃及硅溶胶。此类养护剂敷于混凝土表面，能与水泥的水化产物氢氧化钙反应生成致密的硅酸钙，堵塞混凝土表面水分的蒸发孔道而达到加强养护的作用。

有机物类：主要乳化石蜡类和氯乙烯-偏氯乙烯共聚乳液类等。此类养护剂敷于混凝土表面，基本上不与混凝土组分发生反应，而是在混凝土表面形成连续的不透水薄膜，起到保水和养护的作用。

有机、无机复合类：主要由有机高分子材料（如氯乙烯-偏氯乙烯共聚乳液、乙烯-醋酸乙烯共聚乳液、聚醋酸乙烯乳液、聚乙烯醇树脂等）与无机材料（如水玻璃、硅溶胶等）及其他表面活性剂复合而成。

11. 阻锈剂

阻锈剂是指能抑制或减轻混凝土中钢筋或其他预埋金属锈蚀的外加剂。钢筋或金属预埋件的锈蚀与其表面保护膜的情况有关。混凝土碱度高，使埋入的金属表面形成钝化膜，能有效地抑制钢筋锈蚀。若混凝土中存在氯化物，会破坏钝化膜，加速钢筋锈蚀。加入适宜的阻锈剂可以有效地防止锈蚀的发生或减缓锈蚀的速度。常用的种类有：

阳离子型阻锈剂：以亚硝酸盐、铬酸盐、苯甲酸盐为主要成分。其特点是具有接受电子的能力，能抑制阳极反应。

离子型阻锈剂：以碳酸钠和氢氧化钠等碱性物质为主要成分。其特点是阴离子为强的质子受体，它们通过提高溶液 pH 值，降低 Fe 离子的溶解度而减缓阳极反应或在阴极区形成难溶性被覆膜而抑制反应。

复合型阻锈剂：如硫代羟基苯胺。其特点是分子结构中具有两个或更多的定位基团，既可作为电子授体，又可作为电子受体，兼具以上两种阻锈剂的性质，能够同时影响阴阳极反应。因此，它不仅能抑制氯化物侵蚀，而且对抑制金属表面上微电池反应引起的锈蚀也很有效。

12. 泵送剂

能改善混凝土拌合物泵送性能的外加剂称为泵送剂。所谓泵送性，是指混凝土拌合物具有能顺利通过输送管道、不阻塞、不离析、料塑性良好的性能。泵送剂是硫化剂中的一种，它除了能大大提高拌合物流动性以外，还能使混凝土拌合物在 60 ~ 180min 时间内保持其流动性，剩余坍落度应不小于原始的 55%。此外，它不是缓凝剂，缓凝时间不宜超过 120min（特殊情况除外）。

13. 脱模剂

用于减小混凝土与模板黏着力，易于使二者脱离但不损坏混凝土或渗入混凝土内的外加剂。国内常用的脱模剂主要有下列几种：

海藻酸钠 1.5kg，滑石粉 20kg，洗衣粉 1.5kg，水 80kg，将海藻酸钠先浸泡 2 ~ 3d，再与其他材料混合，调制成白色脱模剂。常用于涂刷钢模。缺点是每次仅能涂一次，不能多次使用，在冬期、雨期施工时，缺少防冻、防雨的有效措施。

乳化机油（又名皂化石油）50% ~55%，水（60℃ ~80℃）40% ~45%，脂肪酸（油酸、硬脂酸或棕榈脂酸）1.5% ~2.5%，石油产物（煤油或汽油）2.5%，磷酸（85%浓度）0.01%，苛性钾 0.02%，按上述重量比，先将乳化机油加热到 50℃ ~60℃，并将硬脂酸稍加粉碎，然后倒入已加热的乳化机油中，加以搅拌，使其溶解（硬脂酸溶点为50℃～60℃）。

三、工程中常用的矿物外加剂

矿物外加剂是生产高强高性能混凝土的组成材料之一，也是提高混凝土耐久性的重要措施。当前广泛使用的矿物外加剂有磨细矿渣、磨细粉煤灰、磨细天然沸石、硅灰及其复合物。

矿物外加剂是指在混凝土搅拌过程中加入的、具有一定细度和活性，并用于改善新拌和硬化混凝土性能（特别是混凝土耐久性）的某些矿物类的产品。这种掺合料的主要化学成分是氧化硅和氧化铝，其矿物质成分主要是硅酸盐、铝酸盐。它们本身并不具有或具有极低的胶凝性，但在常温下能与混凝土中氢氧化钙化合生成水硬性水化物。因而这种具有活性的矿物外加剂能改善混凝土性能和节约水泥。用于混凝土中的矿物外加剂与用于水泥中的活性矿物掺合料成分、作用机理大致相同，但掺加方法、质量控制方面又有很多不同的地方。

1. 磨细粉煤灰

粉煤灰是从燃煤电厂的锅炉烟气收集到的废弃物，磨细粉煤灰是干燥的粉煤灰经粉磨达到规定细度的产品，是我国在混凝土工程中使用最多的活性矿物掺合料。依据现行标准《用于水泥和混凝土中的粉煤灰》（GB1596）使用。

（1）粉煤灰化学成分

粉煤灰的化学成分因煤种和燃烧条件而异。一般来讲，粉煤灰中的 SiO_2 含量为45%～60%；Al_2O_3 为20%～30%；Fe_2O_3 为5%～10%，三者总量在70%以上。

粉煤灰的火山灰活性主要与 SiO_2、Al_2O_3、Fe_2O_3 的含量有关，而烧失量主要与含碳量有关。研究表明，粉煤灰中含碳量在8%以下对水泥的水化硬化无明显影响。

（2）粉煤灰分类与分级

粉煤灰按颗粒细度分为原状灰和磨细灰；按其排放方式分为干排灰和湿排灰；按其含钙量分为高钙灰和低钙灰。按照煤种分为F类和C类，F类粉煤灰是由无烟煤或烟煤煅烧收集的粉煤灰，C类粉煤灰是由褐煤或次烟煤煅烧收集的粉煤灰，其氧化钙含量一般超过10%。我国现行标准 GB1596 中将粉煤灰分为三级，其性能指标见表3-22。

表3-22　粉煤灰的分级及性能指标

序　号	指　标		级别 Ⅰ	级别 Ⅱ	级别 Ⅲ
1	细度（0.045mm方孔筛筛余）（%）	不大于	12.0	25.0	45.0
2	需水量比（%）	不大于	95	105	115
3	烧失量（%）	不大于	5.0	8.0	15
4	含水量（%）	不大于	1.0	1.0	1.0
5	三氧化硫含量（%）	不大于	3.0	3.0	3.0
6	游离氧化钙（%），不大于	F类	1.0	1.0	1.0
		C类	4.0	4.0	4.0
7	安定性，雷氏夹沸煮后增加距离，不大于（mm）		5.0	5.0	5.0

注：代替细集料或用以改善混凝土或砂浆和易性的粉煤灰不受此规定所限，即品质指标可以稍低些。

（3）粉煤灰性能

粉煤灰的性能主要有细度、颗粒形状、表观密度、堆积密度、需水量。

粉煤灰细度与收集方法及分级法有关。通常以0.045mm方孔筛的筛余量或比表面积表示。我国以通过0.045mm方孔筛筛余量及其他指标划分粉煤灰等级。细度直接影响粉煤灰活性，颗粒越细，活性越大。

粉煤灰需水量常以粉煤灰需水量与硅酸盐水泥需水量之比来评价该项指标。

(4)粉煤灰掺合料对混凝土性能影响

粉煤灰的掺用方式很多，主要取决于所要达到的目的和要求。当粉煤灰取代部分水泥时，为保证混凝土的强度不变，常采用超量取代法。常用的超量系数为1.2～2.0。

粉煤灰效应对混凝土性能影响显著，主要包括形态效应、活性效应和微集料效应。图3-14是普通水泥浆体和粉煤灰水泥浆体结构变化的动态对比示意图。可以看出粉煤灰效应明显地影响浆体的结构和性质，使浆体结构随时间逐渐稳定化、强度逐渐增长和孔隙逐渐减小。

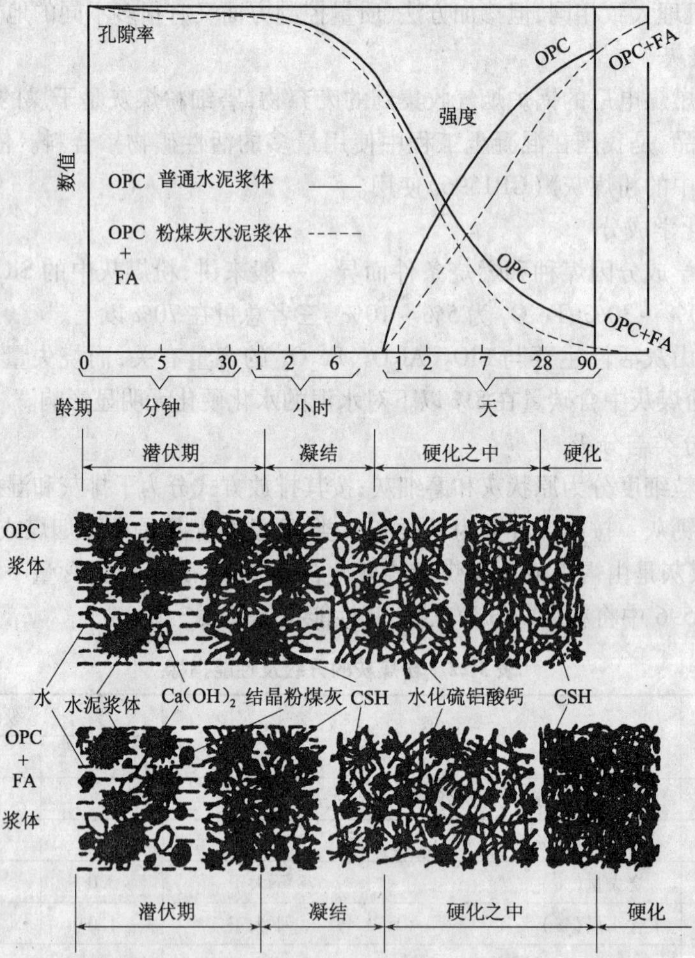

图3-14　普通水泥浆体及粉煤灰浆体的结构和性质动态变化示意图

① 工作性

粉煤灰可改善混凝土拌合物的工作性，主要是因与其球形玻璃体的光滑表面形状有关，因而能减少用水量，减少泌水和离析。粉煤灰表观密度较低，当用等量取代部分水泥时，会使拌合物的浆体数量增大。试验研究表明，用粉煤灰取代30%水泥，可使用水量减少7%。掺加粉煤灰的拌合物有利于泵送，还可减少高效减水剂用量，并减少坍落度随时间的损失。但当细度通过 45μm 筛孔超过 95%，则会使用水量增加。

② 强度

由于粉煤灰掺入，可使拌合物减少用水量。改善其工作性，因此可明显提高混凝土强度。特别是加入一定数量的粉煤灰所增加的强度比继续增加同样重量的水泥所增加的强度大，这对水泥用量较大的高强混凝土无疑是重要的。但掺加粉煤灰混凝土早期强度略低，以后各龄期强度均高于对比试件强度。

③ 水化热

用粉煤灰替代部分水泥能有效降低水泥水化热，防止大体积混凝土开裂。研究表明，用粉煤灰替代 20% 水泥，可使 7d 水化热降低 11%，替代 30% 水泥可降低 25%。

④ 耐久性

由于粉煤灰减少混凝土中孔隙，因而能显著提高混凝土抗渗性和抗化学腐蚀能力，并减少干缩 5% 左右。通常用粉煤灰取代 28% ~40% 的水泥，可有效地控制碱-集料反应。粉煤灰对混凝土抗冻性略有不利影响；粉煤灰与混凝土中 $Ca(OH)_2$ 反应降低混凝土的碱性，对钢筋防锈不利。

2. 硅灰

硅灰是钢厂和铁合金厂生产硅钢和硅铁时产生的一种烟尘。它主要成分是 SiO_2，颗粒呈极细的玻璃球状，粒径为 0.1 ~1.0μm，是水泥颗粒的 1/50 ~1/100。它是混凝土特效掺合料，能明显改善混凝土性能，特别是在大幅度提高混凝土强度上。硅灰有效取代系数为 3 ~4，即 1kg 硅灰取代 3 ~4kg 水泥。

(1)硅灰化学成分

硅灰的化学成分随生产的合金和金属品种不同而有所差异。一般来讲，SiO_2 含量超过 90%，另外还含有少量的铁、镁等氧化物。硅灰比表面积为 200000 ~250000cm^2/g。

(2)硅灰对混凝土性能影响

① 增大需水量

硅灰的通常用量为水泥的 5% ~10%。对于混凝土强度等级为 C100 及以上时，其最佳用量为 10%。硅灰掺量过多必然导致用水量增加，影响混凝土性能。在掺量 5% ~10% 情况下，可用同时掺减水剂的方法补偿因掺硅灰而降低的坍落度。利用高效减水剂后，坍落度可达 20cm 左右，所配制的混凝土强度等级达 C120 以上。

② 提高混凝土强度

掺加 5% ~10% 硅灰或部分取代水泥，都能使混凝土 28d 抗压强度明显提高，尤其是同时使用高效减水剂维持其原有用水量时，强度提高得更多。

③ 改善工作性

由于硅灰极细，与减水剂同时掺入混凝土时，能改善混凝土拌合物的工作性。尤其以配制水工混凝土和高流态混凝土更为明显。

④ 提高耐久性

掺加硅灰后水泥浆中毛细孔相应减少，大于 0.1μm 的大孔在 28d 龄期时接近于零，而不掺硅灰的硅酸盐水泥浆体大孔体积相应为 0.225mL/g。因此防渗等级可提高至 P20 以上。

3. 沸石粉

沸石粉亦称 F 矿粉，是一种天然沸石磨细而成的。因蕴藏量大，分布面广，开采加工简便，是一种经济有效的混凝土掺合料。

(1)沸石粉化学成分

沸石粉主要化学成分是 SiO_2 和 Al_2O_3，其中可溶硅及可溶铝含量不低于 10% 和 8%。

(2)沸石粉对混凝土性能影响

磨细而成的超细沸石粉对混凝土影响与硅灰大体一致，掺加沸石粉的混凝土的各龄期强度均高于基准混凝土。

4. 矿物外加剂的技术要求

根据《高强高性能混凝土用矿物外加剂》(GB/T1738—2002)，矿物外加剂的技术要求应符合表 3-23 的规定。

表 3-23　矿物外加剂的技术要求

试验项目				指标							
				磨细矿渣			磨细粉煤灰		磨细天然沸石		硅灰
				Ⅰ	Ⅱ	Ⅲ	Ⅰ	Ⅱ	Ⅰ	Ⅱ	
化学性能	MgO(%)		≤	14			—	—	—	—	—
	SO_3(%)		≤	4			3		—	—	—
	烧失量(%)		≤	3			5	8	—	—	6
	Cl(%)		≤	0.02			0.02		0.02		0.02
	SiO_2(%)		≥	—	—	—	—	—	—	—	85
	吸铵值(mmol/100g)		≥	—	—	—	—	—	130	100	—
物理性能	比表面积(m^2/kg)		≥	750	550	350	600	400	700	500	15 000
	含水率(%)		≤	1.0			1.0		—	—	3.0
胶砂性能	需水量比(%)			100			95	105	110	115	125
	活性指数	3d(%)	≥	85	70	55	—	—	—	—	—
		7d(%)	≥	100	85	75	80	75	—	—	—
		28d(%)	≥	115	105	100	90	85	90	85	85

第四节　其他品种混凝土

一、抗渗混凝土

抗渗等级等于或大于 P6 级的混凝土称为抗渗混凝土。

1. 抗渗混凝土所用原材料应符合下列规定：

(1)粗集料宜采用连续级配，其最大粒径不宜大于 40mm，含泥量不得大于 1.0%，泥块含量不得大于 0.5%；

(2)细集料的含泥量不得大于 3.0%，泥块含量不得大于 1.0%；

(3)外加剂宜采用防水剂、膨胀剂、引气剂、减水剂或引气减水剂；

(4)抗渗混凝土宜掺用矿物掺合料。

2. 抗渗混凝土配合比的计算方法和试配步骤除应遵守本章第四节的相关规定外，尚应符合下列规定：

(1)每立方米混凝土中的水泥和矿物掺合料总量不宜小于 320kg；

(2)砂率宜为 35% ~45%；

(3)供试配用的最大水灰比应符合表 3-24 的规定。

表 3-24　抗渗混凝土最大水灰比

抗渗等级	最大水灰比	
	C20 ~ C30 混凝土	C30 以上混凝土
P6	0.60	0.55
P8 ~ P12	0.55	0.50
P12 以上	0.50	0.45

3. 掺用引气剂的抗渗混凝土，其含气量宜控制在 3% ~5%。

4. 进行抗渗混凝土配合比设计时，尚应增加抗渗性能试验，并应符合下列规定：

(1)试配要求的抗渗水压值应比设计值提高 0.2MPa；

(2)试配时，宜采用水灰比最大的配合比作抗渗试验，其试验结果应符合下式要求：

$$P_t \geqslant \frac{P}{10} + 0.2 \qquad (3\text{-}24)$$

式中　P_t——6 个试件中 4 个未出现渗水时的最大水压值，MPa；

P——设计要求的抗渗等级值。

(3)掺引气剂的混凝土还应进行含气量试验。

二、抗冻混凝土

抗冻等级等于或大于 F50 级的混凝土被称为抗冻混凝土。

1. 抗冻混凝土所用原材料应符合下列规定：

(1)应选用硅酸盐水泥或普通硅酸盐水泥，不宜使用火山灰质硅酸盐水泥；

(2)宜选用连续级配的粗集料，其含泥量不得大于 1.0%，泥块含量不得大于 0.5%；

(3)细集料含泥量不得大于 3.0%，泥块含量不得大于 1.0%；

(4)抗冻等级 F100 及以上的混凝土所用的粗集料和细集料均应进行坚固性试验，并应符合现行行业标准《普通混凝土用砂、石质量及检验方法》标准 JGJ52—2006；

(5)抗冻混凝十宜采用减水剂，对抗冻等级 F100 及以上的混凝土应掺引气剂，引气剂的掺入量应根据混凝土的含气量并经试验确定。混凝土的最小含气量应符合表 3-25 的规定。混凝土的含气量亦不宜超过 7%。混凝土中的粗集料和细集料应作坚固性试验。

表 3-25　长期处于潮湿和严寒环境中混凝土的最小含气量

粗集料最大粒径(mm)	最小含气量(%)	粗集料最大粒径(mm)	最小含气量(%)
40	4.5	20	5.5
25	5.0		

2. 抗冻混凝土配合比试配用的最大水灰比尚应符合表 3-26 的规定。

3. 进行抗冻混凝土配合比设计时，尚应增加抗冻融性能试验。

表 3-26　抗冻混凝土的最大水灰比

抗冻等级	无引气剂时	掺引气剂时
F50	0.55	0.60
F100	—	0.55
F150 及以上	—	0.50

三、高强混凝土

强度等级为 C60 及其以上的混凝土属于高强混凝土。

1. 配制高强混凝土所用原材料应符合下列规定：

(1)应选用质量稳定、强度等级不低于 42.5 级的硅酸盐水泥或普通硅酸盐水泥；

(2)对强度等级为 C60 的混凝土，其粗集料的最大粒径不应大于 31.5mm，对强度等级高于 C60 的混凝土，其粗集料的最大粒径不应大于 25mm；针片状颗粒含量不宜大于 5.0%，含泥量不应大于 0.5%，泥块含量不宜大于 0.2%；其他质量指标应符合现行行业标准《普通混凝土用碎石或卵石质量标准及检验方法》(JGJ53)的规定；

(3)细集料的细度模数宜大于 2.6，含泥量不应大于 2.0%，泥块含量不应大于 0.5%。其他质量指标应符合现行行业标准《普通混凝土用砂质量标准及检验方法》(JGJ52)的规定；

(4)配制高强混凝土时应掺用高效减水剂或缓凝高效减水剂；

(5)配制高强混凝土时应掺用活性较好的矿物掺合料，且宜复合使用矿物掺合料。

2. 高强混凝土配合比的计算方法和步骤除应按本章第二节方法进行外，尚应符合下列规定：

(1)基准配合比中的水灰比，可根据现有试验资料选取；

(2)配制高强混凝土所用砂率及所采用的外加剂和矿物掺合料的品种、掺量，应通过试验确定；

(3)计算高强混凝土配合比时，其用水量可按表 3-6 的规定确定；

(4)高强混凝土的水泥用量不应大于 550kg/m^3；水泥和矿物掺合料的总量不应大于 600 kg/m^3。

3. 高强混凝土配合比的试配与确定的步骤应按本章第四节的方法进行。当采用三个不同的配合比进行混凝土强度试验时，其中一个应为基准配合比，另外两个配合比的水灰比，宜较基准配合比分别增加和减少 0.02～0.03。

4. 高强混凝土设计配合比确定后，尚应用该配合比进行不少于 6 次的重复试验进行验证，其平均值不应低于配制强度。

四、泵送混凝土

混凝土拌合物的坍落度不低于 100mm，并用泵送施工的混凝土称为泵送混凝土。

1. 泵送混凝土所采用的原材料应符合下列规定：

(1)泵送混凝土应选用硅酸盐水泥、普通硅酸盐水泥、矿渣硅酸盐水泥和粉煤灰硅酸盐水泥，不宜采用火山灰质硅酸盐水泥；

(2)粗集料宜采用连续级配，其针片状颗粒含量不宜大于 10%；粗集料的最大粒径与输送管径之比宜符合表 3-27 的规定；

表 3-27　粗集料的最大粒径与输送管径之比

石子品种	泵送高度(m)	粗集料最大粒径与输送管径比
碎　石	<50	≤1 : 3.0
	50~100	≤1 : 4.0
	>100	≤1 : 5.0
卵　石	<50	≤1 : 2.5
	50~100	≤1 : 3.0
	>100	≤1 : 4.0

(3)泵送混凝土宜采用中砂,其通过0.315mm筛孔的颗粒含量不应少于15%;

(4)泵送混凝土应掺用泵送剂或减水剂,并宜掺用粉煤灰或其他活性矿物掺合料,其质量应符合国家现行有关标准的规定。

2. 泵送混凝土试配时要求的坍落度值应按下式计算:

$$T_t = T_P + \Delta T \tag{3-25}$$

式中　T_t——试配时要求的坍落度值;mm 或 cm;

T_P——入泵时要求的坍落度值;mm 或 cm;

ΔT——试验测得在预计时间内的坍落度经时损失值。mm 或 cm;

3. 泵送混凝土配合比的计算和试配步骤除应按本章第四节进行外,尚应符合下列规定:

(1)泵送混凝土的用水量与水泥和矿物掺合料的总量之比不宜大于0.60;

(2)泵送混凝土的水泥和矿物掺合料的总量不宜小于300 kg/m^3;

(3)泵送混凝土的砂率宜为35%~45%;

(4)掺用引气型外加剂时,其混凝土含气量不宜大于4%。

五、大体积混凝土

混凝土结构物实体最小尺寸等于或大于1m或预计会因水泥水化热引起混凝土内外温差过大而导致裂缝的混凝土称为大体积混凝土。

1. 大体积混凝土所用的原材料应符合下列规定:

(1)水泥应选用水化热低和凝结时间长的水泥,如低热矿渣硅酸盐水泥、中热硅酸盐水泥、矿渣硅酸盐水泥、粉煤灰硅酸盐水泥、火山灰质硅酸盐水泥等;当采用硅酸盐水泥或普通硅酸盐水泥时,应采取相应措施延缓水化热的释放;

(2)粗集料宜采用连续级配,细集料宜采用中砂;

(3)大体积混凝土应掺用缓凝剂、减水剂和减少水泥水化热的掺合料。

2. 大体积混凝土在保证混凝土强度及坍落度要求的前提下,应提高掺合料及集料的含量,以降低每立方米混凝土的水泥用量。

3. 大体积混凝土配合比的计算和试配步骤应按本章第二节进行,并宜在配合比确定后进行水化热的验算或测定。

六、纤维混凝土

用一定量乱向分布的纤维增强的,以水泥为黏结料的混凝土称为纤维混凝土。常用的纤维混凝土有钢纤维混凝土和合成纤维混凝土。

1. 钢纤维混凝土

钢纤维混凝土是一种新型的复合材料，广泛应用于道路、机场、桥梁、水工、港口、铁路、矿山、隧道、水泥井盖及工业和民用建筑等工程领域，适用于对抗拉、抗剪、抗折、抗裂、抗冲击、抗震、抗爆等各项性能要求较高的结构工程或局部部位。

钢纤维混凝土的拌合料是由水泥、水、粗细集料、钢纤维及必要时掺入的化学外加剂或掺加剂，按一定比例配制而成，拌合料的各组成材料的正确选择，对钢纤维混凝土的物理力学性能和施工有重要的影响，这些组成材料的质量应符合本书其他相关章节内容涉及的技术要求。

(1)钢纤维的几何参数和体积率

表示钢纤维几何参数的有钢纤维长度、直径(等效直径)及长径比。钢纤维长度指钢纤维两端点间的直线距离，用 L_f 表示，其尺寸可为 15 ~60mm。钢纤维截面的直径或等效直径(当钢纤维为非圆形截面时，其截面积相当于圆形截面面积时计算所得到的直径)，用 d_f 表示通常为 0.3 ~1.2mm。钢纤维的长径比即指钢纤维的长度与直径或等效直径之比，即 $\frac{L_f}{d_f}$，通常为 30 ~100。

表 3-28 钢纤维几何参数选用表

钢纤维混凝土结构类别	长度(mm)	直径(等效直径)(mm)	长径比
一般浇筑成型的结构	25 ~60	0.3 ~1.2	40 ~100
框架抗震节点	40 ~60	0.4 ~1.2	50 ~100
铁路轨枕	20 ~30	0.3 ~0.6	50 ~70
喷射钢纤维混凝土	15 ~25	0.3 ~0.5	30 ~60

钢纤维体积率指钢纤维所占钢纤维混凝土体积的百分数。用 p_f 表示，它表明钢纤维在拌合料中掺入量的多少。

钢纤维的增强效果与钢纤维长度、直径(等效直径)及长径比有关。钢纤维增强作用随长径比增大而提高。钢纤维长度太短不起增强作用，太长施工就会比较困难，影响拌合物的质量，直径过细在拌合过程中被弯折，过粗则在同样体积率时，其增强效果较差。

试验研究和工程实践表明，钢纤维的长度为 15 ~60mm，直径或等效直径为 0.3 ~1.2mm，长径比在 30 ~100 的范围内选用，其增强效果和施工性能满足要求。如超出上述范围，经试验在其增强效果和施工性能方面能满足要求时，也可根据需要采用。根据国内外工程应用经验，对不同类别钢纤维混凝土结构，提出常用的钢纤维几何参数选用范围，列于表 3-28。

钢纤维混凝土中钢纤维的体积率小到一定程度时将不起增强作用，对于不同品种、不同长径比的钢纤维，其最小体积率略有不同，国内外一般以 0.5% 为最小体积率。钢纤维体积率超过 2% 时，拌合物的和易性变差，施工较困难，质量难以保证。但在特殊需要时，在保证质量和增强效果的情况下，经试验和采取必要的施工措施后，可将钢纤维体积率增大。

根据国内外工程和应用经验，不同的钢纤维混凝土结构工程，常用体积率选用范围列于表 3-29。选用时根据钢纤维的性能、结构对增强效果的要求以及经济合理的原则选定。当钢纤维的性能较好或结构对增强要求较低时，可选用低值；当结构对增强要求较高或钢纤维性能较差时，可选高值。

表 3-29　钢纤维体积率选用范围

钢纤维混凝土结构类别	钢纤维体积率(%)	钢纤维混凝土结构类别	钢纤维体积率(%)
一般浇筑成型的结构	0.5~2.0	铁路轨枕刚性防水屋面	0.8~1.2
局部受压构件、桥面、预制桩、桩顶、桩尖	1.0~1.5	喷射钢纤维	0.5~1.5

(2)钢纤维混凝土配合比设计

钢纤维混凝土的配合比设计可参考普通水泥混凝土的配比,其与普通水泥混凝土相比主要的不同在于以下方面。

① 在水泥混凝土的配合拌合料中掺入钢纤维,主要是为了提高混凝土的抗弯、抗拉、抗疲劳的能力和韧性,因此配合比设计的强度控制,当有抗压强度要求时,除按抗压强度控制外,还应依据工程的性质和要求,分别按抗折强度或抗拉强度控制,确定拌合料的配合比,以充分发挥钢纤维混凝土的增强作用,而普通水泥混凝土一般以抗压强度控制(道路混凝土以抗折强度控制)来确定拌合料的配合比。

② 配合比设计时,应考虑掺入拌合料中的钢纤维能分散均匀,并使钢纤维的表面包满砂浆,以保证钢纤维混凝土的质量。

③ 在拌合料中加入钢纤维后,其和易性有所降低。为了获得适宜的和易性,有必要适当增加单位用水量和单位水泥用量。

④ 钢纤维混凝土配合比设计的基本方法是建立在钢纤维混凝土拌合料的特性及其硬化后强度的基础上的。其主要目的是根据使用要求,合理确定拌合料的水灰比,钢纤维体积率、单位用水量和砂率四个基本参数,由此,即可计算出各组成材料的用量。

在确定基本参数时,既要满足抗压强度要求,又要符合抗折强度或抗拉强度要求,以及和易性、经济性要求。

试验表明,钢纤维混凝土的抗压强度、抗折强度和抗拉强度与水泥强度等级、水灰比、钢纤维体积率和长径比、砂率、用水量等因素有关,其中水灰比和水泥强度等级对抗压强度影响最大,其他因素影响较小。即钢纤维体积率和长径比、水泥强度等级却对抗折强度和抗拉强度影响最大,砂率和用水量对和易性影响较大。因此,采用以抗压强度与水灰比,水泥强度等级的关系来确定水灰比,然后用抗折强度或抗拉强度确定体积率。由此确定的配合比,既能满足抗压强度要求,又能满足抗折强度或抗拉强度要求,在初步确定水灰比和体积率后,再根据和易性要求确定砂率和用水量。由此可初步确定计算配合比。

(3)钢纤维混凝土的搅拌工艺

钢纤维混凝土的搅拌原则是先干拌后湿拌。搅拌工艺如下:

① 先将钢纤维及集料投入搅拌机干拌 0.5~1min,使钢纤维均匀分布在集料中;

② 再将砂和水泥投入搅拌机,混合料干拌;

③ 最后加水湿拌 1.5~2min。

2. 合成纤维混凝土

合成纤维主要用于防止混凝土或砂浆早期收缩裂缝,有时也用于提高砂浆或混凝土的抗渗性、抗磨性和抗冲击、抗疲劳性能。其常用体积率为 0.04%~0.3%。掺有合成纤维的混凝土与基体混凝土相比,其抗压强度、弹性模量、泊松比和线膨胀系数变化很小,故可按有关混凝土结构设计规范的规定采用。当纤维含量较大(超过 0.15%)时,有关参数的选取应通过试验确定。当合成纤维用于限制混凝土早期收缩裂缝时，合成纤维混凝土的强度等级可采用结构设计所需要的素混凝土的强度等级。合成纤维用于结构性增强、增韧和提高结构的抗冲磨性时，纤维作用的影响不仅取决于合成纤维的弹性模量和强度，而且取决于混凝土或砂浆抗拉强度以及与纤维之间黏结性能。因此根据合成纤维混凝土的功能，建议了强度等级最低限制：对于仅有限裂要求的纤维混凝土的强度等级不应低于 CF20，对于有增韧、抗渗或耐磨要求的其强度等级不应低于 CF40。

根据试验和工程经验，在表 3-30 中给出了常用的合成纤维混凝土与同强度等级素混凝土（C20～C40）主要性能参数的比较，可供设计施工时参考。应当注意，由于合成纤维的品质特性差别较大，即使是同一品种，相同直径和相同长度，不同厂家生产的也有差别，应用时必须通过配合比和混凝土性能试验，表 3-30 仅供初选时参考。

表 3-30 常用纤维混凝土主要性能参数与同强度等级素混凝土的比较表

项目	掺量及变化	聚丙烯腈纤维混凝土	聚丙烯纤维混凝土	聚酰胺纤维混凝土
收缩裂缝	降低比例（%）	58～73	55	57
	纤维掺量（kg/m^3）	0.5～1.0	0.9	0.9
28d 收缩率	降低比例（%）	11～14	10	12
	纤维掺量（kg/m^3）	0.5～1.0	0.9	0.9
抗渗性	提高比例（%）	44～56	29～43	30～41
	纤维掺量（kg/m^3）	0.5～1.0	0.9	0.9
50 次冻融循环强度损失	损失比例（%）	0.2～0.4	0.6	0.5～0.7
	纤维掺量（kg/m^3）	0.5～1.0	0.9	0.9
冲击耗能	提高比例（%）	42～62	70	80
	纤维掺量（kg/m^3）	1.0～2.0	1.0～2.0	1.0～2.0
弯曲疲劳强度	提高比例（%）	9～12	6～8	—
	纤维掺量（kg/m^3）	1.0	1.0	—

在常用掺量下，合成纤维混凝土的坍落度有一定程度的降低，在配合比设计时应适当增加用水量或减水剂。对于合成纤维混凝土的试验方法，《纤维混凝土结构技术规程》（CECS 38：2004）给出了早龄期收缩裂缝的试验和评定方法，试验采用平板四边约束试件加速干燥法，评定采用纤维混凝土和同条件素混凝土对比，计算裂缝名义总面积降低率。弯曲韧性可参照钢纤维混凝土试验方法，抗冻、抗渗、耐磨等可参照有关混凝土的试验方法。

第五节 砂 浆

砂浆是由胶凝材料、细集料和水等材料按适当比例配制而成。砂浆与混凝土不同之处在于没有粗集料，又可以认为砂浆是一种细集料混凝土，所以有关混凝土的各种基本规律，原则上也适用于砂浆。

砂浆是用量大、用途广的一种建筑材料。它主要用于砌筑结构（如基础、墙体等）；用于建筑物的内外表面（墙面、地面、梁柱面）的抹面，起到装饰或保护墙体作用；作为大型墙板、砖、石、砌块墙的勾缝；用来镶贴大理石、水磨石、瓷砖、面砖、马赛克以及制作钢丝网水泥等。由此可见,砂浆在使用时的特点:铺设层很薄,多铺砌在多孔吸水的底面,强度要求不高(一般在2.5~15MPa)等。

砂浆按用途不同可分为砌筑砂浆和抹面砂浆。按胶凝材料不同,砂浆又可分为水泥砂浆、石灰砂浆、石膏砂浆、沥青砂浆及混合砂浆,如水泥石灰砂浆、水泥黏土砂浆和石灰黏土砂浆等。

一、砂浆的组成材料

1. 胶凝材料

用于砂浆的胶凝材料有水泥、石灰、石膏等,在选用时应根据使用环境和用途合理选用。选用的各类胶凝材料均应满足相应的技术要求。

水泥品种的选择与混凝土相同。由于对砂浆的强度要求不高,因此中、低强度等级的水泥均能满足要求,一般以水泥强度为砂浆强度的4~5倍为宜。水泥强度等级过高会因水泥用量不足而导致保水性不良。配制混合砂浆时加入的掺合材料(如石灰膏、黏土膏)可以用来改善砂浆的和易性。对于特殊用途的砂浆,可选用相应的特种水泥如白水泥、膨胀水泥等。

2. 砂

砂浆用砂应符合混凝土用砂的技术要求。由于砂浆层较薄,对砂的最大粒径应加以限制以保证砌筑质量。砌筑砂浆用砂的最大粒径不应超过灰缝厚度的1/4~1/5,通常砖砌体和石砌体砂浆中砂的最大粒径分别为2.5mm和5mm。为了保证砂浆的质量,对砂中的黏土杂质含量,常作以下限制:M10及M10以上的砂浆应不超过5%;M2.5~M7.5的砂浆应不超过10%;M1.0以下砂浆不得超过15%~20%。

3. 水

拌合砂浆用水与混凝土的要求相同,凡可饮用的水均可拌制砂浆,未经试验鉴定的污水不得使用。

4. 砂浆专用外加剂

砂浆外加剂具有改善砂浆的和易性、保水性、黏结性及减水、提高强度等功能,可替代混合砂浆中的全部石灰。此外,还具有节约水泥用量,降低施工成本,提高工程质量,改善施工条件,减少环境污染,运输、使用方便等特点。砌筑砂浆中掺入的砂浆外加剂应具有法定检测机构出具的该产品砌体强度形式检验报告并经砂浆性能试验合格后方可使用。

5. 掺加料

掺加料应符合下列规定:

(1)生石灰熟化成石灰膏时应用孔径不大于的3mm的网过滤,熟化时间不得少于7d,磨细生石灰粉的熟化时间不得小于2d,沉淀池中贮存的石灰膏应采取防止干燥冻结和污染的措施。严禁使用脱水硬化的石灰膏。消石灰粉不得直接用于砌筑砂浆中。

(2)采用黏土或亚黏土制备黏土膏时宜用搅拌机加水搅拌,通过孔径不大于3mm的网过筛。用比色法鉴定黏土中的有机物含量时应浅于标准色。

(3)制作电石膏的电石渣应用孔径不大于3mm的网过滤。检验时应加热至并保证没有乙炔气味后方可使用。

二、砂浆的技术性质

1. 新拌砂浆的和易性

同混凝土一样,新拌砂浆应具有良好的和易性。新拌砂浆的和易性是指新拌制的砂浆是否便于施工并保证质量的综合性质。和易性好的新拌砂浆便于施工操作,可以比较容易地在砌体等表面上铺砌成均匀连续的薄层,且与底面紧密地黏结,保证工程质量。新拌砂浆的和易性包括流动性和保水性两个方面。

(1)流动性

流动性是指新拌砂浆在自重或外力作用下产生流动的性能,其大小表明了砂浆的稠度。砂浆的稠度用砂浆稠度仪测定,以试锥下沉深度作为砂浆的稠度值,即沉入度(cm)。沉入度越大,说明流动性越高。

砂浆的流动性与很多因素有关,如胶凝材料的种类、用量、细集料的种类、粗细、级配、用水量、混合材料及砂浆搅拌时间等。当原材料确定后,流动性大小主要取决于单位用水量。砂浆稠度的选择与砌体种类、工程类别、施工方法及大气情况有关。对于多孔吸水的砌体材料和干热的天气,应使砂浆的流动性大些;相反,对于密实不吸水的材料和湿冷的天气,可使流动性小些。流动性选择可参考表3-31。

表3-31 砂浆的流动性(稠度) cm

砌体种类	干燥气候或多孔砌块	寒冷气候或密实砌块	抹灰工程	机械施工	手工操作
砖砌体	8~10	6~8	准备层	8~9	11~12
普通毛石砌体	6~7	4~5	底层	7~8	7~8
振捣毛石砌体	2~3	1~2	面层	7~8	9~10
炉渣混凝土砌体	7~9	5~7	石膏浆面层	—	9~12

(2)保水性

保水性是指新拌砂浆保持水分的能力。保水性也指砂浆中各组成材料不易分离的性质。保水性好的砂浆在存放、运输和使用过程中,能很好地保持水分不致很快流失,能容易形成均匀密实的砂浆缝,能使胶凝材料正常水化,最终保证砌体的质量。凡是胶凝材料充足,尤其掺用可塑性混合材料(石灰膏或黏土膏)的砂浆,其保水性都很好。砂浆中掺入适量的引气剂和塑化剂也能改善砂浆的保水性和流动性。通常可掺入减水剂或微沫剂来改善新拌砂浆的性能,而不宜采用提高水泥用量的方法。

砂浆的保水性用分层度表示。将搅拌均匀的砂浆,先测沉入度,再装入分层度测定仪静置30min后,去掉上部20cm厚的砂浆,再测定剩余10cm厚砂浆的沉入度,前后测得的沉入度之差,即为砂浆的分层度(mm)。分层度大,表明砂浆的分层离析现象严重,保水性不好,施工困难。若分层度过小,砂浆黏稠不易铺设,且容易发生干缩裂缝,故分层度以10~20mm为宜。砌筑砂浆分层度不应大于30mm。

2. 砂浆的强度

硬化后的砂浆要与砌筑材料黏结成整体,起传递荷载和经受周围环境介质的作用。因此,砂浆应具有一定的强度、黏结力、变形性能及耐久性。一般情况下,砂浆的抗压强度越大,其黏结力、耐久性也越好。

砂浆的强度等级是以边长为7.07cm的立方体试块,在标准养护条件(温度20℃±2℃、相对湿度为90%以上)下,用标准试验方法测得28d龄期的抗压强度值(MPa)来确定。砂浆的强度等级分为 M20、M15、M10、M7.5、M5.0、M2.5 等六个级别。常用的有 M15、M10、M7.5 和 M5.0 等。

(1)用于不吸水密实基底(如砌筑毛石)上的砂浆，影响其强度的因素与混凝土相同，主要取决于水泥强度和水灰比，可用下式表示：

$$f_{m,28}=Af_c\left(\frac{C}{W}-B\right) \tag{3-26}$$

式中　$f_{m,28}$——砂浆 28d 的抗压强度，MPa；

f_c——水泥实际的抗压强度，MPa；

A、B——经验系数，按当地试验资料确定；

C/W——灰水比。

(2)用于吸水的多孔基底(如砌砖)的砂浆，即使砂浆用水量不同，但因新拌砂浆具有良好的保水性，经基底吸水后，保留在砂浆中的水量大致相同。因此，砂浆中的水量可基本视为一个常量。因此，砂浆的强度主要取决于水泥强度等级和水泥用量，而不需考虑水灰比。计算公式如下：

$$f_{m,0}=\frac{\alpha Q_c f_{ce}}{1000}+\beta \tag{3-27}$$

式中　$f_{m,0}$——砂浆的配别抗压强度，MPa；

f_{ce}——水泥的实测抗压强度，MPa；

Q_c——每立方米砂浆中水泥用量，kg；

α、β——特征系数，$\alpha=3.03$，$\beta=-15.09$，各地区也可用本地区试验资料确定。统计用的试验组数不得少于 30 组。

三、砂浆的配合比确定

在道路工程中应根据工程类别、砌筑部位、使用条件等要求来合理地选择适宜的砂浆种类及强度等级。对整个砌体来说，砌体强度主要取决于砌筑材料(如砖、石)的强度，砂浆主要起传递荷载的作用，因而对砂浆强度要求不高。公路圬工桥涵常用砂浆的强度，根据结构物类别和用途而定，参照表 3-32。检查井、化粪池、雨水井多采用 M5.0 砂浆。干燥条件下使用的工程部位，可考虑采用水泥石灰混合砂浆，而对潮湿部位应采用水泥砂浆。

表 3-32　桥涵圬工砌体用砂浆强度等级

结构物类型		砂浆强度等级	
		砌筑用	勾缝用
1. 拱圈	大中跨径及轻台拱桥	M7.5	≥M7.5
	小跨径桥涵	M5	
2. 大中跨径桥墩台及基础	圬工面层	M5	≥M7.5
	圬工里面	M2.5	
3. 小桥墩台及基础挡土墙	轻型桥台及轻台拱桥	M5	≥M5
	其　余	M2.5	

1. 确定砂浆配合比时，一般可以查阅有关手册或资料来选择，如需进行配合比设计，可先按经验公式计算配合比，再经试配、调整后确定出施工用的配合比，一般计算步骤如下：

(1)确定砂浆试配强度 $f_{m,0}$；

(2)按强度公式计算出每立方米砂浆中水泥用量 Q_c,kg/m;

(3)依水泥用量 Q_c 计算掺加料用量 Q_d,kg/m^3;

(4)确定用砂量 Q_s,kg/m^3;

(5)按砂浆稠度选用用水量 Q_w,kg/m^3;

(6)进行砂浆试配,调整;

(7)给出砌筑砂浆配合比。

2. 砂浆试配强度

按下式计算

$$f_{m,0}=f_{m,k}+1.645\sigma=(f_m-\sigma)+1.645\sigma=f_m+0.645\sigma \tag{3-28}$$

式中 $f_{m,0}$——为设计强度(即砂浆抗压强度平均值),MPa;

$f_{m,k}$——保证率为95%时砂浆强度设计标准值,MPa;

σ——为砂浆现场强度标准差,准确至0.01MPa。

$$\sigma=\sqrt{\frac{\sum_{i=1}^{n}f_{m,i}^2-N\mu_{fm}^2}{N-1}} \tag{3-29}$$

式中 $f_{m,i}$——统计周期内同一品种砂浆第 i 组试件的强度,MPa,

μ_{fm}——统计周期内同一品种 N 组试件强度的平均值,MPa。

试件总组数 N 一般要求大于25,否则可查表3-33。

表3-32　砂浆强度标准差 σ 选用表　　MPa

施工水平＼砂浆强度等级	M2.5	M5.0	M7.5	M10	M15.0	M20
优良	0.50	1.00	1.50	2.00	3.00	4.00
一般	0.62	1.25	1.88	2.50	3.75	5.00
较差	0.75	1.50	2.25	3.00	4.50	6.00

3. 水泥用量计算

每立方米砂浆水泥用量 Q_c 按下式计算

$$Q_c=\frac{1000(f_{m,0}-B)}{A\cdot f_{ce}} \tag{3-30}$$

当计算出水泥砂浆中的水泥计算用量不足200kg/m^3 时,应按200kg/m^3 采用。

4. 水泥混合砂浆的掺加料用量计算

按下式计算

$$Q_d=Q_a-Q_c \tag{3-31}$$

式中 Q_a 为每立方米砂浆中胶结料和掺加料总量,kg/m^3,一般应在300~350kg/m^3 之间。

5. 细集料用量的确定

每立方米砂浆细集料用量,以干燥状态(含水率小于0.5%)的自然堆积体积1m^3 为准,亦即与其自然堆积密度值相同。

水泥砂浆配合比可以直接查阅有关资料参考，见表3-34。

表3-34　砌筑用水泥砂浆参考配合比

强度等级	每立方米砂浆水泥用量（kg）	每立方米砂子用量（kg）	每立方米砂浆用水量（kg）
M2.5～M5	200～230	$1m^3$ 砂子的堆积密度值	270～330
M7.5～M10	220～280		
M15	280～340		
M20	340～400		

四、抹面砂浆及其他砂浆

抹面砂浆是指涂抹在建筑物内、外表面的砂浆。按其功能的不同可分为普通抹面砂浆、特殊用途砂浆（防水、耐酸、吸声和装饰砂浆等）。

抹面砂浆的组成材料与砌筑砂浆基本上是相同的，只是与底面和空气的接触面更大，有利于气硬性胶凝材料的硬化。新拌制的抹面砂浆应具有良好的和易性，容易抹成均匀平整的薄层，便于施工，而且还应具有较高的黏结力，以便与基底黏结牢固，长期不开裂或不脱落等性能。为了保证抹面质量，防止砂浆层收缩开裂，有时需加入适量的纤维材料（纸筋、麻刀等）。

1. 普通抹面砂浆

普通抹面砂浆对建筑物和墙体起保护作用，它可以抵抗风、雨、雪等自然环境对建筑物的侵蚀，并提高建筑物的耐久性，同时使表面达到平整、光洁和美观的效果。

抹面砂浆通常分为两层或三层进行施工，各层的成分和稠度各不相同。底层砂浆主要起黏结作用，以便与基层牢固黏结，要求流动性较高（沉入度10～12cm），其组成材料常随基底而异。中层抹灰主要是为了找平，较底层流动性稍低（沉入度7～9cm），有时可以省去不用。面层砂浆主要为了平整美观，流动性控制在7～8cm。

用于砖墙的抹灰，多用石灰砂浆；对有防水、防潮要求部位及容易碰撞的部位应采用水泥砂浆；对混凝土基底多用混合砂浆；用于板条墙及板条顶棚的底面多用麻刀石灰砂浆。普通抹面砂浆的配合比可参照表3-35。

表3-34　普通抹面砂浆参考配合比

材　料	体积配合比	材　料	体积配合比
水泥：砂	1：2～1：3	石灰：石膏：砂	1：0.4：2～1：2：4
石灰：砂	1：2～1：4	石灰：黏土：砂	1：1：4～1：1：8
水泥：石灰：砂	1：1：6～1：2：9	石灰膏：麻刀	100：1.3～100：2.5（质量比）

2. 特殊用途砂浆

（1）防水砂浆

防水砂浆是一种制作防水层的抗渗性高的砂浆。砂浆防水层又叫刚性防水层，适用于不受振动和具有一定刚度的混凝土或砖石砌体工程，对于变形较大或可能发生不均匀沉陷的建筑物都不宜采用刚性防水层。防水砂浆主要用于地下室、水塔、水池、储液罐等的防水。

防水砂浆可用普通水泥制作，也可在水泥砂浆中掺入防水剂制得。水泥砂浆配合比，一般采用水泥：砂＝1：（1.5～3），水灰比控制在0.50～0.55，应选用普通硅酸盐水泥和级配良好的中砂。

常用的防水剂有氯化物金属盐类防水剂、水玻璃类防水剂和金属皂类防水剂等。氯化物金属盐类防水剂主要有氯化钙、氯化铝和水按一定比例(大致为10：1：11)配成的有色液体。掺加量一般为水泥重量的3%～5%。这种防水剂掺入水泥砂浆中能在凝结硬化过程中生成不透水的复盐,起促进结构密实的作用,从而提高砂浆的抗渗性能。一般用于地下建筑、水池等工程。

水玻璃类防水剂主要是由硫酸铜(蓝矾)、钾铝钒(明矾)、重铬酸钾(红矾)和铬矾(紫矾)各取1份溶于60份的沸水中,降温至50℃时投入400份水玻璃搅拌均匀,制成四矾水玻璃防水剂。这种防水剂掺入水泥砂浆中,能形成大量胶体填塞毛细管道和孔隙,提高砂浆的防水性。

金属皂类防水剂是由硬脂酸、氨水、氢氧化钾(或碳酸钾)和水按一定比例混合加热皂化而成。这种防水剂主要起填充微细孔和堵塞毛细管作用,掺加量为水泥重量的3%左右。

防水砂浆的防渗效果在很大程度上决定于施工质量。一般采用五层做法,每层约5mm,每层在初凝前要用木抹子压实一遍,最后一层要压光。抹完后,要加强养护。刚性防水层必须保证砂浆的密实性,对施工操作要求高,否则难以获得理想的防水效果。

(2)其他品种砂浆

① 耐酸砂浆

由水玻璃、氟硅酸钠和耐酸砂(石英岩、花岗岩、铸石等粉状细集料)配制而成。水玻璃硬化后具有良好的耐酸性能,耐酸砂浆多用作衬砌材料、耐酸地面和耐酸容器的内壁防护层。

② 绝热砂浆

用水泥、石灰、石膏等胶凝材料与膨胀珍珠岩砂、膨胀蛭石或陶粒砂等轻质多孔集料按一定比例配合制成的砂浆称为绝热砂浆。它具有质轻和良好绝热性能等优点,其导热系数为0.07～0.10W/(m·K),可用于屋面绝热层、绝热墙壁以及热力管道绝热层等。

③ 吸声砂浆

一般绝热砂浆是由轻质多孔集料制成,都具有吸声性能。还可以用水泥、石膏、砂、锯末(其体积比为1：1：3：5)制成吸声砂浆,或在石灰、石膏砂浆中掺入玻璃纤维、矿棉等松软纤维材料制得。吸声砂浆主要用于室内墙壁和平顶。

五、建筑干拌砂浆

1. 建筑干拌砂浆的概念

干拌砂浆又称干混砂浆、干粉砂浆、干砂浆。是将水泥、砂、矿物掺合料和功能性添加剂按一定比例,在专业生产厂于干燥状态下均匀拌制、混合成的一种颗粒状或粉状状态混合物,然后以干粉包装或散装的形式运至工地,按规定比例加水拌合后即可直接使用的干粉砂浆材料。

2. 建筑干拌砂浆的特性

相对于我国在施工现场配制砂浆的传统工艺,干拌砂浆具有以下特点:

(1)品质稳定

目前施工现场配置的砂浆(无论是砌筑砂浆、抹面砂浆,还是地面找平砂浆),质量不稳定,强度达不到要求,质量低劣,甚至会导致开裂、渗漏、空鼓、脱落等一系列问题,已成为建筑质量通病。而干拌砂浆采用工业化生产,可以对原材料和配合比进行严格控制,确保砂浆质量的稳定、可靠。尤其是大量使用的干拌砂浆,可通过大体积容器运输到工地的形式来代替以袋装形式输送。通过适当的输送系统,干拌砂浆直接从筒仓传送到附带的混料及泵送设备中,在其中与水自动混料，通过泵送进行喷涂。干拌砂浆的自动机械式混料和喷涂保证了产品的输送及涂敷的一致性，消除了加水不足或过量，或者砂浆组成成分不正确等错误的可能性，此优点对于我国工人较为缺少经验和素质不一的实际情况格外重要。

(2)工效提高

大规模的商品化生产，节约现场拌料的时间，性能亦同时得到提高。干拌砂浆如同商品混凝土，不仅提高了生产效率，施工效率也得到了很大的提高。用筒仓或者容器运输干拌砂浆，采用自动混料、泵送和机械喷涂系统，进一步提高了生产率。以墙体抹灰为例，施工效率就较原来的施工材料及方法提高了600%～800%。

(3)质量优异

针对不同的建筑用途，配合相应的功能性砂浆，达到更完美的质量要求。完善建筑节点、部位的专用产品的质量要求。甚至某些优异的性能可以使原来不能实现的施工及设计成为可能。例如自流平砂浆，在施工现场加水搅拌均匀后，只需倒在地面，然后将灰浆轻推至墙角，即可获得平整度高、表面光滑的地坪。

(4)品种齐全

干拌砂浆包括的产品范围很广，几乎可满足建筑工程包括道路工程对砂浆的所有要求。如砌筑砂浆、抹面砂浆、混凝土界面砂浆(剂)、修补砂浆、瓷砖黏结砂浆(剂)、自流平砂浆、内外墙腻子、防水砂浆、堵漏砂浆等。还可根据工程特殊要求，不断推出新产品。

(5)施工性能良好

产品各种性能的提高，使施工更为便捷，劳动强度大为降低。如提高和易性，使产品易涂刮；提高保水性，可免去基材预湿和后期淋水养护等工序，保证砂浆对基材的附着力；提高抗流挂性，使砂浆在施工中不下垂、不挂流；提高流动性，使砂浆在施工中能自动找平地面，降低劳动强度等。

(6)使用方便

加水搅拌即可直接使用。便于运输和存放，随时随地可以定量供货，用多少，混合多少，无损失浪费，既节约了原材料，又方便了施工管理；施工现场避免堆积大量的各种原材料，减少了对周围环境的影响，尤其在大中城市的建筑翻新改造工程中，可以解决因交通拥挤、现场狭窄造成的许多问题。

3. 建筑干拌砂浆的分类

气硬性干混砂浆的主要应用可以分类如下：

(1)大用量产品(大约占干混砂浆生产量的70%)

砌筑砂浆、底层抹灰(水泥基和石膏基)、砌砖砂浆、砌砖胶黏剂、水泥基砂浆层、石膏基砂浆层、干混砂浆、喷射混凝土和无机灰浆。

(2)专用产品(大约占干混砂浆生产量的30%)

瓷砖胶黏剂、建筑用胶黏剂、瓷砖灰浆、灌浆料、装饰用无机灰浆、粉末涂料、外墙外保温系统、抹灰材料、地坪材料、修补砂浆和防水砂浆。

思 考 题

1. 混凝土的主要技术有哪些？
2. 普通水泥混凝土的配合比如何设计？

3. 矿物外加剂对水泥混凝土有何影响?
4. 混凝土工程常用外加剂有哪些?减水剂的作用机理是什么?
5. 砂浆的技术性质有哪些?
6. 混凝土的结构组成及各组成的作用是什么?
7. 混凝土是如何分类的?

第四章　沥青材料

沥青材料是由一些极其复杂的高分子碳氢化合物和这些碳氢化合物的非金属（氧、硫、氮）衍生物所组成的黑色或黑褐色混合物，常温下呈固体、半固体或液体状态。沥青属于有机胶凝材料，易溶于多种有机溶剂（汽油、柴油等），与矿质混合料有非常好的黏结能力，是道路工程重要的筑路材料。由于沥青具有良好的黏性、塑性、耐腐蚀性和憎水性，沥青材料还广泛地应用于土木工程的防水、防潮、防渗、防腐蚀以及防锈工程中。

沥青按其在自然界中获得的方式，可分为地沥青和焦油沥青两大类。

1. 地沥青

是天然存在的或由石油精制加工得到的沥青材料。按其产源又可分为：

（1）天然沥青：是石油在自然条件下，长时间经受地球物理因素的作用，轻质油分挥发后的剩余残渣经氧化而形成的天然产物。天然沥青通常存在于岩石裂缝中、地面上或形成湖泊。例如湖沥青。

（2）石油沥青：石油沥青是指石油原油经蒸馏等工艺提炼出各种轻质油（汽油、柴油、煤油等）及润滑油以后的残留物，或将残留物进一步加工得到的产物。

2. 焦油沥青

是利用各种有机物（煤、泥炭、木材等）干馏加工得到的焦油，经再加工而得到的产品。焦油沥青按其加工的有机物名称而命名，如由煤干馏所得的煤焦油，经再加工后得到的沥青，即称为煤沥青。

道路工程中常用的沥青主要是石油沥青和煤沥青，其次是天然沥青。

第一节　石油沥青

一、石油沥青的分类

1. 按原油的成分分类

原油是炼制石油沥青的原材料，原油的成分不同所炼制的沥青成分也不同，其相应的路用性能亦不相同。

（1）石蜡基沥青。也称多蜡沥青，由石蜡基原油炼制而成，因原油中含有大量的烷烃，所炼制的沥青含蜡量一般大于5%。大量蜡的存在，降低了沥青的黏结性和温度稳定性，使沥青高温易软化、低温易脆裂。

（2）环烷基沥青。也称沥青基沥青，由环烷基原油炼制而成，含有较多的环烷烃和芳香烃，而含蜡量较小（一般小于2%）。该种沥青具有较好的黏结性、塑性及温度稳定性。

（3）中间基沥青。也称混合基沥青，是由介于石蜡基与环烷基原油之间的中间基原油炼制而成，其烃类成分亦介于以上两种沥青之间，路用性能优于石蜡基沥青，但不如环烷基沥青。

2. 按石油沥青常温下所处的状态分类

(1) 黏稠沥青。是指常温下为固态和半固态的沥青，由于其黏滞度较高，因而称为黏稠沥青。

(2) 液体沥青。是指常温下呈液体状态的沥青，一般由溶剂（例如汽油、煤油等）将黏稠沥青稀释获得，因而又称为稀释沥青。根据沥青的凝固速度，液体沥青又分为快凝、中凝、慢凝三种。而乳化沥青是另一种形式的液体沥青，由沥青、水、乳化剂、稳定剂等组成。

3. 按石油沥青的加工方法分类

(1) 直馏沥青。直接蒸馏原油，将不同温度下的馏分（汽油、煤油等）分出之后所剩的残渣，符合沥青标准的称为直馏沥青。直馏沥青中含有许多不稳定的烃，其温度稳定性和耐候性较差。

(2) 氧化沥青。将低标号的沥青或重油，在高温下吹入空气，使沥青进一步氧化而获得的沥青称为氧化沥青，也称为吹制沥青。由于氧化作用使沥青的温度稳定性得到提高。

(3) 溶剂沥青。采用溶剂萃取工艺将含蜡沥青中的蜡随萃取溶液分离出来，而得到的沥青。由于含蜡量的降低使得沥青的路用性能得到改善。

(4) 裂化沥青。在炼油过程中，对蒸馏后的重油在隔绝空气和高温下进行热裂化所得到的裂化残渣，称为裂化沥青。该种沥青硬度大、软化点高、延度小、黏度及温度稳定性差，因而不能直接应用于道路工程。

(5) 调和沥青。即用调和法生产的沥青。调和法生产沥青是按沥青质量或胶体结构的要求将几种沥青调和，来调整沥青各组分之间的比例，得到能够满足使用要求的沥青产品。

4. 按石油沥青的用途分类

(1) 道路石油沥青。

(2) 建筑石油沥青。

(3) 普通石油沥青。

二、石油沥青的生产

石油沥青由石油炼制而成，是石油原油经蒸馏等提炼出各种轻质油（如汽油、柴油等）及润滑油以后的残留物，或再经进一步加工而得到的产品。其生产流程示意图如图 4-1 所示。

目前我国在炼油厂中生产沥青的主要工艺方法有：蒸馏法、氧化法、半氧化法、溶剂脱沥青法和调配法等。制造方法不同，沥青的性状有很大的差异。最终达到适当兼顾高温和低温两方面性能的沥青。

(1) 蒸馏法。原油经过常压塔和减压塔装置，根据原油中所含的馏分沸点不同，将汽油、煤油、柴油等馏分分离后，可以得到加工沥青的原料（渣油），也可以直接获得“针入度级的黏稠沥青”。这种直接由蒸馏得到的沥青，称为“直馏沥青”。与氧化沥青相比，通常直馏沥青具有较好的低温变形能力，但温度感应性大。

(2) 氧化法。以蒸馏法得到的渣油或直馏沥青为原料，在氧化釜（或氧化塔）中，经加热并吹入空气（有时还加入催化剂），空气中的氧使其产生脱氢、氧化和缩聚等化学反应，沥青中低分子量的烃类转变为高分子量的烃类，这样得到稠度较高、温度感应性较低的沥青，称为吹气沥青或称氧化沥青，与直馏沥青相比，通常氧化沥青具有较低的温度感应性，高温时抗变形能力较好，但低温时变形能力较差。

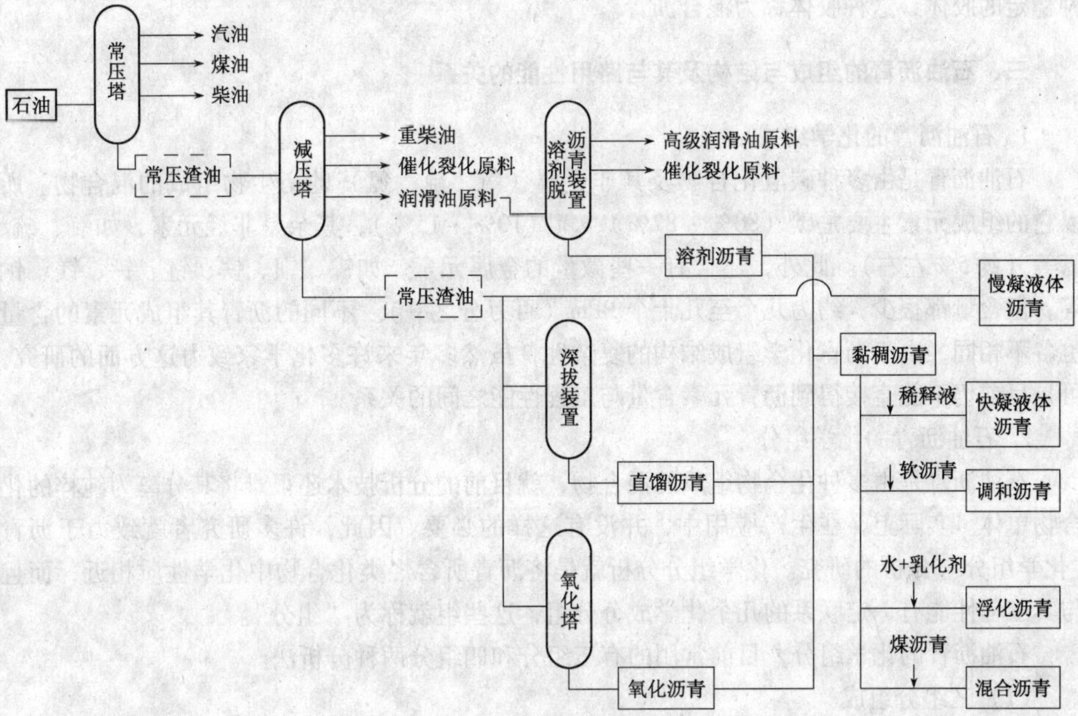

图 4-1　石油沥青生产示意图

(3) 半氧化法。半氧化法是一种改进的氧化法。为了避免直馏沥青的温度感应性和氧化沥青的低温变形能力差的缺点，在氧化时，采用较低的温度、较长的时间、吹入较少风量的空气，这样可以用控制温度、时间和风量方法，使沥青中各种不同分子量的烃组，按人为意志所转移，最终达到适当兼顾高温和低温两方面性能的沥青。

(4) 溶剂脱沥青法。在炼制高级润滑油时，用溶剂脱沥青装置萃取脱沥青油后，剩下的沥青称为溶剂脱沥青。常用的溶剂有：丙烷、丙-丁烷和丁烷等。如以丙烷为溶剂时，得到的沥青含蜡量大大降低，使沥青的路用性能得到改善。

(5) 调配法。采用两种（或两种以上）不同稠度（或其他技术性质）的沥青，按选定的比例互相调配后，得到符合要求稠度（或其他技术性质）的沥青产品称调配沥青。调配比例可根据要求指标，用实验法、计算法或组分调节法确定。

为提高沥青的稠度，以慢凝液体沥青为原料，可以采用不同的工艺方法得到黏稠沥青。渣油经过再减蒸工艺，进一步提炼出各种重质油品，可得到不同稠度的直馏沥青；渣油经不同深度的氧化后，可以得到不同稠度的氧化沥青或半氧化沥青。除轻度氧化的沥青属于高标号慢凝沥青外，这些沥青都属于黏稠沥青。

为在常温条件下施工的需要，在黏稠沥青中掺加煤油或汽油等挥发速度较快的溶剂将沥青稀释，称为中凝液体沥青或快凝液体沥青。

为得到不同稠度的沥青，也可以采用硬的沥青与软的沥青（黏稠沥青或慢凝液体沥青）以适当比例调配，称为调和沥青。按照比例不同所得成品可以是黏稠沥青，亦可以是慢凝液体沥青。为节约溶剂和扩大使用范围，可将沥青分散于有乳化剂的水中而形成沥青乳液，这种乳液亦称为乳化沥青。

为更好地发挥石油沥青和煤沥青的优点，选择适当比例的煤沥青与石油沥青混合而成一种稳定的胶体，这种胶体称为混合沥青。

三、石油沥青的组成与结构及其与路用性能的关系

1. 石油沥青的化学组成

石油沥青是由多种碳氢化合物及其非金属（氧、硫、氮）的衍生物组成的混合物。所以它的组成元素主要是碳（80%～87%）、氢（10%～15%），其余是非烃元素，如氧、硫、氮等（约5%左右）。此外，还含有一些微量的金属元素，如镍、钡、铁、锰、钙、镁、钠等，但含量都很少，约为几个至几十个PPm（百万分之一）。不同的沥青其组成元素的含量也各不相同，由于沥青化学组成结构的复杂性，虽然多年来许多化学家致力这方面的研究，可是目前仍不能直接得到沥青元素含量与工程性能之间的关系。

2. 石油沥青的化学组分

石油沥青是由多种化合物组成的混合物，就目前的分析技术还很难将其分离为纯粹的化合物单体。实际上，在生产应用中，并没有这样的必要。因此，许多研究者就致力于沥青“化学组分”分析的研究。化学组分分析就是将沥青所含烃类化合物中化学性质相近，而且与其工程性能有一定联系的几个化学成分分组，这些组就称为“组分”。

石油沥青的化学组分，目前常用的有三组分和四组分两种分析法。

（1）三组分组成

石油沥青的三组分分析法是将石油沥青分离为：油分（Oil）、树脂（Resin）和沥青质（Asphaltene）三个组分。因我国富产石蜡基或中间基沥青，在油分中往往含有蜡（Paraffin），故在分析时还应将油蜡分离。由于这种组分分析方法，是兼用了选择性溶解和选择性吸附的方法，所以又称为溶解—吸附法，如图4-2所示。

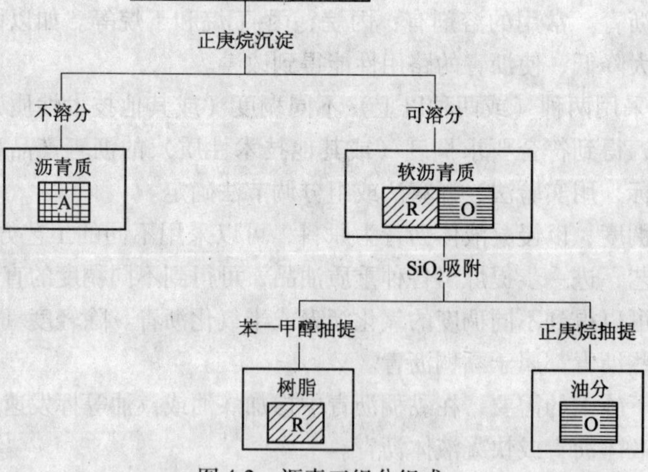

图4-2　沥青三组分组成

油分为淡黄色透明物质，是石油沥青中分子量和密度最小的组分，能溶于多种有机溶剂，但不溶于酒精。其含量的多少直接影响沥青的柔软性、抗裂性及施工度难。油分在高温是会挥发并在一定条件下可以转化为树脂甚至沥青质。

树脂又分为中性树脂和酸性树脂。中性树脂使沥青具有一定塑性、可流动性和黏结性，其含量增加，沥青的黏结力和延伸性增加，酸性树脂，即沥青酸和沥青酸酐，为树脂状黑褐色黏稠状物质，密度大于 $1.0g/cm^3$，是油分氧化后的产物，呈固态或半固态，具有酸性，能为碱皂化，易溶于酒精、氯仿，而难溶于石油醚和苯。酸性树脂是沥青中活性最大的组分，它能改善沥青对矿质材料的浸润性，特别是提高了与碳酸盐类岩石的黏附性，增加了沥青的可乳化性。

沥青质为深褐色固体颗粒，它决定着沥青的黏结力、黏度和温度稳定性，以及沥青的硬度、软化点等。沥青质含量增加时，沥青的黏度和黏结力增加，温度稳定性提高，但硬度和脆性亦增大。

(2) 四组分组成

石油沥青的四组分分析法是将石油沥青分离为：饱和分（Saturate）、芳香分（Aromatic）、胶质和沥青质（又称极性芳香分），故这一方法亦称 SARA 法，如图 4-3 所示。

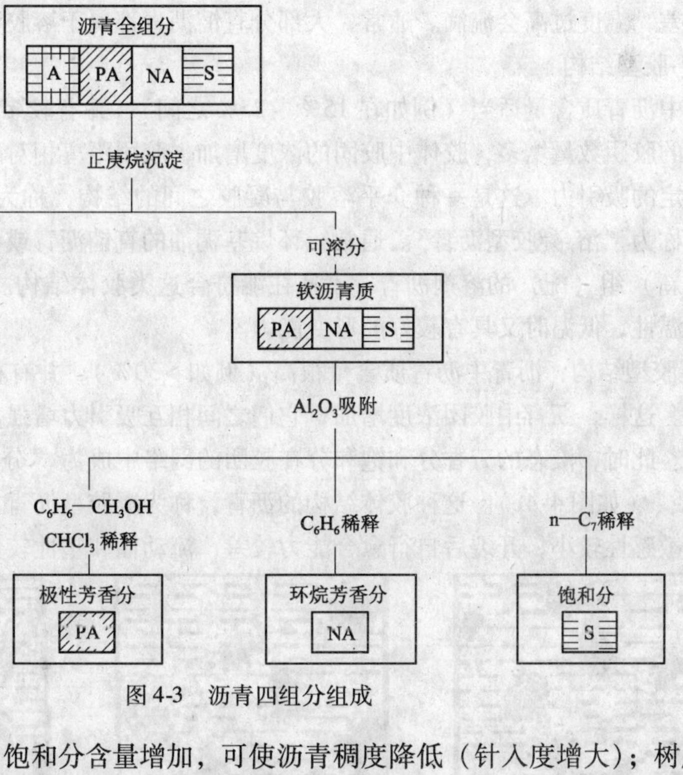

图 4-3 沥青四组分组成

按照四组分分析法，饱和分含量增加，可使沥青稠度降低（针入度增大）；树脂含量增大，可使沥青的延性增加，在有饱和分存在的条件下，沥青质含量增加，可使沥青获得低的感温性；树脂和沥青质的含量增加，可使沥青的黏度提高。

(3) 蜡

沥青中的蜡可以是石蜡也可以是地蜡，但以地蜡（微晶蜡）为主。蜡在常温下是白色晶体，对沥青的性能产生巨大影响。研究表明蜡的存在，高温会使沥青变软，低温使沥青变脆，并且会使沥青与集料的黏附性降低，还会影响路面的抗滑性能，因此使用中必须限制蜡的含量。

3. 石油沥青的胶体结构

（1）胶体结构的形成

现代胶体理论认为：沥青的胶体结构是以固态超细微粒的沥青质为分散相，通常是若干个沥青质聚集在一起形成“胶团”，由于胶溶剂——胶质的胶溶作用，而使胶团胶溶、分散于液态的芳香分和饱和分组成的分散介质中，形成稳定的胶体。

（2）胶体结构分类

根据沥青中各组分的化学组成和相对含量的不同，可以形成不同的胶体结构。沥青的胶体结构，可分下列三个类型。

1. 溶胶型结构

当沥青中沥青质分子量较低，并且含量很少（例如在10%以下），同时有一定数量的芳香度较高的胶质，这样使胶团能够完全胶溶而分散在芳香分和饱和分的介质中。在此情况下，胶团相距较远，它们之间吸引力很小（甚至没有吸引力），胶团可以在分散介质黏度许可范围之内自由运动，这种胶体结构的沥青，称为溶胶型沥青（如图4-4a）。溶胶型沥青的特点是，流动性和塑性较好，开裂后自行愈合能力较强，而对温度的敏感性强，即对温度的稳定性较差，温度过高会流淌。通常，大部分直馏沥青都属于溶胶型沥青。

2. 溶-胶型结构

沥青中沥青质含量适当（例如在15%～25%之间），并有较多数量芳香度较高的胶质。这样形成的胶团数量增多，胶体中胶团的浓度增加，胶团距离相对靠近（如图4-4b），它们之间有一定的吸引力。这是一种介乎溶胶与凝胶之间的结构，称为溶-凝胶结构。这种结构的沥青，称为“溶-凝胶型沥青”。通常，环烷基稠油的直馏沥青或半氧化沥青，以及按要求组分重（新）组（配）的溶剂沥青等，往往能符合这类胶体结构。这类沥青在高温时具有较低的感温性，低温时又具有较好的形变能力。

3. 凝胶型结构：沥青中沥青质含量很高（例如>30%），并有相当数量芳香度高的胶质形成胶团。这样，沥青中胶团浓度增加，它们之间相互吸引力增强，使胶团靠拢，形成空间网络结构。此时，液态的芳香分和饱和分在胶团的网络中成为“分散相”，连续的胶团成为“分散介质”（如图4-4c）。这种胶体结构的沥青，称为凝胶型沥青。这类沥青弹性和黏性较高，温度敏感性较小，开裂后自行愈合能力较差，流动性和塑性较低。

(a)　　(b)　　(c)

图4-4　沥青胶体结构类型

（a）溶胶型；（b）溶-凝胶型；（c）凝胶型

（3）胶体结构类型的判定

沥青的胶体结构类型除通过沥青质含量确定外，通常根据沥青对温度的敏感程度——针入度指数的大小进行判断。当针入度指数小于 -2 为溶胶型，大于 +2 为凝胶型，在 ±2 之间为溶-凝胶型。

四、石油沥青的主要技术性质

1. 物理常数

（1）密度

沥青密度是在规定温度条件下，单位体积的质量，单位为 kg/m^3 或 g/cm^3。我国现行规范《公路沥青与沥青混合料试验规程》JTJ 052—2000 规定温度为15℃。也可用相对密度表示，相对密度是指在规定温度下，沥青质量与同体积水质量之比。

沥青的密度与其化学组成有密切的关系，通过沥青的密度测定，可以概略地了解沥青的化学组成。通常黏稠石油沥青的密度波动在 0.96 ~ 1.04 范围。我国富产石蜡基沥青，其特征为含硫量低、含蜡量高、沥青质含量少，所以密度常在 1.00 以下。

（2）热胀系数

沥青在温度上升 1℃时的长度或体积的变化，分别称为线胀系数和体胀系数，统称热胀系数。沥青路面的开裂与沥青混合料的热胀系数有关。沥青混合料的热胀系数，主要取决于沥青热力学性质。

（3）介电常数

沥青的介电常数与沥青使用的耐久性有关，另外，沥青的介电常数与沥青路面抗滑性也有很好的相关性。沥青的介电常数定义为：沥青作为介质时电容器的电容与真空作为介质时电容器的电容之比。

2. 黏滞性

石油沥青的黏滞性又称黏性，是反映沥青材料在外力作用下抵抗变形或阻滞塑性流动的能力，用黏度表示。黏性是沥青的重要性质之一。

（1）沥青的绝对黏度

如图 4-5 所示，在两个平面之间填满一层沥青，下层平面固定，上层平面在外力作用下产生位移时，会带动沥青一起运动，使沥青受到剪切作用，假设上层板获得的运动速度为 v，由于下层板不动，因此在沥青层内部会产生速度梯度（单位距离内沥青移动速度的变化），即剪变率：

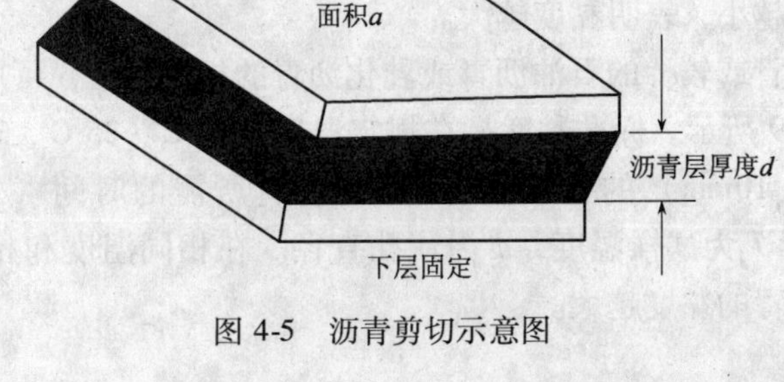

图 4-5　沥青剪切示意图

$$\gamma = dv/dy = v/d \tag{4-1}$$

而沥青受到的剪应力为：

$$\tau = f/a \tag{4-2}$$

定义剪应力与剪变率的比值为沥青的绝对黏度，即：

$$\eta = \tau/\gamma \tag{4-3}$$

以上式中 d——两平面之间的距离，即沥青的厚度，cm；

a—— 平面的面积，cm^2；

v——上层平面的速度，m/s；

f——施加在上层平面的力，N；

γ——剪变率，即速度在 d 方向的变化率，s^{-1}；

τ——沥青受到的剪应力，N/ cm^2；

η——沥青的绝对黏度，亦称为动力黏度，Pa · s。

通常溶胶型沥青的剪应力与剪变率之比为常数，沥青表现为纯黏性流动。但其他沥青的剪应力与剪变率之比不为常数，而是随着剪变率的变化而变化，即在不同的剪变率下，沥青表现为不同的黏度，它们之间的关系可表示为：

$$\eta_a = \tau/\gamma^c \tag{4-4}$$

式中 η_a——表观黏度，即沥青在某一剪变率下的黏度，Pa·s

c——复合流动度指数，与沥青的流变性质有关。

沥青的黏度还可以用运动黏度表示：

$$\nu = \eta/\rho \tag{4-5}$$

式中 η——沥青的动力黏度，Pa · S；

ρ——沥青的密度，g/m^3；

ν——沥青的运动黏度，m^2/s，常用 mm^2/s，$1\ m^2/s = 10^6 mm^2/s$。

沥青绝对黏度通常用毛细管法及真空减压毛细管法测定。如图 4-6、图 4-7 所示。

（2）沥青的相对黏度

沥青的黏度有绝对黏度和相对黏度之分，工程上通常测定沥青的相对黏度（条件黏度）。

测定沥青相对黏度主要是用标准黏度计和针入度仪。对于黏稠石油沥青的相对黏度是用针入度仪测定的针入度来表示的，如图 4-8 所示。通常针入度是在 25℃条件下，以重量 100g 的标准针，经历时间 5s 贯入试样中的深度，以 1/10mm 为单位表示，符号为 $P_{25℃,100g,5s}$。针入度值越小，表明黏度越大。

对于液体石油沥青或较稀的石油沥青或乳化沥青的相对黏度，可用标准黏度计测定的标准黏度表示，如图 4-9 所示。标准黏度是在规定温度（20℃、25℃、30℃或 60℃）、规定直径（3 mm、5 mm 或 10mm）的孔口流出 50mL 沥青所需的时间（单位为 s），常用符号“$C_{T,d}$”表示，下角标 T 为试样温度，d 为流孔直径。在相同温度和相同孔径的条件下，流出时间越长，表明沥青的黏度越大。

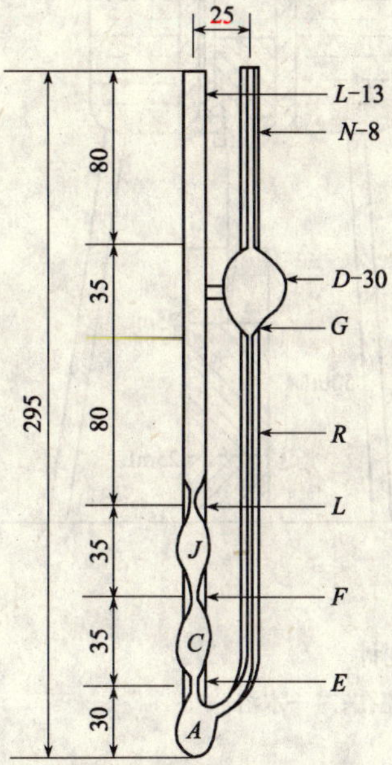

图 4-6　坎芬式逆流毛细管黏度计

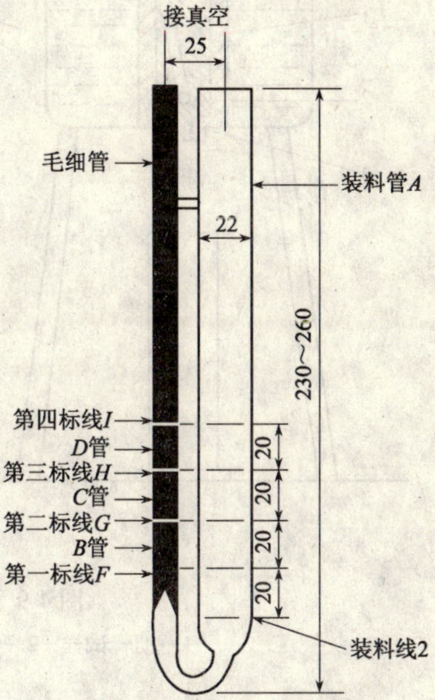

图 4-7　真空减压毛细管黏度计

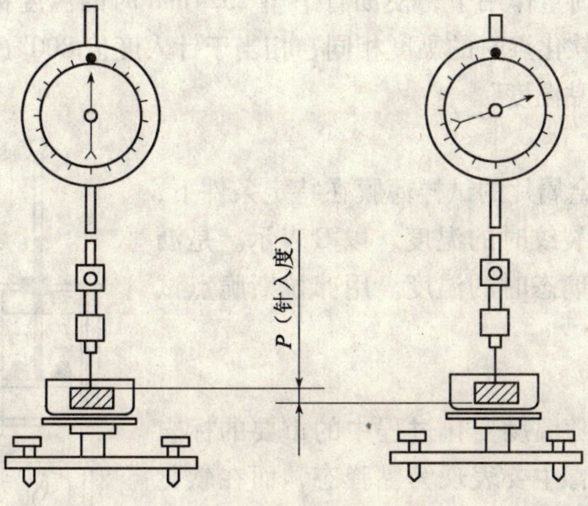

图 4-8　沥青针入度测定仪

3. 温度敏感性

温度敏感性是指石油沥青的黏滞性和塑性随温度升降而变化的性能。

（1）软化点

沥青软化点是反映沥青的温度敏感性的重要指标。由于沥青材料是一种高分子的非晶体物质，没有固定的熔点，从固态变为液态有一定的温度间隔，故规定其中某一状态作为从固态转到流态的起点，相应的温度称为沥青软化点。

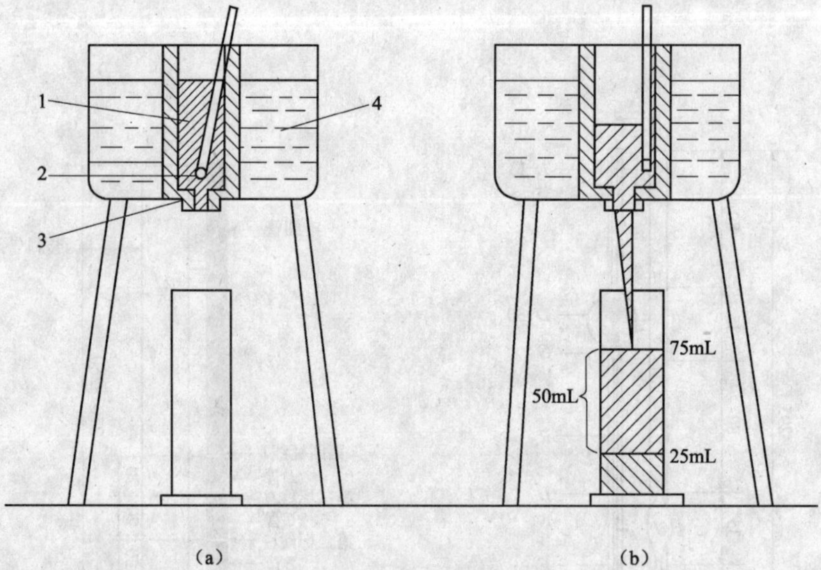

图 4-9　沥青标准黏度计

1—沥青试样；2—活动球杆；3—流孔；4—水浴

在我国，软化点采用环球法测定。该法（图 4-10）是沥青试样注于内径为 15.9mm 的铜环中，环上置一重 3.5g 的钢球，在规定的加热速度（5℃/min）下进行加热，沥青试样逐渐软化，直至在钢球荷重作用下，使沥青下坠 25.4mm 时的温度称为软化点，计为 $T_{R\&B}$。已有研究认为：沥青在软化点时的黏度相同，相当于针入度值 800（1/10mm），因此认为软化点是一种人为的“等黏温度”。

（2）脆点

沥青的脆点是涂于金属片的试样薄膜在特定条件下，因被冷却和弯曲而出现裂纹时的温度，以℃表示。是沥青材料从流态转变为玻璃态时的温度。用弗拉斯脆点试验仪测定。

（3）针入度指数

软化点是沥青性能随温度变化过程中的重要的标志点，在软化点之前，沥青主要表现为黏弹态，而在软化点之后主要表现为黏流态；软化点越低，表明沥青在高温下的体积稳定性和承受荷载的能力越差。但仅凭软化点这一点的性质，来反应沥青性能随温度变化的规律，并不全面。目前用来反映沥青感温性的常用指标为针入度指数 PI。

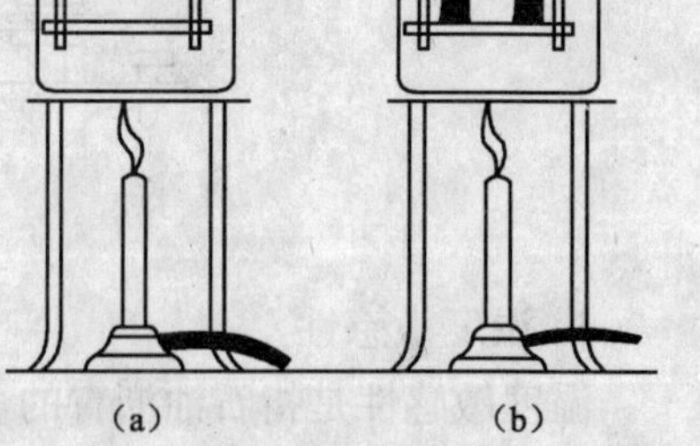

图 4-10　沥青软化点仪

针入度指数是 P. Ph. 普费（Pfeifer）和 F. M. 范杜尔马尔（VanDoormaal）等提出的一种评价沥青感温性的指标。建立这一指标的基本思路是：根据大量试验结果，沥青针入度值的对数（lg$P$）与温度（T）具有线性关系，如图 4-11（b）所示。

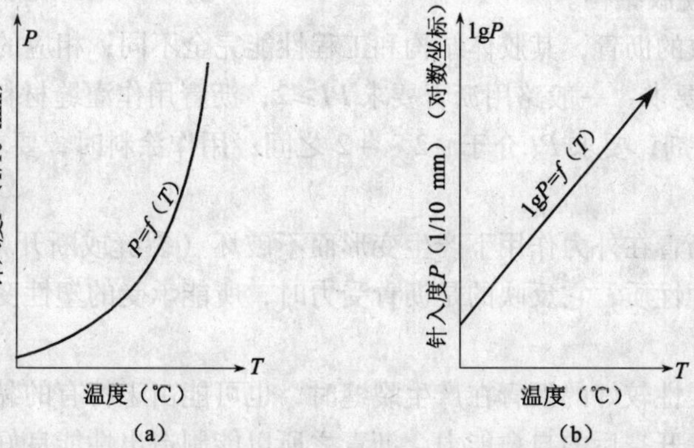

图 4-11　沥青针入度-温度关系图

$$\lg P = AT + K \tag{4-6}$$

式中　A——直线斜率；

　　　K——截距（常数）。

A 表征沥青针入度（$\lg P$）随温度（T）的变化率，A 越大表明温度变化时，沥青的针入度变化得越大，也即沥青的感温性大。因此，可以采用斜率 $A = d$（$\lg P$）$/dT$ 来表征沥青的温度敏感性，故称 A 针入度——温度感应性系数。

为了计算 A 值，可以根据已知的 25℃时的针入度值 $P_{(25℃,100g,5s)}$（1/10mm）和软化点 $T_{R\&B}$（℃），并假设软化点时的针入度值为 800（1/10mm），由此可建立针入度——温度感应性系数 A 的基本公式：

$$A = \frac{\lg 800 - \lg P_{(25℃,100g,5s)}}{T_{R\&B} - 25} \tag{4-7}$$

式中　$P_{(25℃,100g,5s)}$——在 25℃，100g，5s 条件下测定的针入度值，1/10mm；

　　　$T_{R\&B}$——环球法测定的软化点，℃。

按式（4-7）计算得的 A 值均为小数，为使用方便起见，普费等作了一些处理，改用针入度指数（PI）表示如下式：

$$PI = \frac{30}{1 + 50A} - 10 = \frac{30}{1 + 50\left[\dfrac{\lg 800 - \lg P_{(25℃,100g,5s)}}{T_{R\&B} - 25}\right]} - 10 \tag{4-8}$$

由式（4-8）可知沥青的针入度指数范围是 10～20；针入度指数是根据一定温度变化范围内，沥青性能的变化来计算出的，因此利用针入度指数来反映沥青性能随温度的变化规律更为准确；针入度指数（PI）值越大，表示沥青的感温性越低。我国标准（JTJ 052 T0604—2000）中规定，针入度指数是利用 15℃、25℃和 30℃的针入度回归得到的。

针入度指数不仅可以用来评价沥青的温度敏感性，同时也可以来判断沥青的胶体结构：当 $PI \leqslant 2$ 时，沥青属于溶胶结构，感温性大；当 $PI > 2$ 时，沥青属于凝胶结构，感温性低；

介于期间的属于溶-凝胶结构。

不同针入度指数的沥青，其胶体结构和工程性能完全不同；相应的，不同的工程条件也对沥青有不同的 PI 要求：一般路用沥青要求 $PI \geq 2$；沥青用作灌缝材料，要求 PI 介于 $-3 \sim 1$ 之间；如用作胶黏剂，要求 PI 介于 $-2 \sim +2$ 之间；用作涂料时，要求 PI 介于 $-2 \sim 5$。

4. 塑性

塑性是指石油沥青在外力作用下产生变形而不破坏（裂缝或断开），除去外力后仍保持变形后的形状不变的性质，它反映的是沥青受力时，所能承受的塑性变形的能力，亦称为延展性，用延度表示。

在常温下，延展性较好的沥青在产生裂缝时，也可能由于特有的黏塑性而自行愈合。故延展性还反映了沥青开裂后的自愈能力。沥青之所以能制造出性能良好的柔性防水材料，很大程度上决定于沥青的延展性。沥青的延展性对冲击振动荷载有一定吸收能力，并能减少摩擦时的噪声，故沥青是一种优良的道路路面材料。

延度试验方法是将沥青试样制成 8 字形标准试样（最小断面 $1cm^2$），在规定拉伸速度和规定温度下拉断时的长度（以 cm 计）称为延度，常用的试验温度有 25℃和 15℃。如图 4-12 所示。

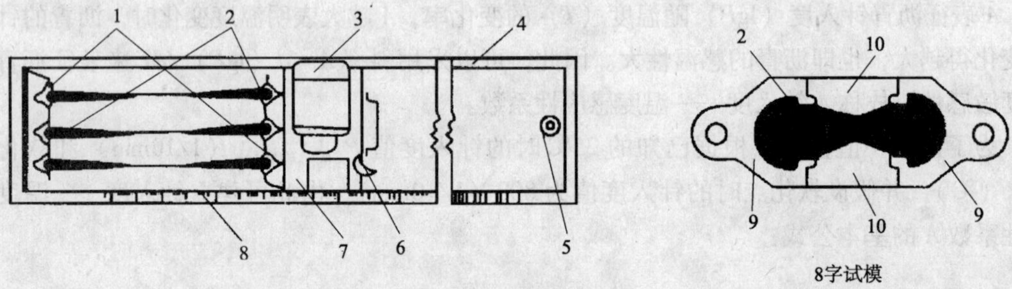

图 4-12 沥青延度仪

1—试模；2—试样；3—电机；4—水槽；5—泄水孔；6—开关柄；7—指针；8—标尺；9—端模；10—侧模

针入度、软化点、延度是评价黏稠石油沥青路用性能最常用的经验指标，所以通常称之为“三大指标”。

5. 黏附性

黏附性是指沥青与集料的界面黏结性能和抗剥落性能。沥青与集料的黏附性直接影响沥青路面的使用质量和耐久性，所以黏附性是评价道路沥青技术性能的一个重要指标。沥青裹覆集料后的抗水性（即抗剥性）不仅与沥青的性质有密切关系，而且亦与集料性质有关，通常碱性集料与沥青具有较好的黏附性。

沥青与集料黏附性常用水煮法和水浸法评价。对于集料粒径大于 13.2mm 者采用水煮法，小于或等于 13.2mm 者采用水浸法。

6. 大气稳定性

大气稳定性（亦称耐候性）是指石油沥青在热、阳光、氧气和潮湿等因素的长期综合作用下抵抗老化的性能。沥青在运输、加工、使用过程中，在上述因素的作用下，轻质油分不断挥发，以及被氧化、缩合等产生不可逆的化学变化而使沥青流动性和塑性降低、针入度延度降低、软化点和脆点升高、黏附性和延性变差，这种变化即沥青的老化。沥青老化使其路用性能降低。

石油沥青的抗老化性能是以沥青试样在加热蒸发前后的质量损失百分率、针入度比和老化后的延度来评定。通常用薄膜烘箱试验或旋转薄膜烘箱试验测定。

7. 施工安全性

黏稠沥青在使用时必须加热，但当加热至一定温度时，沥青材料中挥发的油分蒸汽与周围空气组成混合气体，遇火焰则易发生闪火。若再继续加热，油分蒸汽饱和度增加，混合气体遇火焰极易燃烧，而引发火灾。为此，必须测定沥青加热闪火和燃烧的温度，即所谓闪点和燃点。闪点与燃点是沥青材料在施工中安全性的重要指标。

闪点（亦称闪火点）是指加热沥青至挥发出的可燃气体和空气的混合物，在规定条件下与火焰接触初次闪火（有蓝色闪光）时的沥青温度（℃）。

燃点（亦称着火点）是指加热沥青产生的气体和空气的混合物，与火焰接触能持续燃烧5s以上时，此时沥青的温度即为燃点（℃）。燃点温度通常比闪点温度约高10℃左右。沥青质含量越多，闪点和燃点相差越多，液体沥青由于轻质成分较多，闪点和燃点的温度相差很小。

我国《公路沥青与沥青混合料试验规范》JTJ 052—2000规定，对黏稠沥青采用克利夫兰开口杯测定闪点与燃点，对液体沥青采用泰格式开口杯测定其闪点与燃点。

五、石油沥青的技术标准

根据石油沥青的性能不同，选择适当的技术标准，将沥青划分成不同的种类和标号（等级）以便于沥青材料的选用。目前我国石油沥青用25℃、100g、5s条件下的针入度划分沥青的标号。沥青的标号越大，黏度越低、塑性越大、温度稳定性越差。

1. 道路用石油沥青技术标准

为适应高等级公路建设的需要，将道路石油沥青划分为三个等级，不同等级的沥青具有不同的适用范围，该范围详列于表4-1。《公路沥青路面施工技术规范》（JTG F40—2004）中，对黏稠石油沥青的技术指标作了较大的改动，详见表4-2。

表4-1　道路石油沥青适用范围

沥青等级	适用范围
A级沥青	各个等级的公路，适用于任何场合和层次
B级沥青	①高速公路、一级公路沥青层上部约80～100cm以下的层次，二级及二级以下公路的各个层次； ②用作改性沥青、乳化沥青、改性乳化沥青、稀释沥青的基质沥青
C级沥青	三级及三级以下公路的各个层次

2. 道路液体石油沥青的技术要求

按液体石油沥青的凝固速度，液体沥青划分为快凝、中凝、慢凝三个等级，快凝液体石油沥青又划分为三个等级。各标号液体沥青的具体技术要求见表4-3。

表 4-2 道路石油沥青技术要求

指标	单位	等级	沥青标号														
			160 号[3]	130 号[3]	110 号			90 号					70 号[2]					50 号[2]	30 号[3]
针入度（25℃，100g，5s）	0.1mm		140~200	120~140	100~120			80~100					60~80					40~60	20~40
适用的气候分区[5]			注[3]	注[3]	2-1	2-2	2-3	1-1	1-2	1-3	2-2	2-3	1-3	1-4	2-2	2-3	2-4	1-4	注[3]
针入度指数 PI[1]		A	-1.5~+1.0																
		B	-1.8~+1.0																
软化点 不小于	℃	A	38	40	43			45			44		46		45			49	55
		B	36	39	42			43			42		44		43			46	53
		C	35	37	41			42					43					45	50
60℃动力黏度[1] 不小于	Pa·s	A	—	60	120			160			140		180		160			200	260
10℃延度[1] 不小于	cm	A	50	50	40			45	30	20	30	20	20	15	25	20	15	15	10
		B	30	30	30			30	20	15	20	15	15	10	20	15	10	10	8
15℃延度 不小于	cm	A、B	100															80	50
		C	80	80	60			50					40					30	20
蜡含量（蒸馏法）不大于	%	A	2.2																
		B	3.0																
		C	4.5																
闪点 不小于	℃		230					245					260						
溶解度 不小于	%		99.5																
密度（15℃）	g/cm³		实测记录																

续表

指标	单位	等级	沥青标号						
			160号[3]	130号[3]	110号	90号	70号[2]	50号[2]	30号[3]
薄膜加热试验 TFOT（或旋转薄膜加热试验 RTFOT）后[4]									
质量变化 不大于	%		±0.8						
残留针入度比 不小于	%	A	48	54	55	57	61	63	65
		B	45	50	52	54	58	60	62
		C	40	45	48	50	54	58	60
残留延度(10℃) 不小于	cm	A	12	12	10	8	6	4	—
		B	10	10	8	6	4	2	—
残留延度(15℃) 不小于	cm	C	40	35	30	20	15	10	—

注：1. 经建设单位同意，表中 *PI* 值、60℃动力黏度、10℃延度可作为选择性指标，也可不作为施工质量检验指标。
2. 70 号沥青可根据需要，要求供应商提供针入度范围为 60～70 或 70～80 的沥青，50 号沥青可要求提供针入度范围为 40～50 或 50～60 的沥青。
3. 30 号沥青仅适用于沥青稳定基层。130 号和 160 号沥青除寒冷地区可直接在中、低级公路上直接应用外，通常用作乳化沥青、稀释沥青、改性沥青的基质沥青。
4. 老化试验以 TFOT 为准，也可以 RTFOT 代替。
5. 气候分区见《公路沥青路面施工技术规范》（JTG F40—2004）附录 A。

表 4-3 道路液体石油沥青技术要求

序号	项目		快凝		中凝						慢凝						实验方法 JTJ 052—2000
			AL (R) -1	AL (R) -2	AL (M) -1	AL (M) -2	AL (M) -3	AL (M) -4	AL (M) -5	AL (M) -6	AL (S) -1	AL (S) -2	AL (S) -3	AL (S) -4	AL (S) -5	AL (S) -6	
1	黏度 (s)	C25，5	<20	—	<20	—	—	—	—	—	<20	—	—	—	—	—	T0621
		C60，5	—	5~15	—	5~15	16~25	26~40	41~100	101~200	—	5~15	16~25	26~40	41~100	101~180	
2	蒸馏（体积）不大于（%）	225℃前	>20	>15	<10	<7	<3	<2	0	0	—	—	—	—	—	—	T0632
		315℃前	>35	>30	<35	<25	<17	<14	<8	<5	—	—	—	—	—	—	
		360℃前	>45	>35	<50	<35	<30	<25	<20	<15	<40	<35	<25	<20	<15	<5	
3	蒸馏后残留物性质	针入度（25℃，100g，5s）(1/10mm)	60~200	60~200	100~300	100~300	100~300	100~300	100~300	100~300	—	—	—	—	—	—	T0604
		延度 25℃（cm）不小于	60	60	60	60	60	<60	60	60	—	—	—	—	—	—	T0605
		浮漂度 (50℃)(s)	—	—	—	—	—	—	—	—	<50	>20	>30	>40	>45	>45	T0631
4	闪点（TOC）(℃) 不低于		30	30	65	65	65	65	65	65	70	70	100	100	120	120	T0633
5	含水量（%），不大于		0.2	0.2	0.2	0.2	0.2	0.2	0.2	0.2	0.2	0.2	0.2	0.2	0.2	0.2	T0612

注：① 本表根据中华人民共和国交通行业标准（JTJ 052T 0672—200）制定；
② 黏度使用道路沥青黏度计测定，$C_{T,d}$的脚标第一个数字 T 代表温度（℃），第二个数字 d 代表孔径（mm）；
③ 闪点（TOC）为泰格开口杯（Tag Open Cup）法。

六、石油沥青的选用

道路石油沥青的标号越大，其针入度越大，延性越好，但其黏性差，温度稳定性差。选用时应按照道路等级、气候条件、交通条件、路面类型、施工方法等，结合当地以往使用经验，经技术论证后选用。例如，对于高等级道路、气温高且持续时间长、重载交通、陡坡路段等，宜用低标号、高黏度的沥青；而对于气温低、交通量小的路段宜使用高标号、低黏度的沥青。

第二节 改性沥青

改性沥青的应用已有悠久的历史。我国从 20 世纪 80 年代开始探索道路改性沥青，但是由于应用的改性剂品种有限，基质沥青的质量不高，未能形成完备的改性技术和规模生产。进入 20 世纪 90 年代，随着我国工业的发展提供了高聚物等新型材料，一些沥青生产和使用单位，应用高聚物为改性剂，在研究开发并引进国外技术基础上，已经推出一批有实用价值的改性沥青产品，并形成了一定的生产能力。多年的研究与应用表明，改性沥青通常具有优良的高温稳定性，较好的低温抗裂和抗反射裂缝的能力，其黏结力及抗水损害能力增强，具有较长的使用寿命。

一、改性剂及其分类

按照我国《公路沥青路面施工技术规范》(JTG F40—2004）的定义：改性沥青是指“掺加橡胶、树脂、高分子聚合物、天然沥青、磨细的橡胶粉或其他填料等外掺剂（改性剂）制成的结合料，从而使沥青或沥青混合料的性能得以改善”。其中“外掺剂”即改性剂，指在沥青或沥青混合料中加入的天然或人工的有机或无机的材料，可熔融、分散在沥青中，与沥青发生反应或裹覆在集料表面上，从而改善或提高沥青路面性能的材料。改性沥青的分类，国际上并没有统一的标准，目前主要按使用改性剂品种分，主要有：聚合物类、树脂类、纤维类、硫磷类、固体颗粒等多种。

1. 聚合物类改性剂

聚合物是一个非常大的家族，不同结构的聚合物具有不同的性质，同样结构的聚合物相对分子质量不同时，其性能也有很大差别。选择时，应根据对改性沥青的要求，通过试验确定。聚合物改性剂主要有以下几类：

（1）橡胶类

常用的有天然橡胶（NR）、丁苯橡胶（SBR）、氯丁橡胶（CR）、丁二烯橡胶（BR）、乙丙橡胶（EPDM）、异戊二烯（IR）、丙烯腈丁二烯共聚物（ABR）、苯乙烯异戊二烯橡胶(SIR)，以及硅橡胶（SR）、氟橡胶（FR）等。其中有代表性的丁苯橡胶的主要特性是高温稳定性好，弹性、机械强度和黏附性高。而氯丁橡胶（CR）具有极性，常掺入煤沥青中使用。这类改性剂可以以乳胶的形式加入沥青中，所以一般不需要特殊的加工设备。

（2）热塑性橡胶类

主要有苯乙烯-丁二烯嵌段共聚物（SBS）、苯乙烯-异戊二烯嵌段共聚物（SIS）、苯乙烯-聚乙烯/丁基-聚乙烯（SE/BS）嵌段共聚物等。SBS 是用阳离子聚合方法制得的丁二烯-苯乙烯热塑性丁苯橡胶，具有良好的变形自恢复性及裂缝自愈性，所以，它已成为目前最为普遍使用的道路沥青改性剂。SBS 有线型及星型两种，星型的改性效果优于线型，此类改性剂还有聚酯弹性体、聚乙烯丁基橡胶浆聚合物、聚烯烃弹性体等。这种改性剂生产的改性沥青，在拌合温度下其网络结构消失，有利于拌合，而在使用温度下为固体，产生高的拉伸强度和高温下的抗拉伸能力，从而使改性沥青具有很好的路用性能。热塑性橡胶类是改性沥青的首选改性剂。

（3）树脂类

分为热塑性树脂及热固性树脂，热塑性树脂如聚乙烯（PE）、乙烯-醋酸乙烯共聚物（EVA）、聚氯乙烯（PVC）、聚酰胺等；热固性树脂如环氧树脂（EP）等。PE 是高压低密度聚乙烯，它与国产多蜡沥青相容性较好，既可改善沥青高温稳定性，又可改善低温脆性，并且价格低廉，在我国使用范围较广。EVA 的弹性与橡胶相似，但抗老化性能比橡胶好；EVA 的密度和熔融指数与低密度聚乙烯相近，但柔软性、韧性、抗裂性、抗老化和抗光性能优于聚乙烯。EVA 具有良好的热稳定性、较好的抗氧化稳定性、较宽的橡胶态温度区域、良好的耐低温特性和较强的耐水性。

2. 纤维类改性剂

包括各种人工合成纤维（如聚乙烯纤维、聚酯纤维）和矿质石棉纤维、土工布等。掺入纤维类改性剂后，沥青高温稳定性得到显著提高，并且低温抗拉强度也能得到改善，但需注意这类物质往往对人体健康有影响，应谨慎使用。

3. 固体颗粒改性剂

主要有废旧橡胶粉、炭黑、高钙粉煤灰、火山灰和页岩粉等，这些固体颗粒的级配、表面性质和孔隙状态等都影响着沥青混合料的高温流变特性和低温变形能力。

4. 硫、磷类改性剂

硫、磷等在沥青中的链桥作用，可提高沥青的高温稳定性，但应采用“预熔法”掺加，否则，虽然改善了高温稳定性，但低温抗裂性能明显降低。

5. 黏附性改性剂

（1）无机类

如水泥、石灰或电石渣，用这类改性剂预处理集料表面或直接加入沥青中，可提高沥青与集料的黏附性。

（2）有机酸类

掺加各类合成高分子有机酸，可提高沥青活性。

（3）重金属皂类

常用的有皂脚铁、环烷酸铝皂等，可降低沥青与集料的界面张力，改善黏附性。

（4）合成化学抗剥落剂

如醚胺、醇胺类、烷基胺类、酰胺类等，这些高效低剂量抗剥落剂对黏附性的改善效果较好，一般用于对黏附性要求很高的高等级路面。应用时，需通过试验路段的检验。

6. 耐老化改性剂

受阻酚、受阻胺等抗老化剂的改性效果好，但价格较为昂贵，目前常用的是炭黑。炭黑粒径小、表面积大，弥散于沥青中，可吸附沥青热氧化作用产生的游离基，并发生阻止沥青老化的链式反应，并且，炭黑又是一种屏蔽剂，能阻止紫外线进入，使光致老化作用受到抑制。

早期，工程上主要用炭黑、玻璃纤维、木质素纤维等无机材料作为填料用来改善沥青材料的性质，这类材料能够改变沥青路面的抗永久变形能力，但无法改善其低温抗裂性能和疲劳性能。因此，聚合物改性沥青便迅速发展起来。

二、聚合物改性剂

聚合物是由很多小分子（单聚体）通过化学反应形成的大链状或簇状分子，一般分子量可达几万甚至多达几百万。聚合物的物理性质是由组成该聚合物的单聚物的排列顺序和化学结构所决定的。通常说来，弹性体聚合物被用来修建更有弹性、柔韧的路面，而塑性体聚合物会增加高温稳定性，使沥青混合料劲度模量增大。

目前在国内使用较多的主要有 SBR、PE、EVA、SBS 等几种，它们能够同时改变基质沥青的高温稳定性与低温柔韧性，因此近年来得到了较广泛的应用。

1. 几种改性沥青的特点

SBS 改性沥青的主要特点：温度高于 160℃后，改性沥青的黏度与基质沥青基本相近；温度低于 90℃后，改性沥青的黏度是基质沥青的数倍，高温稳定性好，因而改性沥青混合料路面的抗车辙能力大大提高；改性沥青的脆点较基质沥青有明显改善，因而改性沥青混合料路面的低温抗裂能力及疲劳寿命均明显提高。另外，SBS 改性沥青具有较好的贮存稳定性，并且在很宽的温度范围内具有较好的弹性。

SBR 改性沥青的主要特点：能显著改善沥青的低温性能，热稳定性、延性以及黏附性均较基质沥青有所提高，并且热老化性能也有所提高。

EVA 改性沥青的主要特点：可显著改善抗塑性变形能力和抗疲劳能力，热稳定性有所提高，但耐久性改变不大。

PE 改性沥青的主要特点：高温稳定性、与矿料的黏附性、感温性、抗老化性能都有不同程度的改善，不过常温（25℃）时的延性有所降低。

2. 聚合物改性剂的选择

改性剂的选用应根据工程所在地的地理位置、气候条件、道路等级、路面结构等综合比较后确定。我国使用的聚合物改性剂主要是热塑性橡胶类（如 SBS）、橡胶类（如 SBR）、热塑性树脂类（如 EVA 及 PE）三类。

（1）根据不同气候条件选择改性剂

Ⅰ类，SBS 类热塑性橡胶类聚合物改性沥青。I-A 型、I-B 型适用于寒冷地区，I-C 型适用于较热地区，I-D 型适用于炎热地区及重交通量路段。SBS 由苯乙烯和丁二烯组成，其互不相容并保持分离，苯乙烯段有强度，丁二烯段有弹性。

Ⅱ类，SBR 橡胶类聚合物改性沥青。II-A 型适用以寒冷地区，II-B 型、II-C 型适用于较热地区。早期用废旧轮胎和天然橡胶（NR）等。废旧橡胶利用可以减少环境污染，天然橡胶（NR）则是因原料的成本较低。后来发现丁苯橡胶（SBR）等生产的改性沥青性能更加优良，促使改性沥青进入一个新的发展阶段，其中使用最多是丁苯橡胶（SBR）和氯丁橡胶（CR）。

Ⅲ类，热塑性树脂类聚合物改性沥青。如乙烯-醋酸乙烯酯（EVA）、聚乙烯（PE）改性沥青，适用于较热和炎热地区。通常要求软化点温度比最高月使用温度的最大日空气温度要高20℃左右。

（2）根据沥青改性目的和要求选择改性剂

① 为提高抗永久变形能力，宜使用热塑性橡胶类、热塑性树脂类改性剂。

② 为提高抗低温开裂能力，宜使用热塑性橡胶类、橡胶类改性剂。

③ 为提高抗疲劳开裂能力，宜使用热塑性橡胶类、橡胶类、热塑性树脂类改性剂。

④ 为提高抗水损害能力，宜使用各类抗剥落剂等外加剂。

三、改性剂与沥青的配伍性

1. 相容性定义

所谓相容性，在热力学上的含义是指两种或两种以上物质按任意比例形成均相体系（或物质）的能力。但实际生活中能够完全互溶的物质几乎是不存在的，因此道路工程上所指的相容性是指“聚合物改性剂以微细的颗粒与基质沥青发生反应或均匀、稳定地分散在基质沥青中，而不发生分层、凝聚或离析等现象”。改性剂与基质沥青的相容性主要取决于两者之间的界面作用、基质沥青的组分，以及聚合物的极性、颗粒大小、分子结构等因素。通常，聚合物的极性越强、分子结构与沥青越接近，则它与基质沥青的相容性越好，相应地改性效果也较好。国内的研究还表明，聚烯烃类改性剂与高饱和分的沥青相容性较好，而SBR、SBS等则与高芳香分的基质沥青相容性较好。大量研究认为聚合物在沥青—聚合物体系中的理想状态是细分布而不是完全相容。沥青与聚合物之间的相容性取决于沥青及聚合物性质，并不是某种改性剂对任何沥青都具有改性作用，同样，也不是任何沥青都适于改性，这就是相容性（或称配伍性）。

2. 聚合物改性沥青对相容性的要求

在进行改性沥青设计时，改性体系首先要满足相容性要求。一种聚合物能否作为改性剂，主要看它是否具备这几个条件：

（1）与沥青相容；

（2）在沥青的混合温度下能够抵抗分解；

（3）易加工与批量生产；

（4）在使用过程中能够始终保持原有的优良性能；

（5）经济上合理，不显著增加工程造价。

其中，相容性是沥青改性的首要条件，是影响改性沥青性能的主要因素。改性的效果在很大程度上取决于聚合物的浓度、分子质量、化学成分、分子排列、炼制沥青的原油品种、加工过程以及所采用的基质沥青，因此首先看相容性及其影响因素。

沥青和聚合物的相容性质是决定聚合物改性沥青性能的关键因素，当一种聚合物加入到两种不同的沥青中时，产品的物理性能可能会截然不同，聚合物在沥青中呈连续网状结构时，其改性效果最明显，要达到这种效果，需要聚合物和沥青的化学性质相容。

3. 沥青的选择

沥青的原油基属、组分构成以及沥青标号对相容性和改性效果均有很大影响，其中沥青组分构成对相容性的影响最为显著。研究认为沥青中芳香油分在聚合物剂量很小的情况下可以溶解聚合物，而饱和油分对改性效果起很大的作用，沥青质含量较大的沥青与聚合物的相容性很差。壳牌公司提出，当沥青的组分比例在如下范围时，它与聚合物的相容性好：

（1）饱和油分（8%～12%）；

（2）芳香油分及树脂（85%～89%）；

（3）沥青质（1%～5%）。

沥青的标号不仅影响到沥青与聚合物的相容性，而且影响到改性沥青性质，所以在选择沥青时，应以相容性作为条件。一般随着针入度的减小，相容性降低，网状结构形成所需聚合物增加，温度敏感性也会提高，所以改性宜采用高标号的沥青，这样高分子聚合物可改善沥青的高温抗变形能力，同时低黏度沥青的低温柔性也较好，从而达到同时改善高、低温性能的改性效果。但沥青标号也不宜太大，标号的选择要结合沥青路面使用温度范围而定。

四、改性沥青的生产和技术标准

我国现有的改性沥青加工工艺，除了少量可以采用直接投入法加工的改性剂例如 SBR 胶乳外，大部分改性剂与道路沥青的相容性不好，所以必须采取特殊的加工方式，将改性剂完全分散在沥青中，才能生产改性沥青。我国之所以长期以来对改性沥青的研究和推广进展缓慢，在改性沥青设备上陷入了误区是其中原因之一，对 PE、SBS 等仅仅采用常规的机械搅拌方式，以致加工效果不明显，严重影响了改性沥青的发展。所以，研究和改良改性沥青设备成了发展改性沥青的关键。

1. 改性沥青生产方法

归纳起来，改性沥青的加工制作及使用方式，可以分为预混法和直接投入法两大类。实际上，直接投入法是制作改性沥青混合料的工艺，只有预混法才是名副其实的制作改性沥青方法，不过现在通称为改性沥青，可细分为图 4-13 的几种方式。下面介绍几种改性沥青生产工艺。

- 改性沥青
  - 直接投入法：SBR胶乳、纤维、磨细橡胶粉（干法等）
  - 预混法
    - 母体法：先加工成聚合物高剂量母体，再在现场调稀使用
    - 改性沥青
      - 简单搅拌法：EVA、PAO及橡胶粉（湿法）、SBR胶乳（脱水均混），有机锰等抗剥落剂与天然沥青混合
      - 高速剪切法、胶体磨：SBS、SIS、PE、EVA、APP
    - 工厂制作的改性沥青产品：SBS、EVA等

图 4-13　改性沥青工艺

（1）直接投入法

直接投入法是直接将改性剂投入沥青混合料拌合锅与矿料、沥青拌合制作改性沥青混合料的工艺。SBR 聚合物改性沥青常采用此方法制作。将合成橡胶制造过程中的中间产品胶浆，浓缩成高浓度的胶乳，运到工地，用一台泵抽取胶乳，然后通过喷嘴喷入拌合锅即可。

直接投入法所需设备简单，施工成本低，其技术关键是计量，生产时需要注意胶乳堵塞管道。

（2）母体法

母体法的原理是先采用一种适当的方法制备加工成高剂量聚合物改性沥青母体，再在现场把改性沥青母体与基质沥青掺配调稀成要求剂量的改性沥青使用，又称为二次掺配法。

母体法的优点是改性剂在沥青中分散非常均匀，缺点是母体制造时要用溶剂，溶剂回收

成本较高，使得改性沥青价格昂贵；此外母体不易破碎，工程上应用比较困难。

对与沥青相容性不好的 SBR、SBS、PE 等聚合物改性剂，都可以采用高速剪切等工艺生产高浓度的改性沥青母体。可是如果仅仅是把聚合物剂量增加，不采取添加稳定剂等措施，那么改性沥青在冷却、运输、存放乃至将母体加热、与沥青稀释掺配的再加工过程中，改性剂势必会发生离析，严重影响改性效果。所以在二次掺配时还必须进行强力搅拌，使改性剂分散均匀。

生产改性沥青母体的方法在我国曾经用于 SBR 橡胶沥青的生产，其中能形成规模生产、工艺较为成熟的主要有“溶剂法”橡胶沥青生产工艺。该工艺分如下两步：

① 第一步：先将固体丁苯橡胶切成薄片，用溶剂使丁苯橡胶溶解（溶胀）变成微粒，液态与熟沥青共混，再回收溶剂，制成高浓度 SBR 改性沥青母体，以商品形式销售。成品 SBR 改性沥青母体固形成分含量一般为 20%。由于生产过程中的溶剂难以完全回收，母体中一般残留 5% 的溶剂。

② 第二步：在工程上使用时，用户将此固体形态的母体用人工方式切碎，按要求比例投入热态的沥青中，采用搅拌机或循环泵搅拌，直至混合均匀（一般需 1～2h），制成要求比例的改性沥青，再投入沥青混合料拌合锅中拌合即可。现在已经有了热法切割改性沥青母体的专用配套设备，切碎的程度越小越好，一般应小于 1kg，搅拌均匀的温度宜保持在 120℃～150℃范围内，并保持温度稳定。

母体法同样需要加工后的防离析措施，否则在使用过程中也会发生离析。采用溶剂法生产成的母体，成本较高，母体再溶化加工也比较困难，使用受到限制。

对目前工程上使用较多的 SBS、SIS 等热塑性橡胶类和 EVA、PE 热塑性树脂类改性剂，由于它们与沥青相容性较差，仅仅采用简单的机械搅拌势必需要太长的时间，且效果不好，所以我国长期以来始终停留在试验路阶段。对这些改性剂，必须通过胶体磨或高速剪切设备等专用机械的研磨和剪切力强制将改性剂打碎，使改性剂充分分散到基质沥青中。这种生产改性沥青的方式是目前国际上最先进的方法，除了可以在工厂生产专用的改性沥青并运输到现场使用外，也可将改性沥青设备安装在现场，边制造边使用，从而给施工和生产带来了很大的方便。而且改性沥青的质量良好，因此是值得推广的方法。

（3）胶体磨法与高速剪切法

目前，我国主要采用专用的改性沥青制造设备在现场加工制作改性沥青，然后直接送入拌合机使用。由于它生产成本较低，改性剂分散后不等离析或凝聚，便与混合料拌合，所以改性效果较好，是我国改性沥青制作的方向。所加工的改性沥青也可以供应一定范围内的沥青混合料拌合厂，由沥青车调运使用，只需在现场设置可搅拌的贮存罐即可。因此，研制改性沥青制作设备，已成为发展我国改性沥青技术的关键中的关键。

现场使用的改性沥青设备有胶体磨法与高速剪切法两大类，这两类设备都是国外常用的专用改性沥青制作设备。利用胶体磨或高速剪切设备的研磨和剪切力强制将改性剂打碎，使之充分分散到基质沥青中，从而得到质量较好的改性沥青。

采用胶体磨法和高速剪切法加工改性沥青，一般都需要经过改性剂融胀、分散磨细、继续发育三个阶段。这阶段的工艺流程和时间随改性剂及加工设备的不同而不同，而加工温度是个关键。改性剂经过融胀阶段（SBS 充油将使融胀变得很容易）后，磨细分散才能做到又快又好，加工出来的改性沥青还需进入贮存缸中不停地搅拌，使之继续发育（对 SBS 一般需 30min 以上），才能喷入拌合锅中使用。

（4）机械搅拌法

聚合物改性剂与基质沥青通过机械拌制得到改性沥青。机械搅拌法适用于与基质沥青相容性较好的聚合物如 EVA。机械搅拌法只需一个简单的拌合罐即可，生产量仅取决于搅拌罐的容量，适用于小规模工程，可与小型沥青混合料拌合机配套使用。

（5）橡胶粉改性沥青的生产

我国的废旧轮胎每年的形成量很大，并有逐年增多的趋势，出于环保的考虑，把废橡胶粉用于修筑道路路面，也是一个好的途径。废橡胶粉改性沥青的生产方式分为湿法和干法两大类。

① 湿法

将废橡胶粉在 160℃ ~180℃的热沥青中拌合 2h，制成改性沥青悬浮液，称为沥青橡胶，然后拌入混合料中。该方法工艺较简单，技术关键是控制橡胶粉的细度，颗粒越细，越易拌合均匀，且不易发生离析、沉淀现象。

② 干法

将废橡胶粉直接喷入拌合锅中，拌合废橡胶粉改性沥青混合料。

通常湿法橡胶粉改性沥青常用于填缝料、封层，或用于热拌沥青混合料，干法仅用于热拌沥青混合料。废橡胶粉改性沥青在我国主要是铺筑沥青混凝土磨耗层作养护或罩面。

此外，还有用溶剂法将固体丁苯橡胶溶解在汽油中，再与沥青拌合制成丁苯橡胶沥青母体的方法。使用时按要求的丁苯橡胶含量将母体与所用沥青在高温下拌合均匀即可。也有将丁苯橡胶制成薄片状，使用时当沥青在专用搅拌锅内加温到约 160℃，将丁苯橡胶薄片加入搅拌锅中进行搅拌至全部溶入沥青为止。

2. 改性沥青的技术标准

《公路沥青路面施工技术规范》（JTG F40—2004）已经交通部批准作为交通行业标准在我国实施。其中的聚合物改性沥青技术要求见表 4-4。它是根据我国的具体情况，在我国改性沥青实践经验和试验研究的基础上提出的，制定时主要是参考了美国 ASTM 标准，既吸取了国外标准的长处，又采用了我国经过努力可以实现的指标和试验方法。

表 4-4　聚合物改性沥青技术要求

指　　标	单位	SBS 类（Ⅰ类）				SBR 类（Ⅱ类）			EVA、PE 类（Ⅲ类）				试验方法
		Ⅰ-A	Ⅰ-B	Ⅰ-C	Ⅰ-D	Ⅱ-A	Ⅱ-B	Ⅱ-C	Ⅲ-A	Ⅲ-B	Ⅲ-C	Ⅲ-D	
针入度 25℃，100g，5s	0.1 mm	>100	80 ~ 100	60 ~ 80	40 ~ 60	>100	80 ~ 100	60 ~ 80	>80	60 ~ 80	40 ~ 60	30 ~ 40	T0604
针入度指数 PI，不小于		-1.2	-0.8	-0.4	0	-1.0	-0.8	-0.6	-1.0	-0.8	-0.6	-0.4	T0604
延度 5℃，5cm/min 不小于	cm	50	40	30	20	60	50	40	—				T0605
软化点 $T_{R\&B}$ 不小于	℃	45	50	55	60	45	48	50	48	52	56	60	T0606
运动黏度[1] 135℃不大于	Pa·s	3											T0625 T0619
闪点，不小于	℃	230				230			230				T0611
溶解度，不小于	%	99				99			—				T0607
弹性恢复 25℃，不小于	%	55	60	65	75	—			—				T0662
黏韧性，不小于	N·m	—				5			—				T0624

续表

指 标	单位	SBS类（Ⅰ类）				SBR类（Ⅱ类）			EVA、PE类（Ⅲ类）				试验方法
		Ⅰ-A	Ⅰ-B	Ⅰ-C	Ⅰ-D	Ⅱ-A	Ⅱ-B	Ⅱ-C	Ⅲ-A	Ⅲ-B	Ⅲ-C	Ⅲ-D	
韧性，不小于	N·m	—				2.5			—				T0624
贮存稳定性[2]离析，48h软化点差，不大于	℃	2.5				—			无改性剂明显析出、凝聚				T0661
TFOT（或RTFOT）后残留物													
质量变化，不大于	%	±1.0											T0610或T0609
针入度比25℃，不小于	%	50	55	60	65	50	55	60	50	55	58	60	T0604
延度5℃，不小于	cm	30	25	20	15	30	20	10	—				T0605

[1] 表中135℃运动黏度可采用《公路工程沥青及沥青混合料试验规程》（JTJ 052—2000）中的“沥青布氏旋转黏度试验方法（布洛克菲尔德黏度计法）”进行测定。若在不改变沥青物理力学性质并符合安全条件的温度下易于泵送和拌合，或经证明适当提高泵送和拌合温度时能保证改性沥青的质量，容易施工，可不要求测定。

[2] 贮存稳定性指标适用于工厂生产的成品改性沥青。现场制作的改性沥青对贮存稳定性指标可不作要求，但必须在制作后，保持不间断的搅拌或泵送循环，保证使用前没有明显的离析。

第三节 乳化沥青

20世纪50年代，乳化沥青作为一种新型材料开始应用于路面。乳化沥青技术已经在欧洲、美国和澳大利亚等发达国家应用了很多年，被认为是路面表层处治最有价值的材料。在我国虽然乳化沥青起步较晚，但是发展非常快，经过“七五”和“八五”期间大力推广，乳化沥青在我国公路部门的应用得到了进一步发展，不仅是普通的县乡道路，就是高等级公路也在大面积地使用。而且，乳化沥青技术已开始大范围地推广，乳化沥青和稀浆封层的一些产品，如乳化剂、乳化沥青生产设备等已经实现了市场化。近年来，改性乳化沥青在沥青路面和水泥混凝土路面的养护和维修工程应用中也取得了理想的效果。

一、乳化沥青与乳化剂

乳化沥青是将沥青热融经机械剪切作用分裂为细微的颗粒（0.5～2.0μm），并以细小的微滴状态分散在含有表面活性物质（乳化-稳定剂）的水溶液中，形成水包油状的沥青乳液，即由两种互不相溶的物质——沥青和水组合而成的混合物。由于乳化剂吸附在沥青微粒表面的定向排列作用，从而降低了水与沥青界面间的张力，使沥青微粒能均匀地分散于水中不产生沉析，同时由于稳定剂的稳定作用使沥青微粒能在水中形成长时间稳定的分散系。乳化沥青在使用时，不需加热，可以在常温状态进行喷洒、贯入或拌合摊铺，铺筑各种结构路面的面层及基层，也可用作透层油、粘层油以及用于各种稳定层的养护。

1. 乳化沥青的组成

乳化沥青主要由沥青、水、乳化—稳定剂等组成，乳液的颗粒尺寸大小是较为重要的参数，粒径越单一、分散，乳液的黏性就越好，破乳率和黏附性也越合适。在一般条件下，乳液颗粒的直径在 1 ~ 5μm 范围内具有良好的总体性能。

（1）沥青

沥青是乳化沥青的主要材料，约占 50% ~ 70%。沥青的质量直接关系到乳化沥青的性能。由于沥青的化学结构和胶体结构不同，乳化的难易程度以及乳化后产品的性能有很大的差别。沥青中活性组分的含量对沥青乳化的难易性有直接关系，活性组分含量较低的沥青通常不易乳化。低活性的石蜡基沥青由于饱和烃组分含量较高，要求乳化剂具有较长的烷基链。通常，相同油源和工艺的沥青，针入度较大者易于形成乳液。

（2）水

水是乳化沥青中的第二大组成部分，水能润湿、溶解、黏附其他物质，并起缓和化学反应的作用，因此不可忽视水对乳化沥青性能的影响。如果水质不好（溶解或悬浮其他物质），会影响水的 pH 值，如果水中含有较多钙离子或镁离子等，可能影响乳化沥青的形成或引起过早分裂。因此，生产乳化沥青的水应不含其他杂质。

（3）乳化剂

乳化剂是乳化沥青形成的关键材料，乳化沥青的性能很大程度上依赖于乳化剂的性能。乳化剂是一种表面活性剂，其分子一般是长链的线性分子，由具有易溶于油的亲油基和易溶于水的亲水基所组成。亲油基与亲水基这两个基团，不仅具有防止油水两相相互排斥的功能，还具有把油水两相连接起来不使其分离的特殊功能。

（4）稳定剂

在沥青乳液中加入适量的稳定剂，可以起到节省乳化剂用量、增加机械及泵送稳定性、提高乳化稳定性和贮存稳定性，增强与集料的黏附性、防止乳化设备的腐蚀、延长乳化设备的使用寿命等作用。稳定剂可分为有机稳定剂与无机稳定剂两类：有机稳定剂与阳离子沥青乳化剂复合使用制备沥青乳液，对于集料的拌合性、分解破乳、贮存稳定性、耐寒性等方面均有良好的作用，尤其是有些高分子稳定剂对某些特殊沥青（如含蜡量高的石蜡基沥青）的乳化及贮存稳定性起决定作用。无机稳定剂能增强乳液颗粒周围的双电层效应，增大电位，增加颗粒之间的相互排斥力，减缓颗粒之间的凝结速度，提高乳化能力，改善乳液的稳定性，增强与集料的黏附能力。常用的稳定剂有氯化钙、氯化镁、氯化铵、聚乙烯醇、聚丙烯酰胺等。

（5）酸碱助剂

有些乳化剂可能需要辅助材料，如阳离子乳化沥青需酸性调节剂，阴离子乳化沥青需碱性调节剂。调节 pH 值可增强乳化剂的活性，提高乳化沥青稳定性和贮存稳定性，并可降低乳化剂用量。

2. 乳化剂的分类

乳化剂种类很多，也有诸多的分类方法。但最常用的分类方法是按其能否在水中解离生成离子而分为离子型乳化剂和非离子型乳化剂两大类。离子型乳化剂按在其解离后亲水端生成离子所带电荷不同又分为阴离子型、阳离子型和两性离子型乳化剂。若按沥青乳液与矿料接触后分解破乳、恢复沥青的速度，可分为快裂型、中裂型、慢裂型沥青乳化剂，如图 4-14 所示。

- 乳化剂
  - 非离子型乳化剂
  - 离子型乳化剂
    - 阴离子型乳化剂
    - 阳离子型乳化剂
      - 慢裂型
      - 中裂型
      - 快裂型
      - 速凝型
        - 快凝
        - 中凝
        - 慢凝
    - 两性离子型乳化剂

图 4-14 乳化剂的种类

其中阳离子乳化沥青应用最多，国内外一些科技资料表明，由于阳离子乳化沥青不但发挥了阴离子乳化沥青的优点，同时又克服了阴离子乳化沥青的缺点，因而它有逐渐代替阴离子乳化沥青的趋势。

阳离子沥青乳化剂对沥青具有良好的乳化性能，当把它加到沥青-水分散体系后，在沥青和水的溶液中，沥青乳化剂被吸附于沥青和水相互排斥的界面上，降低了两者的表面张力，同时使沥青颗粒带上阳离子电荷的保护层，而相互排斥难以凝聚，微小的沥青颗粒均匀稳定地分散于水中，成为一种稳定的水包油型乳状液，即阳离子乳化沥青。它的应用范围极其广泛，主要用于道路工程，包括公路、机场、码头、街道等。此外，还可用于建筑工程的防漏、防渗、防潮；制造隔热保温材料；燃料的乳化燃烧；金属和非金属材料及其制品的防腐；土壤改良和植物栽培。同时也用于制造沥青绝缘纸（布）、固化铁路道床、河道护岸防水、沙漠固沙保土等。近年来，阳离子乳化沥青的发展十分迅速，为公路、建筑等部门提供了优良的节能新材料。

二、乳化沥青的乳化机理

乳化剂是一种表面活性剂，它具有表面活性剂的基本特征。沥青在有乳化剂—稳定剂的水中，经机械力的作用分裂为微滴，借助于乳化剂达到均匀分散在水中并形成稳定的沥青—水分散体系。乳化沥青的形成机理有以下几个主要方面。

1. 乳化剂降低界面能的作用

乳化剂是由亲水端和亲油端所组成，它在沥青—水的体系中，亲油端朝向沥青，亲水端朝向水，使它能够吸附于沥青和水这两个相互排斥的界面上，从而降低它们之间的界面张力，因而使沥青—水体系形成稳定的分散系。

2. 界面膜的保护作用

在沥青—水体系中加入乳化剂后，乳化剂在沥青—水的界面上定向排列，降低了沥青与水的界面张力，同时，乳化剂在沥青微滴表面吸附，在界面上能形成具有一定强度的不易聚结的界面膜，此膜对沥青微滴起着保护作用。界面膜的强度和紧密程度与乳化剂浓度有密切关系。当乳化剂用量适宜时，界面膜即由密排的定向分子所组成，膜的强度较大，沥青微滴聚结需要克服较大的阻力，故能形成稳定的沥青乳液。最佳乳化效果的乳化剂用量，与乳化剂对沥青的吸附作用有关。采用较长烷基链（16-18 烷基）的乳化剂，具有与沥青较好的相互吸附作用。不仅如此，表面膜若有极性物质存在，则表面活性大大增加，膜的强度亦提高。

3. 界面电荷的稳定作用

沥青—水界面上电荷层一般是扩散双电层分布，由两层组成：第一层基本上固定在界面上，与沥青微滴的电荷相反，称为吸附层；第二层由吸附层向外，电荷向水介质中扩散，称为扩散层。由于每一沥青微滴界面都带有相同电荷，并有扩散双电层的作用，故水—沥青体系成为稳定体系。

三、乳化沥青的生产

乳化沥青的生产一般是用热熔的沥青掺配乳化剂水溶液，通过机械作用，把沥青切割成微粒制成水包油型乳状液。沥青乳化不仅需要专用的机械设备，而且还必须制定相关的工艺生产流程，在特定的工艺条件下才能完成。

1. 乳化设备

乳化设备是完成沥青液相破碎分散的装置，而乳化机是乳化设备的心脏，主要是利用剪切、挤压、摩擦、冲击和膨胀扩散等作用来进行破碎分散，其性能的好坏对乳液的质量有重要影响。目前，使用机械分散法制造乳化沥青的设备类型很多，根据不同的力学作用原理，乳化机械有搅拌式乳化机、匀化器类乳化机、胶体磨等，其中采用最多的是胶体磨。

（1）搅拌式乳化机

搅拌式乳化机为多轴搅拌机，该结构有两个以上的搅拌部分，中心轴以比较缓慢的速度转动，偏心轴上装有叶片，除自身高速旋转外还绕中心轴旋转，是三种旋转的合成，具有很强的分散搅拌能力。其特点是简单易行，但生产率较低。

（2）匀化器类乳化机

匀化器类乳化机的原理是使乳化的混合液在高压下从小孔中喷出，达到要求均匀分散的乳液。匀化器类乳化机可实现连续生产，乳化效果比搅拌式乳化机高，缺点是容易堵塞。

（3）胶体磨

胶体磨是较理想的乳化机械，它磨出的沥青粒子均匀、细度小、计量稳定、安装调试方便。胶体磨是由高速转动的转子和固定的定子两个主要部分组成，转子的转速一般为16.6~200r/s，最高转速可达300r/s。转子和定子间有一定的间隙，最小可调至0.025mm，沥青与乳化剂水溶液从进口流入，在离心力的作用下，穿过转子与定子间的缝隙，在此期间，沥青液相受到转子产生的离心力和摩擦力的作用，被磨碎成极细的颗粒从出口流出，即完成了分散乳化。

2. 配套设备

乳化沥青的生产设备除乳化设备外，还包括各种配套设备。配套设备主要有乳液生产系统、油水供给装置、温度调节装置、流量控制装置、乳液贮存及输出、仪表控制室及试验室等六大部分。现分述如下：

（1）乳液生产系统

乳化剂的制备先在调配池内加入一定量水，使乳化剂全部溶解，以防止影响使用效果。

（2）油水供给装置

为满足乳化沥青的不同用途，对多标号的沥青进行乳化，必须有油水定量供给装置。供给的混合液从进口流入，在重力作用下穿过转子与定子间的缝隙，从出口流出即完成分散，沥青液体在缝隙中受到转子产生的离心力和摩擦力的作用，磨碎成极细小的微粒。

（3）温度调节装置

乳化沥青生产需要在一定的温度下进行，因此必须具有自动调节、控制温度的设备，包括加温设备。

(4) 流量控制系统

乳化沥青中，沥青与乳化水溶液配比是个变数，一般介于60：40或55：45之间。沥青与水溶液配比控制准确与否，将直接影响乳化沥青的质量。为使沥青与乳化水溶液的流量测定准确，较科学可靠地控制流量，可在管路中安装流量计装置。乳化剂水溶液采用玻璃转子流量计，它用来连续测量管道中液体的流量，是一种就地指示式的仪表。

(5) 乳液贮存及输出

乳化沥青虽具有常温下施工的特点，但并非对其储存没有要求，若贮存不当，将导致乳液破坏，因此还必须把握其贮存要点，使之保持良好的使用状态。通常乳液要求密闭储存，并保持一定的温度。若乳液暴露在空气中，会导致表面破乳而形成沥青膜层，故应储存在密闭容器内，尽可能减少乳液与空气的接触面积。一般采用金属卧式贮存罐，也有设计成立式贮存罐，无论采用何种形式，为防止沉淀均应备有搅拌设施。但搅拌时应防止带入空气以免造成乳液分解破乳，必要时应做好金属防腐。

(6) 仪表控制室及试验室

车间设置除使乳化沥青生产做到科学管理、安全生产外，还应检验乳化沥青质量及考核乳化沥青生产成本，故乳化沥青生产车间还应包括仪表控制及试验室，仪表控制部分可自控沥青温度、胶体磨等。试验室作沥青常规指标和乳液质量检验等工作，以控制乳化沥青的生产及使用。

四、乳化沥青的分裂

乳化沥青在使用时，为发挥其黏结的功能，沥青液滴必须从乳化液中分裂出来，聚集在集料的表面而形成连续的沥青薄膜，这一过程称为“分裂”。乳化沥青的分裂主要取决于下列因素：

(1) 水的蒸发作用

由于路面施工环境、气温、相对湿度和风速等因素的影响，乳液中的水蒸发，破坏乳液的稳定性而造成分裂。

(2) 集料的吸附作用

由于集料矿物构造孔隙对乳液水分的吸收，同样能破坏乳液的稳定性造成分裂。

(3) 集料物理—化学作用

乳化沥青中带电荷的微滴与不同化学性质的集料接触后产生复杂的物理—化学作用，而使乳化沥青分裂并在集料表面形成薄膜。

(4) 机械的激发作用

在施工过程中压路机的碾压和开放交通后汽车的行驶，各种机械力对路面的震颤而产生激发作用，也能促使乳化沥青稳定性的破坏和沥青薄膜结构的形成。

五、乳化沥青的技术标准

1. 乳化沥青的质量要求

对所生产的乳化沥青，通常进行以下试验以检验其质量：

(1) 筛上剩余量试验。将乳液通过1.2mm筛孔筛子，以筛上的剩余物占乳液重的百分率表示。此项试验目的在于检验乳液中沥青微粒的均匀性。

（2）蒸发残留物含量试验。使乳液加热蒸发脱水，求出沥青的实际含量。

（3）乳液黏度试验。测定50mL乳液在60℃温度下通过5mm孔径所需的时间，以秒计。乳液黏度与沥青含量有关，它影响乳液的稳定性。

（4）黏附性试验。测定乳化沥青与潮湿集料的黏附性。

（5）集料拌合试验。用以测定乳液与集料拌合时的分解破乳速度，评定乳液用于拌合施工的适应性。

（6）储存稳定性试验。检验乳液存放在室温下一定时间后，观察乳液是否产生絮凝、沉淀和分层现象，以判断乳液的储存稳定性。

（7）乳液电荷试验。检验沥青乳液微粒的离子电荷，以判别是阳离子乳液还是阴离子乳液。

（8）水泥拌合试验。检验乳液与砂石土拌合的均匀性，以判别乳液能否与砂石土拌合进行施工。

（9）低温储存性试验。检验乳液在低温下经受冻融作用后质量是否发生变化。

（10）蒸发残留物试验。检验沥青经过乳化后其性质与原样沥青相比变化的情况。

此外还可以对乳液的pH值、乳液中沥青微粒粒径等进行检测。

2. 乳化沥青的技术标准

《公路沥青路面施工技术规范》(JTG F 40—2004) 中提出的道路用乳化石油沥青的技术要求见表4-5。它是在我国乳化沥青实践经验和试验研究的基础上并参照国外有关标准制定的。

表4-5 道路用乳化沥青技术要求

试验项目		单位	品种及代号										试验方法
			阳离子				阴离子				非离子		
			喷洒用			拌合用	喷洒用			拌合用	喷洒用	拌合用	
			PC-1	PC-2	PC-3	BC-1	PA-1	PA-2	PA-3	BA-1	PN-2	BN-1	
破乳速度			快裂	慢裂	快裂或中裂	慢裂或中裂	快裂	慢裂	快裂或中裂	慢裂或中裂	慢裂	慢裂	T0658
粒子电荷			阳离子（+）				阴离子（-）				非离子		T0653
筛上残留物（1.18mm筛），不大于		%	0.1				0.1				0.1		T0652
黏度	恩格拉黏度计 E_{25}		2~10	1~6	1~6	2~30	2~10	1~6	1~6	2~30	1~6	2~30	T0622
	道路标准黏度计 $C_{25.3}$	S	10~25	8~20	8~20	10~60	10~25	8~20	8~20	10~60	8~20	10~60	T0621
蒸发残留物	残留分含量，不小于	%	50	50	50	55	50	50	50	55	50	55	T0651
	溶解度，不小于	%	97.5				97.5				97.5		T0607
	针入度（25℃）	0.1mm	50~200	50~300	45~150		50~200	50~300	45~150		50~300	60~300	T0604
	延度（15℃），不小于	cm	40				40				40		T0605

续表

试验项目	单位	品种及代号										试验方法
		阳离子				阴离子				非离子		
		喷洒用			拌合用	喷洒用			拌合用	喷洒用	拌合用	
		PC-1	PC-2	PC-3	BC-1	PA-1	PA-2	PA-3	BA-1	PN-2	BN-1	
与粗集料的黏结性，裹覆面积，不小于		2/3			—	2/3			—	2/3	—	T0654
与粗、细粒式集料拌合试验		—			均匀	—			均匀	—		T0659
水泥拌合试验的筛上剩余，不大于	%	—				—				—	3	T0657
常温贮存稳定性： 1d，不大于 5d，不大于	%	 1 5				 1 5				 1 5		T0655

注：1. P喷洒型，B为拌合型，C、A、N分别表示阳离子、阴离子、非离子乳化沥青。
2. 黏度可选用恩格拉黏度计或沥青标准黏度计之一测定。
3. 表中的破乳速度与集料的黏附性、拌合试验的要求、所使用的石料品种有关，质量检验时应采用工程上实际的石料进行试验，仅进行乳化沥青产品质量评定时可不要求此三项指标。
4. 贮存稳定性根据施工实际情况选用试验时间，通常采用5d，乳液生产后能在当天使用时也可用1d的稳定性。
5. 当乳化沥青需要在低温冰冻条件下贮存或使用时，尚需按T0656进行－5℃低温贮存稳定性试验，要求没有粗颗粒、不结块。
6. 如果乳化沥青是将高浓度产品运到现场经稀释后使用时，表中的蒸发残留物等各项指标指稀释前乳化沥青的要求

六、聚合物改性乳化沥青

在乳化沥青中加入聚合物改性剂提高了沥青的黏结力、弹韧性、耐候性、抗老化性等路面性能。用于改性的聚合物有：氯丁橡胶（CR）、丁苯橡胶（SBR）、苯乙烯-丁二烯嵌段共聚物（SBS）、乙烯-醋酸乙烯酯（EVA）、苯乙烯-甲醛丁二烯嵌段共聚物（SIS）、氟橡胶等。聚合物改性乳化沥青制备主要有以下三种方法：

（1）将聚合物乳液与沥青乳液直接掺配混合，所用的聚合物乳液大多为丁苯橡胶胶乳、氯丁胶乳以及再生橡胶乳液。采用这种方法配置改性乳化沥青，胶乳的电荷必须与乳化沥青的电荷一样，否则将立即发生破乳而凝聚。这种方法虽然比较简单，但乳液的稳定性较差，容易分离。

（2）先制备改性沥青，然后将改性沥青加以乳化，但采用这种方法必须首先解决改性沥青的离析问题，也即聚合物必须与沥青相容。

（3）将聚合物胶乳、乳化剂、稳定剂放入水中，先进行混合，然后将热沥青和水溶液一起通过胶体磨或高速剪切乳化机，乳化成改性乳化沥青。

聚合物改性乳化沥青的技术标准见表4-6。

七、乳化沥青的应用

乳化沥青与常规沥青、热沥青或稀释沥青相比，具有节约能源、节省沥青用量、可延长施工季节、对人体无害、安全和不污染环境等特点。因此得到了广泛的应用。乳化沥青在道

路工程中主要应用于以下方面：沥青表面处治、沥青贯入式、沥青混合料等路面结构层；透层油、粘层油和封层油；稀浆封层、微表处；防尘处理；表层补强；稳定作用；旧沥青路面的冷再生；冷拌坑槽修补；预涂层（预拌）；道路裂缝修补等。

表 4-6 改性乳化沥青技术要求

试验项目		单位	品种及代号		试验方法
			PCR	BCR	
破乳速度		—	快裂或中裂	慢裂	T0658
粒子电荷		—	阳离子（+）	阳离子（+）	T0653
筛上剩余量（1.18mm），不大于		%	0.1	0.1	T0652
黏度	恩格拉黏度 E_{25}	—	1-10	3-30	T0622
	沥青标准黏度 $C_{25,3}$	s	8-25	12-60	T0621
蒸发残留物	含量，不小于	%	50	60	T0651
	针入度（100g，25℃，5s）	0.1mm	40～120	40～100	T0604
	软化点，不小于	℃	50	53	T0606
	延度（5℃），不小于	cm	20	20	T0605
	溶解度（三氯乙烯），不小于	%	97.5	97.5	T0607
与矿粉的黏附性，裹覆面积，不小于		—	2/3	—	T0654
贮存稳定性	1d，不大于	%	1	1	T0655
	5d，不大于	%	5	5	T0655

注：1. 破乳速度与集料黏附性、拌合试验、所使用的石料品种有关。工程上施工质量检验时应采用实际的石料试验，仅进行产品质量评定时可不对这些指标提出要求。
2. 当用于填补车辙时，BCR 蒸发残留物的软化点宜提高至不低于 55℃。
3. 贮存稳定性根据施工实际情况选择试验天数，通常采用 5d，乳液生产后能在第二天使用完时也可选用 1d。个别情况下改性乳化沥青 5d 的贮存稳定性难以满足要求，如果经搅拌后能够达到均匀一致并不影响正常使用，此时要求改性乳化沥青运至工地后存放在附有搅拌装置的贮存罐内，并不断地进行搅拌，否则不准使用。
4. 当改性乳化沥青或特种改性乳化沥青需要在低温冰冻条件下贮存或使用时，尚需要 T0656 进行 -5℃ 低温贮存稳定性试验，要求没有粗颗粒、不结块。

第四节 煤沥青

煤沥青是由煤干馏的产品——煤焦油再加工而获得的。根据煤干馏的温度不同，而分为：硬煤沥青（270℃以上）和软煤沥青（270℃以下）两类。路用煤沥青主要是由炼焦或制造煤气得到的高温焦油加工而得（700℃以上），具有一定的温度稳定性。

一、煤沥青的化学组成与结构

1. 煤沥青的化学组成

煤沥青是由芳香族碳氢化合物及其氧、硫和氮的衍生物组成，其化学成分及其复杂，与石油沥青一样，工程上主要研究其化学组分。

煤沥青的化学组分是采用选择性溶解等方法将其分为几个化学性质相近、且与路用性能有一定联系的组。我国将煤沥青分为游离碳、软树脂、硬树脂和油分。油分又分为中性油、酚、萘、蒽等。表4-7为煤沥青的化学组分及其特性。

表4-7　煤沥青的化学组分及其特性

<table>
<tr><th colspan="2">化学组分</th><th>组分特性</th><th>对煤沥青性能的影响</th></tr>
<tr><td colspan="2">游离碳</td><td>不溶于苯，加热不溶，高温分解</td><td>提高黏度及高温稳定性，增加低温脆性</td></tr>
<tr><td rowspan="2">树脂</td><td>硬树脂</td><td>固态结晶结构，类似石油沥青中的沥青质</td><td>提高沥青温度稳定性</td></tr>
<tr><td>软树脂</td><td>赤褐色粘-塑性物，溶于氯仿，类似石油沥青中的胶质</td><td>增加沥青延性</td></tr>
<tr><td colspan="2">中性油</td><td>液态碳氢化合物</td><td></td></tr>
<tr><td colspan="2">萘</td><td rowspan="2">溶于油分中，低温结晶析出，常温下易挥发，有毒性</td><td rowspan="2">影响低温变形能力，加速沥青老化</td></tr>
<tr><td colspan="2">蒽</td></tr>
<tr><td colspan="2">酚</td><td>溶于油分及水，易氧化，有毒性</td><td>加速沥青老化</td></tr>
</table>

2. 煤沥青的结构

与石油沥青一样，煤沥青也是复杂的胶体分散系，游离碳和树脂是分散相，油分是分散介质，具有粘-塑性的树脂溶解于油分中并吸附于固体分散颗粒（游离碳）而赋予分散系稳定性。

二、煤沥青的技术性质

煤沥青与石油沥青相比，由于其组分不同，所以在技术性质上有下列差异：

（1）温度稳定性较低；

（2）与矿质集料的黏附性较好；

（3）气候稳定性较差；

（4）耐腐蚀性强；

（5）塑性较差。

因此，煤沥青的主要技术性质比石油沥青差，所以建筑工程上很少使用。但它抗腐性能好，故适用于建筑物防水层或作防腐材料等。

三、煤沥青的技术指标与标准

1. 煤沥青的技术指标

（1）黏度

表示煤沥青的黏结性，其大小取决于各组分的比例，煤沥青中油分含量减少则黏度增加。黏度是确定煤沥青标号的主要技术指标，常用标准黏度计测定。

（2）蒸馏试验

煤沥青中含有不同沸点的油分，油分的蒸发影响着煤沥青的性能。通常煤沥青的蒸馏分为：170℃以前的轻油、270℃以前的中油和300℃以前的重油三个馏程。而蒸馏后的残渣（300℃以后的馏分）是煤沥青中最有价值的油质部分。

（3）水分

与石油沥青一样，水分的存在会使煤沥青施工加热时产生泡沫或爆沸现象，另外水分还影响着沥青与集料的黏附性，因此必须限制煤沥青中水分的含量。

（4）甲苯不溶物含量

甲苯不溶物主要是游离碳，煤沥青中过多的游离碳会降低其黏结性，必须加以限制。

（5）萘含量

低温时煤沥青中的萘会结晶析出，使煤沥青失去塑性；常温下萘易挥发、升华，使煤沥青加速老化；另外，萘有毒对人身体有害，所以必须限制煤沥青中萘的含量。

（6）酚含量

酚易溶于水，易导致路面强度降低，同时酚的水溶物有毒，因此也必须限制煤沥青中酚的含量。

2. 煤沥青的技术标准

道路用煤沥青的技术要求见表4-8。

表4-8 道路煤沥青的技术要求

序号			标号								
			T-1	T-2	T-3	T-4	T-5	T-6	T-7	T-8	T-9
1	黏度（s）	$C_{30,5}$	5~25	26~70							
		$C_{30,10}$			5~25	26~50	51~120	121~200			
		$C_{50,10}$							10~75	76~200	
		$C_{60,10}$									35~65
2	蒸馏试验馏出量（%）	170℃前，不大于	3	3	3	2	1.5	1.5	1.0	1.0	1.0
		270℃前，不大于	20	20	20	15	15	15	10	10	10
		300℃前，不大于	15~35	15~35	30	30	25	25	20	20	15
3	300℃蒸馏残留物软化点，环球法（℃）		30~45	30~45	35~65	35~65	35~65	35~65	40~70	40~70	40~70
4	水分，不大于（%）		1.0	1.0	1.0	1.0	1.0	0.5	0.5	0.5	0.5
5	甲苯不溶物，不大于（%）		20	20	20	20	20	20	20	20	20
6	萘含量，不大于（%）		5	5	5	4	4	3.5	3	2	2
7	焦油酸含量，不大于（%）		4	4	3	3	2.5	2.5	1.5	1.5	1.5

思考题

1. 简述石油沥青的生产工艺。
2. 我国现行的石油沥青化学组分分析方法可将石油沥青分离为哪几个组分？
3. 简述石油沥青的化学组分与其路用性能之间的联系。
4. 石油沥青可划分为哪几种胶体结构，各种胶体结构的石油沥青有何特点？
5. 石油沥青的三大指标表征沥青哪些路用性能？
6. 改性剂如何分类？
7. 简述改性沥青的生产方法。
8. 试述乳化沥青的形成和分裂机理及其在节约能源、保护环境和经济效益等方面的优越性。

第五章　沥青混合料

第一节　沥青混合料的种类和性质

沥青混合料由作为胶结料的道路石油沥青和碎石、石屑、砂和矿粉等矿质原料，按照一定比例（必要时也包括纤维等其他填料）共同组成。在沥青胶结料具有适宜黏度时，将沥青混合料充分拌合后摊铺、碾压成型，成为满足使用要求的沥青路面。沥青混合料种类繁多，大致分类如下：

按照沥青混合料拌合与摊铺温度分类可分为热拌热铺沥青混合料、冷拌冷铺沥青混合料、热拌冷铺沥青混合料。热拌热铺沥青混合料是将沥青和矿质集料加热至沥青获得较好流动性能的温度后拌制而成的路面材料，需要在较高温度下摊铺、压实成型。由于在高温条件下采用专用设备拌合，沥青与矿质集料形成良好的黏结，具有优良的路用性能，是目前沥青路面普遍使用的主要混合料类型。冷拌冷铺沥青混合料是采用乳化沥青、稀释沥青或其他低黏度沥青胶结料，在常温下与矿质集料拌合得到的混合料，仅在常温下摊铺、碾压成型。热拌冷铺沥青混合料使用黏度较低的沥青与集料在热态下拌合成混合料，储存在常温条件下，使用时在常温下直接摊铺压实，一般用做沥青路面的养护材料。

按集料的最大粒径分类，可以将沥青混合料分成粗细不同类型。特粗粒式沥青混合料，矿料的公称最大粒径为37. 5mm。粗粒式沥青混合料，矿料公称最大粒径分别为26. 5mm 和31. 5mm。中粒式沥青混合料，矿料公称最大粒径分别为16mm 或19mm。细粒式沥青混合料，矿料公称最大粒径分别为9. 5mm 或13. 2mm。砂粒式沥青混合料，矿料公称最大粒径等于或小于4. 75mm。通常，粗粒式混合料用于沥青面层的中层或下层，中粒式混合料用于中层或上层，细粒式混合料用于上层。

沥青混合料类型见表5-1。

表5-1　热拌沥青混合料类型

沥青混合料类型	公称最大粒径（mm）	最大粒径（mm）	密级配			半开级配	开级配		间断级配
			传统 AC-Ⅰ型沥青混凝土	沥青混凝土	沥青稳定碎石	沥青碎石混合料	排水式沥青磨耗层	排水式沥青稳定碎石	沥青碎石玛琋脂混合料
砂粒式	4. 75	9. 5	AC-5 Ⅰ	DAC-5	—	AM-5	—	—	—
细粒式	9. 5	13. 2	AC-10 Ⅰ	DAC-10	—	AM-10	OGFC-10	—	SMA-10
	13. 2	16	AC-13 Ⅰ	DAC-13	—	AM-13	OGFC-13	—	SMA-13
中粒式	16	19	AC-16 Ⅰ	DAC-16	—	AM-16	OCFC-16	—	SMA-16
	19	26. 5	AC-20 Ⅰ	DAC-20	—	AM-20	—	—	SMA-20

续表

沥青混合料类型	公称最大粒径（mm）	最大粒径（mm）	密级配			半开级配	开级配		间断级配
			传统 AC-I 型沥青混凝土	沥青混凝土	沥青稳定碎石	沥青碎石混合料	排水式沥青磨耗层	排水式沥青稳定碎石	沥青碎石玛瑶脂混合料
粗粒式	26.5	31.5	AC-25 Ⅰ	DAC-25	ATB-25	—	—	ATPB-25	—
	31.5	37.5	—	—	ATB-30	—	—	ATPB-30	—
特粗式	37.5	53.0	—	—	ATB-40	—	—	ATPB-40	—
设计空隙率（%）			3 ~6	3 ~6	3 ~6	6 ~12	>18	>18	3 ~4

一、沥青混凝土

目前，我国在沥青路面中采用最多的类型是以石油沥青作为结合料，采用连续级配的密实式热拌热铺型沥青混凝土。

按压实后混合料密实度分类，沥青混合料可以分为开式与闭式混合料。集料与沥青拌合经摊铺压实后其剩余空隙率小于10%的沥青混合料称为密实式沥青混合料（闭式）。其中包括：①剩余空隙率在3% ~6%称为Ⅰ型密实式沥青混凝土混合料（重载交通道路4% ~6%；行人道路2% ~5%）；②剩余空隙率为4% ~10%的称为Ⅱ型密实式沥青料；③压实后剩余空隙率为10% ~15%的混合料称为半开级配沥青混合料，又称为沥青稳定碎石；④剩余空隙率大于15%的混合料称为开级配沥青混合料，由于空隙率大，常又称为多孔性沥青混合料。无论密级配还是开级配沥青混合料，又都有粗粒式、中粒式和细粒式之分。

由于沥青混凝土的胶结料主要为沥青，沥青是一种对温度十分敏感的材料，这就导致了沥青混凝土的性质（主要为力学性能）受温度的影响十分突出，如它们的劈裂强度随温度的变化可从零下温度的几兆帕到高温的零点几兆帕等。

沥青混凝土的分类从广义来说，可包括沥青玛瑶脂、热压式沥青混凝土（HRA）、传统的密级配沥青混凝土（HAM）、多空隙沥青混凝土（PA）、沥青玛瑶脂碎石（SMA）以及其他新型的沥青混凝土。

传统沥青混凝土、沥青玛瑶脂碎石和多空隙沥青混凝土典型级配曲线的比较如图5-1所示。

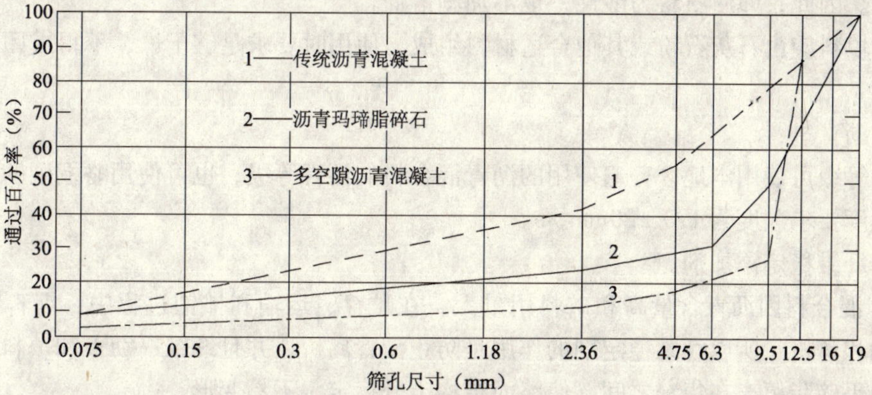

图5-1　三种典型混凝土级配比较

图5-1中，曲线1为传统沥青混凝土，空隙率3%～6%；曲线2为SMA，空隙率2%～5%；曲线3为多空隙沥青混凝土，空隙大于20%。就空隙率而言，当马歇尔设计空隙率小于4%（或路面实际空隙率小于8%）时，它已形成较为密实的结构，水不易进入沥青混凝土，整个结构的耐久性较好；或者路面实际空隙率大于15%时，水能顺利地从空隙中排走，也不会对混凝土结构造成水害；只有当空隙率介于这两者之间时，为半开半闭结构，这种情况十分不利于路面的耐久性。

1. 沥青玛𤧛脂碎石（SMA）

我国现有主要道路大都按连续级配进行组成设计。我国相关规范规定，Ⅰ型沥青混凝土混合料的剩余空隙率对于公路为3%～6%，对于城市道路为2%～6%，Ⅱ型为4%～10%。

由于我国大多数道路的沥青混合料是悬浮密实结构，因此密实度和强度都较大。但受沥青材料的性质和物理状态的影响较大，所以稳定性较差。加之我国国产沥青中含蜡量较高，高温稳定性更加受到影响，所以在现代重型汽车交通荷载作用下，路面容易因热稳性不足而产生车辙、波浪、推移等变形，从而影响其正常使用。而且由于沥青的感温性，又会产生低温裂缝、泛油等不易克服的病害问题。

SMA沥青混合料由于其自身的特性而与我国现行的密级配沥青混合料在集料配比和沥青含量上有所不同。SMA沥青混合料与密级配沥青混合料相比，具有高粗集料含量、高沥青含量、高矿粉含量以及低的空隙率等特点。粗集料含量高，增加集料与集料的接触，提高了抵抗永久变形的能力；沥青含量高和矿粉用量多，增加沥青的黏结能力，提高了路面的耐久性；低空隙率减少水的渗入和混合料老化硬化。

（1）集料的材质

在欧洲，SMA混合料中的粗集料和细集料一般要求100%轧制，德国规范要求至少90%的粗集料轧制，圆集料需要两次破碎，即要求有两个或两个以上破碎面，对于SMA混合料集料，理想形状应为立方体颗粒。

SMA混合料因为是骨架密实结构，所以要求集料要有足够的硬度耐久性，因此不得使用易磨光或相对较纯的碳酸盐集料。在我国可采用玄武岩、耀绿岩、片麻岩等。在德国，SMA混合料中不重视酸性石料对混合料抗水损害的影响，认为SMA混合料中沥青和矿粉含量高，加之一定量的纤维加筋作用，致使沥青与石料间有足够的黏结力，完全能够抵抗水损害的影响。因此，即使石料为酸性，也不加剥落剂。

矿物填料应由石灰石粉或其他合适材料组成，使用时要求足够干燥，不得成团，能自由流动。

（2）沥青

沥青等级可使用本地区普遍使用的沥青混合料的沥青等级，也可使用略稠硬的沥青。沥青拌合温度要求黏度为170±20mm^2/s。

（3）纤维稳定添加剂

SMA混合料因沥青含量高和矿料用量大，在贮存、运输和摊铺过程中，沥青和矿粉会产生滴漏和离析，所以纤维稳定剂的作用是防止沥青离析，并且纤维、沥青和填料共同组成高强度的玛𤧛脂填充在集料之间，使路面结构十分稳定，不易变形。

纤维稳定剂最早曾用石棉纤维和聚合物纤维，但后来发现石棉纤维是直线体，而植物纤维则是曲线体。用植物纤维作为SMA混合料中的稳定剂，其性能明显优于矿物纤维，且使用植物纤维，不仅能更好地保证 SMA 的质量，而且有利于保护环境，更可大幅度节省工程费用。因此，在德国 95% 的稳定剂为纤维素纤维。早期的植物纤维为松散絮状型，这种纤维不易添加，容易受潮，拌合不均匀。为便于贮存、运输和 SMA 混合料的生产，纤维素与沥青按质量比 2 : 1 混合，经特殊加工成粒状产品。在 SMA 中粒状纤维的用量为混合料总质量的 0.45%，即相当于加入 0.3% 植物纤维素。

2. 热压式沥青混凝土

英国于 1895 年首先在切尔西（Chelsea）的国王街和肯辛顿（Kensington）的佩勒姆街使用热拌沥青混凝土，简称 HRA，由于当时对砂的级配和填料含量的重要性没有足够的认识，材料在几个月内就损坏了。美国工程师克利福德·理查森（Clinbrd · Richardson）是 HRA 的倡导者之一。他在对美国和欧洲的沥青混凝土路面调查的期间，在 1896 年访问了英国，基于他本人的经验介绍了和沥青砂磨耗层非常相近的一种沥青混凝土，经过多年使用性能一直良好。

如前所述，HRA 的重要特性之一是它的集料为间断级配。也就是说，粒径 2.36 ~ 9.5mm 的集料含量很少，它是由砂、细的矿质填料和沥青组成的结合料掺入 14mm 中值粒径的粗集料。尽管掺入粗集料成分能增加材料硬度，但主要作用还是在于增大砂浆体积使这种材料更为经济化。间断级配为 HRA 磨耗层提供了抗风化性能和耐久的表面，使道路能够承受重荷载而不开裂。

1985 年版的 DS594 刊载了不同粗集料含量的 HRA 路面主层、基层和磨耗层混合料的规格。路面主层和基层混合料一般含有 60% 的粗集料。在这样的水平上应力是通过集料的接触和沥青砂浆分布的。细集料和填料含量比较低的路面主层和基层混合料，其沥青含量一般较磨耗层材料为少。在这两种混合料中，粗集料的中值粒径一般较磨耗层的大，级配也较粗，以便与材料的摊铺厚度相匹配。以摊铺路面基层为例，它的厚度可达 150mm。

磨耗层混合料可含有 0%、15%、30%、40% 或 55% 不同比例的粗集料。尽管以粗集料含量为 40%，厚为 50mm 磨耗层混合料的使用日渐普遍，但一般认为，粗集料含量为 30%，摊铺厚度为 40mm 的磨耗层混合料已适宜作绝大多数的用途。

增加摊铺厚度可以延长材料的适宜碾压时间，这也是改善冬季气候施工性能的一个方法。粗集料含量高达 40% 的材料所铺筑的面层表面较为光滑，如在热拌沥青混凝土表面压入 14mm 或 20mm 粒径的涂层石屑，就可使表面粗糙。对石屑性质的要求诸如磨光值、磨耗值，一般均在规格数内根据现场的要求予以分别列明。磨耗层混合料含有 55% 的粗集料并无规定必须要在表面压入石屑构成粗的纹理，因为当粗集料含量高于 45% 时已难以将石屑埋入沥青混凝土内。HRA 材料成分的功能可以概述如下：

粗集料，增大砂浆体积使混合料更为经济，并增加它的稳定性。

细集料，是砂浆的主要成分，可能也是影响施工操作和路用性能的最主要的组成部分。

填料，可以从两方面发挥作用。首先，它可以改善细集料的级配，从而构成较密实的混合料并使集料之间的接触点增加。其次，也许是发挥它更重要的作用，就是填料与沥青共同组成了黏结料，既起润滑作用，又可将细集料黏结在一起构成砂浆。砂浆的性质与细集料的性质以及黏结料的量均和黏度有关。沥青在压实时起润滑作用。

HRA 主要用于交通繁重的道路，亦即高速公路、干线道路和少数城市街道。传统上对混合料成分配比的规格是根据气候和交通荷载去规定集料和沥青的质量和比例。另一种办法是用马歇尔试验方法去设计 HRA 磨耗层混合料的成分。

二、预拌式沥青碎石

预拌式沥青碎石是用煤焦油预先把沥青碎石涂层，是英国最古老的拌制方法。它的记载始于 1832 年，应用于格洛斯特郡（Gloucester Shire）和 1884 年在诺丁汉郡（Nottingham Shire）。20 世纪初有了石油沥青供应，沥青碎石才得以开始使用。沥青碎石混合料，即麦克当（macadam）这个词是为了永远纪念著名的苏格兰道路工程师约翰·劳顿·麦克亚当（Liohn Loudon McAdam〉。他深信碎石集料层要获得最佳的强度必须用不同粒径的集料，即是有级配的集料。麦克亚当利用这项技术把粗集料间的空隙用细集料填充，制造了较稀松组织（开式级配）的嵌锁式集料层。开式级配的石油沥青和煤沥青碎石混合料的生产也是麦克亚当原理的发展，给 20 世纪中叶涂层材料工业的发展奠定了基础。

预拌的沥青碎石混合料由三种集料成分和沥青组成，其分别的功能可以概括如下：

粗集料，构成嵌锁碎石的主要构架以分布交通荷载；

细集料，填充或部分填充粗集料构架的空隙；

填料，增加黏结料的黏度因而减少沥青从集料中渗漏的危险，与沥青一起填塞微细的空隙；

沥青，压实时起润滑作用及在使用中是防水和黏结材料，对密实的沥青碎石，它也参与填充空隙并增加混合料强度。

对以下多种类型的预拌沥青碎石成分级配规格，也就是指沥青含量和集料级配等。

1. 开级配和中等级配沥青碎石

这两种沥青碎石适用作表面基层和磨耗层混合料。其主要的特征是细集料含量低因而摊铺施工性能好，压实后的空隙率在 15% ~25% 之间。为了防止水分渗入道路结构而需要有一层防渗护面，例如表面处治。材料的强度主要依靠集料的互锁作用，只有小部分来自沥青。沥青的主要功能之一是为道路表面提供抗拉强度，在承受密集的交通应力时防止细集料从表面失散。混合料通常使用 200 号或 300 号的针入沥青或稀释沥青，选用沥青的级别取决于交通密度和材料的摊铺季节。

磨耗层的表面纹理在抗滑方面起着重要作用。开级配和中等级配的沥青碎石作为内部车道、停车场及游戏场等轻便和普通的交通路面，它提供了适宜的表面纹理。这类材料对整个道路结构强度并无很大作用，这类混合料因具渗透性故有利于作机场跑道和繁重交通道路以防止漂滑和减少溅水现象，当用于机场时称为抗滑层，而用在公路时则称为透水沥青碎石。

2. 密实型和密级配沥青碎石

密实型沥青碎石的路面主层和表面基层在过去几十年内被大量用于道路修建，而且它适合于最繁重的交通情况。由于细料含量高使它成为密实型材料，标准的空隙率为 5% ~10%，它有良好的荷载分布能力及抗变形能力，并有足够的柔韧性可以抵抗由重复荷载引起的裂化。

密实型和密级配磨耗层混合料只适用于轻便或普通的交通道路，因为这两种混合料既不具有长期的耐久性，也不具有繁重交通要求的高速行车的抗滑能力。

3. 重型沥青碎石

密实型沥青碎石被用在最繁重的交通道路已有几十年之久，它的高强度路面主层和表面基层性能都很好。然而，为了配合预测的交通荷载增长，要求更强的路面主层材料和更强而具永久抗变形的表面基层。重型的沥青碎石，简称 HDM。这种材料是在密实型沥青碎石的基础上用较硬的沥青（针入度 50 号）和较高的填料含量（8%）配制而成的。这两种成分变化使动态劲度增大近 3 倍，可以使表面基层的厚度比一般的密实型沥青碎石路面基层薄 10% ~15%，而性能相同。不但减小了基层的厚度而且不改变原有性能，对于改建工程很有吸引力。

4. 细级配沥青碎石

多数细级配沥青碎石用 200 号或 300 号针入度沥青或 100 号的稀释沥青拌制，需要在 80℃ ~100℃温度下摊铺和压实，稀释度高的沥青则可冷铺和仓储。

细级配沥青碎石刚铺好后的空隙率很高，因此对水的作用很敏感，所以须注意选用的集料。在使用中空隙量逐渐减小，混合料最终变为不透水。这种材料的摊铺厚度一般为 15 ~ 25mm，当用作加铺的覆盖层时可以消除路面上的一些不平整之处。这种材料对增强道路结构的作用很小，要求有坚固和较好的不透水基层结构。此外，在这种材料下面要求有很均匀的底层，因为若是它的铺筑厚度不均就容易出现强度不均问题。

三、透水沥青混凝土

透水沥青混凝土一般用作路面的磨耗层，因此在许多文献或资料中被称作多孔隙沥青混凝土磨耗层（PAWC），称开级配磨耗层（OGFC），也为排水沥青混凝土磨耗层。

20 世纪 50 年代，在英国的道路上，据估计 10% 的雨天道路事故是由于车辆（特别是卡车）快速行驶溅起的水雾而引起。水雾造成事故的损失价值可达潮湿道路滑溜事故损失的 1/3，因此英国运输与道路研究试验所（TRRL）将这种在机场使用成功的 10mm 防滑层改为道路上用的 20mm 透水沥青碎石。

1. 透水沥青混凝土的发展

1967 年开始进行许多大规模试验，以确定透水沥青碎石对繁重交通道路的适用性。查科斯基（Szatkowski）和布朗（Brown）的研究报告指出，在试验中以较大粒径集料拌制的沥青碎石，一般具有最大的空隙率、渗透性和纹理深度，但是同时用两种粒径的集料，上述数值在铺筑后最初几年内都大幅下降。使用 19mm 集料拌制的材料对减少行车引起的水雾效果保持良好，例如在繁重交通道路至少可持续 3 年，一般流量的交通道路可持续达 6 年之久。即使在奏效的防水雾性能减弱之后，路面仍保持良好，使用寿命甚至达 15 年之久。报告还进一步指出，用 19mm 集料的防滑效果与使用同一种集料的其他类型路面相似。19mm 集料的防滑性随不同车速的变化并与纹理的深度有关系，这与 HRA 和表面处治所观察的情况相似。

从结构方面看，以 100 号或 200 号针入沥青铺筑 37.5mm 厚的透水沥青碎石与 16mm 的 HRA 或 19mm 的密实型沥青碎石等效。然而，如果以环氧沥青取代针入沥青，透水沥青碎石的动态劲度将明显地增强，它对结构所起的作用等于或大于 HRA。凡沥青含有乙烯-醋酸-乙烯共聚物（EVA）和苯乙烯-丁二烯嵌段共聚物（SBS）等聚合物，其效果在上述两者之间。

2. 透水沥青混凝土的优点

（1）减少行车引起的水雾及避免水漂

在潮湿的道路上，特别是高速行车由轮胎溅起飞扬的水雾所带来的危害已为人所共知。

水雾阻碍了视线特别使超车变得非常危险。道路试验证实，透水沥青碎石道路在相当程度上减少了由交通引起的水雾现象，它的空隙率可高达25%之多，从而在层内形成一个水道网，所以像海绵似的把雨水吸收。40mm 厚的透水性沥青碎石层足以吸收 8mm 的雨量才趋于饱和状态。减少了水雾也就可以消除路表面的反光现象，从而使道路标志保持较高的可见度，有利于交通安全。同时，当降雨时，落到透水沥青碎石表面的雨水可通过表面层内部的孔隙流出路面，这样它也就起了排水层的作用，使雨水能够渗透出面层而不是被集积于路表面形成水膜或径流，从而避免车辆在一般路面上高速行驶时产生的水漂现象。

（2）降低噪声

由于道路表面有粗糙的宏观纹理，车辆在雨天高速行驶时加强轮胎面与路面的接触，有助于保持良好的防滑能力。TRRL 曾对噪声与路面摩擦性能间的关系进行研究，采用铺砂法，通过路面纹理的深度去推断摩擦性能，以及用同一辆测试车分别在 130km/h 和 50km/h 刹车时测得的刹车力系数变化的百分率来评定。从这方面的总结看出从轻型到重型车辆的最高噪声是纹理深度的函数，也是制动力系数变化的百分率对数的函数。实际上就是说不可期望在一般的道路面层具有高度的抗滑性能而又不产生高噪声。

幸而这关系并不适用于透水性沥青碎石，因为其路面水分的消散方式不同。根据多处的现场试验，又进一步提出了关于车辆行驶在多孔隙路面所产生噪声的报告。这项工作明确地证实，车辆行驶在透水沥青碎石表面所产生的噪声比有同等防滑程度的普通沥青路面要低得多，在干燥时要低 3～4dB（A），而潮湿情况下要低 7～8dB（A）。荷兰的调查也指出透水沥青碎石结构能够吸收相当部分的车辆引擎噪声。

透水沥青碎石路面其他的好处是减少车辆轮胎的滚动阻力。根据计算，在高速公路和干线上，如用透水沥青碎石多孔隙路面取代 HRA 或刷毛水泥混凝土的表面纹理，每年可节省大量的燃料。

（3）透水沥青混凝土的不足及改进方法

透水沥青碎石混合料沥青含量的允许变化范围较小。如果沥青含量过低则集料裹覆不够或是沥青膜太薄而很快地被氧化导致路面提早损坏。另一方面，如果沥青含量过高（或是混合料温度过高），沥青将在运送过程中从集料中泄出，摊铺时材料的沥青含量不均匀。

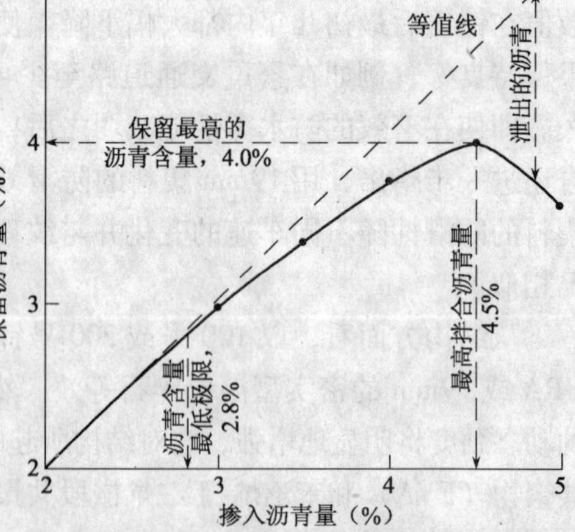

图 5-2　沥青试验结果

TRRL 对这种拌合型混合料研制了沥青泄流模拟定量试验。试验是将透水沥青碎石混合料放在烘箱内的一个带孔金属篮中，篮下有一个事先称过重量的浅盘用以收集泄出的沥青。以同样的方法对一系列沥青含量的样品进行试验，把余留的沥青量作为初始沥青含量的函数图，如图 5-2 所示。继续试验直到没有沥青泄出的极限含量。超过这个含量，沥青流出显著增加，最后达到一个峰值。超过峰值后混合料中留下的沥青含量反而降低，这就是所知的“雪崩”效应。

加入消石灰作为填料可以将沥青黏度大幅提高，因此可减少沥青的泄出，同时又可改善沥青的黏附性，这显然对在水中浸泡了相当时间的多孔材料有利。

从定义上看，透水沥青碎石和防滑层均是透水的，因此压实材料里的沥青膜经常与氧气接触，结果是在现场的沥青被加速氧化。当针入度低于20时，该材料很容易被磨损。iE全面试验的初步结果认为消石灰和某些聚合物可以降低现场沥青的氧化率。实验室试验也说明：假如加入0.5%～1.0%的消石灰，沥青的氧化就会减轻。这是假设消石灰吸收了极性氧化物质，使它不能参与进一步的氧化反应。

处理透水沥青碎石路面的积雪和融冰所需要的盐要比处理常规HRA的路面多2～3倍，原因有两个方面。首先，如果雪已被压入透水沥青碎石的空隙里，盐分有先驱除其他部位雪的倾向而使压实的积雪留在车辙里。其次，雪融化产生的含盐污水会从路面以下泄去，而盐就起不了作用。然而，尽管额外的盐处理是件讨厌的事而无疑增加了冬季的养护成本，但是给驾驶者带来的莫大方便以及大幅降低了扰人的交通噪声，这远远超过了用多些盐的价值。

由于孔隙率较大，透水沥青碎石的孔隙容易被细小尘土颗粒堵塞，这使得表面构造深度减小及其水传导性随时间而降低，因此必须采取相应的措施以保证路面维持其有效的使用功能。1995年第20次世界道路会议，关于多孔隙沥青混凝土的专题报告给出了两种解决孔隙堵塞问题的方法：预防堵塞和除去堵塞材料。

减少孔隙堵塞的方法有：

（1）采用集料最大粒径大于13.2mm和孔隙率至少20%的沥青混合料，这样可较长时间维持高水平的水传导性；

（2）避免用形状特殊的集料，当使用纤维和聚合物改性沥青时，纤维量应限制在不超过沥青用量的0.3%，宜用矿质纤维；

（3）用沥青砂浆封闭无交通的车道和硬路肩；

（4）在与无沥青面层或无水泥混凝土道路的交叉处或交通量小的路段建议不采用多孔沥青混凝土；

（5）硬路肩、履带车行驶道和其他使用不多的车道应每年用专用设备清洗一次。

四、浇注式沥青混凝土

浇注式沥青混合料起源于德国，英文名字为GussAsphalt，由于该混合料在施工时（高温，200℃左右）呈流动状态。

就工程应用而言，浇注式沥青混合料在德国使用得最多，德国的高速公路在20世纪70～80年代大多使用浇注式沥青混凝土，成本大概比HMA高90%。它们的实践表明，浇注式沥青混合料的使用情况比较好，使用年限可达12～18年。但有些路段有不同程度的车辙和裂缝。在世界各国其他地方，浇注式沥青混合料由于其自身的一些优点，在桥面铺装上用得比较多。

浇注式沥青混合料在亚洲国家的使用则刚刚开始，所以许多科研机构和相关建筑、商业公司都比较重视。日本专门修订了有关使用方法，韩国则在1998年申请了浇注式沥青混合料的专利（DarinCorpC0.，Ltd.），在我国也仅仅在两座大桥桥面铺装中开始使用。

从制备过程来看，浇注式沥青混合料由两部分组成，一部分为细料和沥青组成的基质沥青玛■脂（MasticEpure，简称ME），另一部分为粗集料。这两部分在温度为200℃左右的拌合车中混合即成为浇注式沥青混合料。浇注式沥青混合料与一般的沥青混凝土相比，在材料使用与组成结构上的特点如下。

（1）胶结料一般采用特立尼达湖沥青和直馏沥青混合而成的掺配沥青，一般湖沥青和直馏沥青的掺配比例从20：80到50：50不等，有时根据需要，湖沥青所占比例可更多。因湖沥青的显著优点之一是它的高黏性，这使得沥青与矿料之间的黏结度十分高，抗剥落能力远远高于一般要求。同时，由于浇注式混凝土流动的特点，用油量较AC沥青混凝土多，以提供足够的自由沥青，但由于湖沥青软化点较高，一般不会出现泛油。

工程上使用较多的湖沥青通常是指南美洲岛国特立尼达—多巴哥的特立尼达湖所出产的天然沥青，英文名称为TrinidadLakeAsphalt，简称TLA，它在路面气候环境中性能相当稳定，是理想的沥青路面材料。将高黏度的湖沥青和普通直馏沥青掺配，可有效地改善沥青结合料的温度敏感性，从而提高整个混合料的使用性能。

（2）与一般沥青混凝土的组成相比，矿粉和细集料占的比例较大，约占整个混合料的一半左右，它们和沥青混合形成的基质沥青玛琋脂在拌合高温时具有良好的流动性，常温下则非常坚硬，且可以加工成块状半成品，用塑料薄膜包装或木桶装好，便于运输。其余部分为粗集料，它们在混合料中起骨架作用，但由于混合料为明显的悬浮密实结构，粗集料的骨架作用不是十分突出。

浇注式沥青混合料的路面使用性能特点为：

① 由于湖沥青具有较强的抗老化能力这一特点，浇注式沥青混凝土路面的使用寿命比一般沥青混凝土路面长，从综合的角度考虑，这有利于提高工程的经济使用效率；

② 路面在高温时或渠化交通处的抗车辙能力还有待于进一步提高；

③ 常温下具有较强的抗压能力，以及抵抗重复荷载疲劳作用的能力；

④ 低温时具有很高的抗劈裂强度以及一定的变形能力；

⑤ 空隙率几乎为零，这一特性使得浇注式沥青混凝土具有很强的抵抗水害的能力，有利于提高路面的服务周期；

⑥ 若用作钢桥面铺装，它具有良好的适合于钢板变形的随从性；

⑦ 维修方便，只需采用小型维修工具，二三个工作人员，操作简单。

从以上可以看出，由于浇注式沥青混合料具有一些传统沥青混凝土难以达到的适合于路用性能的优点，因此它在某些场合有着广泛的应用前景，如用作钢桥面铺装等。但从工程建设投资来看，采用湖沥青的浇注式沥青混合料的费用会高于一般的沥青混凝土，所以，应统筹兼顾，从工程的投入、效益等综合角度考虑是否采用该种混合料。

五、环氧沥青混凝土

环氧沥青混凝土（Epoxy Asphalt），顾名思义，它是在一般的沥青混凝土中加入环氧树脂配置而成。环氧树脂的作用主要是在沥青混凝土中充当固化剂，待其发生固化效用后，由于环氧树脂本身的高黏度，沥青以及整个混合料便组成了一个高强度整体。从严格意义上讲，环氧沥青混凝土不属于一般的改性沥青混凝土，它是近年来出现的一种新型的沥青混合料。美国和日本在桥面铺装以及特殊要求的路段上进行过这方面的应用和科学研究，南京长江二桥的桥面铺装是我国首次采用这项技术。

在材料使用和混合料级配组成上，环氧沥青混凝土与一般沥青混凝土相比，没有什么大的差异。先按一般密级配沥青混凝土（AC 型）的级配设计，然后再加入 3% 左右（或沥青用量的一半）的环氧树脂。

在实验室制作环氧沥青混凝土时，集料部分按一般沥青混凝土的制作要求预先加热，然后放入搅拌锅，再加入所需沥青，同时放入预热好的环氧树脂（注意，环氧树脂预热时温度不能过高，一般 60℃左右，否则，环氧树脂预先发生固化，失去其自身的作用，且不会均匀分布于沥青混合料中），然后搅拌成均匀的沥青混合料，成型。由于环氧树脂自身易固化这一特性，整个过程应该在 0.5h 内完成。

环氧沥青混凝土最显著的力学特性是强度高，包括抗压强度、抗劈裂强度等，它的力学强度值是一般沥青混凝土难以达到的。在实验室进行相关的力学破坏性试验时发现、其在不同温度下均呈明显的脆性破坏。

有关资料给出的环氧沥青混凝土的主要使用性能优点是：

（1）良好的抗车辙性能；

（2）良好的抗剥落性能；

（3）具有一定的弹性，能在表面处产生适当的变形，且不易产生裂缝；

（4）良好的耐久性，因为结合料受温度和气候的影响很小。

环氧沥青混凝土通常被使用的场合为：

（1）车辙十分严重之处，一般的改性沥青混凝土不能满足要求；

（2）路面沥青混凝土发生严重塑性流动的地方；

（3）下雪寒冷地区以抵抗剥落；

（4）桥面铺装。

值得注意的是，尽管环氧沥青混凝土有其许多优越性，但它对施工的要求十分苛刻，如天气、工艺等，这些因素是这项技术能否应用成功的关键。

第二节　热拌沥青混合料

热拌沥青混合料（Hot-mix asphalt mixture 简称 HMA）是经人工组配的矿质混合料与黏稠沥青在专门设备中加热拌合而成，用保温运输工具运送至施工现场，并在热态下进行摊铺和压实的混合料，通称“热拌热铺沥青混合料”，简称“热拌沥青混合料”。

热拌沥青混合料是沥青混合料中最典型的品种，其他各种沥青混合料均由其发展而来的，本节主要详述它的组成结构、技术性质、组成材料和设计方法。

一、沥青混合料的强度构成机理

（一）热拌沥青混合料的组成结构

热拌沥青混合料是一种复杂的多种成分的材料，其结构概念同样也是极其复杂的。因为这种材料的各种不同特点的概念，都与结构概念联系在一起。这些特点是：矿物颗粒的大小及其不同粒径的分布、颗粒的相互位置、沥青在混合料中的分布和矿物颗粒上沥青层的性质、空隙量及其分布、闭合空隙量与连通空隙量的比值等。上述每种单一结构中的每种性质，都对热拌沥青混合料的性质产生很大的影响。随着对混合料组成结构研究的深入，形成了热拌沥青混合料的组成结构的两种互相独立的理论。

表面理论：按传统的理解，热拌沥青混合料是由粗集料、细集料和填料经人工组配成密实的级配矿质骨架，此矿质骨架由稠度较稀的沥青混合料分布其表面，而将它们胶结成为一个具有强度的整体。

胶浆理论：近代某些研究从胶浆理论出发，认为热拌沥青混合料是一种多级空间网状胶凝结构的分散系。它是以粗集料为分散相而分散在沥青砂浆分散介质中的一种粗分散系；同样，砂浆是以细集料为分散相而分散在沥青浆分散介质中的一种细分散系；而胶浆又是以填料为分散相而分散在高稠度沥青分散介质中的一种微分散系。

这三级分散系以沥青胶浆（沥青-矿粉系统）最为重要，典型的热拌沥青混合料的弹-粘-塑性，主要取决于起黏结料作用的沥青-矿粉系统的结构特点。这种多级空间网状胶凝结构的特点是，结构单元（固体颗粒）通过液相的薄层（沥青）而黏结在一起。胶凝结构的强度，取决于结构单元产生的分子力。胶凝结构具有力学破坏后结构触变性复原自发可逆的特点。

对于胶凝结构，固体颗粒之间液相薄层的厚度起着很大的作用。相互作用的分子力随薄层厚度的减小而增大，因而系统的黏稠度增大，结构就变得更加坚固。此外，分散介质（液相）本身的性质对于胶凝结构的性质亦有很大的影响。

可以认为，热拌沥青混合料的弹性和黏塑性主要取决于沥青的性质、黏结矿物颗粒沥青层的厚度，以及矿物材料与结合料相互作用的特性。热拌沥青混合料胶凝键合的特点，也取决于这些因素。

矿物骨架结构是指沥青混合料成分中矿物颗粒在空间的分布情况。由于矿物骨架本身受大部分的内力，因此骨架应由相当坚固的颗粒所组成，并且是密实的。热拌沥青混合料的强度在一定程度上也取决于内摩阻力的大小，而内摩阻力又取决于矿物颗粒的形状、大小及表面活性等。

形成矿物骨架的材料结构，也在热拌沥青混合料结构的形成中起很大作用。应把沥青混合料中沥青的分布特点，以及矿物颗粒上形成的沥青层的构造综合理解为沥青混合料中的沥青结构。为使沥青能在混合料中起到应有的作用，应将其均匀地分布到矿物材料中，并尽可能完全包裹矿物颗粒。热拌沥青混合料中的沥青性质，取决于原来沥青的性质、沥青与矿料的比值以及沥青与矿料相互作用的特点。

综上所述可以认为：热拌沥青混合料是由矿质骨架和沥青胶结物所构成的、具有空间网络结构的一种多相分散体系。热拌沥青混合料的力学强度，主要由矿质颗粒之间的内摩阻力和嵌挤力，以及沥青胶结料及其与矿料之间的黏结力所构成。

热拌沥青混合料按其强度构成原则的不同可分为按嵌挤原则构成的结构和按密实级配原则构成的结构两大类。

按嵌挤原则构成的沥青混合料的结构强度，是以矿质颗粒之间的嵌挤力和内摩阻力为主，沥青结合料的黏结作用为辅而构成的。这类路面是以较粗的、颗粒尺寸均匀的矿料构成骨架，沥青结合料填充其空隙，并把矿料黏结成一个整体。这类沥青混合料结构强度受自然因素（温度）的影响较小。

按密实级配原则构成的沥青混合料的结构强度，是以沥青与矿料之间的黏结力为主，矿质颗粒间的嵌挤力和内摩阻力为辅而构成的。这类沥青混合料的结构强度受温度的影响较大。

根据混合料中嵌挤结构和密实结构所占的比例不同，热拌沥青混合料的结构通常可分成下列三种方式（图5-3）。

悬浮密实结构：由连续级配矿质混合料组成的密实混合料，由于材料从大到小连续存在并且各有一定数量，实际上同一档较大颗粒都被较小一档颗粒挤开，大颗粒犹如以悬浮状态处于较小颗粒之中。这种结构通常按最佳级配原理进行设计，因此密实度与强度较高，但受沥青材料的性质和物理状态的影响较大，故温度稳定性较差。

骨架空隙结构：较粗石料彼此紧密相接，较细粒料的数量较少，不足以充分填充空隙，因此，混合料的空隙较大，石料能够充分形成嵌挤型骨架。在这种结构中，粗集料之间的内摩阻力起着重要的作用，其结构强度受沥青的性质和物理状态的影响较小，因而温度稳定性较好。

骨架密实结构：是综合以上两种结构的优点而组成的结构。混合料中既有一定数量的粗集料形成骨架，又根据粗料空隙的多少加入细料，形成较高的密实度和明显的骨架结构，间断级配即是按此原理构成。

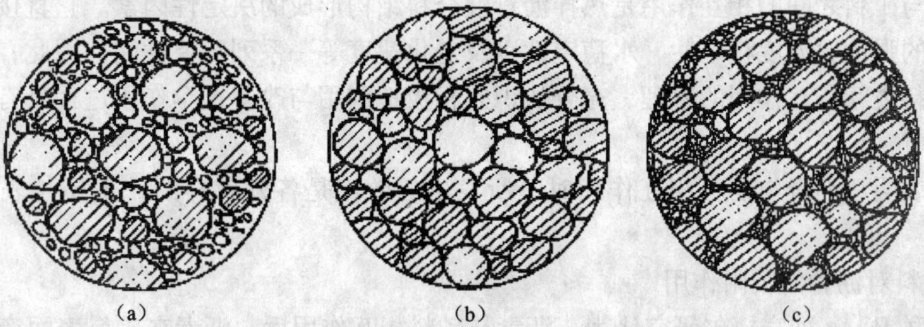

（a）　　　（b）　　　（c）

图 5-3　三种典型沥青混合料结构组成示意图

（a）悬浮密实结构；（b）骨架空隙结构；（c）骨架密实结构

（二）热拌沥青混合料的强度理论与强度参数

热拌沥青混合料属于分散体系，是由强度很高的粒料与黏结力较弱的沥青材料所构成的混合体。根据沥青混合料的颗粒性特征，可以认为沥青混合料的强度构成起源于两个方面，即黏聚力和内摩阻角，由单轴拉压试验可得：

$$\begin{cases} C = \dfrac{1}{2}\sqrt{Rr} \\ \sin\varphi \dfrac{R-r}{R+r} \end{cases}$$

式中　C——黏结力；

φ——内摩阻角；

R——无侧限抗压强度；

r——抗压强度。

简单拉压试验确定沥青混合料的内在参数 c、φ 值，是以一项基本假定为前提的。即在试验变量（材料组成变量、力学激励变量）相同的条件下，假定沥青混合料在压缩和拉伸两种加载方式下的内在参数值是相同的。

这种试验方法相对于三轴试验来说，在操作上要容易得多，且在一般试验机上均可以实施，易于推广应用。但其试验结果的准确性要依赖于试验技术的完善与提高，特别是拉伸试验。在拉伸试验中，有两个试验技术难关需要克服，一是沥青混合料的拉伸试验技术（拉头问题）；二是试件的偏心受拉问题。通过改进试验技术，这两个困难目前都可以克服。

内在参数 c、φ 值的确定，还可以通过沥青混合料的直剪试验来实现。这种试验方法与土的直剪试验非常类似，主要是通过测定不同正压力水 σ_i 平下的抗剪强度 τ_h，在 τ-σ_i 坐标系中绘制库仑直线，从而获得材料的 c、φ 值。

沥青混合料的直剪试验相对于三轴试验、简单拉压试验，在 c、φ 值的原理上更为直观明了，但在操作上可能更不容易实现，比如因剪切挤压而引起的破坏面不均匀问题。就现有资料来看，目前还没有见到关于沥青混合料直剪试验方面的研究报告。关于这种试验方法可行性、准确性，以及它的试验结果与三轴试验和简单拉压试验结果之间的可比性等三方面的研究工作，还有待于进一步探讨，以便确定一种较为有效和简便的方法来获得内在参数 c、φ 值。

（三）沥青与矿料之间的相互作用

沥青与矿料之间的相互作用是热拌沥青混合料结构形成的决定性因素。它直接关系到沥青混合料的强度、温度稳定性、水稳定性以及老化速度等一系列重要性能。因此，深入研究沥青与矿料之间相互作用的原理，充分认识并积极地利用与改善这个作用过程具有十分重要的意义。

研究表明，沥青与矿料相互作用时，所发生的效应是各种各样的，主要与表面效应有关。

1. 矿料对沥青的吸附作用

前苏联 Л. А. 列宾捷尔研究认为，沥青与矿料相互作用后，沥青在矿料表面产生化学组分的重新排列，在矿料表面形成一层扩散结构膜（图 5-4a），在此膜厚度以内的沥青称为结构沥青，此膜以外的沥青称为自由沥青。结构沥青与矿料之间发生相互作用，并且使沥青的性质有所改变；而自由沥青与矿料距离较远，没有与矿料发生相互作用，仅将分散的矿料黏结起来，并保持原来性质。

如果颗粒之间接触处由扩散结构膜所联结（图 5-4b），则促成沥青具有更高的黏滞度和更大的扩散结构膜的接触面积，从而可以获得更大的颗粒黏着力。反之，如颗粒之间接触处为自由沥青所联结（图 5-4c），则具有较小的黏着力。

按照物理化学观点，沥青与矿料之间的相互作用过程是个比较复杂的、多种多样的吸附过程，它们包括沥青层被矿物表面的物理吸附过程、沥青-矿料接触面上进行的化学吸附过程以及沥青组分向矿料的选择性扩散过程。

固体或液体的表面和与它进行接触的液态或气态物质分子的黏结性质，以及对气体或液体的吸着现象称为吸附。吸附作用分为物理吸附和化学吸附两种形态，对于多孔材料还有一种特别的吸附方式，就是选择性吸附。当吸附物质（吸附剂）与被吸附物质之间仅有分子作用力（即范德华力）存在时，则产生物理吸附；当接触的两种相（沥青和矿料）形成化合物时则产生化学吸附。

在引力作用下发生的物理吸附作用，会在矿料表面形成沥青的定向层，此时，被吸附的沥青不发生任何化学变化。在化学吸附的情况下，被吸附的沥青发生化学变化。但是，化学吸附作用仅触及被吸附物质的一层分子，而物理吸附时，实际上可能形成几个分子厚度的吸附层。

沥青在矿料表面上的吸附强度，很大程度上取决于这些材料之间发生的黏结性质。当存在化学键时（即产生化学吸附时），沥青与矿料的黏结最为牢固。当碳酸盐或碱性岩石与含有足够数量酸性表面活性物质的活化沥青黏结时，会发生化学吸附过程。这种表面活性物质能在沥青与矿料的接触面上，形成新的化合物。因为这些化合物不溶于水，所以矿料表面上形成的沥青层具有较高的抗水能力。而当沥青与酸性岩石（SiO_2 含量大于65%的岩石）黏结时，不会形成化学吸附化合物，故其间的黏结强度较低，遇水易剥离。

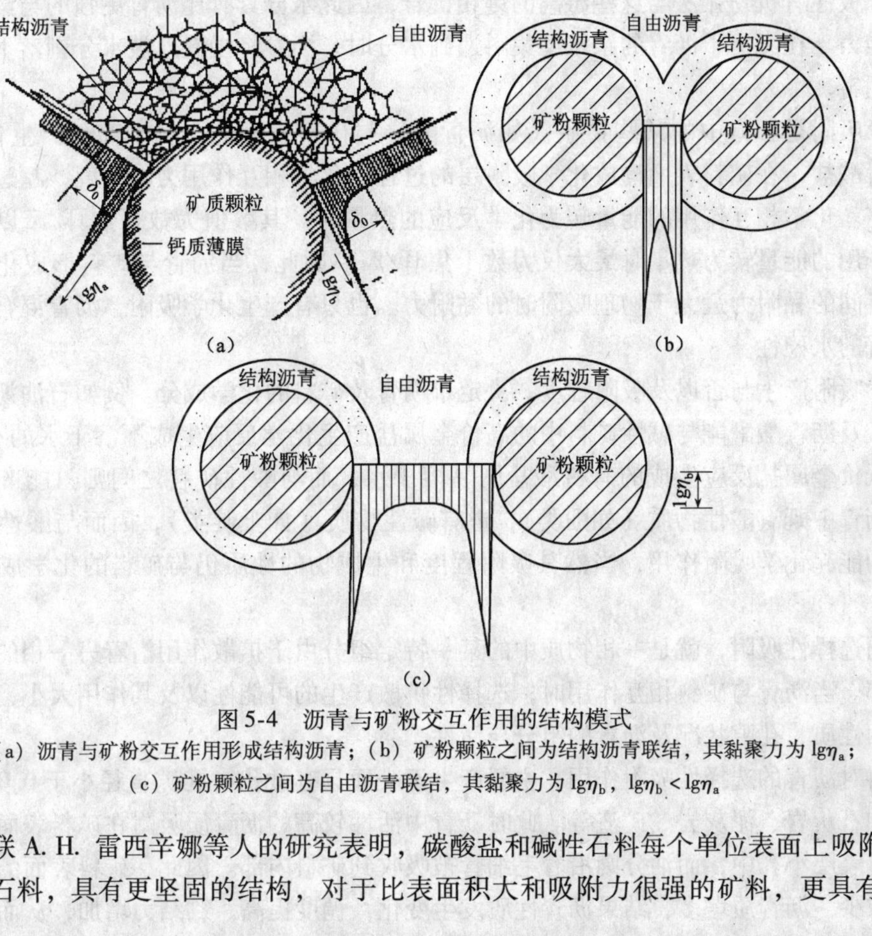

图5-4　沥青与矿粉交互作用的结构模式

（a）沥青与矿粉交互作用形成结构沥青；（b）矿粉颗粒之间为结构沥青联结，其黏聚力为 $\lg\eta_a$；（c）矿粉颗粒之间为自由沥青联结，其黏聚力为 $\lg\eta_b$，$\lg\eta_b < \lg\eta_a$

前苏联 A. H. 雷西辛娜等人的研究表明，碳酸盐和碱性石料每个单位表面上吸附的沥青多于酸性石料，具有更坚固的结构，对于比表面积大和吸附力很强的矿料，更具有特殊意义。

沥青与矿料表面的物理吸附，主要是由于表面自由能的作用。研究物质内部质点（原子、离子、分子）与位于表面的质点之间的相互作用时，可以得到关于固体或液体表面能的概念。位于固体或液体内部的每一固体或液体质点，都从各方面承受着围绕它的并和它相类似的质点的引力作用，而位于固体或液体表面的质点，只从一面受到处于固体或液体内部质点的引力气体才产生力场。气体分子对固体或液体表面质点的作用非常小，不能平衡承受从内部质点方面产生的力的作用。固体或液体表面未平衡（未补偿）元素质点的存在相当于该表面每单位面积具有一定数量的自由能，其数量等于形成表面所消耗的功。该自由能称为表面自由能或表面能力。为了降低系统能量，暴露于空气中的干燥集料的表面吸附着一些气体分子。由于沥青可以更有效地降低集料的表面自由能，因此当沥青与集料相拌合时，可以紧密地吸附于集料表面。

大多数的造岩矿物，如氧化物、碳酸盐、硅酸盐、云母、石英等，均属于亲水性的。所有亲水性矿物都具有离子键（有极性的）的晶格，因此，当它们分裂时在表面层可能有未平衡的离子——带自由价的离子。憎水性矿物具有共价键（原子键）的晶格，或者具有分子键的晶格。有些憎水性材料具有离子和分子键的晶格，即元素质点内部有牢固的离子键，质点之间有分子键。这些元素质点的表面几乎没有未补偿的键。

对于亲水型集料由于表面具有较多的未饱和键，易与水以氢键等形式结合在一起，而沥青中的非极性有机物无法与这些游离的键相键合，因此水分具有比沥青更强的与集料表面相吸附的能力。在裹覆了沥青的亲水型集料遇到水分时，沥青将慢慢地被水分剥落下来，而产生了水损害。

化学吸附是沥青中的某些物质（如沥青酸）与矿料表面的金属阳离子产生化学反应，生成沥青酸盐，在矿料表面构成化学吸附层的过程。化学相互作用力的强度，超过分子力作用许多倍。化学相互作用的能量转为化学反应的热量时，其数值为数百焦耳/摩以上，而物理相互作用的能量转为热量时最大仅为数十焦耳/摩。因此，当沥青与矿料形成化学吸附层时，相互间的黏附力远大于物理吸附时的黏附力。也只有产生化学吸附，沥青混合料才可能具有良好的水稳性。

化学吸附产生与否以及吸附程度，决定于沥青及矿料的化学成分。例如石油沥青中因含有沥青酸及沥青酸酐能与碱性矿料中的高价金属盐产生化学反应生成不溶于水的有机酸盐，其再与低价金属盐反应生成的有机酸盐则易溶于水，而与酸性矿料之间则只能产生物理吸附。煤沥青中既有酸性物质（如酚类），也有碱性物质（如吡啶类），因而与酸性矿料及碱性矿料均能起化学吸附作用，当然其吸附程度和生成物的性质仍与矿料的化学成分密切相关。

所谓选择性吸附，就是一相物质中的某一特定组分由于扩散作用沿着另一相的微孔渗入到其内部。当沥青与矿料相互作用时，选择性扩散产生的可能性以及其作用大小，取决于矿料的表面性质、孔隙状况及沥青的组分与活性。

矿料对沥青的选择性吸附作用，主要产生于表面具有微孔（孔隙直径小于0.02mm）的矿料，如石灰岩、泥灰岩、矿渣等。此时沥青中活性较高的沥青质吸附在矿料表面，树脂吸附在矿料表层小孔中，而油分则沿着毛细管被吸收到矿料内部。因此，矿料表面的树脂和油分相对减少，沥青质增多，结果沥青性质发生变化，稠度提高、黏结力增加，从而在一定程度上改善了沥青混合料的热稳性与水稳性。

沥青与多孔的材料相互作用的特点，一方面取决于表面性质和吸附物的结构（孔隙的大小及其位置），另一方面与沥青的特性有关（主要是活性和基团组成）。矿料表面上如有微孔，就会大大改变其与沥青相互作用的条件，微孔具有极大的吸附势能，因而孔中吸附大部分的沥青表面活性组分。当沥青与结构致密的矿料（如石英岩）相互作用时，上述过程就失去了必要的条件，因而其对沥青的选择性吸附不显著。

2. 沥青与初生矿物表面的相互作用

沥青与初生矿物表面的相互作用是一种特殊的作用形式，因为它决定于化学-力学过程，并与上面叙述的化学吸附同时发生。

化学-力学是一个比较新的科学领域，它研究力学作用对各种物质所产生的范围极广的现象。许多研究人员对化学-力学有着特殊兴趣，这与在力学作用时有可能在一定条件下引起化学过程有关。因此，利用化学-力学手段进行材料机械加工过程的研究具有非常广阔的前景。远在 1873 年，卡列 . M. 里曾经指出，某些化学反应只能在力学作用的条件下才会更有效，或是一般只能在这种作用下才能发生反应。

引起固体中大部分力学-化学过程的最重要的因素有：化学活性很大的新表面的产生；受机械力破坏而形成的颗粒表面层的结构变化；初生颗粒表面上进行的化学反应。

固体受机械力作用产生的初生表面的能量状态的研究，包括初生表面的带电及其吸附能力的研究，重新形成的颗粒表层结构的研究，以及自由基的产生过程和基的相互反应过程等。

b. b. 德拉金指出，颗粒经磨碎后成为带电颗粒，并且电荷的正负与大小取决于颗粒的大小和物质的性质。初生表面的带电，在矿料的活化过程中起着一定的作用。

决定初生表面具有很高的化学活性的一个因素是由于出现自由基，自由基是借助机械力的破坏作用，使化学键断开而产生的。化学键在机械力作用下断开的可能性是史塔乌金捷尔最先提出的。1952 年，帕依克和瓦特森证实了在这种情况下可能产生自由基。

自由基是分子的残余部分，或是处于电子受激震状态下的分子，它具有很大的化学活性。自由基的主要化学特性是，具有很高的反应能力，这种能力与自由化合价有关，自由基易与一般的饱和分子起化学反应。

初生表面很高的活性，也与磨碎过程中形成的颗粒表面层的结构变化有关。例如，德姆波斯捷尔等人的研究表明，磨碎的石英表面是由变化了的含结晶硅砂层所组成。阿尔姆斯特朗格观测到磨碎石英颗粒表层的非晶形性，并且某些磨碎破坏的深度约为 50 ~ 100μm。在磨碎的石英表面上，非晶形层的厚度达 40nm。

因磨细而产生的颗粒表面层的松散结构，有助于它的反应能力和吸附能力，从而提高了其活化效果。

顺磁共振试验表明，矿料中自由基的浓度随磨碎时间的增长而增大，试验还证明，当沥青与花岗石或石英进行一般的拌合时，只产生矿料与沥青的物理吸附，而在沥青与花岗石或石英一起磨碎的过程中，沥青和矿料之间发生了化学键。

在沥青与矿料一起磨碎的过程中，沥青与矿料表面的相互作用，与沥青和早先磨细的矿料拌合时的相互作用，有着明显的差别，前者化学吸附的沥青量及其随磨碎时间的增长速率均明显高于后者。

（四）影响沥青混合料强度的因素

如前所述，沥青混合料的强度由两部分组成：矿料之间的嵌挤力与内摩阻力和沥青与矿料之间的黏聚力。下面从内因、外因两方面分析沥青混合料强度的影响因素。

1. 影响沥青混合料强度的内因

（1）沥青黏度的影响

把沥青混凝土作为一个具有多级网络结构的分散系来看待，从最细一级网络结构来看，它是各种矿质集料分散在沥青中的分散系，因此它的强度与分散相的浓度和分散介质黏度有着密切的关系。在其他因素固定的条件下，沥青混合料的黏聚力是随着沥青黏度的提高而增大的。因为沥青的黏度即沥青内部沥青胶团相互位移时，其分散介质抵抗剪切作用的抗力，所以沥青混合料受到剪切作用时，特别是受到短暂的瞬时荷载时，具有高黏度的沥青能赋予沥青混合料较大的黏滞阻力，因而具有较高的抗剪强度。在相同的矿料性质和组成条件下，随着黏度的提高，沥青混合料黏聚力有明显的提高，同时内摩擦角亦稍有提高。

（2）沥青与矿料化学性质的影响

在沥青混合料中，如果矿粉颗粒之间接触处是由结构沥青膜所联结，这样促成沥青具有更高的黏度和更大的扩散溶化膜的接触面积，因而可以获得更大的黏聚力。反之，如颗粒之间接触处是自由沥青所联结，则具有较小的黏聚力。

沥青与矿料相互作用不仅与沥青的化学性质有关，而且与矿粉的性质有关。H. M 鲍尔雷曾采用紫外线分析法对两种最典型的矿粉进行研究，在石灰石粉和石英石粉的表面上形成一层吸附溶化膜，如图 5-5 所示。研究认为，在不同性质矿粉表面形成结构和厚度不同的吸附溶化膜，所以在沥青混合料中，当采用石灰石矿粉时，矿粉之间更有可能通过结构沥青来联结，因而具有较高的黏聚力。

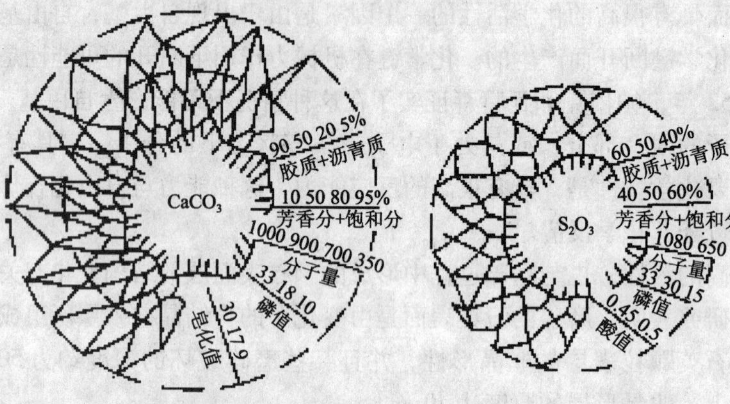

（a） （b）

图 5-5 不同矿粉的吸附溶化膜结构图示

（a）石灰石矿粉；（b）石英石矿粉

（3）矿料比表面积的影响

由前述沥青与矿粉交互作用的原理可知，结构沥青的形成主要是由于矿料与沥青的交互作用，而引起沥青化学组分在矿料表面的重分布。所以在相同的沥青用量条件下，与沥青产生交互作用的矿料表面积越大，则形成的沥青膜越薄，则在沥青中结构沥青所占的比率越大，因而沥青混合料的黏聚力也越高。通常在工程应用上，以单位质量集料的总表面积来表示表面积的大小，称为比表面积。

为增加沥青与矿料物理-化学作用的表面积，在沥青混合料配料时，必须含有适当的矿粉。提高矿粉细度和增加矿粉比表面积，所以对矿粉细度也有一定的要求。希望小于 0. 075mm 粒径的含量不要过少；但是小于 0. 005mm 部分的含量亦不宜过多，否则将使沥青混合料结成团块，不易施工。

（4）沥青用量的影响

在固定质量的沥青和矿料的条件下，沥青与矿料的比例（即沥青用量）是影响沥青混合料抗剪强度的重要因素。

在沥青用量很少时，沥青不足以形成结构沥青的薄膜来黏结矿料颗粒。随着沥青用量的增加，结构沥青逐渐形成。沥青更为完满地包裹在矿料表面，使沥青与矿料间的黏附力随着沥青的用量增加而增加。当沥青用量足以形成薄膜并充分黏附在矿料颗粒表面时，沥青胶浆具有最优的黏聚力。随后，如沥青用量继续增加，则由于沥青用量过多，逐渐将矿料颗粒推开，在颗粒间形成未与矿料交互作用的自由沥青，则沥青胶浆的黏聚力随着自由沥青的增加而降低。当沥青用量增加至某一用量后，沥青混合料的黏聚力主要取决于自由沥青，所以抗剪强度几乎不变。随着沥青用量的增加，沥青不仅起着黏结剂的作用，而且还起着润滑剂的作用，降低了粗集料的相互密排作用，因而降低了沥青混合料的内摩擦角。

沥青用量不仅影响沥青混合料的黏聚力，同时也影响沥青混合料的内摩擦角。随着沥青用量的增加，沥青混合料的内摩擦角逐渐降低。

(5) 矿质集料的级配类型、粒度、表面性质的影响

沥青混合料的强度与矿质集料在沥青混合料中的分布情况有密切关系。沥青混合料有密级配、开级配和间断级配等不同组成结构类型已如前述，因此矿料级配类型是影响沥青混合料强度的因素之一。

此外，沥青混合料中，矿质集料的粗度、形状和表面粗糙度对沥青混合料的强度都具有极为明显的影响。因为颗粒形状及其粗糙度，在很大程度上将决定混合料压实后颗粒间相互位置的特性和颗粒接触有效面积的大小。通常具有显著的面和棱角，各方向尺寸相差不大，近似正方体，以及具有明显细微凸出的粗糙表面的矿质集料，在碾压后能相互嵌挤锁结而具有很大的内摩擦角。在其他条件相同的情况下，这种矿料所组成的沥青混合料较之圆形而表面平滑的颗粒具有较高的抗剪强度。

许多试验证明，要想获得具有较大内摩擦角的矿质混合料，必须采用粗大、均匀的颗粒。

在其他条件下，矿质集料颗粒越粗，所配制的沥青混合料越具有较高的内摩擦角。相同粒径组成的集料，卵石的内摩擦角较碎石为低。

2. 影响沥青混合料强度的外因

(1) 温度的影响

沥青混合料是一种热塑性材料，它的抗剪强度随着温度的升高而降低。在材料参数中，黏聚力随温度升高而显著降低，但是内摩擦角受温度变化的影响较小。

(2) 形变速率的影响

沥青混合料是一种粘-弹性材料，它的抗剪强度与形变速率有密切关系。在其他条件相同的情况下，变形速率对沥青混合料的内摩擦角影响较小，而对沥青混合料的黏聚力影响较为显著。试验资料表明，黏聚力随变形速率的减小而显著提高，而内摩擦角随变形速率的变化很小。

综上所述可以认为，得到高强度沥青混合料的基本条件是：密实的矿物骨架，高黏度沥青。

过多的沥青用量和矿物骨架空隙率的增大，都会使削弱沥青混合料结构黏聚力的自由沥青量增多。上面已经指出沥青与矿粉在一定配比下的强度，可达到二元系统（沥青与矿粉）的最高值。这就是说，矿粉在混合料中的某种浓度下，能形成黏结相当牢固的空间结构。

显然，为使沥青混合料产生最高的强度，应设法使自由沥青含量尽可能地少或完全没有。但是，必须有某种数量的自由沥青，以保证应有的耐侵蚀性，以及沥青混合料具有最佳的塑性。因此最好的沥青混合料结构，不是用最高强度来表示，而是所需要的合理强度。这种强度应配合沥青混合料在低温下具有充分的变形能力以及耐侵蚀性。

上面已经指出，选择空隙率最低的沥青混合料的矿料级配，能降低自由沥青量，因此许

多国家都规定了矿料最大空隙率。此外，自由沥青量也取决于空隙的填满程度。配比正确的沥青混合料中，被沥青所充满的颗粒之间的空隙容积，应不超过总空隙的80%～85%，以免在温度升高时沥青溢出。这种可能性是因为沥青比矿质材料具有更高的体积膨胀系数。除此之外，自由沥青的填满程度过大，还会导致路面的附着力（摩阻力）降低。

沥青混合料的拌制与压实工艺的进一步完善，也能大大减少了自由沥青量，并大大提高了沥青混合料的结构强度。

二、沥青混合料的技术性质和技术标准

沥青混合料作为沥青路面材料，在使用过程中要承受行驶车辆荷载的反复作用，以及环境因素的长期影响。所以沥青混合料在具备一定的承载能力的同时，还必须具有良好的抵抗自然因素作用的耐久性，也就是说，要能表现出足够的高温环境下的稳定性、低温状况下的抗裂性、良好的水稳定性、持久的抗老化性和利于安全的抗滑性等诸多技术特点，以保证沥青路面良好的服务功能。

（一）沥青混合料的技术性质

1. 高温稳定性（Stability）

沥青混合料是一种典型的粘-弹-塑性材料，它的承载能力或模量随着温度的变化而改变，温度升高，承载力下降。特别是在高温条件下或长时间承受荷载作用时会产生明显的变形，变形中的一些不可恢复的部分累积成为车辙，或以波浪和壅包的形式表现在路面上。所以沥青混合料的高温稳定性是指在高温条件下，沥青混合料能够抵抗车辆反复作用，不会产生显著永久变形，保证沥青路面平整的特性。

对于沥青混合料的高温稳定性，实际工作中通过马歇尔稳定度试验方法和车辙试验法进行测定和评价。

（1）马歇尔稳定度试验：该试验用来测定沥青混合料试样在一定条件下承受破坏荷载能力的大小和承载时变形量的多少。稳定度是指试件受压至破坏时能承受的最大荷载（Mashall Stability 简称 MS，单位：kN）。而流值则是达到最大荷载时试件的垂直变形（Flow value 简称 FL，单位：0.1mm）。

（2）车辙试验：用来模拟车辆轮胎在路面上行驶时所形成的车辙深度的多少，是对沥青混合料高温稳定性进行评价的一种试验方法。试验采用标准方法成型沥青混合料板型试件，在规定的试验温度和轮碾条件下，沿试件表面同一轨迹反复碾压行走，测定试件表面在试验过程中形成的车辙深度。以每产生 1mm 车辙变形所需要的碾压次数（称之为动稳定度）作为评价沥青混合料抗车辙能力大小的指标。显然动稳定度值越大，相应沥青混合料高温稳定性越好。

影响沥青混合料高温稳定性的主要因素有沥青的用量，沥青的黏度，矿料的级配，矿料的尺寸、形状等。过量沥青，不仅降低了沥青混合料的内摩阻力，而且在夏季容易产生泛油现象，因此，适当减少沥青的用量，可以使矿料颗粒更多地以结构沥青的形式相联结，增加混合料黏聚力和内摩阻力，提高沥青的黏度，增加沥青混合料抗剪变形的能力。由合理矿料级配组成的沥青混合料，可以形成骨架密实结构，这种混合料的黏聚力和内摩阻力都比较大。在矿料的选择上，应挑选粒径大的，有棱角的矿料颗粒，提高混合料的内摩擦角。另外，还可以加入一些外加剂，来改善沥青混合料的性能。所有这些措施，都是为了提高沥青

混合料的抗剪强度和减少塑性变形，从而增强沥青混合料的高温稳定性。

2. 低温抗裂性

与高温变形相对应，冬季低温时沥青混合料将产生体积收缩，但在周围材料的约束下，沥青混合料不能自由收缩，从而在结构层内部产生温度应力。由于沥青材料具有一定的应力松弛能力，当降温速率较为缓慢时，所产生的温度应力会随时间逐渐松弛减小，不会对沥青路面产生明显的消极影响。但当气温骤降时，这时产生的温度应力就来不及松弛，当温度应力超过沥青混合料允许应力值时，沥青混合料被拉裂，导致沥青路面出现裂缝造成路面的破坏。因此要求沥青混合料应具备一定的低温抗裂性能，即要求沥青混合料具有较高的低温强度或较大的低温变形能力。

目前用于研究和评价沥青混合料低温性能的方法可以分为三类：预估沥青混合料的开裂温度、评价沥青混合料的低温变形能力或应力松弛能力和评价沥青混合料断裂能等几种方法。

3. 耐久性

耐久性是指沥青混合料在使用过程中抵抗环境不利因素的能力及承受行车荷载反复作用的能力，主要包括沥青混合料的抗老化性、水稳性、抗疲劳性等几个方面。

沥青混合料的老化主要是受到空气中氧、水、紫外线等因素的作用，引发沥青材料多种复杂的物理化学变化，逐渐使沥青变硬、发脆，最终导致沥青老化，产生裂纹或裂缝等与老化有关的病害。水稳定性问题是因为水的影响，促使沥青从集料表面剥离而降低沥青混合料的黏结强度，最终造成混合料松散被车轮带走，形成大小不等的坑槽及水损害现象。

影响沥青混合料耐久性的因素很多，一个很重要的因素是沥青混合料的空隙率。空隙率的大小取决于矿料的级配、沥青材料的用量以及压实程度等多个方面。沥青混合料中的空隙率小，环境中易造成老化的因素介入的机会就少，所以从耐久性考虑，希望沥青混合料空隙率尽可能地小一些。但沥青混合料中还必须留有一定的空隙，以备夏季沥青材料的膨胀变形之用。另一方面，沥青含量的多少也是影响沥青混合料耐久性的一个重要因素。当沥青用量较正常用量减少时，沥青膜变薄，则混合料的延伸能力降低，脆性增加；同时因沥青用量偏少，混合料空隙率增大，沥青暴露于不利环境因素的可能性加大，加速老化，同时还增加了水侵入的机会，造成水损害。综上所述，我国现行规范采用空隙率、饱和度和残留稳定度等指标来表征沥青混合料的耐久性。

4. 抗滑性

抗滑性是保障公路交通安全的一个很重要因素，特别是行驶速度很高的高速公路，确保沥青路面的抗滑性要求显得尤为重要。

沥青路面的抗滑性主要取决于矿料自身或级配形成的表面构造深度、颗粒形状与尺寸、抗磨光性等方面。因此，用于沥青路面表层的粗集料应选用表面粗糙、坚硬、耐磨、抗冲击性好、磨光值大的碎石或破碎的碎砾石集料。同时，沥青用量对抗滑性也有非常大的影响，沥青用量超过最佳用量的0.5%，就会使沥青路面的抗滑性指标有明显的降低，所以对沥青路面表层的沥青用量要严格控制。

5. 施工和易性

沥青混合料应具备良好的施工和易性，要求在整个施工的各个工序中，尽可能使沥青混合料的集料颗粒以设计级配要求的状态分布，集料表面被沥青膜完整覆盖，并能被压实到规定的密度，这是保证沥青混合料实现上述路用性能的必要条件。

影响沥青混合料施工和易性的因素首先是材料组成。例如，当组成材料确定后，矿料级配和沥青用量都会对和易性产生一定影响。如采用间断级配的矿料，当粗细集料颗粒尺寸相差过大，缺乏中间尺寸颗粒时，沥青混合料容易离析。又比如当沥青用量过少时，则混合料疏松且不易压实；但当沥青用量过多时，则容易使混合料黏结成团，不易摊铺。另一个影响和易性的因素是施工条件，例如施工时的温度控制。如温度不够，沥青混合料就难以拌合充分，而且不易达到所需的压实度；但温度偏高，则会引起沥青老化，严重时将会明显影响沥青混合料的路用性能。

（二）热拌沥青混合料的技术标准

随着公路建设的不断发展和对沥青混合料及沥青路面认识的不断深入，现行规范中有关沥青混合料的技术要求已不能完全满足当今路用性能发展的需要。因此，对现有规范进行了修订。新规范《公路沥青路面施工技术规范》(JTG F40—2004）就沥青混合料相关标准作了一定的变动。

1. 沥青路面使用性能气候分区（表5-2）

表5-2 沥青路面使用性能气候分区

气候分区指标		气候分区			
按照高温指标	高温气候区	1	2	3	
	气候区名称	夏炎热区	夏热区	夏凉区	
	最热月平均最高气温（℃）	>30	20~30	<20	
按照低温指标	低温气候区	1	2	3	4
	气候区名称	冬严寒区	冬寒区	冬冷区	冬温区
	极端最低气温（℃）	< -37.0	-37.0 ~ -21.5	-21.5 ~ -9.0	> -9.0
按照雨量指标	雨量气候区	1	2	3	4
	气候区名称	潮湿区	湿润区	半干区	干旱区
	年降雨量（mm）	>1000	1000~500	500~250	<250

2. 热拌沥青混合料马歇尔试验技术标准（表5-3）

表5-3 密级配沥青混凝土混合料马歇尔试验技术标准

试验指标		密级配热拌沥青混合料（DAC）					
		高速公路、一级公路、城市快速路、主干路				其他等级公路	行人道路
		中轻交通	重交通	中轻交通	重交通		
		夏炎热区		夏热区及夏凉区			
击实次数（双面）		75				50	50
试件尺寸（mm）		ϕ101.6mm×63.5mm					
空隙率（%）	深90mm以内	3~5	4~6	2~4	3~5	3~6	2~4
	深90mm以下	3~6		2~4	3~6	3~6	—
稳定度（kN）≥		8				5	3
流值（mm）		2~4	1.5~4	2~4.5	2~4	2~4.5	2~5

续表

试验指标		密级配热拌沥青混合料（DAC）					
		高速公路、一级公路、城市快速路、主干路				其他等级公路	行人道路
		中轻交通	重交通	中轻交通	重交通		
		夏炎热区		夏热区及夏凉区			
矿料间隙率（%）≥	设计空隙率（%）	相应于以下公称最大粒径（mm）的最小 V_{MA} 及 V_{FA} 技术要求					
		26.5	19	16	13.2	9.5	4.75
	2	10	11	11.5	12	13	15
	3	11	12	12.5	13	14	16
	4	12	13	13.5	14	15	17
	5	13	14	14.5	15	16	18
	6	14	15	15.5	16	17	19
沥青饱和度（%）		55~70		65~75		70~85	

3. 沥青混合料的高温稳定性指标

对用于高速公路、一级公路和城市快速路、主干路沥青路面上面层和中面层的沥青混合料进行配合比设计时，应进行车辙试验检验。

沥青混合料的动稳定度应符合表5-4的要求。对于交通量特别大，超载车辆特别多的运煤专线、厂矿道路，可以通过提高气候分区等级来提高对动稳定度的要求。对于轻型交通为主的旅游区道路，可以根据情况适当降低要求。

表5-4　沥青混合料车辙试验动稳定度技术要求

气候条件与技术指标	相应下列气候分区所要求的动稳定度 D_S（次/mm）								
七月平均最高温度（℃）	>30（夏炎热区）				20~30（夏热区）				<20（夏凉区）
	1-1	1-2	1-3	1-4	2-1	2-2	2-3	2-4	3-1
普通沥青混合料≥	800		1000		600		800		600
改性沥青混合料≥	2400		2800		2000		2400		1800

4. 沥青混合料的低温抗裂性指标

为了提高沥青路面的低温抗裂性，应对沥青混合料进行低温弯曲试验，试验温度为 -10℃，加载速度为50mm/min。沥青混合料的破坏应变应满足表5-5的要求。

表5-5　沥青混合料低温弯曲试验破坏应变技术要求

气候条件与技术指标	相应于下列气候分区所要求的破坏应变（μm）								
年极端最低温度（℃）及气候分区	< -37.0（冬严寒区）		-37.0~-21.5（冬寒区）			-21.5~-9.0（冬冷区）		> -9.0（冬温区）	
	1-1	2-1	1-2	2-2	3-2	1-3	2-3	1-4	2-4
普通沥青混合料≥	2600		2300			2000			
改性沥青混合料≥	3000		2800			2500			

5. 沥青混合料的水稳定性指标

沥青混合料应具有良好的水稳定性，在进行沥青混合料配合比设计及性能评价时，除了对沥青与石料的黏附性等级进行检验外，还应在规定条件下进行沥青混合料的浸水马歇尔试验和冻融劈裂试验。残留稳定度和冻融劈裂残留强度比应满足表5-6的要求。

表5-6 沥青混合料水稳定性技术要求

年降雨量（mm）及气候分区		>1000（潮湿区）	100～500（湿润区）	500～250（半干区）	<250（干旱区）
浸水马歇尔试验的残留稳定度（%）≥	普通沥青混合料	80		75	
	改性沥青混合料	85		80	
冻融劈裂试验的残留强度比（%）≥	普通沥青混合料	75		70	
	改性沥青混合料	80		75	

三、沥青混合料配合比设计

沥青混合料配合比设计的任务就是通过确定粗集料、细集料、填料和沥青之间的比例关系，使沥青混合料的各项指标达到工程要求。

沥青混合料配合比设计包括：目标配合比设计、生产配合比设计和试拌试铺配合比调整三个阶段。本节主要着重介绍目标配合比设计。

目标配合比设计分为矿质混合料组成设计和沥青最佳用量确定两部分。

1. 矿质混合料的配合比组成设计

矿质混合料配合比组成设计的目的是选配一个具有足够密实度并且有较高内摩阻力的矿质混合料，可以根据级配理论，计算出需要的矿质混合料的级配范围。但是为了应用已有的研究成果和实践经验，通常是采用规范推荐的矿质混合料级配范围来确定。按现行规范沥青路面工程的混合料设计级配范围由工程设计文件或招标文件规定，密级配沥青混合料的设计级配宜在表5-7、表5-8规定的级配范围内，根据公路等级、工程性质、气候条件、交通条件、材料品种等因素，通过对条件大体相当的工程使用情况进行调查研究后调整确定，必要时允许超出规范级配范围。密级配沥青稳定碎石混合料可直接以表5-7、表5-8规定的级配范围作工程设计级配范围使用。

（1）确定沥青混合料类型

沥青混合料类型根据道路等级、路面类型、所处的结构层位，按表5-9选定。

（2）确定矿质混合料的级配范围

各国对沥青混合料的最大粒径（D）同路面结构层最小厚度的关系均有规定，我国研究表明：随 h/D 增大，耐疲劳性提高，但车辙量增大。相反 h/D 减小，车辙量也减小，但耐久性降低，特别是在（h/D）<2时，疲劳耐久性急剧下降。《公路沥青路面施工技术规范》（JTG F40—2004）中提出，对热拌沥青混合料，沥青层每层的压实厚度不宜小于集料公称最大粒径的2.5～3倍，，对SMA和OGFC等嵌挤型混合料不宜小于公称最大粒径的2～2.5倍。所以，实际设计中考虑矿料最大粒径和路面结构层厚度之间的匹配关系，针对道路等级、路面结构层位，根据设计要求的路面结构层厚度选择适宜的矿料类型，再根据规范及技术经济论证后确定相应的混合料的矿料级配范围。

（3）矿质混合料配合比例计算

① 组成材料的原始数据测定

表 5-7　沥青混合料矿料级配范围

级配类型		通过下列筛孔（方孔筛，mm）的质量百分率（%）														
		53.0	37.5	31.5	26.5	19.0	16.0	13.2	9.5	4.75	2.36	1.18	0.6	0.3	0.15	0.075
密级配沥青混凝土混合料 DAC（AC）																
粗粒式	DAC-25			100	90～100	75～90	65～83	57～76	45～65	24～52	16～42	12～33	8～24	5～17	4～13	3～7
中粒式	DAC-20				100	90～100	78～92	62～80	50～72	26～56	16～44	12～33	8～24	5～17	4～13	3～7
	DAC-16					100	90～100	76～92	60～80	34～62	20～48	13～36	9～26	7～18	5～14	4～8
细粒式	DAC-13						100	90～100	68～85	38～68	24～50	15～38	10～28	7～20	5～15	4～8
	DAC-10							100	90～100	45～75	30～58	20～44	13～32	9～23	6～16	4～8
砂粒式	DAC-5								100	90～100	55～75	35～55	20～40	12～28	7～18	5～10
密级配沥青稳定碎石 ATB																
特粗	ATB-40	100	90～100	75～92	65～85	49～71	43～63	37～57	30～50	20～40	15～32	10～25	8～18	5～14	3～10	2～6
粗粒式	ATB-30		100	90～100	70～90	53～72	44～66	39～60	31～51	20～40	15～32	10～25	8～18	5～14	3～10	2～6
	ATB-25			100	90～100	70～80	48～68	42～62	32～52	20～40	15～32	10～25	8～18	5～14	3～10	2～6

表 5-8 （传统型）沥青混合料矿料级配及沥青用量范围（方孔筛）

级配类型			通过下列筛孔（方孔筛，mm）的质量百分率（%）															沥青用量（%）
			53.0	37.5	31.5	26.5	19.0	16.0	13.2	9.5	4.75	2.36	1.18	0.6	0.3	0.15	0.075	
沥青混凝土	粗粒	AC-30 Ⅰ		100	90~100	79~92	66~82	59~77	52~72	43~63	32~52	25~42	18~32	13~25	8~18	5~13	3~7	4.0~6.0
		Ⅱ		100	90~100	65~85	52~70	45~65	38~58	30~50	18~38	12~28	8~20	4~14	3~11	2~7	1~5	3.0~5.0
		AC-25 Ⅰ			100	95~100	75~90	62~80	53~73	43~63	32~52	25~42	18~32	13~25	8~18	6~13	3~7	4.0~6.0
		Ⅱ			100	90~100	65~85	52~70	42~62	32~52	20~40	13~30	9~23	6~16	4~12	3~8	2~5	3.0~5.0
	中粒	AC-20 Ⅰ				100	95~100	75~90	62~80	52~72	38~58	28~46	20~34	15~27	10~20	4~14	4~8	4.0~6.0
		Ⅱ				100	90~100	65~85	52~70	40~76	26~45	16~33	11~25	7~18	4~13	3~9	2~5	3.5~5.5
		AC-16 Ⅰ					100	95~100	75~90	58~78	42~63	32~50	22~37	16~28	11~21	7~15	4~8	4.0~6.0
		Ⅱ					100	90~100	65~85	50~70	30~50	18~35	12~26	7~19	4~14	3~9	2~5	3.5~5.5
	细粒	AC-13 Ⅰ						100	95~100	70~88	48~68	36~53	24~41	18~30	12~22	8~16	4~8	4.5~6.5
		Ⅱ						100	90~100	60~80	34~52	22~38	14~28	8~20	5~14	3~10	2~6	4.0~6.0
		AC-10 Ⅰ							100	95~100	55~75	38~58	26~43	17~33	10~24	6~16	4~9	5.0~7.0
		Ⅱ							100	90~100	40~60	24~42	15~30	9~22	6~15	4~10	2~6	4.5~6.5
	砂粒	AC-5 Ⅰ								100	95~100	55~75	35~55	20~40	12~28	7~18	5~10	6.0~8.0

根据现场取样，对粗集料、细集料和矿粉进行筛析试验。同时测出各组成材料的相对密度，以供计算物理常数备用。

② 计算组成材料的配合比

根据各组成材料的筛析试验资料，采用图解法或电算法，计算符合要求级配范围的各组成材料用量比例。

③ 调整配合比

计算得的合成级配应根据下列要求作必要的配合比调整。

a. 通常情况下，合成级配曲线宜尽量接近级配中限，尤其应使 0.075mm、2.36mm 和 4.75mm 筛孔的通过量尽量接近级配范围中限。

表 5-9　沥青混合料类型

结构层次	高速公路、一级公路、城市快速路、主干路		其他等级公路		一般城市道路及其他道路工程	
	三层式沥青混凝土路面	两层式沥青混凝土路面	沥青混凝土路面	沥青碎石路面	沥青混凝土路面	沥青碎石路面
上面层	DAC-13 DAC-16 DAC-20	DAC-13 DAC-16	DAC-13 DAC-16	AM-13	DAC-5 DAC-13	AM-5 AM-10
中面层	DAC-20 DAC-25	— —	— —	— —	—	
下面层	DAC-25 DAC-30	DAC-20 DAC-25 DAC-30	DAC-20 DAC-25 DAC-30 AM-25 AM-30	AM-25 AM-30	DAC-20 AM-25 AM-30	AM-25 AM-30 AM-40

b. 对高速公路、一级公路、城市快速路、主干路等交通量大、轴载重的道路，宜偏向级配范围的下（粗）限。对一般道路、中、小交通量或人行道路等宜偏向级配范围的上（细）限。

c. 合成的级配曲线应接近连续或有合理的间断级配，不得有过多的犬牙交错，且在 0.3～0.6mm 范围内不出现“驼峰”。当经过再三调整，仍有两个以上的筛孔超过级配范围时，必须对原材料进行调整或更换原材料重新设计。

2. 通过马歇尔试验确定沥青混合料的最佳沥青用量

沥青混合料的最佳沥青用量（Optimum asphalt content 简称 OAC）可以通过各种理论计算的方法求得。但是由于实际材料性质的差异，按理论公式计算得到的最佳沥青用量仍然要通过试验方法修正，因此理论方法只能得到一个供试验参考的数据。采用试验方法确定沥青最佳用量目前最常用的方法有马歇尔法。

（1）制备试样

① 按确定的矿质混合料配合比计算各种矿质材料的用量。

② 根据经验确定沥青大致用量或依据表 5-7 推荐的沥青用量范围，在用量范围内制备一批沥青用量不同，且沥青用量等差变化的若干组（通常为 5 组）马歇尔试件，并要求每组试件数量不少于 4 个。

按已确定的矿质混合料类型，计算某个沥青用量条件下一个马歇尔事件或一组试件中各种规格集料的用量（试验中一个标准马歇尔试件矿料总量大多为1200g左右）。

确定一个或一组马歇尔试件的沥青用量（通常采用油石比），按要求将沥青和矿料拌制成沥青混合料，并按规范规定的击实次数和操作方法成型马歇尔试件。

（2）测定物理、力学指标

首先，测定沥青混合料试件的密度，并计算试件的理论最大密度、空隙率、沥青饱和度、矿料间隙率等参数。在测试沥青混合料密度时，应根据沥青混合料类型及密实程度选择测试方法。在工程中，吸水率小于0.5%的密实型沥青混合料试件应采用水中重法测定；较密实的沥青混合料试件应采用表干法测定；吸水率大于2%的沥青混合料、沥青碎石等不能用表干法测定的时间应采用蜡封法测定；空隙率较大的沥青碎石混合料、开级配沥青混合料可采用体积法测定。

①沥青混合料试件的实测密度

对于密实的沥青混凝土试件，其集料的吸水率不大时，采用水中重法测定。

$$\rho_s = \frac{m_a}{m_a - m_w} \times \rho_w \tag{5-1}$$

式中 ρ_s——试件实测密度，g/cm^3；

m_a——干燥试件的空气中质量；g；

m_w——试件的水中质量，g；

ρ_w——常温水的密度（≈1g/cm^3）。

对于表面较粗但较密实的沥青混凝土试件，其吸水率小于2%时，采用表干法测定。

$$\rho_s = \frac{m_a}{m_f - m_w} \times \rho_w \tag{5-2}$$

式中 m_f——试件的表干质量，g；

ρ_s，m_a，m_w，ρ_w——意义同前。

对于吸水率大于2%的沥青混凝土试件，采用蜡封法测定。

$$\rho_s = \frac{m_a}{m_p - m_c - (m_p - m_a)/\gamma_p} \times \rho_w \tag{5-3}$$

式中 m_p——蜡封试件的空气中质量，g；

m_c——蜡封试件的水中质量，g；

γ_p——常温下石蜡与水的相对密度；

ρ_s，m_a，ρ_w——意义同前。

② 沥青混合料试件的理论密度

假定沥青混合料压至绝对密实，而不考虑其内部空隙时试件的密度为理论密度。

a. 油石比（沥青与矿料的质量比）计算时，试件理论密度为

$$\rho_t = \frac{100 + p_a}{\frac{p_1}{\gamma_1} + \frac{p_2}{\gamma_2} + \cdots + \frac{p_n}{\gamma_n} + \frac{p_a}{\gamma_b}} \times \rho_w \tag{5-4}$$

式中　ρ_t——理论密度，g/cm^3；

$p_1 \cdots p_n$——各种矿料的配合比,%，（矿料总和为 $\sum_1^n P_i = 100$）；

$\gamma_1 \cdots \gamma_n$——各种矿料相对密度，g/cm^3；

p_a——油石比,%；

γ_b——沥青的相对密度，g/cm^3；

ρ_w——常温水的密度，g/cm^3。

b. 采用沥青含量（沥青质量占沥青混合料总质量的百分率）计算时，试件理论密度为：

$$\rho_t = \frac{100}{\frac{p'_1}{\gamma_1} + \frac{p'_2}{\gamma_2} + \cdots + \frac{p'_n}{\gamma_n} + \frac{p_b}{\gamma_b}} \times \rho_w \tag{5-5}$$

式中　$p'_1 \cdots p'_n$——各种矿料的配合比（%）（矿料与沥青之和为 $\sum_1^n p'_i + p_b = 100$）；

p_b——沥青含量,%；

ρ_t，γ_b，ρ_w，$\gamma_1 \cdots \gamma_n$——意义同前。

③ 沥青混合料试件的空隙率

$$VV = \left(1 - \frac{\rho_s}{\rho_t}\right) \times 100 \tag{5-6}$$

式中　VV——试件的空隙率,%；

ρ_t——试件的理论密度，g/cm^3；

ρ_s——试件的实测密度，g/cm^3。

④ 沥青混合料试件的饱和度

沥青混合料试件的饱和度也称沥青填隙率，即沥青体积占矿料以外体积的百分率。饱和度过小，沥青难以充分裹覆矿料，影响沥青混合料的黏聚性，降低沥青混凝土耐久性；饱和度过大，减少了沥青混凝土的空隙率，妨碍夏季沥青体积膨胀，引起路面泛油，降低沥青混凝土的高温稳定性，因此，沥青混合料要有适当的饱和度。

$$VFA = \frac{VA}{VMA} \times 100 \tag{5-7}$$

$$VMA = VA + VV \tag{5-8}$$

式中　VFA——试件的沥青饱和度,%；

VMA——矿料间隙率,%；

VA——试件的沥青体积百分率,%；

VV——试件空隙率,%。

沥青体积百分率是指沥青体积占试件体积的百分率。

a. 当试件采用油石比计算时，沥青体积百分率

$$VA = \frac{100 \times p_a \times \rho_s}{(100 + p_a) \times \gamma_b \times \rho_w} \tag{5-9}$$

式中 VA，p_a，ρ_s，γ_b，ρ_w——意义同前。

b. 当试件采用沥青含量计算时，沥青体积百分率

$$VA = \frac{p_b \times \rho_s}{\gamma_b \times \rho_w} \tag{5-10}$$

式中 VA，p_b，ρ_s，γ_b，ρ_w——意义同前。

随后，在马歇尔试验仪上，按照标准方法测定沥青混合料试件的马歇尔稳定度（Mashall Stability 简称 MS）和流值（Flow value）。

（3）马歇尔试验结果分析

①以油石比或沥青用量为横坐标，以马歇尔试验的各项指标为纵坐标，将试验结果绘制成沥青用量与各项指标的关系曲线，如图 5-6 所示。确定均符合本规范规定的沥青混合料技术标准的沥青用量范围 $OAC_{min} \sim OAC_{max}$。

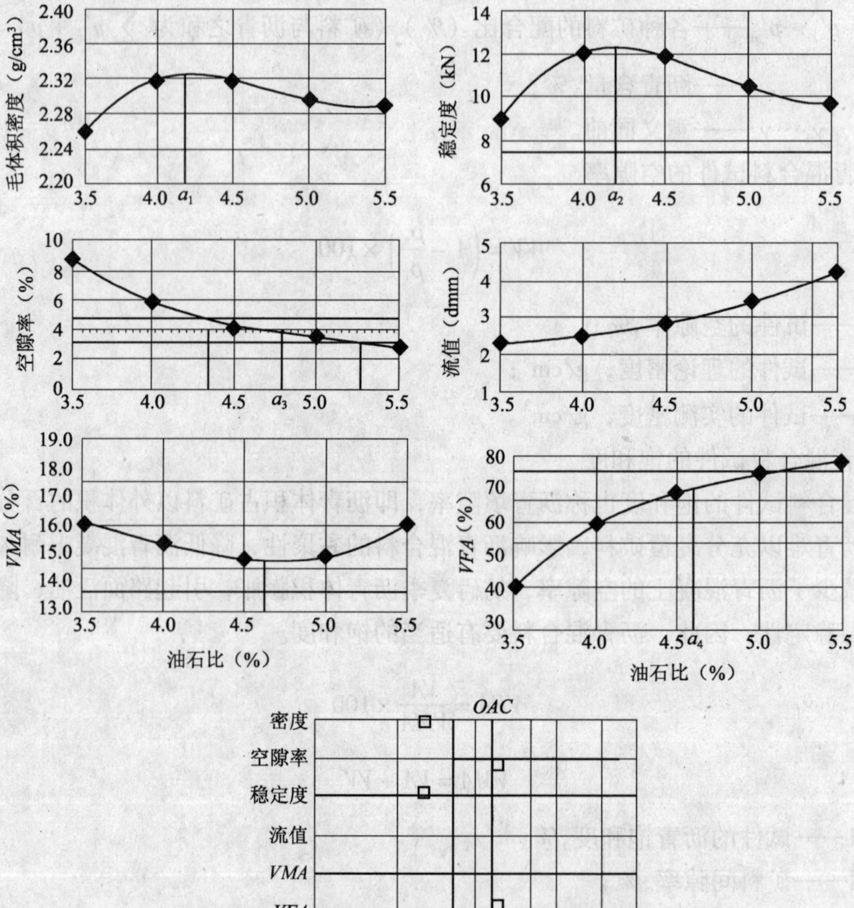

图 5-6 沥青用量与各项指标关系曲线图示例

② 根据试验曲线的走势，按下列方法确定沥青混合料的最佳沥青用量 OAC_1。

a. 在曲线图上求取相应于密度最大值、稳定度最大值、目标空隙率（或中值）、沥青饱和度范围的中值的沥青用量 a_1、a_2、a_3、a_4。按式（5-11）取平均值作为 OAC_1。

$$OAC_1 = (a_1 + a_2 + a_3 + a_4)/4 \tag{5-11}$$

b. 如果在所选择的沥青用量范围未能涵盖沥青饱和度的要求范围，按式（5-11）求取三者的平均值作为 OAC_1。

$$OAC_1 = (a_1 + a_2 + a_3)/3 \tag{5-11a}$$

以各项指标均符合技术标准（不含 *VMA*）的沥青用量范围 $OAC_{min} \sim OAC_{max}$ 的中值作为 OAC_2。

$$OAC_2 = (OAC_{min} + OAC_{max})/2 \tag{5-12}$$

通常情况下取 OAC_1 及 OAC_2 的中值作为计算的最佳沥青用量 *OAC*。

$$OAC = (OAC_1 + OAC_2)/2$$

按计算的最佳油石比 *OAC*，从图 5-6 中得出所对应的空隙率和 *VMA* 值，检验是否能满足最小 *VMA* 值的要求。

检查图 5-6 中相应于此 *OAC* 的各项指标是否均符合马歇尔试验技术标准。

（4）根据实践经验和公路等级、气候条件、交通情况，调整确定最佳沥青用量 *OAC*

① 调查当地各项条件相接近的工程的沥青用量及使用效果，论证适宜的最佳沥青用量。检查计算得到的最佳沥青用量是否相近，如相差甚远，应查明原因，必要时重新调整级配，进行配合比设计。

② 对炎热地区公路以及车辆渠化交通的高速公路、一级公路的重载交通路段，山区公路的长、大坡度路段，预计有可能产生较大车辙时，可以在中限值 OAC_2 与下限值 OAC_{min} 的范围内决定最佳沥青用量，但一般不宜小于 $OAC_2 - 0.5\%$。

③ 对冬寒区公路、旅游公路、交通量很少的公路，最佳沥青用量可以在中限值 OAC_2 与上限值 OAC_{max} 范围内决定，但一般不宜大于 $OAC_2 + 0.3\%$。

3. 沥青混合料的性能检验

通过马歇尔试验和结果分析，得到的最佳沥青用量 *OAC*（必要时应包括 OAC_1 和 OAC_2）还需进一步的试验检验，以验证沥青混合料的关键性能是否满足路用技术要求。

（1）沥青混合料的水稳定性检验

按最佳沥青用量 *OAC* 制作马歇尔试件进行浸水马歇尔试验或冻融劈裂试验，检验其残留稳定度或冻融劈裂强度是否满足要求（见表 5-6）。如不符合要求，应重新进行配合比设计，或者采用掺加抗剥剂方法来提高水稳定性。

（2）沥青混合料的高温稳定性检验

按最佳沥青用量 *OAC* 制作车辙试验试件，采用规定的方法进行车辙试验，检验设计的沥青混合料的高温抗车辙能力是否达到规定的动稳定度指标（见表 5-4）。当动稳定度不符合要求时，应对矿料级配或沥青用量进行调整，重新进行配合比设计。

如果试验中除了 *OAC* 以外，还要对 OAC_1 和 OAC_2 同时进行相应的试验检测，则要通过试验结果综合判断在何种沥青用量条件下，沥青混合料具有更好的性能表现，或能更好地满足特定路用要求，以此决定最终的最佳沥青用量。

六、沥青混合料配合比设计算例

【例题】试用马歇尔法设计某高速公路路面上面层用沥青混合料的配合组成。

【原始资料】

1. 道路等级：高速公路。

2. 气候条件：本工程地处于半干区的2-2区。

3. 路面类型：三层式沥青混凝土路面的上面层，结构层厚度为3cm。

4. 材料技术性能：

（1）沥青

根据气候分区，本工程地处半干区的2-2区，按规范选择沥青标号为90号。经检验质量符合我国道路石油沥青技术要求，其主要技术指标见表5-10。

表5-10　（A级）沥青质量检测结果

项　目			单　位	技术要求	试验结果	试验方法
针入度（25℃，100g，5s）			0.1mm	80～100	83	JTJ T0604
延度（5cm/min）		15℃	cm	≥100	>100	JTJ T0605
		10℃	cm	≥30	>30	JTJ T0605
软化点			℃	≥44	44.7	JTJ T0606
溶解度			%	>99.5	99.5	JTJ T0607
闪点			℃	>245	342	JTJ T0611
密度			g/cm^3	实测	1.003	JTJ T0603
蜡含量			%	≤2.2	0.64	JTJ T0615
TFOT后	质量损失		%	≤0.8	+0.11	JTJ T0609
	针入度比		%	≥57	79.5	JTJ T0604
	延度	15℃	cm	≥20	>80	JTJ T0605
		10℃	cm	≥8	>10	JTJ T0605

（2）矿质材料

粗集料采用某采石场的石灰石，材料筛分结果见表5-11，技术检测质量指标结果列于表5-12中，各项指标均符合规范要求，可以使用。

表5-11　矿质材料筛分结果

原材料	筛孔尺寸（mm）									
	16.0	13.2	9.5	4.75	2.36	1.18	0.6	0.3	0.15	0.075
	通过百分率（%）									
碎石	100	95	26	0	0	0	0	0	0	0
石屑	100	100	100	80	40	17	0	0	0	0
砂	100	100	100	100	94	90	76	38	17	0
矿粉	100	100	100	100	100	100	100	100	100	83

表 5-12　粗集料质量指标

指　　标	单　　位	规范要求	碎　石　规　格	
			9.5～13.2	4.75～9.5
压碎值	%	≤26	15.0	
洛杉矶磨耗值	%	≤28	19.2	
磨光值		≥40	46	
视密度	g/cm^3	≥2.60	2.720	2.712
吸水率	%	≤2.0	0.85	
针片状含量	%	≤15	5.7	—
含泥量	%	≤1	接近0	
坚硬性	%	≤12	石质良好，经判断可以不做	

细集料采用某地河砂，技术检测质量指标结果见表5-13。符合规范要求，可以使用。

表 5-13　砂的质量指标

指　　标	规　范　要　求	试　验　结　果
细度模数	粗砂：3.7～3.1 中砂：3.0～2.3	
表观密度（g/cm^3）	≥2.50	2.6227
砂当量	≥60	64
外观	—	洁净、坚硬、无杂质
<0.075mm 含量（%）	≤3	0.15
坚固性（%）	≥12	砂质良好，经判断可以不做

填料采用石灰石磨制，技术检测质量指标结果见表5-14，符合规范要求，可以使用。

表 5-14　石粉质量指标

指　　标	规　范　要　求	石　灰　石　粉
岩石品种及产地	石灰石	某地石灰石
表观密度（g/cm^3）	≥2.50	2.014
亲水系数	≤1	<1.0
含水率（%）	≤1	0.15

【设计要求】

1. 用图解法确定各种矿质集料的用量比例。
2. 用马歇尔试验确定最佳沥青用量。

【解】

1. 矿质混合料级配组成的确定

（1）确定沥青混合料类型

由原始资料可知，沥青混合料用于高速公路三层式沥青混凝土路面上面层，故参照表5-9可知，沥青混合料类型可选用DAC-13、DAC-16、DAC-20，又知该沥青路面面层厚度为3cm，因此，确定沥青混合料类型为DAC-13沥青混凝土混合料。

（2）确定矿质混合料级配范围

参照表5-7的要求，细粒式DAC-13型沥青混凝土混合料的矿质混合料级配范围见表5-15。

表5-15　矿质混合料要求级配范围

级配类型	筛孔尺寸（mm）									
	16.0	13.2	9.5	4.75	2.36	1.18	0.6	0.3	0.15	0.075
细粒式沥青混凝土（DAC-13）	100	90～100	68～85	38～68	24～50	15～38	10～28	7～20	5～15	4～8

（3）测出集料和沥青的各项指标以及矿质集料的筛分结果，见原始资料。用图解法求出矿质集料的比例关系，示意如图5-7所示，并进行调整，使合成级配尽量接近要求级配范围中值。经调整后的矿料合成级配计算列于表5-16，绘制合成级配曲线如图5-8所示。

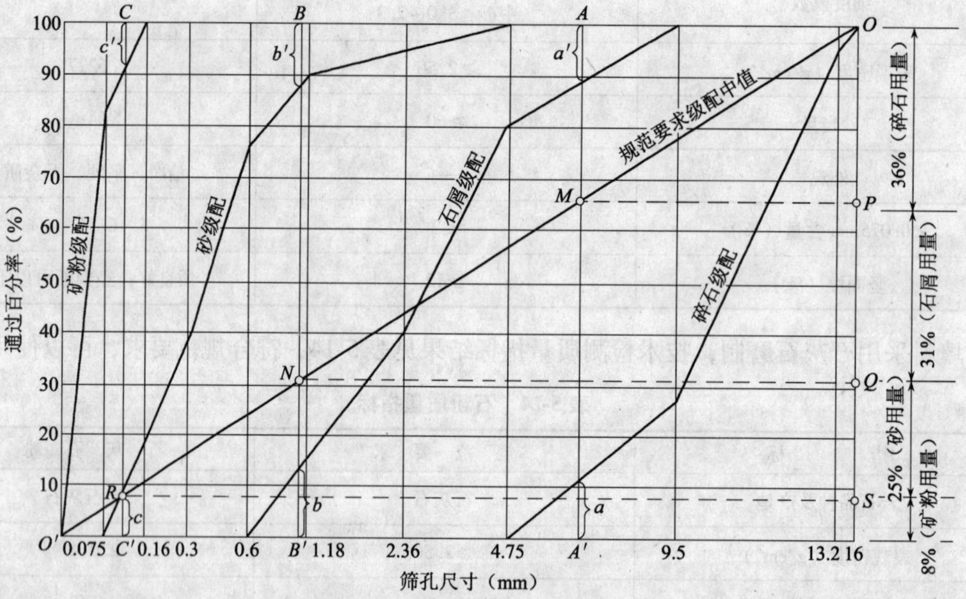

图5-7　矿质混合料配合比计算图

表5-16　矿质混合料合成级配计算表

设计混合料配合比（%）	通过下列筛孔（mm）的质量（%）									
	16.0	13.2	9.5	4.75	2.36	1.18	0.6	0.3	0.15	0.075
碎石36%（41%）	36（41）	33.8（38.5）	9.4（10.7）	0（0）	0（0）	0（0）	0（0）	0（0）	0（0）	0（0）

续表

设计混合料配合比（%）	通过下列筛孔（mm）的质量（%）									
	16.0	13.2	9.5	4.75	2.36	1.18	0.6	0.3	0.15	0.075
石屑 31% （36%）	31 (36)	31 (36)	31 (36)	24.8 (28.8)	12.4 (14.4)	4.3 (6.1)	0 (0)	0 (0)	0 (0)	0 (0)
砂 25% （15%）	25 (15)	25 (15)	25 (15)	25 (15)	23.5 (14.1)	23.0 (13.5)	19.0 (11.4)	9.5 (5.7)	4.3 (2.6)	0 (0)
矿粉 8% （8%）	8 (8)	8 (8)	8 (8)	8 (8)	8 (8)	8 (8)	8 (8)	8 (8)	8 (8)	6.6 (6.6)
合成级配	100 (100)	97.5 (97.5)	73.0 (69.7)	57.8 (51.8)	43.9 (36.5)	35.3 (27.6)	27.0 (19.4)	17.5 (13.7)	12.3 (10.6)	6.6 (6.6)
要求级配	100	90～100	68～85	38～68	24～50	15～38	10～28	7～20	5～15	4～8
级配中值	100	95.0	76.5	53.0	37.0	26.5	19.0	13.5	10.0	6.0

由此可得出矿质混合料的组成为：碎石：石屑：砂：矿粉＝41%：36%：15%：8%。

2. 沥青最佳用量的确定

（1）按上述计算所得的矿质集料级配和表 5-7 推荐的沥青用量范围，粗粒式沥青混凝土（传统 AC-13 Ⅰ）的沥青用量为 4.5%～6.5%，采用 0.5% 的间隔变化，配制 5 组马歇尔试件，试件拌制温度为 140℃，试件成型温度为 130℃，击实次数两面各夯打 75 次。成型试件经 24h 后，测定其各项指标，试验结果见表 5-17，并画出沥青用量和它们之间的关系曲线，如图 5-8 所示。

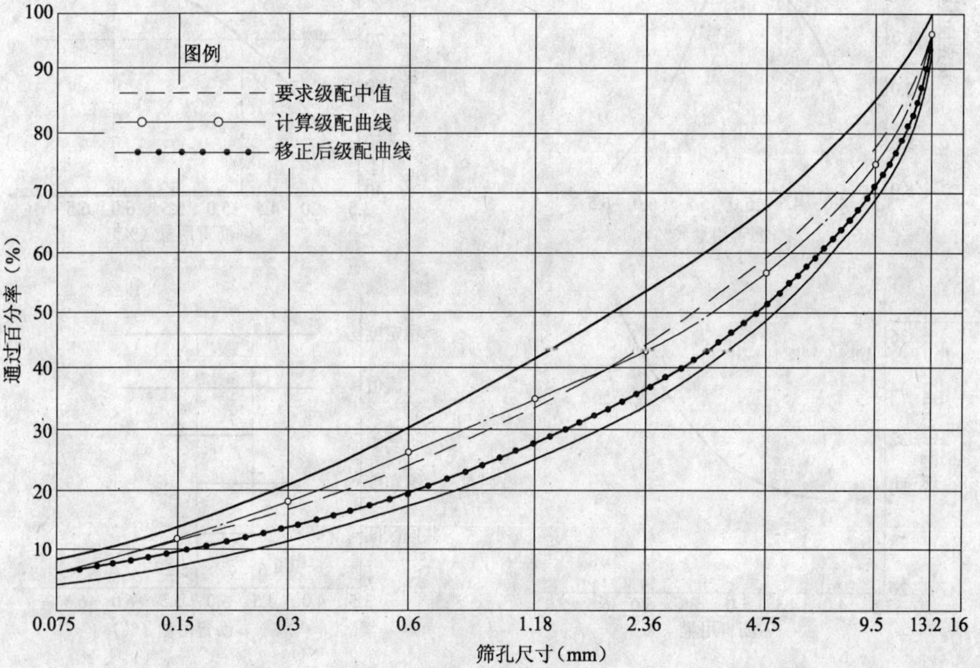

图 5-8　矿质混合料级配曲线图

表 5-17　沥青混合料马歇尔试验数据统计表

组数编号	沥青用量（%）	实测密度（g/cm^3）	空隙率（%）	饱和度（%）	稳定度（kN）	流值（0.1mm）
1	4.5	2.472	7.5	53.3	10.4	28.8
2	5.0	2.512	5.5	63.6	11.9	29.3
3	5.5	2.531	4.1	72.6	12.4	30.7
4	6.0	2.542	3.4	77.6	10.9	33.2
5	6.5	2.532	2.6	83.4	9.0	36.2

（2）从图 5-9 中可以得出 $a_1=5.5\%$，$a_2=5.0\%$，$a_3=5.0\%$，$a_4=4.7\%$

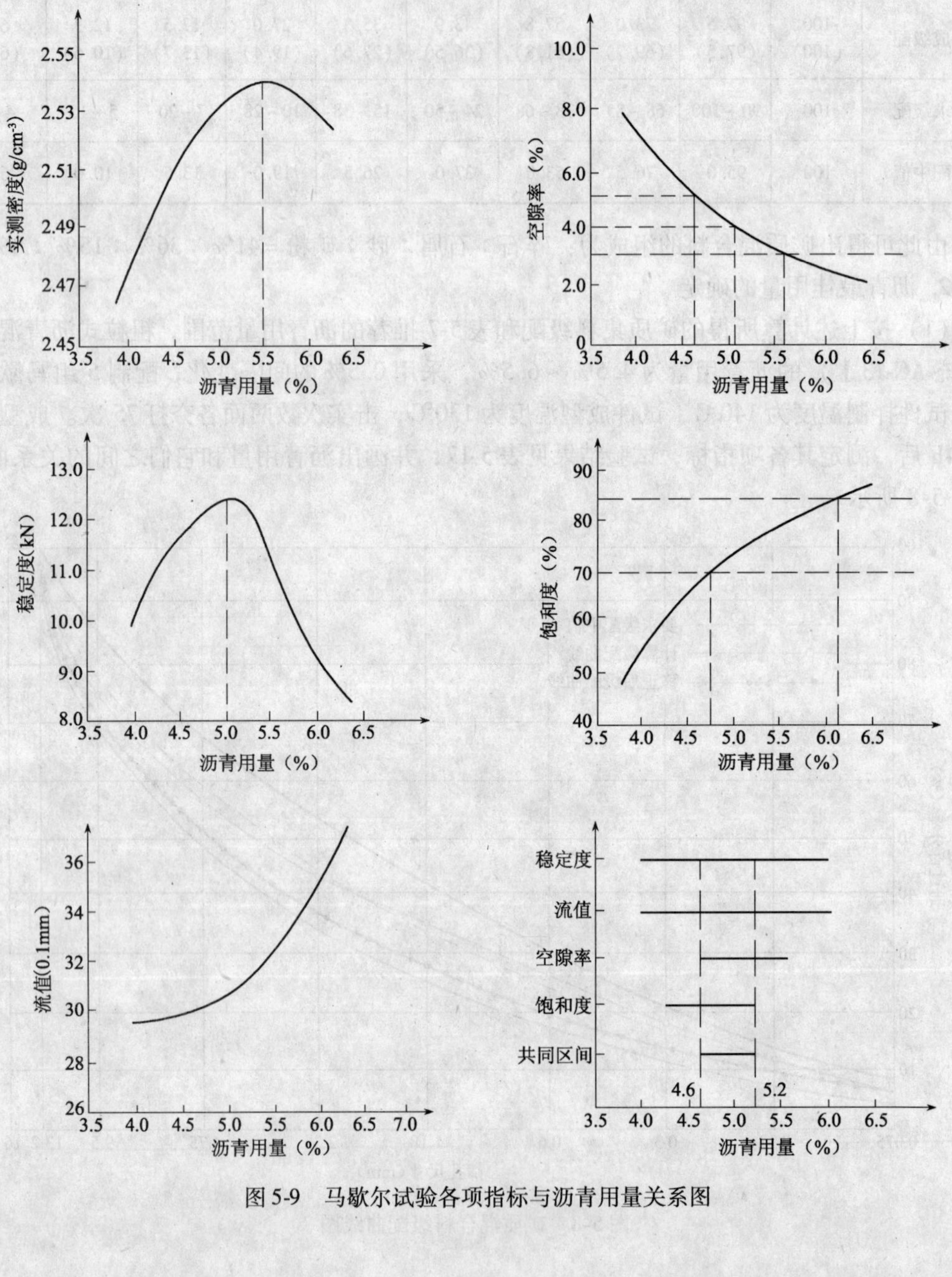

图 5-9　马歇尔试验各项指标与沥青用量关系图

则　$OAC_1=(a_1+a_2+a_3+a_4)/4=(5.5\%+5.0\%+5.0\%+4.7\%)/4=5.05\%$

根据沥青混合料马歇尔试验技术指标（见表5-3,）确定各关系曲线上沥青用量范围，取其共同部分可得：

$$OAC_{min}=4.6\% \qquad OAC_{max}=5.2\%$$

$$OAC_2=(OAC_{min}+OAC_{max})/2=(4.6\%+5.2\%)/2=4.9\%$$

因为气候条件属于温和地区，且是车辆渠化交通的高速公路，预计有可能出现车辙，则 OAC 的取值在 OAC_2 与 OAC_{min} 的范围内决定，故根据经验取 $OAC=4.8\%$。

（3）按最佳沥青用量4.8%制作马歇尔试件，进行浸水马歇尔试验，测得的试验结果见表5-17。

由表5-18可见，残留稳定度大于75%，符合规定要求。

（4）按最佳沥青用量4.8%制作车辙试件，测定其动稳定度，其结果大于800次/mm，符合规定要求。

表5-18　浸水马歇尔试验数据统计表

沥青用量（%）	密度（g/cm^3）	空隙率（%）	饱和度（%）	马歇尔稳定度（kN）	浸水马歇尔稳定度（kN）	残留稳定度（%）
5.4	2.537	3.7	74.9	12.4	9.8	79

因此通过以上试验和计算，可以确定最佳沥青用量为4.8%。

第三节　其他沥青混合料

一、冷铺沥青混合料

冷铺沥青混合料也称常温沥青混合料，是指矿料与乳化沥青或稀释沥青在常温状态下拌合、铺筑的沥青混合料。这种混合料一般比较松散，存放时间达三个月以上，可随时取料施工。但一般只适用于低等级公路的面层和其他等级公路沥青路面的联结层或整平层。

1. 冷铺沥青混合料的组成材料

冷铺沥青混合料中对矿料的要求与热铺沥青混合料大致相同，对矿质混合料的级配同样要求符合表5-7。冷铺沥青混合料中的沥青可采用液体石油沥青、乳化沥青、软煤沥青等，但考虑到制备液体石油沥青要耗费大量轻质油，且在铺筑后，由于轻质油的挥发而造成环境污染，而煤沥青中含有致癌物质，且在路面使用中易老化，寿命短，故我国普遍采用乳化沥青。乳化沥青的用量应根据当地实践经验以及交通量、气候、石料情况、沥青标号、施工机械等条件确定，也可以按热拌沥青碎石混合料的沥青用量折算，一般情况较热拌沥青碎石混合料沥青用量减少15%～20%。

2. 冷铺沥青混合料的强度形成

冷铺沥青混合料强度的形成有三方面因素。其一，采用合理的配合比，使矿质集料的级配和沥青的用量均达到最佳值，从而使沥青混合料具有更大的黏聚力和内摩阻力。其二，在摊铺后，随着轻质油的挥发（液体沥青）或乳液的破乳、排水、蒸发（乳化沥青），沥青变得越来越稠，沥青混合料间的黏聚力随之提高。其三，随着碾压的进行，矿料颗粒之间排列更加紧密有序，其内摩阻力逐渐增大，冷铺沥青混合料的强度由此而形成。

二、改性沥青混合料

由改性沥青（或由改性剂、基质沥青）与矿料按一定比例拌合而成的混合料的总称。

根据各种不同的使用目的，改性沥青混合料应有适宜的矿料级配，可以采用密级配沥青混合料或 SMA、OGFC 等间断级配沥青混合料。

改性沥青混合料的配合比设计，应遵循《公路沥青路面施工技术规范》(JTG F40—2004）中关于热拌沥青混合料配合比设计的目标配合比、生产配合比及试拌试铺验证的三个阶段，确定矿料级配及最佳改性沥青用量。

改性沥青混合料应进行马歇尔试验，以确定合适的改性沥青用量及矿料级配；马歇尔试验结果应符合（JTG F40—2004）的有关技术要求，但试验温度应相应提高 10℃ ~20℃。对于橡胶类及热塑性橡胶类改性沥青混合料，其流值可放宽到 2 ~5mm。必要时，经试验研究，可以对马歇尔试验技术要求进行调整。

用于高速公路及一级公路或特重交通路段，以提高高温抗车辙能力为主要目的的新拌改性沥青混合料，按沥青混合料车辙试验方法测定的动稳定度应符合表 5-4 的要求，同时经改性的沥青混合料的低温性能不得低于未改性的基质沥青混合料的指标，其按沥青混合料弯曲试验方法测定的低温弯曲试验的破坏应变应符合表 5-5 的要求。改性沥青混合料的水稳定性应符合表 5-6 浸水马歇尔试验的残留稳定度和冻融劈裂试验方法的劈裂强度两个指标要求，达不到要求时应采取抗剥落措施。

三、水泥混凝土路面填料

水泥混凝土路面的接缝分为伸缩缝和工作缝两种。为防止由于温度和湿度变化而产生伸缩变形和翘曲变形，需设置伸缩缝，伸缩缝大多为横向的。在混凝土施工中，摊铺和振捣等机械有一定的操作宽度限制，每天的工作量又有一定的限度，不能连续进行，因而需设置工作缝，工作缝有横向和纵向两种。

为防止水分渗入破坏路基，需在这些缝中嵌入水泥混凝土填料。接缝材料分为接缝板和填缝料两种。

1. 接缝板

接缝板必须具有良好的适应胀缩的能力，水泥混凝土膨胀时，不会被挤坏或挤出，混凝土收缩时，在接缝联结处不至于产生缝隙，目前，国内用得比较多的材料有：木板类、合成板材类、泡沫橡胶和泡沫树脂类，其技术要求见表 5-19。国外也有用沥青类和沥青纤维类材料作接缝板的。在这些材料中，木材类的接缝板相对来说比较好，因为它不但有一定的抗压能力，不易弯曲，而且施工时容易处理。

表 5-19　接缝板技术要求

	木板类	合成板材类	泡沫橡胶和泡沫树脂类
压缩应力（MPa）	7.0～30.0	2.0～10.0	0.2～0.6
复原率（%）	60～70	65～80	90～100
挤出量（mm）	1.0～5.5	1.0～4.0	2.0～5.0
弯曲荷载（N）	100～400	5～40	0～50

2. 填缝料

填缝料同样要求能适应水泥混凝土的胀缩，而且要与混凝土板具有良好的黏结性，做到高温时不溢出，低温时不开裂，能防止砂石的嵌入以及具有一定的耐久性。

填缝料分为加热施工式填缝料和常温施工式填缝料两种。加热施工式填缝料主要有聚氯乙烯胶泥类，沥青橡胶类，其技术要求见表5-20。常温施工式填缝料主要有聚氯酯焦油类，乳化沥青橡胶类，其技术要求见表5-21。

表 5-20　加热施工式填缝料技术要求

试验项目	技术要求	
	低弹性型	高弹性型
针入度（锥针法，mm）	<5	<9
弹性（球针法，-10℃，%）	>30（灌入量 5mm）	>60（灌入量 10mm）
流动度（mm）	<5	<2
拉伸量（-10℃，mm）	>5	>15

注：1. 低弹性灌缝料适用于公路等级较低的水泥混凝土路面缩缝；
2. 高弹性灌缝料适用于公路等级较高的水泥混凝土路面胀缝和高速公路、机场水泥混凝土路面接缝。

表 5-21　常温施工式填缝料技术要求

试验项目	技术要求
灌入稠度（s）	<20
失粘时间（h）	6～24
弹性（球针法，%）	>75（灌入量 3～5mm）
流动度（mm）	0
-10℃时拉伸量（mm）	<15

思考题

1. 试述沥青混合料的定义及其分类。
2. 试用现代沥青混合料强度理论来分析影响沥青混合料强度的内因和外因。
3. 路用沥青混合料应具备哪些技术性质？
4. 选用沥青混合料的组成材料时应注意哪些要点？
5. 冷铺沥青混合料有哪些特点？
6. 沥青混合料有哪几种典型组成结构？它们各有哪些优缺点？

第六章 工程高聚物材料

第一节 概 述

合成高分子材料是以合成高分子化合物为基础组成的材料。它与常用建筑材料相比较，具有密度低、比强度高、耐水性及耐化学侵蚀性强、抗渗性及防水性好、装饰性好、易加工等许多特点，是当代发展最快的材料之一，广泛应用于各类工程。路用合成材料采用的主要原料是聚合物，包括塑料、合成橡胶、合成纤维、胶黏剂等。这种合成材料制品具有过滤、排水、隔离、加筋、防护、封闭等作用，在岩土及道路工程中应用广泛。

一、合成高分子化合物的合成

高分子化合物（聚合物或高聚物）是由不饱和的低分子碳氢化合物经人工合成的分子量很大的物质。聚合物合成的化学反应，主要有加聚反应和缩聚反应两类。

加聚反应是指单体在引发剂、光、热等作用下，聚合起来形成大分子的反应。当只有一种单体时，加聚反应所得为均聚物，如由乙烯单体加聚反应得到的聚乙烯。有两种或两种以上单体时，加聚反应生成物为共聚物，如丁苯橡胶即为丁二烯和苯乙烯的共聚物。由于共聚物是由几种单体聚合而成，所以可以把每个单体的性质带到共聚物中来，从而得到更为优越的聚合物。例如，SBS 树脂是苯乙烯、丁二烯、苯乙烯的嵌段共聚物，它在高温下具有塑料性质，便于加工，在常温下具有橡胶的性质，并有良好的弹性。

缩聚反应是由两种或两种以上具有可反应官能团（— OH、— COOH、— NH_2 等）的单体，在催化剂作用下结合成为大分子，并同时放出低分子（如 H_2O、HCl、NH_3 等）的反应。如由苯酚、甲醛缩聚而成的酚醛树脂。

二、高分子聚合物的结构与性质

高分子聚合物分子常是由特定的结构单元多次重复组成。这些单元称为链节。链节重复的次数 n 称为聚合度。链节分子量与聚合度的乘积即为聚合物分子量。一般来说，在高分子聚合物中，链节可能是相同的，而聚合度往往不是固定的数值，因此，高分子聚合物是由链节相同而聚合度不同的化合物混合组成。高分子聚合物的分子量则是指混合物的统计平均分子量。

1. 线型分子结构和体型分子结构

高分子聚合物的分子结构，可分为线型分子结构和体型分子结构两类。线型分子结构是指由链节多次重复形成的长链型分子结构（有时在主链侧有支链）。体型分子结构是指在链与链之间还有化学键“交联”的网状结构。支链很大（或很多）的线型分子聚合物，具有线型分子与体型分子聚合物之间的形状。线型分子结构具有柔顺性。它在常温下呈卷曲的线团状，当拉伸时，有较强的变形能力，外力去除后，即可恢复成卷曲状。这是许多高分子聚合物具有高弹性的主要原因。在线团状的线型分子结构中，还会存在一些排列整齐的部分，称为晶体部分。一个长链分子可以贯穿晶区和非晶区。分子中晶区所占质量分数（或体积分数）称为结晶度。结晶使分子聚集紧密，分子间作用力增大。结晶度大的聚合物，其密度、强度及硬度均较大，耐热性也较高，但高弹性、伸长率及韧性较低。体型分子结构的聚合物，由于在长链分子之间被“交联”，致使其柔顺性受到限制，当聚合物受力后，变形较小。但聚合物的机械强度较高、温度稳定性及化学稳定性较好。

2. 高分子聚合物的物理力学状态

高分子聚合物在不同温度下会呈现出玻璃态、高弹态及黏流态等不同的物理状态。其中玻璃态是聚合物在温度较低时所表现出的状态。此时，材料受力后只能发生微小的变形，外力除去后，变形立即消失，这种变形称为普通弹性变形。温度越低、物体越坚硬。产生这种现象的原因是当温度较低时，线型非结晶聚合物中的长链分子不具有可移动性，线型分子也失去了柔顺性。随着温度升高，聚合物从玻璃态变为高弹态。处于高弹态的聚合物，其长链分子整体虽不可移动，但长链分子本身具有柔顺性。当聚合物受力后会发生极大的可逆变形，称为高弹变形。高弹变形的弹性模量很小，应变值很大，变形的发生和消失要比普通弹性变形慢得多。当温度升得更高时，聚合物呈黏流态。此时，整个长链分子具有了可移动性。聚合物中的结晶体也具有可熔融性。当温度高于熔点时，结晶度高或一般分子量的聚合物即表现为粘流态。分子量很大而结晶度较低的聚合物则先进入高弹态，当温度更高时非结晶的长链分子具有了可移动性，使整个聚合物才变为粘流态。当温度低于熔点而高于玻璃态温度时，具有一定结晶度的线型分子聚合物呈韧性状态。此时，非晶区具有柔顺性，晶区尚未熔融而具有刚性。韧性状态的聚合物既有较高的强度又有较大的变形性能，是合成纤维的主要特征。韧性状态存在的温度范围越宽，该聚合物的使用意义越大。

3. 热塑性与热固性

根据聚合物受热后性质的不同，有热塑性聚合物和热固性聚合物两种。热塑性聚合物也叫受热可熔聚合物。它在常温下是一较硬固体，受热后就会变软（甚至熔融），待它冷却，还会变硬，再加热又会变软。这类聚合物一般为线型分子结构，如聚乙烯、聚氯乙烯等。热固性聚合物也叫受热不可熔聚合物。是指经一次受热软化（或熔化）后，在热和催化剂或热和压力作用下发生化学变化而变成坚硬的体型分子结构，成为不熔物质。再受热则不再变软，加热时间越长，化学变化程度越深，若受强热作用，即枯焦破坏。这种聚合物温度稳定性好，但不能反复加工使用。

三、高分子聚合物的老化

高分子材料在热、光、氧或有害液体等的长期作用下，其各项性能会逐渐降低，甚至失去使用价值的现象，称为老化。老化是一个复杂的化学变化过程，其主要化学反应有“交联反应”和“裂解反应”两种。其中，交联反应可使高分子化合物的聚合度逐渐增大，使线型结构变为体型结构。高分子材料便会逐渐失去弹性，变硬、变脆、出现龟裂等。例如聚氯乙烯薄膜，在日光照射下，1～2 年内将会丧失柔顺性，变得硬而易碎。裂解反应是指高分子化合物在化学因素和物理因素作用下，大分子发生断裂的反应。裂解反应使分子量明显降低，其化学组成虽无改变，但结构发生了变化。它会使高分子材料变软、发黏、失去高弹性。例如橡胶制品老化后会发黏、失去弹性。

目前防止老化的措施大致有三种：

改善聚合物结构，提高耐老化能力；

加入稳定剂，以吸收紫外线或抑制分子交联（或断裂）反应；

设置表面防护层（或涂层），以隔绝光、热及 O_2 等。

第二节　主要高聚物材料介绍

一、建筑塑料

塑料是一大类高分子合成材料的总称，它是以聚合物（合成树脂）为基本组成材料，加上适量的添加剂（填充剂、增塑剂、稳定剂、颜料、润滑剂等），在一定的温度和压力下具有流动性，可塑制成型的一类合成材料。近年来，随着现代建筑工程和高层建筑的出现，对建筑材料提出了新的要求。要求建筑材料向预制件、轻质量、高强度及多功能方向发展。采用建筑塑料要比传统材料优越得多。它可以减轻结构自重、便于运输、贮存和装配。塑料构件由工厂预制、质量稳定可靠。

塑料除质量轻、强度高之外，还具有以下优良性能：导热性低，优于许多天然材料，是最好的保温隔热材料之一；电绝缘性好，一般均为电的不良导体；化学稳定性好，对酸、碱、盐及水分等的作用都有较高的抵抗能力，是良好的防水、防潮和耐腐蚀材料；消声吸振性好，可减少振动、降低噪声，改善环境条件；装饰性好，可制成透明的或各种颜色表面光洁的制品，色泽艳丽、经久不褪。这些性质使塑料在工程中的应用日益广泛。目前，塑料尚存在一些有待改进和解决的问题，即制品刚度较差和容易老化。为此，一方面应继续研究改进品种和生产工艺，提高和改善塑料的性能；另一方面应根据工程特点和使用环境，合理选用。

塑料根据加工树脂的化学性质不同可分为热固性塑料和热塑性塑料两类。热固性塑料是指受热压固化成型后，即使在加热到接近分解温度也不会软化，同时也不能溶解在溶剂中，素仪只能塑制一次，具有耐热性高和受压不变形等特点。热塑性塑料则在受热时软化、熔融叫冷却后固化，并可多次反复循环加工。

塑料是以合成树脂为主要成分，并加入填料、增塑剂、固化剂、着色剂、稳定剂等添加剂，在一定温度下加工成型而得到的产品之通称。塑料也可以不加添加剂而由纯树脂构成。

添加剂对塑料的性质有重要影响，它可赋予塑料以树脂所没有的新性质，正确地加入添加剂可极大地扩大塑料的使用范围。添加剂的主要种类及作用如下：

（1）填料

它可提高塑料的强度、硬度及耐热性，并降低塑料成本。常用的有木粉、滑石粉、石墨、二硫化钼、玻璃纤维、石棉纤维等。

（2）增塑剂

加入后可使塑料在常温下具有较大的可塑性，使其能在较低的温度和压力下成型，还可调节其机械性能，并具有要求的强度、韧度和柔软性。常用的增塑剂有：邻苯二甲酸二丁酯、樟脑、二苯甲酮、氯化石蜡及甘油等。

（3）固化剂

它能使树脂由线型分子交联成体型分子，从而使塑料制品具有热固性。固化剂的成分随树脂品种不同而异，一般可分两种情况：①采用能与高分子官能团起反应的低分子物质作固化剂。例如，环氧树脂常用多元胺类或多元酸类作固化剂；聚酯树脂常用过氧化物作固化剂；②采用能与高分子官能团起反应的高分子化合物作固化剂。例如，用聚酰胺树脂作环氧树脂的固化剂。

（4）稳定剂

聚合物在加热过程中受热，使用过程中受光和热的作用，加入稳定剂能阻碍热氧化和光氧化反应的进行，并减缓聚合物在加工和使用过程中的降解作用。常用的稳定剂有：硬脂酸盐、铅化合物和环氧树脂等。紫外光吸收剂又属于稳定剂，它能防止聚合物受紫外光照射而性能变坏。

（5）润滑剂

为了防止塑料在成型过程中粘在模具或其他设备上，常加入少量润滑剂。常用的润滑剂为硬脂酸及其盐类。

二、常用合成橡胶及合成纤维

1. 合成橡胶

合成橡胶是在室温下呈高弹态的高分子聚合物。其分子结构为长链线型分子（或带支链的线型分子），具有良好的柔顺性。橡胶经硫化处理后，使一些线型分子交联成体型结构，称为橡皮。橡皮具有所需的强度、弹性、硬度及耐热性，可制作各种橡胶制品。合成橡胶的品种繁多，性能各异，工程中选用橡胶时，应使其主要性能满足工程要求，如橡胶用作止水材料时，要求其弹性好、强度和硬度较高，低温柔性好；当橡胶制品暴露于大气时，要求选择耐老化性能好，耐热（或耐低温）的橡胶材料；当橡胶制品与油或酸、碱等介质接触时，应按耐油或抗化学腐蚀的要求来选择橡胶品种；当用作电绝缘材料时，应根据其电绝缘性能要求选择橡胶材料。

以下简要介绍常用橡胶的组成和特性。

（1）丁苯橡胶（SBR）

丁苯橡胶是丁二烯、苯乙烯共聚物。根据苯乙烯含量不同及聚合温度的高低，分为不同牌号。目前，使用较多的是苯乙烯含量小于30%的低温丁苯橡胶。丁苯橡胶有较好的耐水、耐磨及耐老化的性能，但弹性及黏结性能稍差，是制造胶管、胶带等的常用材料，丁苯橡胶与天然橡胶共混，所得产品的用途更广。丁苯胶乳可作为配制聚合物水泥混凝土的胶结材料。

（2）丁腈橡胶（NBR）

丁腈橡胶是丁二烯、丙烯腈共聚物。其耐油性好并有较好的耐热、耐磨及耐老化性能，但耐寒性稍差。是制造耐油胶管、油箱密封圈及胶黏剂等的常用材料。

（3）氯丁橡胶（CR）

氯丁橡胶是由单体氯丁二烯聚合而成。其耐磨、耐老化性能较好，抗拉强度、黏结力和气密性也较高，但耐寒性、电绝缘性及贮存稳定性较差。常用来生产运输带、胶管及防水卷材等。也可用来配制涂料及胶黏剂，还可作为沥青材料的改性材料。

(4) 乙丙橡胶（EPM）和三元乙丙橡胶（EPDM 或 EPT）

乙丙橡胶是乙烯、丙烯共聚物。具有质轻、耐热、耐磨、耐老化、低温柔性好、价格便宜等优点。三元乙丙橡胶主链不易断裂，故保持了乙丙橡胶的优点，侧链中增加了不饱和键，便于硫化和黏结加工。以三元乙丙橡胶为主体，掺入适量丁基橡胶、硫化剂、促进剂、填料、增韧剂等，可制成三元乙丙橡胶防水卷材。该防水卷材具有质轻、抗拉强度高、延伸率大、耐热、使用寿命长等特点，是屋面防水工程中性能可靠、品质优越的新型防水材料。

2. 合成纤维

合成纤维应用广泛，除作纺织工业原料外，还大量用于航空航天、交通、汽车、船舶、国防、化工及建筑工程等各部门。

在建筑工程中，合成纤维织物（包括纺织品及无纺织物）可用作装饰材料、吸声材料及土工织物。常用的有尼龙、聚酯纤维、聚氯乙烯纤维及聚丙烯和聚丙烯腈纤维等。合成纤维作增强组分可制成复合材料制品，用尼龙、氯纶、丙纶、涤纶及腈纶等纤维与热固性树脂结合所制成的复合材料制品，可作简易屋面板、遮阳板等；与橡胶材料结合可制成复合材料产品（如轮胎、传送带、运输带等），还可制成电绝缘材料及防护材料等。

建筑工程中，将合成纤维作为水泥混凝土及砂浆的增强或改性材料，常用的合成纤维有改性聚丙烯短纤维及碳纤维。改性聚丙烯短纤维是最近发展的一种新品种纤维，其物理力学性能效好，成本低，大量用作水泥混凝土或砂浆的防裂材料，商品名称为改性丙纶短纤维。土工织物是应用于土堤、路基、水井、农田排灌、防洪、基础处理等工程中的合成纤维制品的总称。它在建筑物中可起过滤、排水、隔离、加筋、防护及提高土体或建筑物稳定性等多种作用。改性丙纶短纤维，除改善了纤维的抗紫外线及抗氧化性能外，还使纤维具有异形截面（三角形、三叶形、圆弧形），且纤维表面粗糙多孔，纤维长度为 2～20mm。这种纤维在水中有一定分散悬浮性，有利于纤维在水泥浆中搅拌分散，防止结团；异形截面增大了纤维刚度，减少了纤维在水泥浆内的弯曲；粗糙表面、多孔隙和异形截面，使纤维与水泥石间的黏结力明显增加。在纤维混凝土中，改性丙纶短纤维掺入量以 0.7～1.5kg/m^3 为宜。常规掺量 0.9kg/m^3 时，混凝土强度不变，弹性模量略有降低，极限拉伸和抗冲击性能可提高 10%，并显著减少了混凝土干缩，混凝土早期裂缝发生概率可减 70%～75%，28d 龄期裂缝发生概率可减少 60%～65%，并使混凝土抗渗、抗冻性能明显提高。改性丙纶短纤维是提高水泥混凝土及砂浆抗裂性的优良材料。

碳纤维分为碳素纤维和石墨纤维两种。以聚丙烯腈纤维、沥青或人造黏胶纤维为原料，在 200℃～300℃的空气中施加一定张力进行预氧化，然后在氮气保护下，在 1000℃～1500℃高温下进行碳化，即可得到含碳量 80%～95% 的碳素纤维。如将碳素纤维在 2500℃～3000℃的高温下，在氮气中进行石墨化处理，则得到高弹性模量碳纤维或称石墨纤维。碳素纤维可耐 1000℃高温，石墨纤维可耐 3000℃高温。它们都具有高强度、高弹性模量、高化学稳定性及良好的导电、导热性等优越性能，是配制高性能复合材料的优良增强材料。可与金属、陶瓷、合成树脂等多种基体材料组成复合材料，用于航空航天、化工机械、耐磨机械以及军事工业等许多方面。用碳纤维作水泥混凝土的增强材料，配制碳纤维混凝土，具有高强度、高抗裂性、高耐磨性及高抗冲击韧性等优越性能，在机场跑道等工程中应用获得很好效果。然而，碳纤维成本高，推广应用受到限制。

三、合成胶黏剂

1. 胶黏剂应用理论

聚合物之间，聚合物与非金属或金属之间，金属与金属和金属与非金属之间的胶结等都存在聚合物基料与不同材料之间界面胶结问题。黏结是不同材料界面间接触后相互作用的结果。因此，界面层的作用是胶黏科学中研究的基本问题。诸如被黏物与黏料的界面张力、表面自由能、官能基团性质、界面间反应等都影响胶结。胶结是综合性强，影响因素复杂的一类技术，而现有的胶结理论都是从某一方面出发来阐述其原理，所以至今全面唯一的理论是没有的，下面简要介绍几个胶结理论。

（1）吸附理论

人们把固体对胶黏剂的吸附看成是胶结主要原因的理论，称为胶结的吸附理论。理论认为：黏结力的主要来源是黏结体系的分子作用力，即范德华引力和氢键力。胶黏与被黏物表面的黏结力与吸附力具有某种相同的性质。胶黏剂分子与被黏物表面分子的作用过程有两个过程：第一阶段是液体胶黏剂分子借助于布朗运动向被黏物表面扩散，使两界面的极性基团或链节相互靠近，在此过程中，升温、施加接触压力和降低胶黏剂黏度等都有利于布朗运动的加强。第二阶段是吸附力的产生。当胶黏剂与被粘物分子间的距离达到 10 ~ 5nm 时，界面分子之间便产生相互吸引力，使分子间的距离进一步缩短到处于最大稳定状态。

根据计算，由于范德华力的作用，当两个理想的平面相距为 10 ~ 5nm 时，它们之间的引力强度可达 10 ~ 100MPa；当距离为 3 ~ 4nm 时，可达 100 ~ 1000MPa。这个数值远远超过现代最好的结构胶黏剂所能达到的强度。因此，有人认为只要当两个物体接触很好时，即胶黏剂对黏结界面充分润湿，达到理想状态的情况下，仅色散力的作用，就足以产生很高的胶结强度。可是实际胶结强度与理论计算相差很大，这是因为固体的力学强度是一种力学性质，而不是分子性质，其大小取决于材料的每一个局部性质，而不等于分子作用力的总和。计算值是假定两个理想平面紧密接触，并保证界面层上各对分子间的作用同时遭到破坏时，也就不可能保证各对分子之间的作用力同时发生。

胶黏剂的极性太高，有时候会严重妨碍湿润过程的进行而降低黏结力。分子间作用力是提供黏结力的因素，但不是唯一因素。在某些特殊情况下，其他因素也能起主导作用。

（2）化学键形成理论

化学键理论认为胶黏剂与被黏物分子之间除相互作用力外，有时还有化学键产生，例如硫化橡胶与镀铜金属的胶结界面、偶联剂对胶结的作用、异氰酸酯对金属与橡胶的胶结界面等的研究，均证明有化学键的生成。化学键的强度比范德华作用力高得多；化学键形成不仅可以提高黏附强度，还可以克服使胶结接头破坏的弊病。但化学键的形成并不普通，要形成化学键必须满足一定的量子化件，所以不可能做到使胶黏剂与被黏物之间的接触点都形成化学键。况且，单位黏附界面上化学键数要比分子间作用的数目少得多，因此黏附强度来自分子间的作用力是不可忽视的。

（3）弱界层理论

当液体胶黏剂不能很好地浸润在被黏体表面时，空气泡留在空隙中而形成弱区。又如，当中含杂质能溶于熔融态胶黏剂，而不溶于固化后的胶黏剂时，会在固体化后的胶黏形成另一相，在被黏体与胶黏剂整体间产生弱界面层（WBL）。产生 WBL 除工艺因素外，在聚合物成网或熔体相互作用的成型过程中，胶黏剂与表面吸附等热力学现象中产生界面层结构的不均匀性。不均匀性界面层就会有 WBL 出现。这种 WBL 的应力松弛和裂纹的发展都会不同，因而极大地影响着材料和制品的整体性能。

（4）扩散理论

两种聚合物在具有相容性的前提下，当它们相互紧密接触时，由于分子的布朗运动产生相互扩散现象。这种扩散作用是穿越胶黏剂、被黏物的界面交织进行的。扩散的结果导致界面的消失和过渡区的产生。黏结体系借助扩散理论不能解释聚合物材料与金属、玻璃或其他硬体胶黏，因为聚合物很难向这类材料扩散。

（5）静电理论

当胶黏剂和被黏物体系是一种电子的接受体-供给体的组合形式时，电子会从供给体（如金属）转移到接受体（如聚合物），在界面区两侧形成了双电层，从而产生了静电引力。

在干燥环境中从金属表面快速剥离黏结胶层时，可用仪器或肉眼观察到放电的光、声现象，证实了静电作用的存在。但静电作用仅存在于能够形成双电层的黏结体系，因此不具有普遍性。此外，有些学者指出：双电层中的电荷密度必须达到 1021 电子/cm^2 时，静电吸引力才能对胶结强度产生较明显的影响。而双电层栖移电荷产生密度的最大值只有 1019 电子/cm^2（有的认为只有 1010～1011 电子/cm^2）。因此，静电力虽然确实存在于某些特殊的黏结体系，但决不是起主导作用的因素。

（6）机械作用力理论

从物理化学观点看，机械作用并不是产生黏结力的因素，而是增加黏结效果的一种方法。胶黏剂渗透到黏粘物表面的缝隙或凹凸之处，固化后在界面区产生了啮合力，这些情况类似钉子与木材的接合或树根植入泥土的作用。机械连接力的本质是摩擦力。在粘合多孔材料、纸张、织物等时，机械连接力是很重要的，但对某些坚实而光滑的表面，这种作用并不显著。

2. 影响胶黏及其强度的因素

几种胶结理论考虑的基本点都与黏料的分子结构和被粘物的表面结构以及它们之间相互作用有关。胶结体系破坏试验表明，胶结破坏时出现三种情况：（1）界面破坏：胶黏剂层全部与黏体表面分开（胶黏界面完整脱离）；（2）内聚力破坏：破坏发生在胶黏剂或被黏体本身，而不在胶黏界面间；（3）混合破坏：被黏物和胶黏剂层本身都有部分破坏或这两者中只有其一。这些破坏说明黏结强度不仅与胶黏剂与被黏物之间作用力有关，也与聚合物黏料的分子之间的作用力有关。高聚物分子的化学结构，以及聚集态都强烈地影响胶结强度，研究胶黏剂基料的分子结构，对设计、合成和选用胶黏剂都十分重要。

第三节 高聚物材料的应用

一、高分子防水材料

防水材料是用于防止建筑物渗漏的一大类材料，被广泛应用于建筑物的屋面、地下室及水利、地铁、隧道、道路、桥梁等工程。防水材料按形态和功能可分为防水卷材、防水涂料、防水密封材料、刚性防水材料；按其组成可分为沥青基防水材料、改性沥青防水材料和合成高分子防水材料。沥青基防水材料是传统的防水材料，但其使用寿命较短。近年来，各种新型防水材料不断涌现，纵观世界防水材料总的发展趋势，防水材料已向橡胶基和树脂基防水材料或高聚物刚性沥青系列发展；卷材的胎体由纸胎向玻璃纤维胎或化纤胎方面发展；密封材料和防水涂料由低塑性的产品向高弹性、高耐久性的产品方向发展；施工方法则由热熔法向冷粘法方向发展。

1. 合成高分子防水卷材

合成高分子防水卷材是以合成橡胶、合成树脂或两者的混体为基料，加入适量的化学助剂、填充料等，经过塑炼、混炼、压延或挤出成型、硫化、定型、检验、分卷、包装等工序加工制成的无胎防水材料。具有抗拉强度高、断裂延伸率大、抗撕裂强度好、耐热耐低温性能优良、耐腐蚀耐老化及冷作业等优点，是继石油沥青防水卷材之后发展起来的性能更优的新型高档防水材料。多用于要求有良好防水性能的屋面、地下工程。适用于防水等级为Ⅰ、Ⅱ级屋面防水工程，且Ⅰ级防水的三道设防中必须有一道是合成高分子卷材。其产品主要有橡胶基、树脂基、橡塑共混型的各种防水卷材及防水涂料和密封材料。

（1）橡胶基防水材料

①三元乙丙（EPDM）橡胶防水卷材

以三元乙丙橡胶为主体原料，掺入适量丁基橡胶、硫化剂、软化剂、补强剂等，经一定工序加工而成，是目前耐老化性能最好的一种高档防水卷材，使用寿命可达 50 年。三元乙丙橡胶防水卷材弹性和拉伸性能极佳，冷施工提高了工效，减少了环境污染，改善了劳动条件。其耐候性、耐臭氧性、耐热性和低温柔韧性超过丁基橡胶，比塑料优越得多。

三元乙丙橡胶防水卷材用于桥梁、隧道、地下室、电站水库、排灌渠道、污水处理等需要防水的部位。由于工程造价较高，是二毡三油的 2 ~4 倍，目前在国内属高档防水材料。从综合经济分析，其应用经济效益还是十分显著的。在美、日等国家，三元乙丙橡胶防水卷材用量已占合成高分子卷材的 60% ~70%。

②丁基橡胶防水卷材

以三元乙丙橡胶与丁基橡胶为主要原料制成的弹性防水卷材。配以丁基橡胶的主要目的是为了降低成本但又能保持原来良好的性能。其抗拉强度为 7.5MPa 以上，伸长率 450% 以上，撕裂强度 25kN/m 以上，低温冷脆温度达 -35℃，各项性能与三元乙丙橡胶基本类似。这种卷材除应用于高级建筑和高层建筑的防水工程外，在普通工业与民用建筑中也开始推广使用。

③橡胶基防水涂料

以合成橡胶为基料的合成高分子防水涂料有硅酮橡胶和 SBS 橡胶等，下面简单介绍有机硅防水涂料。

有机硅防水涂料是以有机硅橡胶为基料配制而成的水乳型涂料。它具有良好的防水、耐候、弹性、耐老化性及耐高温和低温等性能。无毒无味，在干燥的混凝土基层上，渗透性较好。有机硅防水涂料含固量高（达 50%），因此只需涂刷一道即可，且膜层较厚，其延伸率高，可达 700%，故抗裂性很好。

有机硅防水涂料施工时需作基层表面处理，适当打底，以提高涂料对基层的黏结力，可用于混凝土、砂浆、钢材等表面防水或防腐。也可用于修补工程，用于修补时应涂刷四遍。

（2）树脂基防水材料

①聚氯乙烯（PVC）防水卷材

以聚氯乙烯树脂为主要原料，加入一定量的稳定剂、增塑剂、改性剂、抗氧剂及紫外线吸收剂等辅助材料，经捏合、混炼、造粒、挤出或压延等工序制成的防水卷材，是国内目前用量较大的一种卷材。这种卷材具有较高的拉伸和撕裂强度，延伸率较大，耐老化性能好，耐腐蚀性强，与三元乙丙橡胶防水卷材相比，综合性能略差，但其原料丰富，价格较便宜，容易黏结。适用于屋面防水，也可用于地下室、堤坝、水渠等防水抗渗工程。单层或复合使用，用冷粘法或热风焊接法施工。

②氯化聚乙烯（CPE）防水卷材

以含氯量为30%～40%的氯化聚乙烯树脂为主要原料，掺入适量的化学助剂和大量的填充材料，经过捏合、塑炼、压延等工序加工而成。聚乙烯经氯化改性后，其耐候性、耐臭氧性和耐老化性均明显提高，同时阻燃性与其他高聚物的相容性 也大为提高，属于非硫化型高档防水卷材。

③聚氨酯防水涂料

是双组分化学反应固化型防水材料，分甲、乙两种组分，按一定的比例配合拌匀涂于基层后，在常温下即能交联固化，形成具有柔韧性、高弹性、耐水、抗震的整体防水厚质涂层。

聚氨酯防水涂料是目前世界各国最常用的一种树脂基防水涂料，它可在任何复杂的基层表面施工，适用于各种基层的道桥工程防水。

聚氨酯防水涂料施工时首先进行基层表面处理，然后涂布底胶，待底胶固化后再涂刷聚氨酯防水层。一般刷两遍，第二遍的涂刷方向应与第一遍垂直，以确保防水质量。最后可在第二遍涂层尚未固化前，撒上少量干净石碴，以对防水层起保护作用。也可在涂刷第二遍涂料时，随刷随贴一层玻璃布，以增强防水效果。

④丙烯酸酯防水涂料

以丙烯酸树脂乳液为主，加入适量的颜料、填料等配制而成的水乳型防水涂料，具有耐高低温性好、不透水性强、无毒、操作简单等优点。可在各种复杂的基层表面施工，并具有白色、多种浅色、黑色等颜色，使用寿命10～15年。丙烯酸酯防水涂料广泛应用于外墙防水装饰及各种彩色防水层。丙烯酸涂料的缺点是伸长率较小，为此可加入合成橡胶乳液予以改性，使其形成橡胶状弹性涂膜。

（3）橡塑共混型防水材料

是以氯化聚乙烯树脂与合成橡胶为主体，加入硫化剂、促进剂、稳定剂、软化剂及填料等，经塑炼、混炼、过滤、压延或挤出成型及硫化等工序制成的防水卷材。这类材料兼有塑料和橡胶的优点，弹塑性好，耐低温性能优异，其主要品种为氯化聚乙烯—橡胶共混型防水卷材。

氯化聚乙烯卷材的伸长率只有100%，而与橡胶共混改性后，伸长率提高数倍，达450%，且性能与三元乙丙橡胶卷材相近，使用年限保证10年以上，但价格却低得多。与其配套的氯丁黏结剂，较好地解决了与基层黏结的问题，属中、高档防水材料，可用于道路、桥梁、水利工程的防水，尤其适用于寒冷地区或变形较大的防水工程。单层或复合使用，冷粘法施工。

2. 建筑密封材料

密封材料是指为提高建筑物整体的防水、抗渗性能，对工程中出现的施工缝、构件连接缝、变形缝等嵌填，以及门窗框和玻璃周边、管道接头等处起防水密封作用的材料。建筑密封材料应具有弹塑性、黏结性、耐久性、水密性、气密性、贮存及耐化学稳定性，以保证能经得起极度变形及较大温差而不破裂或不同基层脱开，且使用简便可靠。

防水密封材料分为具有一定形状尺寸的定型密封材料（如密封条、止水带等）和各种膏糊状的不定型密封材料（如胶泥、腻子、各类密封膏）。下面介绍几种不定型密封材料。

(1) 建筑防水沥青嵌缝油膏

建筑防水沥青嵌缝油膏是以石油沥青为基料，加入废橡胶粉和硫化鱼油、稀释剂（松焦油、松节重油和机油）及填充料（石棉绒和滑石粉）等，经混拌制成的膏状物，是最早使用的冷用嵌缝材料。沥青嵌缝油膏的主要特点是炎夏不易流淌，寒冬不易脆裂，黏结力较强，延伸性、塑性和耐候性均较好，因此广泛用于一般屋面板和墙板等结构构件节点的防水密封，也可用作各种构筑物的伸缩缝、沉降缝等的嵌缝密封材料。使用油膏嵌缝时，缝内应洁净干燥，先涂刷冷底子油一道，待其干燥后再嵌填油膏。油膏表面可加石油沥青油毡、砂浆、塑料等作覆盖层，以延缓油膏的老化。

(2) 聚氯乙烯胶泥和塑料油膏

聚氯乙烯胶泥和塑料油膏是由煤焦油、聚氯乙烯树脂、增塑剂及其他填料加热塑化而成。胶泥是橡胶状弹性体，塑料油膏是在此基础上改进的热施工塑性材料，施工使用热焙后成为黑色的黏稠体。其特点是耐温性好（塑料油膏低温柔性比 PVC 胶泥好)，使用温度范围广，黏结性好，延伸回复率高，耐老化，对钢筋无锈蚀，价格较低，除适用于一般性建筑接缝外．还适用于有硫酸、盐酸、硝酸和氢氧化钠等腐蚀性介质的结构工程和地下管道工程。其技术性能应满足《聚氯乙烯防水接缝材料》(JC/T 798—1997）的规定。

(3) 丙烯酸酯建筑密封膏

丙烯酸酯建筑密封膏是以丙烯酸乳液为胶黏剂。掺入少量表面活性剂、增塑剂、改性剂、颜料及填料等配制而成的单组分水乳型建筑密封膏。这种密封膏具有优越的耐紫外线性能和耐油性、黏结性、延伸性、耐低温性、耐热性和耐老化性能好，并且以水为稀释剂，黏度较小、无污染、无毒、不燃、安全可靠、价格适中，可配成各种颜色，操作方便、干燥速度快，保存期长。但它固化后有 15% ~20% 的收缩率，应用时应予事先考虑。该密封膏应用范围广泛，可用于钢、铝、混凝土、玻璃和陶瓷等材料的嵌缝防水以及用作钢窗、铝合金窗的玻璃腻子等。还可用于各种预制墙板、屋面板、门窗、卫生间等的接缝密封防水及裂缝修补。

(4) 聚氨酯建筑密封膏

聚氨酯建筑密封膏是以聚氨酯为主要组分，加入固化剂、助剂等其他组分而制成的高弹性建筑密封膏。这类密封膏分单、双组分两种规格，其技术性能应符合《聚氨酯建筑密封膏》(JC/T 482—2003）的要求。

聚氨酯密封膏弹性高、延伸率大、黏结力强、耐油、耐磨、耐酸碱、抗疲劳性和低温柔性好，使用年限长。适用于各种装鼠式建筑的屋面板、楼地板、墙板、阳台、门窗框、卫生间等部位的接缝及施工密封，混凝土裂缝的修补等。同时，它还是贮水池、引水渠、公路及机场跑道补缝、接缝的好材料，亦可用于玻璃和金属材料的嵌缝。

(5) 聚硫建筑密封膏

聚硫建筑密封膏是以液态聚硫橡胶为主剂和金属过氧化物等硫化剂反应，在常温下的弹性体，其技术性能应符合《聚硫建筑密封膏》（JC 483—92）的规定。

聚硫建筑密封膏具有优良的耐候性、耐油性、耐水性和低温柔性，能适应基层较大的伸缩变形，施工适用期可调整，垂直使用不流淌，水平使用时有自流平性，属于高档密封材料。

它适用于混凝土墙板、屋面板、楼板等部位的接缝密封，以及游泳池、蓄水池、上下水管道等工程的伸缩缝、沉降缝的防水密封，特别适用于金属幕墙、金属门窗四周的防水、防尘密封。

（6）硅酮建筑密封膏

硅酮建筑密封膏是以聚硅氧烷为主要成分的单组分或双组分室温固化型弹性建筑密封材料。该类密封膏具有优良的耐热性、耐寒性（使用温度50℃~250℃）和耐候性（使用寿命30年以上），与各种材料有着良好的黏结性能，耐油性、耐水性好，耐伸缩疲劳强度高，能适应基层较大的变形，外观装饰效果好。

3. 防水材料的选用

（1）严格按有关规范进行选材

对于屋面工程的防水设防，应根据建筑物的防水等级、防水耐久年限、气候条件、结构形式和工程实际情况等因素来确定防水设计方案和选择防水材料，并应遵循“防排并举、刚柔结台，嵌涂合一、复合防水、多道设防”的总体方针进行设防。

对于重要或特别重要的防水等级为Ⅰ级、Ⅱ级的建筑物，除了应做两道、三道或三道以上复合设防外，每道不同材质的防水层都应采用优质防水材料来铺设。这是因为，不同种类的防水材料，其性能特点、技术指标、防水机理都不尽相同。将几种防水材料进行互补和优化组合，可取长补短，达到理想的防水效果。多道设防，既可采用不同种防水卷材进行多叠层设防，又可采用卷材、涂膜、刚性材料进行复合设防。当采用不同种类防水材料进行复合设防时，应将耐老化、耐穿刺的防水材料放在最上面。面层为柔性防水材料时，一般还应用刚性材料作保护层。

（2）根据气候条件选择防水材料

一般来说，北方寒冷地区可优先考虑选用三元乙丙橡胶防水卷材、氯化聚乙烯橡胶共混防水卷材等合成高分子防水卷材，或选用 SBS 改性沥青防水卷材、焦油沥青耐低温卷材，以及具有良好低温柔韧性的合成高分子防水涂料、高聚物改性沥青防水涂料等防水材料。南方炎热地区可选择 APP 改性沥青防水卷材、合成高分子防水卷材和具有良好耐热性的合成高分子防水涂料或采用掺入微膨胀剂的补偿收缩水泥砂浆、细石混凝土刚性防水材料作防水层。

（3）根据湿度条件选择防水材料

对于中国南方属于梅雨地区的多雨、多湿地区宜选用吸水率低、无接缝、整体性好的合成高分子涂膜防水材料作防水层，或采用以排水为主、防水为辅的瓦屋面结构形式，或采用补偿收缩细石混凝土刚性材料作防水层。如采用合成高分子防水卷材作防水层，则卷材搭接边应切实黏结紧密、搭接缝应用合成高分子密封材料封严；如用高聚物改性沥青防水卷材作防水层，则卷材的搭接边宜采用热熔焊接，尽量避免因接缝不好而产生渗漏。梅雨地区不得采用石油沥青纸胎油毡作防水层，因纸胎吸油率低，浸渍不透，长期遇水，会造成纸胎吸水腐烂变质而导致渗漏。

(4) 根据结构形式选择防水材料

对于结构较稳定的钢筋混凝土屋面，可采用补偿收缩防水混凝土作防水层，或采用合成高分子防水卷材、高聚物改性沥青防水卷材、沥青防水卷材作防水层。

对于预制化、异型化、大跨度、频繁振动的屋面，容易增大移动量和产生局部变形裂缝，可选择高强度、高伸长率的三元乙丙橡胶防水卷材和氯化聚乙烯合成橡胶防水卷材等合成高分子防水卷材，或具有良好伸长率的合成高分子防水涂料等作防水层。

(5) 根据防水层暴露程度选择防水材料

用柔性防水材料作防水层，一般应在其表面用浅色涂料或刚性材料作保护层。用浅色涂料作保护层时，防水层呈“外露”状态而长期暴露于大气中，所以应选择耐紫外线、耐热老化和耐霉烂性好的各类防水卷材或防水涂料作防水层。

(6) 根据不同部位选择防水材料

对于道桥工程中的某些部位应重点设防，即使防水层由单道防水材料构成，细部构造部位亦应进行多道设防。贯彻“大面防水层单道构成，局部（细部）构造复合防水多道设防”的原则。对于形状复杂的细部构造基层（如圆形、方形、角形等），当采用卷材作大面积防水层时，可用整体性好的涂膜作面层防水层。

(7) 根据环境介质选择防水材料

某些生产酸、碱化工产品或用酸、碱产品作原料的工业厂房或贮存仓库，空气中散发出一定量的酸、碱气体介质，这对柔性防水层有一定的腐蚀作用，所以应选择具有相应耐酸、耐碱性能的柔性防水材料作防水层。

(8) 根据技术可行，经济合理的原则选择防水材料

根据工程防水等级的要求及工程投资的多少，综合考虑技术、经济两方面的因素，在满足防水层耐用年限要求的前提下，尽可能经济选材。

二、涂料

涂料是一种保护、装饰物体表面的涂装材料。具体讲，涂料是涂布于物体表面后，经干燥可以形成一层薄膜，赋予物体以保护、美化或其他功能的材料。从组成上看，涂料一般包含四大组分：成膜物质、分散介质、颜填料和各类涂料助剂。成膜物质是涂料中的主要成膜成分，为高分子化合物，亦称涂料树脂，可分为天然高分子和合成高分子两大类。

颜料是涂料中的次要成膜物质，但它不能离开主要成膜物质（涂料树脂）而单独构成涂膜。它不溶于成膜物质的有色矿物质或有机物质。颜料按来源可分为有机颜料和无机颜料，无机颜料又可分为天然无机颜料和人造无机颜料。

按用途可分为三种：体质颜料（也称为填料）、着色颜料、防锈颜料。体质颜料：主要用来增加涂层厚度，提高耐磨性和机械强度。着色颜料：可赋予涂层美丽的色彩，具有良好的遮盖性，可以提高涂层的耐日晒性、耐久性和耐气候变化等性能。防锈颜料：这种颜料可使涂层具有良好的防锈能力，延长寿命，它是防锈底漆的主要原料。

分散介质在涂料中起到溶解或分散成膜物质及颜（填）料的作用，以满足各种油漆施工工艺的要求，其用量在50%左右。油漆涂布成膜后，它并不留在漆膜中，而是全部挥发掉了，因此，溶剂（或分散介质）并非成膜物质，它可以帮助施工和成膜。成膜物质分类图如图6-1所示。

- 成膜物质
  - 天然高分子
    - 沥青
    - 生漆
    - 虫胶
  - 合成高分子
    - 缩聚型高分子：聚氨酯、醇酸树脂、环氧树脂等
    - 加聚型高分子：丙烯酸树脂、过氯乙烯树脂、聚氯乙烯树脂、聚醋酸乙烯树脂等
    - 改性型高分子：高氯化聚乙烯、氯化橡胶等

图 6-1　成膜物质分类图

不同品种的合成树脂或油漆，其溶剂不同。溶剂的溶解力及挥发率等因素对成漆在生产、贮存、施工及漆膜光泽、附着力、表面状态等多方面性能都有极大影响。

涂料中的溶剂是一种挥发组分，对环境造成极大污染，也是对资源的很大浪费，所以，现代涂料行业正在努力减少溶剂的使用量，开发出了高固体分涂料、水性涂料、无溶剂涂料等环保型涂料。

1. 涂料的种类

溶剂的品种类别很多，按其化学成分和来源可分为下列几大类：萜烯溶剂、石油溶剂、煤焦溶剂、酯类溶剂、酮类溶剂、醇类溶剂，以及其他溶剂。

（1）萜烯溶剂：绝大部分来自松树分泌物，常用的如松节油。

（2）石油溶剂；这类溶剂属于烃类，是从石油中分馏而得，常用的有溶剂油、松香水。松香水是油漆中普遍采用的溶剂，毒性较小。

（3）煤焦溶剂：这类溶剂也属于烃类，但由煤干馏而得，常用的有苯、甲苯、二甲苯等。苯的溶解能力很强，但毒性大，挥发快，一般不用；甲苯的溶解能力与苯相似，主要作为醇酸漆溶剂，也可以作环氧树脂、喷漆等的稀释剂用；二甲苯的溶解性略低于甲苯，挥发比甲苯慢，毒性较小。近年来，重芳烃（三甲基苯）类溶剂得到了广泛应用。

（4）酯类溶剂：是低碳的有机酸和醇的酯化物，一般常用的有醋酸丁酯、乙酸乙酯、醋酸乙酯、醋酸戊酯等。酯类溶剂毒性小，一般用在民用漆中。

（5）酮类溶剂：是一类有机溶剂，主要用来溶解硝酸纤维，常用的有丙酮、甲乙酮、甲异丙酮、环已酮等。

（6）醇类溶剂：是一类有机溶剂，能与水混合，常用的有乙醇、异丙醇、丁醇等。醇类溶剂对涂料的溶解力差，仅能溶解虫胶或聚乙烯醇缩丁醛树脂，与酯类、酮类溶剂配合使用时，可增加其溶解力，因此称它们为硝基漆的助溶剂。乙醇不能溶解一般树脂，而能溶解硝基纤维、虫胶等。

（7）其他溶剂：常用的有含氯溶剂、硝化烷烃溶剂、醚醇类溶剂等。含氯溶剂溶解力很强，但毒性较大，只是在某些特种漆和脱漆剂中使用；醚醇类溶剂是一种新兴的溶剂，有乙醚乙二醇、甲醚乙二醇及其酯类等。近年来，水性涂料发展很快，除极少量水溶性体系外，绝大部分属于水分散体系，水起到分散介质的作用。

2. 涂料的作用

涂料的作用主要包括三个方面：

（1）保护作用

涂料可以在物体表面形成一层保护膜，保护各种制品免受大气、雨水及各种化学介质的侵蚀，延长其使用寿命，减少损失。

（2）装饰作用

由颜料（或填料）及成膜物质提供，其他组分协助。当然，颜料除了使涂膜呈现鲜艳多彩的颜色外，还具有其他作用，如提供一定的机械强度、化学稳定性以强化保护作用；成膜物质使涂饰物表面光泽发生变化，丰满度提高，提高质感，提高了装饰效果。

（3）其他作用

保护和装饰性是涂料的基本功能，此外涂膜还可以提供防静电、导电、绝缘、耐高温、隔热、阻燃、防霉、杀菌、防海洋生物附着、热至变色、光至变色等作用。

3. 涂料工业的技术发展

涂料工业的技术发展将主要体现在“四化”——水性化、粉末化、高固体分化和光固化。

（1）涂料的水性化

在水性涂料中，乳胶涂料占绝对优势，此外，水分散体涂料在木器、金属涂料领域的技术、市场发展很快。水性涂料重要的研究方向有以下几个方面：

①成膜机理的研究：主要研究如何改善涂膜的性能；

②施工应用的研究：近年来对金属包装用水基涂料作了大量研究并获得十分可喜的进展，美国、日本、德国等国家已生产出金属防锈底漆、面漆，在市场上颇受欢迎。热塑性乳胶基料常用丙烯酸酯聚合物、聚氨酯分散体及其杂合乳液，通过大分子量的聚合物颗粒聚结而固化成膜。乳胶颗粒的聚结性关系到乳胶成膜的性能。近几年来，着重于强附着性基料和快干基料的研制以及混合树脂胶的开发。一般水性乳胶聚合物对疏水性底材（如塑料和净化度差的金属）附着性差。为提高乳胶附着力，必须注意乳胶聚合物的结构和配方设计，使其尽量与底材的表面能接近，并选择合适的聚结剂，降低体系的表面张力，以适应表面张力较低的市售塑料等基材的涂饰。新开发的聚合物乳胶容易聚结，聚结剂用量很少也能很好地成膜，现已在家具、机械和各种用具等塑料制品上广泛应用。

③水性聚氨酯涂料。这是近年来迅速发展的一类水性涂料。它除具有一般聚氨酯涂料所固有的高强度、耐磨等优异性能外，且对环境无污染，中毒和着火的危险性小。由于水性聚氨酯树脂分子内存在氨基甲酸酯键，所以水性聚氨酯涂料的柔韧性、机械强度、耐磨性、耐化学药品及耐久性等都十分优异，欧、美、日均将其视为高性能的现代涂料品种大力研究开发。

由于能源危机，油性漆原材料的价格大涨，为水性漆的发展提供了机遇。当然，目前水性涂料的发展还面临着很多挑战。一是消费者的消费习惯能不能被环保和健康观念改变；二是生产厂家能不能在水性漆的物理性能方面有更大的改进和提高。另外，政策面的推动也应加强、广大民众的消费观念也需更新。因此，水性漆的发展需要研发、生产、政府和用户的多方共同努力。

（2）涂料的粉末化

在涂料工业中，粉末涂料属于发展最快的一类。由于世界上出现了严重的大气污染，环保法规对污染控制日益严格，要求开发无公害、省资源的涂料品种。因此，无溶剂、100%地转化成膜、具有保护和装饰综合性能的粉末涂料，便因其具有独有的经济效益和社会效益而获得飞速发展。

粉末涂料的主要品种有环氧树脂、聚酯、丙烯酸和聚氨酯粉末涂料。近年来，芳香族聚氨酯和脂肪族聚氨酯粉末以其优异的性能令人注目。

（3）涂料的高固体分化

在环境保护措施日益强化的情况下，高固体分涂料有了迅速发展。采用脂肪族多异氰酸酯和聚己内酯多元醇等低黏度聚合物多元醇，可制成固体分高达100%的聚氨酯涂料。该涂料各项性能均佳，施工性好。用低黏度IPDI三聚体和高固体分羟基丙烯酸树脂或聚酯树脂配制的双组分热固性聚氨酯涂料，其固体含量可达70%以上，且黏度低，便于施工，室温或低温可固化，是一种非常理想的高装饰性高固体分聚氨酯涂料。

（4）涂料的光固化

光固化涂料也是一种不用溶剂、节省能源的涂料，最初主要用于木器和家具等产品的涂饰，目前在木质和塑料产品的涂装领域开始广泛应用。在欧洲和发达国家，光固化涂料市场潜力大，很受大企业青睐，主要是流水作业的需要，美国现约有700多条大型光固化涂装线，德国、日本等大约有40%的木质或塑料包装物采用光固化涂料。最近又开发出聚氨酯丙烯酸光固化涂料，它是将有丙烯酸酯端基的聚氨酯齐聚物溶于活性稀释剂（光聚合性丙烯酸单体）中而制成的。它既保持了丙烯酸树脂的光固化特性，也具有特别好的柔性、附着力、耐化学腐蚀性和耐磨性。

环境压力正在改造全球涂料工业，一大批环境保护条例对VOC的排放量和使用有害溶剂等都作了严格规定，整个发达国家的涂料工业已经或正在进行着调整。归根结底，全球市场正朝着更适应环境的技术尤其是水性漆、高固体、辐射固化和粉末涂料方向发展。

三、胶黏剂

胶黏剂又称黏结剂或黏合剂，它是能把两个物体牢固地黏结成为一个整体的物质。胶黏剂已广泛应用于工农业、国防工业、尖端科技及日常生活的各个领域。在道路工程中，构件组装、设备安装、室内外装修及建筑物修补等，都大量使用胶黏剂。

胶黏剂功能非凡，能够实现多重目的，黏结工艺与铆接、焊接、螺栓连接等传统连接工艺相比较，具有许多特点：整个黏结面上都承受应力，即使黏结应力不很大，但构件承载力可以较大；应力分布在整个黏结面上，避免了应力集中；既可黏结相同材料，也可实现不同质材料的黏结（如织物、橡胶与金属、陶瓷等黏结）；既可黏结形状复杂及微型构件，又可进行大面积薄形卷材的粘贴；黏结结构质量轻、外形光滑美观；可既有连接作用又有密封作用。黏结比传统连接方法更灵活、方便和可靠，故黏结技术是发展最快的新技术之一。胶黏剂品种繁多，性能各异，产品更新换代也十分迅速。

根据其主要组成成分的不同，胶黏剂分为无机胶黏剂（如硅酸盐水泥、水玻璃、石膏、磷酸盐等）及有机胶黏剂。有机胶黏剂又可分为天然胶料系列胶黏剂和合成高分子材料系列胶黏剂（简称合成胶黏剂），无机材料性质已在有关章节讨论。天然胶料胶黏剂的组分比较简单，其性能往往不能满足工程需要。随着化学工业的发展和胶黏技术的进步，出现了许多合成胶黏剂。

1. 胶黏剂的组成

胶黏剂是由黏料、固化剂、增塑剂与增韧剂、促进剂、稀释剂、填料及其他助剂所组成。

（1）黏料

也称基料或主剂。它是胶黏剂中的主要组分，起胶黏作用，是胶黏剂中不可缺少的成分，其余的组分则视性能要求决定是否加入。

（2）稀释剂

为了便于涂胶，常采用稀释剂来溶解黏料并调节胶黏剂的黏度，稀释剂分为非活性稀释剂和活性稀释剂。非活性稀释剂只有降低胶黏剂黏度的作用，涂胶后挥发掉，如丙酮、甲苯等。活性稀释剂即可降低黏度，又能参与固化反应，如环氧树脂、胶黏剂中的环氧丙烷苯基醚等。

（3）固化剂及促进剂

固化剂可使线型高分子化合物交联成体型结构，使胶液成为不熔的坚固胶层。橡胶中称为硫化剂。促进剂可加速固化速度或降低固化反应温度。

（4）偶联剂

偶联剂的分子一般都含有两个性质不同的基团。一部分基团经水解后能与无机物的表面很好地亲合；另一部分基团能与有机树脂结合，从而使两种不同性质的材料“偶联”起来。将偶联剂掺入胶黏剂中，或用其处理被粘物表面，都能提高胶结强度和改善其水稳定性。

（5）增塑剂与增韧剂

胶黏剂中加入适量的增塑剂或增韧剂，可提高胶层的抗冲击性能和耐低温性，但也会使其耐热性能有所降低。胶黏剂中所用增塑剂与塑料中增塑剂相似。增韧剂是能参与黏料固化反应并改善胶黏剂性能的高分子物质，如在环氧胶黏剂中加入聚酰胺树脂、低分子量聚硫橡胶、丁腈橡胶等，都可改进环氧树脂胶黏剂的韧性并提高其黏结强度。

2. 胶黏剂的分类

不同的材料，如金属、塑料、橡胶等，由于分子本身的结构、极性不同，在很大程度上会影响胶结强度。因此，选择胶黏剂要清楚被黏结材料的种类、组成、结构、形状和胶结部位受力情况、使用环境以及某些特殊要求，熟悉所使用胶黏剂的技术性能和经济指标。受力构件的胶结应选用强度高、韧性好的胶黏剂。若构件受力不大时，则选用通用型胶黏剂。

合成胶黏剂的种类繁多，分类方法也很多。通常可按黏料化学成分、胶黏剂胶结强度及主要用途和使用方法分类。合成胶黏剂按所用黏料的不同，分为热塑性树脂胶黏剂、热固性树脂胶黏剂、橡胶型胶黏剂及混合型胶黏剂等。胶黏剂按胶结强度特性及主要用途不同，分为结构胶黏剂、非结构胶黏剂及特殊胶黏剂。结构胶黏剂具有足够的胶结强度，能长期承受较大荷载，有良好的温度稳定性及耐老化性，常用的有热固性树脂胶黏剂或混合型胶黏剂。非结构胶黏剂具有一定的胶结强度，并同时具有密封、防水或防腐等使用功能，常用热塑性树脂胶黏剂或橡胶类胶黏剂。特殊胶黏剂主要是采用专用固化剂及填料等配制的具有特殊性能的胶黏剂，如水下固化环氧胶、耐油胶、耐低温胶及耐高温胶等。胶黏剂按使用方法不同，可分为单组分胶黏剂、双组分胶黏剂及多组分胶黏剂。单组分胶黏剂是在工厂里把黏料及各种添加剂配合好，使用时按规程进行胶结施工。双组分胶黏剂是在工厂里将黏料及各种添加剂分为 A、B 两组进行配制和包装，使用时按规定的 A 与 B 之比例进行混合，并即刻进行胶结施工。有些胶黏剂出厂时分为 A、B、C 三组，应用时按规定比例进行混合后再进行胶结施工。一般来说，双组分及多组分胶比单组分胶的胶结性能好，但单组分胶使用方便。

四、其他应用

聚合物混凝土是由有机材料、无机材料复合而成的混凝土，分为聚合物浸渍混凝土、聚合物水泥混凝土和聚合物胶结混凝土。聚合物浸渍混凝土是把硬化后的混凝土加热、干燥、真空后，以有机单体浸渍，然后通过加热等方法使空隙中的单体聚合。聚合物水泥混凝土是在拌合混凝土时掺入聚合物或单体而成的。聚合物胶结混凝土也称树脂混凝土，是完全采用聚合物作为胶结材料的混凝土，由聚合物与砂石集料组成。聚合物混凝土比普通混凝土的力学性能、耐久性、抗磨性等性能显著提高。

以聚合物材料为原料制成土工织物、土工膜、土工格栅等土工材料可以用作加固土壤、防止沥青路面反射裂缝、加固挡土墙等，应用十分广泛。

思 考 题

1. 高分子聚合物基本性质有哪些?
2. 在道桥工程中碳纤维有哪些应用?
3. 试述塑料的组成成分和它们的作用?
4. 工程中在选择橡胶品种时，应考虑哪些因素?
5. 常见的胶结理论有哪些?

第七章 建筑钢材

在道路桥梁工程中，钢材是最重要的材料之一，主要应用于钢结构桥梁的各种型材（如圆钢、角钢、工字钢等）、钢板和用于钢筋混凝土桥梁中的各种钢筋、钢丝等。钢材是在严格的技术控制下生产的材料，在道桥工程中得到了广泛应用。它的品质均匀，强度高，有一定塑性和韧性，具有承受冲击和振动荷载的能力，可以焊接或铆接，便于装配。因此用型钢作建筑结构，安全性大，自重较轻，适用于大跨及多层结构。钢材的缺点是易锈蚀、维护费用高、耐火性差、生产能耗大。

第一节 钢材的生产、组成与结构

一、钢材的冶炼

钢和铁从化学组成上分析都是铁碳合金，钢是由生铁冶炼而成的。而生铁的品种有白口铁、灰口铁、铁合金等，其中白口铁为炼钢用铁。生铁的碳含量大于2.06%，并含有较多的硫、磷等杂质，其抗拉强度很低，塑性很差，具有硬而脆的特点，不能采用轧制或煅压等方法来进行加工，使其在工程应用中受到很大的限制。因此需要将生铁冶炼成钢，通过冶炼将生铁中的含碳量降至2.06%以下，并将其他杂质含量降至允许范围之内，以显著改善其技术性质。

炼钢的原理就是把熔融的生铁进行高温氧化，使其中的碳原子被氧化成一氧化碳气体而逸出，含碳量降低到预定范围；硅、锰等氧化形成氧化硅和氧化锰进入渣中除去；磷和硫在石灰的作用下亦进入渣中被排除，使其中含碳量降低到2%以下，同时使其杂质的含量降低到允许的范围内。因此钢的生产分为以下两个过程：

①炼铁：铁矿石$\xrightarrow{\text{冶炼}}$铁水＋矿渣

②炼钢：铁水或铁块、废钢$\xrightarrow{\text{冶炼}}$钢水＋钢渣

现代炼铁的主要方法是高炉炼铁。钢的冶炼方法主要有氧气转炉法、电炉法和平炉法，不同的冶炼方法对钢材的质量有着不同的影响，见表7-1所列。目前平炉法已基本淘汰，氧气转炉法已成为现代炼钢的主要方法。

表7-1 三种主要炼钢方法的特点与应用

炉种	原料	主要特点	生产的主要钢材品种
氧气转炉	铁水、废钢	冶炼速度快，生产效率高，钢材质量较好	碳素钢、低合金钢
电弧炉	废钢	钢炉容积小，耗电大，生产控制严格，钢材质量好，但成本高	低合金钢、优质碳素钢
平炉	生铁、废钢	钢炉容量大，冶炼时间长，钢材质量较好且稳定，但成本较高	碳素钢、低合金钢

1. 空气转炉炼钢

空气转炉钢的冶炼特点是用吹入铁液的空气将碳和杂质氧化。由于吹炼过程中较易吸收有害气体氮、氢等，以及冶炼时间短，不易准确控制其化学成分，故其质量较差。但由于其设备投资少，不需燃料，生产速度快，故其成本较低。

2. 氧气转炉炼钢

以熔融的铁水为原料，由炉顶向转炉内吹入高压氧气，使铁水中的碳和硫等杂质经热氧化除去，得到较纯净的铁水，这种冶炼的方法称为氧气转炉钢的冶炼。氧气转炉炼钢法是在空气转炉炼钢法的基础上发展起来的先进方法，与空气转炉相比较，氧气转炉是以氧气代替空气，所以不易带进氮、氢等有害气体。氧气转炉炼钢周期短，生产效率高，杂质清除较充分，从而能生产较好质量的钢，现已成为现代炼钢的主要方法。

此法能有效地去除磷和硫，钢中所含气体很低，非金属夹杂物亦较少，故质量较好。这种冶炼方法是目前发展很快的先进方法。

3. 平炉炼钢

平炉炼钢是利用拱形炉顶的反射原理，以煤气或重油作燃料，以铁液（或固体生铁）、废钢铁和适量的铁矿石作原料，利用空气中的氧和铁矿石中的氧使杂质氧化。平炉冶炼时间较长，有足够的时间调整和控制其成分，去除杂质更为彻底，故炼得的钢质量较好，也较稳定。但由于设备一次性投资大，燃料热效率较低，冶炼时间较长，故其成本较高。

4. 电炉炼钢

以电为热源迅速加热生铁或废钢原料，使其熔化并精炼而成的钢称为电炉钢。这种方法生产的钢质量最好，但成本也最高。按炉种分为电弧炉钢、感应炉钢、电渣炉钢等。目前以电弧炉钢应用最广，产量最大。电弧炉是利用电极末端与金属材料间产生的电弧而熔炼钢材的。弧区温度高达3000℃以上，其主要由电极及其升降装置、炉身及其倾动机构和供电系统组成。

钢的冶炼过程是杂质成分的热氧化过程，炉内为氧化环境，故炼成的钢水中会含有一定量的脱氧剂（常用的有锰铁、硅铁和铝锭），使之与氧化铁作用而将其还原成铁，此称“脱氧”。脱氧减少了钢材中气泡并克服了元素分布不均的缺点，能明显改善钢的技术性质。

在钢锭冷却过程中，由于钢内某些元素在铁的液相中的溶解度大于固相，这些元素便向凝固较迟的钢锭中心集中，导致化学成分在钢锭中分布不均匀，这种现象称为化学偏析，其中尤以硫、磷偏析最为严重。偏析现象对钢的质量有不良影响。

上述冶炼、加工对钢材质量的影响，必然要反映到钢材标准和有关规范中。例如，由于热轧加工的影响，普通碳素结构钢标准中对于不同尺寸钢材，分别规定不同的强度要求。

钢水在铸锭冷却过程中，由于钢内一些元素在铁的液相中的溶解度要大于固相，这些元素在凝固较迟的钢锭中心会产生集中，导致化学成分在钢锭中分布不均匀，这种现象称为偏析，其中以硫、磷偏析最严重。偏析会严重降低钢材质量。

二、钢的化学成分对钢材性能的影响

1. 钢的基本晶体组织

钢材的基本成分是铁和碳，由于铁原子和碳原子的结合方式不同而形成不同形态的聚合体，称为晶体组织。铁原子和碳原子之间的结合有三种基本形式：固溶体、化合物和两者的机械混合物。碳素钢在常温下形成三种基本组织：

（1）铁素体

铁素体是碳溶于铁晶格中的固溶体，铁素体溶碳能力很低，室温下最大能溶入0.006%的碳，基本上是纯铁。由于溶碳少而且晶格中滑移面较多，故其强度低，但塑性和韧性很好。

（2）渗碳体

渗碳体是铁和碳的化合物，含碳量为6.67%，分子式为Fe_3C_0其晶体结构复杂，其塑性较差、硬脆。

（3）珠光体

珠光体是铁素体和渗碳体相间形成的层状机械混合物。其层状可认为是铁素体基体上分布着硬脆的渗碳体片，二者既不互溶，也不化合，各自保持原有的晶格和性质。珠光体的性能介于铁素体和渗碳体之间。

碳素钢中基本晶体组织的相对含量与其含碳量关系密切，当含碳量小于0.8%时，钢的基本晶体组织由铁素体和珠光体组成。随着含碳量的提高，铁素体逐渐减少。而珠光体逐渐增多，钢材的强度和硬度随之提高，而塑性、韧性则逐渐降低。当含碳量为0.8%时，钢的基本晶体组织仅为珠光体。当含碳量大于0.8%时，钢的基本晶体组织由珠光体和渗碳体组成，此后随含碳量增加，珠光体逐渐减少而渗碳体相对渐增，从而使钢的硬度逐渐增大，塑性和韧性减小，且强度降低。

建筑工程中所用的钢材其含碳量均在0.8%以下，建筑钢材的基本晶体组织是由铁素体和珠光体组成，因而建筑钢材既具有较高的强度，又有较好的塑性、韧性，从而能很好地满足工程所需的技术性能要求。

2. 钢材的化学组分及其对钢材性能的影响

钢的主要化学成分是铁和碳（C）。除此之外还含有锰（Mn）、硅（Si）等有益元素，以及硫（S）、磷（P）、氧（O）、氮（N）等有害杂质。为改善钢材性能，通常在熔炼过程中特意加入某些元素，如钒（V）、钛（Ti）等，成为合金钢。这些元素含量虽少，但对钢材性能的影响很大，现分述如下：

（1）碳（Carbon）

碳是决定钢材性能的最重要元素，碳含量对钢的强度、塑性、韧性和焊接性等机械力学性能有决定性的影响。在碳素钢中，当钢中含碳量在0.8%以下时，随着含碳量的增加，钢的强度和硬度提高，塑性和韧性下降；但当含碳量大于1.0%时，随含碳量增加，钢的强度反而下降，这是由于呈网状分布于珠光体晶界上的渗碳体使钢变脆所致。

随着含碳量的增加，其强度和硬度提高，塑性和韧性降低。当碳的含量大于0.3%时，钢的可焊性显著降低。另外，碳的含量增加，还会导致钢材的冷弯性能和时效敏感性增加，抗腐蚀性降低。

钢中含碳量增加，还会使钢的焊接性能变差（含碳量大于0.3%的钢，可焊性显著降低），冷脆性和时效敏感性增大，并使钢耐大气锈蚀能力下降。

（2）锰（Mn）

锰是炼钢时为脱氧去硫而加入的，是钢中的有益元素，也是主要的合金元素之一。锰可提高钢材的屈服强度、抗拉强度、硬度及耐磨性，而又不过多地降低塑性和冲击韧性。另外，锰还能显著改善钢材的冷脆性能，并消减硫和氧导致的热脆性，以及改善钢材的热加工性能。锰是低合金结构钢的主要元素，含量一般在1% ~2%范围内。它可细化晶粒，提高钢材的强度。

(3) 硅（Si）

硅是钢中的有益元素，也是主要的合金元素。它是炼钢时为脱氧而加入的。当钢中硅的含量较低（<1%）时，可提高钢材的强度、疲劳极限、耐腐蚀性及抗氧化性，对塑性和韧性没有明显影响。当硅的含量超过1%时，钢的塑性和韧性明显降低，冷脆性增加，可焊性降低。因此硅作为低合金钢的主要合金元素，其目的主要是提高钢材的强度。

(4) 磷（P）

磷是钢中十分有害的元素之一。磷将使钢在低温时韧性降低并不容易产生脆性破坏。磷也降低钢材的可焊性，能使钢的可塑性及韧性明显下降，在低温下更为严重，这种现象叫做作冷脆性。在优质钢中，硫和磷要严格控制，但从另一方面看，在低碳钢中含有较高的硫和磷，能使其切削易断，对改善钢的可切削性是有利的。

(5) 硫（S）

硫是钢中十分有害的元素之一，由炼铁原料中带入，可降低钢材的各种机械性能。硫在钢材进行热加工时易引起钢的脆裂，称为热脆性。硫化物所造成的熔点降低使钢在焊接时易于产生热裂纹，显著降低可焊性。硫还会降低钢材的各种机械性能，影响钢材的塑性、冲击韧性、耐疲劳性和抗腐蚀性。

(6) 氧（O）

氧是钢中的有害元素。其含量增加，会使钢材的机械强度、塑性和韧性降低，促进时效，增加热脆性，降低可焊性。

(7) 氮（N）

氮对钢性质的影响与磷相似，可提高钢材的强度，但使钢材的塑性特别是韧性显著下降，氮还会加剧钢材的时效敏感性和冷脆性，降低可焊性。

(8) 钛（Ti）

钛是强脱氧剂，而且能细化晶粒。钛能显著提高钢的强度，但稍降低塑性；由于晶粒细化，故可改变韧性。钛还能减少时效倾向，改善可焊性，是常用的合金元素。

(9) 钒（V）

钒是强碳化物和氮化物形成元素。能细化钢的晶粒组织，提高钢的强度，韧性和耐磨性。当它在高温溶入奥氏体时，可增加钢的淬透性；反之，当它在碳化物形态存在时，就会降低它的淬透性。

(10) 铌（Ni）

铌是强碳化物和氮化物形成元素，能细化颗粒。

钛、钒、铌等低合金钢是常用的合金元素，可细化晶粒，有效地提高强度。

(11) 镍（Ne）

能提高钢的强度和韧性，提高淬透性。含量高时，可显著改变钢和合金的一些物理性能，提高钢的抗腐蚀能力。

(12) 铝（Al）

能细化钢的晶粒组织，阻抑低碳钢的时效，提高钢在低温下的韧性，还能提高钢的抗氧化性，提高钢的耐磨性和疲劳强度等。

(13) 铜（Cu）

它的突出作用是改善普通低合金钢的抗大气腐蚀性能，特别是和磷配合使用时更为明显。

三、钢材的分类

钢的分类方法很多，根据钢的化学成分、品质和用途的不同，可分为不同的品种。

1. 按脱氧程度分类

根据脱氧程度的不同，钢可分为沸腾钢（F）、镇静钢（Z）和介于两者之间的半镇静钢（BZ）。沸腾钢脱氧不充分，故浇注后在钢液冷却时有大量一氧化碳气体外逸，引起钢液激烈沸腾，故称沸腾钢。镇静钢则在浇注时钢液平静地冷却凝固。沸腾钢和镇静钢相比较，沸腾钢中碳和有害杂质磷、硫等的偏析（元素在钢中分布不均匀，富集于某些区间的现象称为偏析）较严重，钢的致密程度较差。故沸腾钢的冲击韧性和可焊性较差，特别是低温冲击韧性的降低更显著。从经济上比较，沸腾钢只消耗少量的脱氧剂，钢锭的收缩孔减少，成品率较高，故成本较低。

(1) 沸腾钢（F）

沸腾钢是脱氧不完全的钢，钢液中保留相当数量的 FeO，钢水浇注后，产生大量的 CO 气体会逸出，引起钢水沸腾，故称沸腾钢，代号“F”。沸腾钢的塑性好，有利于冲压；钢组织不够致密，杂质和夹杂物较多，硫、磷等杂质偏析较大，故其质量较差。但其生产成本低、产量高，所以广泛应用于一般建筑结构中。

(2) 镇静钢（Z）

镇静钢是脱氧充分的钢，在浇注和凝固过程中基本无 CO 气体逸出，钢水呈静止状态，故称为镇静钢，代号为“Z”（可省略不写）。镇静钢结构致密、成分均匀、性能稳定，故质量较好。但其成本较高，一般应用于承受冲击荷载、预应力混凝土等重要结构中。

(3) 半镇静钢（BZ）

半镇静钢的脱氧程度和质量介于上述两者之间，代号为“B”。

(4) 特殊镇静钢（TZ）

特殊镇静钢是比镇静钢脱氧更为彻底的钢，其质量较好，代号为“TZ”（可省略不写）。适用于特别重要的结构工程。

2. 按化学成分分类

(1) 碳素钢

钢的主要化学成分是铁，其次是碳，它的含碳量为 0.02% ~2.06%。碳素钢中除铁和碳以外，还含有在冶金中难以除净的少量硅、锰、磷、硫、氧和氮等。其中磷、硫、氧、氮等对钢材性能产生不利影响，为有害杂质。碳素钢按含碳量的高低又可作如下分类：

碳素钢
- 低碳钢（含碳量 <0.25%）
- 中碳钢（含碳量为 0.25% ~0.60%）
- 高碳钢（含石炭量 >0.60%）

(2) 合金钢

合金钢是在炼钢过程中，为改善钢材的性能，特意加入一种或多种合金元素（如锰、硅、钒、钛等）而制得的一种钢。合金元素的作用是既能改善钢的力学性能和工艺性能，也能获得某种特殊的理化性能。合金钢按合金元素掺入的总量可作如下分类：

合金钢
- 低合金钢（合金元素总量<5%）
- 中合金钢（合金元素总量为5%~10%）
- 高合金钢（合金元素总量>10%）

3. 按有害杂质的质量分数分类

根据钢中有害杂质磷（P）和硫（S）含量的多少，钢材可分为以下四类：

（1）普通钢：含硫量≤0.050%，含磷量≤0.045%。

（2）优质钢：含硫量≤0.035%，含磷量≤0.035%。

（3）高级优质钢：含硫量≤0.025%，含磷量≤0.025%。

（4）特殊优质钢：含硫量≤0.015%，含磷量≤0.025%。

4. 按用途分类

根据用途不同，工业用钢常分为结构钢、工具钢和特殊性能钢。

（1）结构钢

主要用于工程结构构件及机械零件的钢，一般为低碳钢或中碳钢。

（2）工具钢

主要用于各种量具、刀具及模具的钢，一般为高碳钢。

（3）特殊钢

具有特殊物理、化学或机械性能的钢，如不锈钢、耐热钢、磁性钢等，一般为合金钢。

土木工程常用的是结构钢，一般分为型材、板材、线材和管材等几类。型钢包括钢结构用的角钢、工字钢、槽钢、方钢、吊车轨、钢板桩等，多作为梁、柱等承重构件。线材包括钢筋混凝土和预应力混凝土用的钢筋、钢丝和钢绞线等。板材包括用于建造房屋、桥梁及建筑机械的中厚钢板，用于屋面、墙面、楼板等的薄钢板。管材主要用于钢网架、钢桁架和供水、供气（汽）管线等。

第二节　钢材的技术性质

建筑钢材的技术性质主要包括其力学性能和工艺性能。力学性能又称机械性能，是钢材最重要的使用性能，主要包括强度、塑性、冲击韧性和硬度等；工艺性能是指钢材在各种加工过程中的行为，主要包括冷弯性能、焊接性能、冷加工强化及时效强化等。钢材应具有良好的工艺性能，以保证钢材顺利通过各种加工工艺，而使钢材制品的质量不受影响。

一、力学性能

1. 抗拉性能

抗拉性能是钢材的重要性能。钢材受拉时，在产生应力的同时，相应地产生应变。应力和应变之间的关系反映出钢材的主要力学特征。从图7-1低碳钢（软钢）的应力-应变关系图可以看出，低碳钢从受拉到断裂，经历了四个阶段：弹性阶段（*OA*段）、屈服阶段（*AB*段）、强化阶段（*BC*段）、颈缩阶段（*CD*段）。

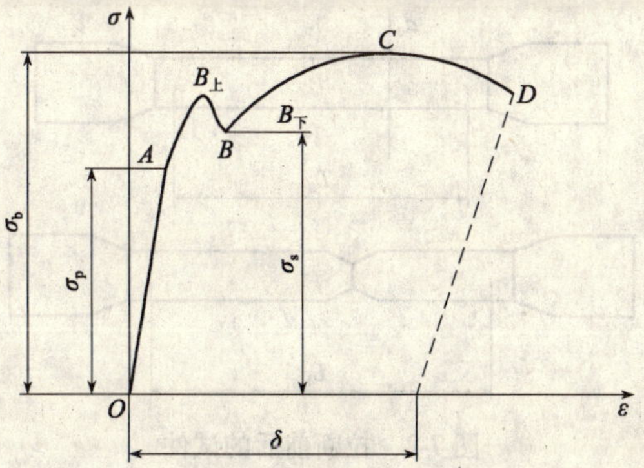

图 7-1 低碳钢受拉时 σ - ε 曲线

（1）弹性阶段（*OA* 段）

在图 7-1 中弹性阶段范围内，应力较低，应力与应变呈比例关系，此时，如卸去拉力，试件能完全恢复原状，无残余形变，这一阶段称为弹性阶段。弹性阶段的最高点 *A* 点所对应的应力称为弹性极限，用 σ_p 表示。在此阶段，应力和应变的比值为常数，称为弹性模量，用 E 表示，即 $E=\sigma/\varepsilon$。弹性模量反映钢材的刚度，即产生单位弹性应变时所需应力的大小。它是钢材在受力条件下计算结构变形的重要指标。土木工程中常用的碳素结构钢 Q235 的弹性模量为（2.0～2.1） ×105MPa。

（2）屈服阶段（*AB* 段）

当应力超过弹性极限后，应变的增长比应力快，此时，如卸去拉力，试件除产生弹性变形外，还产生塑性变形。当应力达到 $B_{上}$ 点后，塑性变形急剧增加，应力-应变曲线出现一些波动，这种现象称为屈服，这一阶段称为屈服阶段。在屈服阶段中，外力不增大，而变形继续增加。这时相应的应力称为屈服极限或屈服强度。屈服点分为上屈服点 $B_{上}$ 和下屈服点 $B_{下}$。上屈服点是指试件发生屈服而应力首次降低前的最大应力，下屈服点是指不计初始瞬时效应时屈服阶段中的最小应力。由于下屈服点比较稳定容易测定，因此，一般采用下屈服点作为钢材的屈服强度 σ_s。钢材受力达到屈服强度后，变形迅速增长，尽管尚未断裂，已不能满足使用要求，故结构设计中以屈服强度作为许用应力取值的依据。常用碳素结构钢 Q235 的屈服强度在 235MPa 以上。

（3）强化阶段（*BC* 段）

钢材屈服到一定程度后，由于内部晶格扭曲、晶粒破碎等原因，阻止了塑性变形的进一步发展，钢材抵抗拉力的能力重新提高，在图 7-1 上，曲线从 $B_{下}$ 点开始上升至最高点 *C* 点，这一过程称为强化阶段。对应于 *C* 点的应力称为抗拉强度（σ_b），它是钢材所承受的最大拉应力。常用低碳钢的抗拉强度在 375～500MPa 之间。

抗拉强度在设计中虽然不能利用，但是抗拉强度与屈服强度之比（强屈比）σ_b/σ_s 却是评价钢材使用可靠性的一个参数。强屈比越大，钢材受力超过屈服点工作时的可靠性越大，安全性越高。但是，强屈比太大，钢材强度的利用率偏低，浪费材料。钢材的强屈比一般不低于 1.2，用于抗震结构的普通钢筋实测的强屈比不低于 1.25。

（4）颈缩阶段（*CD* 段）

当钢材达到最高点 *C* 后，试件薄弱处的断面将显著减小，塑性变形急剧增加，产生“颈缩现象”（图 7-2），拉力下降，直到发生断裂。

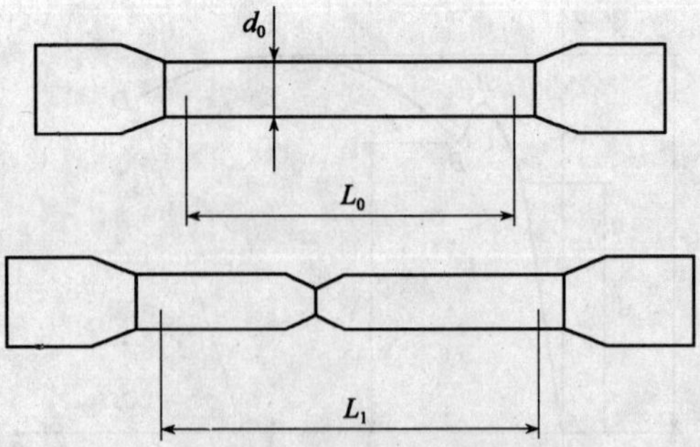

图 7-2 拉断前后的试件

将拉断后的试件于断裂处对接在一起（图 7-2），测其断后标距 L_1（mm）。标距的伸长值占原始标距 L_0（mm）的百分率，称为伸长率，以 δ 表示。

$$\delta = \frac{L_1 - L_0}{L_0} \times 100\% \tag{7-1}$$

伸长率是衡量钢材塑性的重要技术指标，伸长率越大，表明钢材的塑性越好。

钢材拉伸时塑性变形在试件标距内的分布是不均匀的，颈缩处的伸长较大，因而原始标距 L_0 与直径 d_0 之比越大，颈缩处的伸长值在总伸长值中所占的比例就越小，则计算所得伸长率也越小。通常钢材以 δ_5 和 δ_{10} 分别表示 $L_0 = 5d_0$ 和 $L_0 = 10d_0$ 时的伸长率。对于同一种钢材，δ_5 大于 δ_{10}。

钢材的塑性也可以用其断面收缩率（ψ）表示，即

$$\psi = \frac{A_0 - A_1}{A_0} \times 100\% \tag{7-2}$$

式中，A_0 和 A_1 分别为试件拉伸前后的断面积。

中碳钢与高碳钢（硬钢）拉伸时的应力-应变曲线与低碳钢不同，其抗拉强度高，塑性变形小，没有明显的屈服现象。这类钢材由于不能测定屈服点，以产生 0.2% 残余变形时的应力值作为屈服极限，称为条件屈服点，用 $\sigma_{0.2}$ 表示，如图 7-3 所示。

2. 冲击韧性

冲击韧性是指钢材抵抗冲击荷载的能力。钢材的冲击韧性试验是将标准试件置于冲击机的支架上，并使切槽位于受拉的一侧（图 7-4）。当试验机的摆锤从一定高度自由落下时，在试件中间开 V 形缺口，试件吸收的能量等于摆锤所做的功 W。若试件在缺口处的最小横截面积为 A，则冲击韧性 a_k 为：

$$a_k = \frac{W}{A} \tag{7-3}$$

式中，a_k 的单位为 J/cm²。

钢材的冲击韧性高低与钢材的化学成分、组织状态、冶炼、轧制质量有关，还与环境温度有关。钢材中磷、硫含量较高，存在偏析、非金属夹杂物和焊接中形成的微裂纹等都会显著降低冲击韧性。钢材的冲击韧性随温度的降低而下降，当达到一定温度范围时，突然下降很多而呈脆性，这种性质称为钢材的冷脆性，这时的温度称为脆性临界温度。脆性临界温度

的数值越低，钢材的抗低温冲击性能越好。在负温下使用的结构，应当选用脆性临界温度低于使用环境温度的钢材。

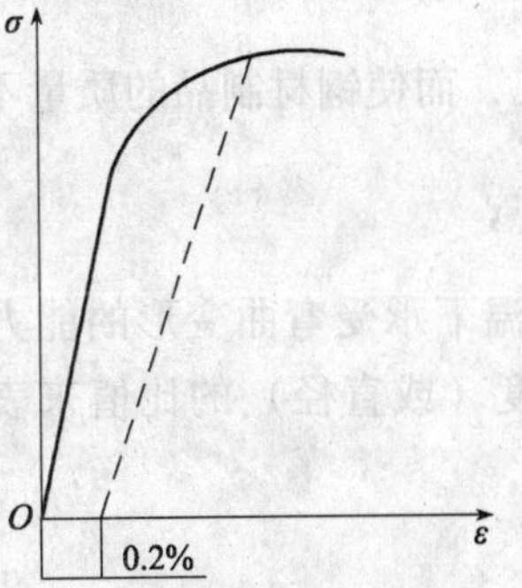

图 7-3 硬钢的屈服点 $\delta_{0.2}$

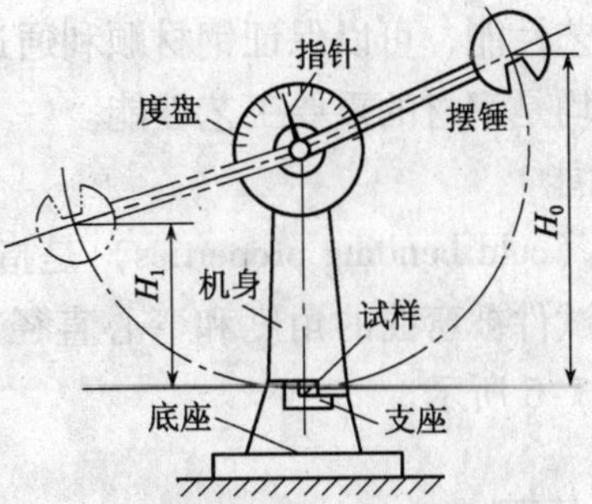

图 7-4 冲击韧性试验图

3. 硬度

硬度是指金属材料抵抗硬物压入表面局部体积的能力，亦即材料表面抵抗塑性变形的能力。

测定钢材硬度采用压入法。即以一定的静荷载（压力），通过压头压在金属表面，然后测定压痕的面积或深度来确定硬度。按压头或压力不同，有布氏法、洛氏法等，相应的硬度试验指标称为布氏硬度（*HB*）和洛氏硬度（*HR*）。较常用的方法是布氏法。

布氏法的测定原理是：利用直径为 *D*（mm）的淬火钢球以 *P*（N）的荷载将其压入试件表面，经规定持续时间后卸荷，即得直径为 *d*（mm）的压痕，以压痕表面积 *F*（mm）除荷载 *P*，所得应力值即为试件的布氏硬度值 *HB*，以数字表示，不带单位。*HB* 值越大，表示钢材越硬。图 7-5 为布氏硬度测定示意图。

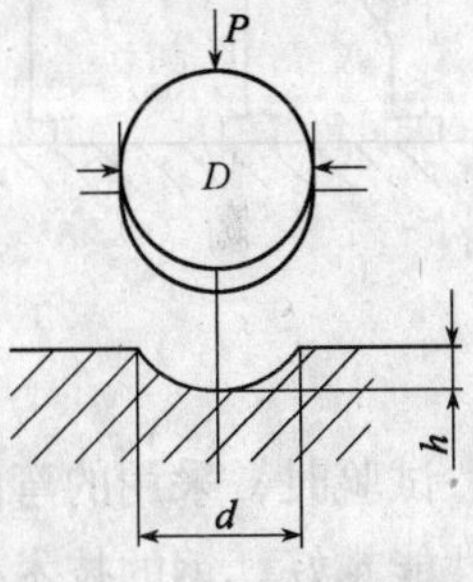

图 7-5 为布氏硬度试验图

各类钢材的 *HB* 值与抗拉强度之间有较好的相关关系。材料的强度越高，塑性变形抵抗力越强，硬度值也就越大。对于碳素钢，当 $HB < 175$ 时，$\sigma_b \approx 3.6HB$；$HB < 175$ 时，$\sigma_b \approx 3.6HB$。根据这一关系，可以直接在钢结构上测出钢材的 *HB* 值，并估算该钢材的 σ_b。

4. 疲劳强度

钢材在荷载反复多次作用下，可在最大应力远低于抗拉强度的情况下突然破坏，这种破坏称为疲劳破坏（fatigue failure）。钢材的疲劳破坏指标用疲劳强度（或称疲劳极限）来表示，它是指试件在交变应力作用下，不发生疲劳破坏的最大应力值。

测定疲劳强度时，应根据结构使用条件来确定采用的应力循环类型（如拉-拉型、拉-压型等）、应力特征值（最小与最大应力之比，又称应力比值 ρ）和周期基数。例如，测定钢筋的疲劳极限时，通常采用的是承受大小改变的拉应力循环；对非预应力筋，应力比值通常为 0.1～0.8，预应力筋为 0.7～0.85；周期基数为 200 万次或 400 万次以上。

研究证明，钢材的疲劳破坏是拉应力引起的，首先在局部开始形成微细裂纹，其后由于裂纹尖端处产生应力集中而使裂纹迅速扩展至钢材断裂。因此，钢材的内部成分的偏析、夹杂物的多少以及最大应力处的表面光洁程度、加工损伤等，都是影响钢材疲劳强度的因素。

疲劳破坏经常是突然发生的，因而具有很大的危险性，往往造成严重事故。

钢材的疲劳强度与其抗拉强度有关，一般抗拉强度高，其疲劳强度也较高。

二、工艺性能

良好的工艺性能，可以保证钢材顺利通过各种加工，而使钢材制品的质量不受影响。冷弯和焊接性能均是钢材的重要工艺性能。

1. 冷弯性能

冷弯性能（cold bending properties）是指钢材在常温下承受弯曲变形的能力。钢材的冷弯性能指标以试件被弯曲的角度和弯心直径对试件厚度（或直径）的比值来表示。钢材的冷弯试验如图 7-6 所示。

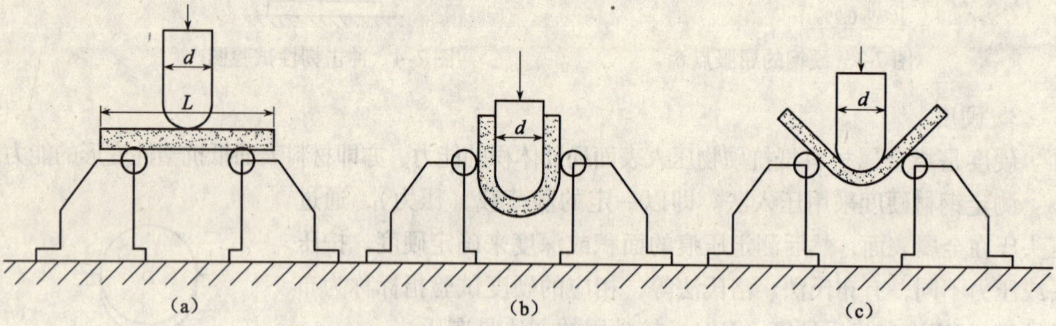

图 7-6　钢筋冷弯试验装置示意图

（a）冷弯试件和支座；（b）弯曲 180°；（c）弯曲 90°

试验时，采用的弯曲角度越大，弯心直径对试件厚度（或直径）的比值越小，表示冷弯性能越好。钢的技术标准中对各号钢的冷弯性能都有规定：按规定的弯曲角度和弯心直径进行试验，试件的弯曲处不产生裂缝、断裂或起层，即认为冷弯性能合格。

冷弯试验是钢材处于不利变形条件下的塑性变形，钢材局部发生非均匀变形，有助于暴露钢材的某些内在缺陷。相对于伸长率而言，冷弯是对钢材塑性更严格的检验，它能揭示钢材内部是否存在组织不均匀、内应力和夹杂物等缺陷。冷弯试验对焊接质量也是一种严格的检验，能揭示焊件在受弯表面存在未熔合、微裂纹及夹杂物等缺陷。

2. 焊接性能

焊接是钢结构、钢板、钢筋和预埋件的主要连接方式。土木工程中的钢结构有 90% 以上是焊接结构。焊接时温度很高，金属熔化的体积很小，其传热和冷却的速度都快，在焊件中常产生复杂的、不均匀的反应和变化，存在剧烈的膨胀和收缩，易产生变形、内应力，甚至导致裂纹出现。焊接的质量取决于焊接工艺、焊接材料及钢的焊接性能（welding performance）。

钢材的可焊性，是指钢材是否适应用通常的方法与工艺进行焊接的性能。可焊性好的钢材，是指易于用一般焊接方法和工艺施焊，焊口处不易形成裂纹、气孔、夹渣等缺陷；焊接后钢材的力学性能，特别是强度不低于原有钢材，硬脆倾向小。

钢材可焊性的好坏与钢材的化学成分和含量有关。钢的含碳量高将增加焊接接头的硬脆性，含碳量小于 0.25% 的碳素钢具有良好的可焊性。加入合金元素硅、锰、钒、钛等，也将增大焊接处的硬脆性，降低可焊性，尤其是硫能使焊接产生热脆性。

土木工程中的焊接结构用钢，应选用含碳量较低的氧气转炉或平炉镇静钢。对于高碳钢及合金钢，为了改善可焊性，焊接时一般需要采用焊前预热及焊后热处理等措施。

在钢筋焊接中应注意一些问题，如冷拉钢筋的焊接应在冷拉之前进行；钢筋焊接之前，焊接部位应清除铁锈、熔渣、油污等；应尽量避免不同国家的进口钢筋之间或进口钢筋与国产钢筋之间的焊接等。

三、冷加工强化及时效强化

冷加工指钢材在再结晶温度下（一般为常温）进行的机械加工，如冷拉、冷轧、冷拔(图 3-7)、冷扭和冷冲等。

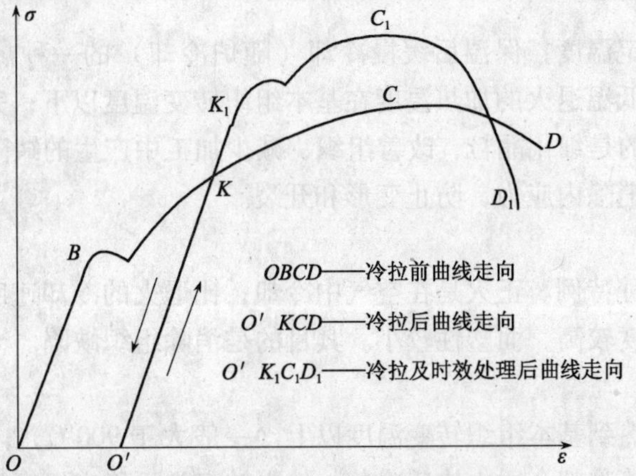

图 7-7　钢材冷拉时效强化示意图

钢材经冷拉后的性能变化规律，从图 7-7 得以反映。将钢筋拉伸超过 σ_s（B 点对应值）至某一点 K，卸去荷载，此时由于试件已产生塑性变形，则曲线沿 KO'下降，KO'大致与 OB 平行。如立即再拉伸，则应力-应变曲线称为 $O'KCD$，屈服点由 B 点提高到 K 点。但如在 K 点卸载后进行时效处理，然后再拉伸，则应力-应变曲线成为 $O'K_1C_1D_1$，屈服点提高至 K_1 点，抗拉强度提高至 C_1 点。图 3-7 曲线表明，经冷加工和时效处理对钢筋产生了强化作用。

1. 冷加工强化

钢材经冷加工后，产生塑性变形，屈服点明显提高，而塑性、韧性降低，弹性模量下降，这种现象称为冷加工强化。

产生冷加工强化的原因是：钢材在冷加工时发生晶粒变形、破碎和晶格扭转，对位错运动的阻力增大，因而屈服强度提高，塑性和韧性降低。另外，冷加工产生的内应力导致钢材弹性模量降低。

2. 时效强化

钢材经冷加工后，再将钢材于常温下存放 15～20d，或者加热到 100℃～200℃并保持一定时间，这一过程称为时效处理，前者为自然时效，后者为人工时效。经过时效处理后，钢材的屈服强度和极限强度提高，塑性和冲击韧性有所降低，弹性模量得以恢复，这种现象称为时效强化。

当对钢筋进行时效处理时，一般强度较低的钢筋采用自然时效，而强度较高的钢筋采用人工时效。

钢材的时效敏感性可用时效敏感系数表示，即时效前后冲击韧性值的变化率。时效敏感系数越大，则时效后冲击韧性的降低越显著。对于承受动荷载或低温环境下的钢结构，为避免脆性破坏，应采用时效敏感性小的钢材。

四、钢材的热处理

热处理是将钢材按一定温度制度进行加热、保温和冷却，以改变其金相组织和纤维结构组织，从而获得所需要的性能的一种综合工艺。土木工程所用钢材一般在生产厂家进行热处理。在施工现场，有时需要对焊接进行热处理。

1. 退火

将钢材加热到一定温度，保温后缓慢冷却（随炉冷却）的一种热处理工艺，有低温退火和完全退火之分。低温退火的加热温度在基本组织转变温度以下；完全退火的加热温度在800℃～850℃。其目的是细化晶粒，改善组织，减少加工中产生的缺陷、减轻晶格畸变，降低硬度，提高塑性，消除内应力，防止变形和开裂。

2. 正火

正火是退火的一种特例。正火是在空气中冷却，比退火的冷却速度快。与退火相比，正火后刚才的硬度、强度较高，而塑性较小。其目的是消除组织缺陷。

3. 淬火

淬火是将钢材加热到基本组织转变温度以上（一般大于900℃），保温使组织完全转变后，立即放入水或油等冷却介质中快速冷却，使之转变为不稳定组织的一种热处理操作。其目的是得到高强度、高硬度的组织。淬火会使钢材的塑性和韧性显著降低。

4. 回火

回火是将钢材加热到基本组织转变温度以下（150℃～650℃），保温后在空气中冷却的一种热处理工艺，通常和淬火是两道相连的热处理过程。其目的是促进不稳定组织转变为需要的组织，消除淬火产生的很大的内应力，降低脆性，改善机械性能等。

第三节 钢材的标准与选用

道桥工程中常用的钢材可分为钢结构用的型钢和钢筋混凝土结构用的钢筋、钢丝。本节将主要说明道桥工程中常用钢材的力学性能和选用原则。

一、钢材的选用原则

1. 碳素结构钢

碳素结构钢包括一般结构钢工程中用热轧钢板、钢带、型钢等。现行国家标准《碳素结构钢》（GB 700—88）具体规定了它的牌号表示方法、代号和符号、技术要求、试验方法和检验规则等。

（1）牌号表示方法

按照国家标准《碳素结构钢》（GB 700—88）中的规定，碳素结构钢的牌号表示方法由代表屈服点的字母Q、屈服点数值MPa、质量等级和脱氧程度四个部分组成。碳素结构钢按屈服点的数值（MPa）分为195、215、235、255、275五个等级；按硫、磷杂质的含量由多到少分为A、B、C、D四个质量等级；按脱氧程度不同分为特殊镇静钢（TZ）、镇静钢（Z）、半镇静钢（b）和沸腾钢（F）。对于镇静钢和特殊镇静钢，在钢的牌号中予以省略。如Q235-AF，表示屈服点不小于235MPa的A级沸腾钢；Q235-C，表示屈服点不小于235MPa的C级镇静钢。

（2）碳素结构钢的性质

碳素结构钢的化学成分、力学性能和冷弯试验应分别符合表7-2、表7-3、表7-4的要求。

表7-2 碳素结构钢的化学成分（GB 700—1988）

牌号	等级	化学成分（%）					脱氧方法
		C	Mn	Si	S	P	
				不大于			
Q195	—	0.06~0.12	0.25~0.50	0.30	0.050	0.045	F、b、Z
Q215	A	0.09~0.15	0.25~0.55	0.30	0.050	0.045	F、b、Z
	B				0.045		
Q235	A	0.14~0.22	0.30~0.65①	0.30	0.050	0.045	F、b、Z
	B	0.12~0.20	0.30~0.70②		0.045		
	C	≤0.18	0.35~0.80		0.040	0.040	Z
	D	≤0.17			0.035	0.035	TZ
Q255	A	0.18~0.28	0.10~0.70	0.30	0.050	0.045	Z
	B				0.045		
Q275	—	0.20~0.38	0.50~0.80	0.35	0.050	0.045	Z

①②表示Q235A、B级沸腾钢中含锰量的上限为0.60%。

表7-3 碳素结构钢的力学性能（GB 700—1988）

牌号	质量等级	屈服点 σ_s（N/mm²）钢材厚度（直径）(mm)						抗拉强度 δ_b（MPa）	伸长率（%）钢材厚度（直径）(mm)						冲击试验	
		≤16	>16~40	>40~60	>60~100	>100~150	>150		≤16	>16~40	>40~60	>60~100	>100~150	>150	温度（℃）	V形冲击功（纵向）(J)
		不小于							不小于							不小于
Q195	—	195	185	—	—	—	—	315~430	33	32	—	—	—	—	—	—
Q215	A	215	205	195	185	175	165	335~450	31	30	29	28	27	26	—	—
	B														20	27
Q235	A	235	225	215	205	195	185	375~500	26	25	24	23	22	21	—	—
	B														20	27
	C														—	
	D														-20	
Q255	A	255	245	235	225	215	205	410~550	24	23	22	21	20	19	—	—
	B														20	27
Q275	—	275	265	255	245	235	225	490~630	20	19	18	17	16	15	—	—

表 7-4 碳素结构钢的冷弯性能（GB 700—1988）

牌号	试样方向	冷弯试验（试样宽度 $=2d_0$，180℃）		
		钢材厚度（或直径）d_0（mm）		
		≤60	>60～100	>100～200
Q195	纵	0	—	—
	横	$0.5d_0$		
Q215	纵	$0.5d_0$	$1.5d_0$	$2d_0$
	横	d_0	$2d_0$	$2.5d_0$
Q235	纵	d_0	$2d_0$	$2.5d_0$
	横	$1.5d_0$	$2.5d_0$	$3d_0$
Q255	—	$2d_0$	$3d_0$	$3.5d_0$
Q275	—	$3d_0$	$4d_0$	$4.5d_0$

注：d_0 为钢材厚度（直径）

（3）各类牌号钢材的性能和用途

从表 7-3、表 7-4 中可知，随着钢号的增大，钢材含碳量增加，强度和硬度相应提高，而塑性和韧性则降低。

土木工程中主要使用 Q235 碳素结构钢。Q235 号钢具有较高的强度、良好的塑性、韧性和加工性能，时效敏感性小，综合性能好。因而能满足一般钢结构和钢筋混凝土用钢要求，且成本较低，可轧制成钢筋、型钢、钢板和钢管等。

Q195、Q215 号钢的强度低，塑性、韧性和冷加工性能好，常用作钢钉、铆钉、螺栓和铁丝等。Q215 号钢经冷加工后可代替 Q235 号钢使用。

Q255、Q275 号钢的强度高，但塑性、韧性和可焊性差，不易进行冷弯加工，可用于轧制带肋钢筋、螺栓、机械零件和工具等。

2. 优质碳素结构钢

根据国家标准《优质碳素结构钢技术条件》（GB 699—1999）的规定，根据其含锰量不同可分为普通含锰量（含 Mn < 0.8%，共 20 个钢号）和较高含锰量（含：Mn0.7% ～ 1.2%，共 11 个钢号）两组。

优质碳素结构钢的钢号用两位数字表示，它表示平均含碳量的万分数。含锰量较高时，在钢号后加注"Mn"。在优质碳素钢中，只有三个钢号属沸腾钢，应在钢号后加注"F"其余均为镇静钢。例如：45Mn 即表示平均含碳量为 0.45%，较高含锰量的优质碳素结构钢。

优质碳素结构钢的特点是生产过程中对硫、磷等有害杂质控制较严（S < 0.035%，P < 0.035%），一般都用平炉、氧气转炉或电弧炉冶炼，脱氧程度大部分为镇静状态，因此质量较稳定。优质碳素结构钢的性能主要取决于含碳量，含碳量高则强度高，但塑性和韧性降低。

在道桥工程中，优质碳素结构钢主要用于重要结构的钢铸件和高强螺栓，常用的是 30～45号钢。45 号钢也用做预应力混凝土锚具，65～80 号钢主要用于生产预应力钢筋混凝土用的钢丝、刻痕钢丝和钢绞线。

3. 低合金高强度结构钢

在碳素结构钢的基础上，添加总量小于5%的一种或几种合金元素即得低合金高强度结构钢。所加合金元素主要有锰、硅、钒、钛、铌、镍及稀土元素。其目的是为了提高钢的屈服强度、抗拉强度、耐磨性、耐蚀性及耐低温性等。因此，低合金高强度结构钢是一种综合性能较为理想的建筑钢材，特别是大型结构、重型结构、大跨结构、高层建筑、桥梁工程等承受动力荷载的结构中更为适用。另外，与使用碳素钢相比，可节约钢材20%～30%。

根据国家标准《低合金高强度结构钢》（GB/T 1591—94）规定，共有五个牌号。其牌号的表示方法由屈服点字母Q、屈服点数值MPa、质量等级（A、B、C、D、E五级）三个部分组成。

低合金高强度结构钢的化学成分和力学性能应符合表7-5和表7-6中的规定。

表7-5　低合金高强度结构钢的化学成分（GB/T 1591—1994）

牌号	质量等级	化学成分（%） C≤	Mn	Si	P≤	S	V	Nb	Ti	Al≤	Cr≤	Ni≤
Q295	A	0.16	0.80～1.50	0.55	0.045		0.02～0.15	0.015～0.060	0.02～0.20	—	—	—
	B				0.040					—		
Q345	A	0.02	1.00～1.60		0.045					—		
	B	0.02			0.040							
	C	0.20			0.035					0.015		
	C	0.18			0.030					0.015		
	E	0.18			0.025					0.015		
Q390	A	0.20			0.045					—	0.3	0.7
	B				0.040					—		
	C				0.035					0.015		
	D				0.030					0.015		
	E				0.025					0.015		
Q420	A		1.00～1.70		0.045		0.02～0.20			—	0.4	
	B				0.040					—		
	C				0.035					0.015		
	D				0.030					0.015		
	E				0.025					0.015		
Q460	C				0.035					0.015	0.7	
	D				0.030					0.015		
	E				0.025					0.015		

表7-6　低合金高强度结构钢的力学、工艺特性（GB/T 1591—1994）

牌号	质量等级	屈服点 σ_s（MPa） 钢材厚度（直径、边长）(mm) ≤15	>16～35	>35～50	>50～100	抗拉强度 σ_b（MPa）	伸长率 δ_0（%）	冲击功（纵向）(J) +20℃	0℃	-20℃	-40℃	180°冷弯试验，d=弯心直径，d_0为试样厚度（直径）(mm) $d_0=16$	$d_0=16～100$
		不小于						不小于					
Q295	A	295	275	255	235	390～570	23	—				$d=2d_0$	$d=3d_0$
	B						23	34					
Q345	A	345	325	295	275	470～630	21	—					
	B						21	34					
	C						22		34				
	D						22			34			
	E						22				27		

续表

牌号	质量等级	屈服点 σ_s（MPa）				抗拉强度 σ_b（MPa）	伸长率 δ_0（%）	冲击功（纵向）（J）				180° 冷弯试验，d=弯心直径，d_0 为试样厚度（直径）（mm）	
		钢材厚度（直径、边长）（mm）											
		≤15	>16~35	>35~50	>50~100			+20℃	0℃	-20℃	-40℃		
		不小于						不小于				$d_0=16$	$d_0=16\sim100$
Q390	A						19	—				$d=2d_0$	$d=3d_0$
	B						19	34					
	C	390	370	350	330	490~650	20		34				
	D						20			34			
	E						20				27		
Q420	A						18	—					
	B						18	34					
	C	420	400	380	360	520~680	19		34				
	D						19			34			
	E						19				27		
Q460	C						17		34				
	D	460	440	420	400	550~720	17			34			
	E						17				27		

二、钢结构用钢材

1. 钢材的种类

钢结构构件一般应直接选用各种型钢，构件之间可直接连接或附以钢板进行连接。连接方式有铆接、螺栓连接或焊接。钢结构用钢材主要选用碳素结构钢和低合金高强度结构钢，类型主要是型钢和钢板。型钢和钢板的成型有热轧和冷轧两类。

（1）热轧型钢（hot—rolled section steel）

热轧型钢有角钢、工字钢、槽钢、T 形钢、H 形钢、Z 形钢等。

我国建筑用热轧型钢主要采用碳素结构钢 Q235—A（含碳量约为 0.14% ~0.22%），其强度适中，塑性和可焊性较好，成本低，适合道桥工程使用。在钢结构设计规范中，推荐使用的低合金高强度结构钢主要有两种：Q345 和 Q390，用于大跨度、承受动荷载的钢结构中。采用低合金结构钢可减轻结构的重量，延长使用寿命，特别是大跨度、大柱网结构技术经济效果更显著。

（2）冷弯薄壁型钢（cold—rolled lightweight section steel）

冷弯薄壁型钢通常用 2 ~6mm 薄钢板冷弯或模压而成，有角钢、槽钢等开口薄壁型钢及方形、矩形等空心薄壁型钢，主要用于轻型钢结构。

（3）钢板和压型钢板（steel plate and profiled steel sheet）

钢板是用碳素结构钢和低合金钢轧制而成的扁平钢材。以平板状态供货的称钢板，以卷状供货称钢带。厚度大于 4mm 以上为厚板，厚度小于或等于 4mm 的为薄板。可热轧或冷轧生产。

热轧碳素结构钢厚板是钢结构的主要用材。薄板为用丁屋面、墙面或压型板的原料等。低合金钢厚板用于重型结构、大跨度桥梁和高压容器等。压型钢板用薄板经冷压或冷轧成波形、双曲形、V 形等，制成彩色、镀锌、防腐等薄板。其质量轻、强度高、抗震性能好、施工快、外形美观等特点。主要用于围护结构、楼板、屋面等。

2. 钢材的选用原则

土木工程中钢筋混凝土用钢材和钢结构用钢材，主要根据结构的重要性、荷载性质（动荷载或静荷载）、连接方法（焊接或铆接）、温度条件（正温或负温）等，综合考虑钢种或钢号、质量等级和脱氧程度等选用，以保证结构的安全。

对经常承受动力或振动荷载的结构，易产生应力集中，引起疲劳破坏，需选用材质高的钢材。经常处于低温状态的结构，钢材易发生冷脆断裂，特别是焊接结构，冷脆倾向更为明显，应选用具有良好塑性和低温冲击韧性的钢材。钢材的力学性能一般随其厚度增大而降低，钢材经多次轧制后，钢的内部结晶组织更为紧密，强度更高，质量更好。因此，一般结构用钢材厚度不宜超过40mm。焊接结构在温度变化和受力性质改变时，易导致焊缝附近的母体金属出现冷、热裂纹，促使结构早期破坏。所以，焊接结构对钢材的化学成分和机械性能要求应较严。

三、道桥工程用钢材

道桥工程用钢材主要包括钢筋混凝土用钢筋、钢丝、钢绞线等与钢结构用型钢、钢板等。

混凝土具有较高的抗压强度，但抗拉强度很低。钢筋的抗拉强度远远高于抗压强度，因此用钢筋增强混凝土，可大大扩展混凝土的应用范围，同时混凝土对钢筋又起到保护作用。道桥工程中的钢筋混凝土结构用钢筋，主要是由碳素结构钢、低合金高强度结构钢和优质碳素钢加工而成。

1. 热轧钢筋

热轧钢筋是建筑工程中用量最大的钢材品种之一，主要用于钢筋混凝土结构和预应力钢筋混凝土结构的配筋。热轧钢筋按其轧制外形分为光圆钢筋和带肋钢筋。带肋钢筋通常为圆形横截面，且表面通常带有两条纵肋和沿长度方向均匀分布的横肋，通常横肋的纵截面呈月牙形。钢筋表面的肋可提高混凝土与钢筋的黏结力。

热轧光圆钢筋执行标准为GB1499.1—2008《热轧光圆钢筋》，按屈服强度特征值分为235、300级。牌号以HPB和屈服强度特征值表示，包括HPB235和HPB300两种。直径主要有6、8、10、12、14、16、18、20、22（mm）。性能要求包括化学成分、力学性能、工艺性能和表面质量。

热轧带肋钢筋执行标准GB1499.2—2007《热轧带肋钢筋》，分为普通热轧钢筋（按热轧状态交货的钢筋，金相组织主要为铁素体加珠光体，以HRB表示）与细晶粒热轧钢筋（在热轧过程中，通过控轧和控冷工艺形成的细晶粒钢筋，以HRBF表示）。分三级即335级、400级和500级，牌号以HRB（F）和屈服强度特征值表示，包括HRB335（HRB335F）、HRB400（HRB400F）与HRB500（HRB500F）。公称直径范围6～25mm和28～50mm。性能要求包括化学成分、力学性能、工艺性能、疲劳性能、焊接性能、晶粒度、表面质量。

2. 冷轧带肋钢筋

冷轧带肋钢筋采用热轧圆盘条经冷轧而成，表面带有沿长度方向的两面或三面的月牙形，其可减小板的设计厚度、减轻自重，施工时可按需要将成品钢筋直接供应现场铺设，免除现场加工钢筋。根据GB 13788—2008《冷轧带肋钢筋》规定，冷轧带肋钢筋按抗拉强度分为5个等级，即CRB550、CRB650、CRB800、CRB970、CRB1170。牌号中C、R、B分别表示冷轧、带肋、钢筋，数值为抗拉强度的最低值（MPa）。冷轧带肋钢筋各等级的力学性能和工艺性能应符合表7-7的要求。

表7-7 冷轧带肋钢筋的力学性能和工艺性能

牌号	抗拉强度（MPa）≥	伸长率（%）		冷弯180°	反复弯曲次数	松弛率（%）（初始应力=0.7σ_b）	
		δ_{10}	δ_{100}			1000h≤（%）	10h≤（%）
CRB550	550	8.0	—	$d=3d_0$	—	—	—
CRB650	650	—	4.0	—	3	8	5
CRB800	800	—	4.0	—	3	8	5
CRB970	970	—	4.0	—	3	8	5
CRB1170	1170	—	4.0	—	3	8	5

冷轧带肋钢筋采用了冷加工强化，冷轧后强度明显提高，但塑性也随之下降，使强屈比变小。这种钢筋在中、小型预应力混凝土结构构件中和普通混凝土结构构件中得到了越来越广泛的应用。其中CRB550为普通钢筋混凝土用钢筋，其他牌号为预应力混凝土用钢筋。

3. 预应力混凝土用热处理钢筋

预应力混凝土用热处理钢筋是用普通热轧中碳低合金钢筋经淬火和回火调质处理而成的钢筋，按外形分有纵肋和无纵肋两种。通常直径为6mm、8.2mm和10mm等三种规格，抗拉强度不低于1470MPa，伸长率不小于6%。钢筋热处理后一般卷成弹性盘条供应，使用时将盘条打开，钢筋自行伸直，然后按照要求的长度切断。

热处理钢筋具有高强度、高韧性和高黏结力及塑性低等特点，主要用于预应力钢筋混凝土构件的配筋。热处理钢筋的设计强度取标准强度的0.8，先张法和后张法预应力的张拉控制应力分别为标准强度的0.7和0.65。

4. 预应力混凝土用钢丝和钢绞线

预应力混凝土用钢丝是用优质碳素结构钢经冷加工及时效处理或热处理而制得的高强度钢丝。《预应力混凝土用钢丝》(GB/T 5223—2002）按加工状态分为冷拉钢丝（WCD）和消除应力钢丝两类。消除应力钢丝按松弛性能又分为低松弛钢丝（WLR）和普通松弛钢丝（WNR)，按钢丝外形分为光面钢丝（P）、螺旋肋钢丝（H）和刻痕钢丝（I)。上述钢丝的力学性能应符合表7-8、表7-9的要求。

预应力混凝土用钢丝具有较好的柔韧性，质量稳定，施工方便，使用时可根据要求的长度进行切断。它适用于大荷载、大跨度和曲线配筋的预应力钢筋混凝土结构，尤其是高等级桥梁结构。

钢绞线是由2根、3根或7根等高强度碳素钢丝经捻制和热处理后制成，也是预应力钢筋混凝土的专用产品。钢绞线主要用于大跨度、重负荷的后张法预应力屋架、桥梁、薄腹梁等结构的预应力钢筋。

表 7-8　预应力混凝土用冷拉钢丝的力学性能

名称代号	公称直径（mm）	抗拉强度（MPa）≥	屈服强度（MPa）≥	伸长率（L_0 = 100mm）（%）≥	弯曲试验 次数（180℃）≥	弯曲试验 断面收缩率（%）≥	弯曲半径（mm）	应力松弛性能 初始应力（$\times\sigma_b$）	应力松弛性能 1000h 后的应力松弛率（%）≤
WCD	3.00	1470 1570 1670 1770	1100 1180 1250 1330	1.5	4	—	7.5	7.5	8
	4.00					35	10		
	5.00						15		
	6.00	1470 1570 1670 1770	1100 1180 1250 1330		5	30	15		
	7.00						20		
	8.00								

表 7-9　预应力混凝土用消除应力钢丝的力学性能

名称代号	公称直径（mm）	抗拉强度（MPa）	屈服强度（MPa） WLR	屈服强度（MPa） WNR	伸长率（L_0 = 200mm）（%）	弯曲试验 次数（180℃）	弯曲试验 弯曲半径（mm）	应力松弛性能 初始应力（$\times\sigma_b$）	1000h 后的应力松弛率（%） WLR	1000h 后的应力松弛率（%） WNR
P，H	4.00	1470 1570 1670 1770 1860	1290 1380 1470 1560 1640	1250 1330 1410 1500 1580	3.5	3	10	0.6 0.7 0.8	1.0 2.0 4.5	4.5 8 12
	4.80					4	15			
	5.00									
	6.00	1470 1570 1670 1770	1290 1380 1470 1560	1250 1330 1410 1500			15			
	6.25						20			
	7.00									
	8.00	1470 1570	1290 1380	1250 1330			25			
	9.00									
	10.00	1470	1290	1250			30			
	12.00									
I	≤5.00	1470 1570 1670 1770 1860	1290 1380 1470 1560 1640	1250 1330 1410 1500 15803		3	15	0.6 0.7 0.8	1.5 2.5 4.5	4.5 8 12
	≤5.00	1470 1570 1670 1770	1290 1380 1470 1560	1250 1330 1410 1500			20			

5. 型钢和钢板

钢结构用钢主要包括型钢（热轧或冷成型）和钢板（热轧或冷轧）。钢材所用的母材主要是普通碳素结构钢及低合金高强度结构钢。常用的型钢有工字钢、H 型钢、T 型钢、槽钢、等边角钢、不等边角钢等。

四、钢材的锈蚀与防护

1. 钢材的锈蚀

钢材表面与周围介质发生化学反应导致破化的现象称为钢材的腐蚀。钢材的腐蚀，轻者使钢材性能下降，重者导致结构破坏，造成工程损失。钢材腐蚀的现象普遍存在，如在大气中生锈，特别是当环境中有各种腐蚀性介质或湿度较大时，情况就更为严重。腐蚀不仅使钢材有效截面积均匀减小，还会产生局部锈坑，引起应力集中；腐蚀也会显著降低钢的强度、塑性、韧性等力学性能。

根据钢材与环境介质的作用原理，腐蚀可分为化学腐蚀和电化学腐蚀。

（1）化学腐蚀

化学腐蚀指钢材与周围介质（如氧气、二氧化碳、二氧化硫和水等）发生化学反应而产生的腐蚀。这种腐蚀多数是由氧化作用在钢材表面形成疏松的氧化物，在干燥环境中化学腐蚀的速度缓慢，但在干湿交替的情况下腐蚀发展迅速。

（2）电化学腐蚀

金属在潮湿气体以及导电液体中，由于电子流动而引起的腐蚀，称为电化学腐蚀。钢材由不同的晶体组织构成，并含有杂质，由于这些成分的电极电位不同，当有电解质溶液（如水）存在时，就在钢材表面形成许多微小的局部原电池。整个电化学腐蚀过程如下：

阳极区：$Fe = Fe^{2+} + 2e$（铁被腐蚀，释放电子）

阴极区：$2H_2O + 2e + 1/2O_2 = 2OH^- + H_2O$（吸收电子，氧被还原）

溶液区：$Fe^{2+} + 2OH^- = Fe(OH)_2$（铁锈生成，体积膨胀）

$4Fe(OH)_2 + O_2 + 2H_2O = 4Fe(OH)_3$（加剧氧化，体积续胀）

水是弱电解质溶液，而溶有 CO_2 的水则成为有效的电解质溶液，从而加速电化学腐蚀过程。钢材暴露在空气中的腐蚀，一般是化学腐蚀和电化学腐蚀共同作用所致，以电化学腐蚀为主。

2. 钢材的防腐

钢材的腐蚀材质原因，也有使用环境和接触介质等原因，因此要防止或减少钢材的腐蚀可以从改变钢材本身的易腐蚀性，隔离环境中的侵蚀性介质或改变钢材表面的电化学过程三方面入手。

（1）选用耐候钢

在碳素钢和低合金钢中加入少量的铜、铬、镍等合金元素制成耐候钢，这种钢与大气直接作用下，能在表面形成一种致密的防腐保护层，起到防腐蚀作用，同时保持钢材具有良好的焊接性能。其强度级别与碳素钢和低合金钢相同，虽然技术指标相近，但耐腐蚀能力却很强。

（2）电化学保护法

对于不易涂敷保护层的钢结构，可采用阳极保护或阴极保护，提高钢材的耐腐蚀能力。

①阳极保护是将阴极接在需要保护的钢结构上，阳极连接废旧钢铁。通电后废旧钢铁成为阳极被腐蚀，而作为阴极的钢结构得到保护。

②阴极保护是在被保护的钢结构上连接锌、镁等金属，使其成为阳极而被腐蚀，而钢结构成为阴极得到保护。

③非金属覆盖

为了使钢材与环境介质隔离，以避免或减缓腐蚀，在其表面用非金属材料作为保护膜，如喷涂涂料、覆盖塑料等。

涂料通常分为底漆、中间漆和面漆。底漆要求有比较好的附着力和防锈能力，常用底漆有红丹底漆、环氧富锌漆、云母氧化铁底漆、铁红环氧底漆等。中间漆为防锈漆，例如：红丹防锈漆、铁红防锈漆。面漆要有较好的牢固和耐候性，以保护底漆不受损伤或风化。常用的面漆有灰铅漆、醇酸磁漆和酚醛磁漆等。

④混凝土用钢筋的防锈

钢筋混凝土结构中 pH 值约为 12，在碱性环境下钢材表面能够形成碱性氧化膜（钝化膜），起保护钢筋作用，但当混凝土碳化后，由于碱度减低从而失去对钢筋的保护作用。此外，混凝土中氯离子达到一定浓度，也会对钢筋表面的钝化膜起到破坏作用。

为防止钢筋锈蚀，应严格保证混凝土的密实度以及钢筋外侧混凝土保护层的厚度，限制原材料中氯的含量。在实际工程中常采用环氧树脂涂层钢筋或镀锌钢筋的防锈措施。

3. 钢材的防火

钢是不燃烧性材料，但其抵抗火灾的能力是有限的。耐火试验与火灾案例表明：以失去承载能力为标准，无保护层的钢柱和钢屋架的耐火极限只有 0. 25h，而裸露钢梁的耐火极限仅为 0. 15h。温度在 200℃以内，钢材的性能基本不变；超过 300℃以后，钢材的弹性模量、屈服点和极限强度均开始显著下降，应变急剧增大，到达 600℃时即失去承载能力。所以没有防火保护层的钢结构是不耐火的。钢结构防火保护的基本方法是采用绝热或吸热材料，阻隔火焰和热量，推迟钢结构的升温速度。

钢结构的防火保护通常有以下几种方式：

（1）钢结构防火涂料

钢结构防火涂料是施涂于建筑物及构筑物的钢结构表面，能形成耐火隔热保护层，以提高钢结构耐火极限的涂料，分为厚型、薄型、超薄型等几种。厚型涂料呈颗粒状，涂层厚度通常在 8mm 米以上，施工方法为喷涂，高温时依靠涂料本身的厚度及较低的热导率起到对钢构件的隔热作用。薄型和超薄型涂料涂层较薄，有一定装饰效果，施工方法可喷可刷，高温时涂层膨胀增厚保护钢构件。具有重量轻、施工简便，适用于隐蔽结构和裸露的钢梁、斜撑等钢构件。

（2）浇注混凝土砌筑砖块法

用现浇混凝土作外包层时，可以在钢结构上现浇成型，也可采用喷涂法（喷射工艺）。现浇的实体混凝土外包层通常可用钢丝网或钢筋来加强，以限制收缩裂缝并保证外壳的强度。也可以在施工现场将钢结构表面涂抹砂浆以形成保护层。这种方法保护层强度高、耐冲击，占用空间较大，适用于容易碰撞、无保护面板的钢柱防火保护。

（3）轻质防火厚板包覆法

采用无机防火板材对大型钢构件进行箱式包裹，如石膏板、蛭石板、无石棉硅酸钙隔热板等，板的厚度根据耐火极限的要求而定。这种方法具有施工方便、无环境污染、施工周期短、耐老化等优点，是钢结构防火保护新的发展方向。

(4) 复合保护法

紧贴钢板用防火涂料或柔性毡状隔热材料，外用防火薄板作罩面板。这种方法适用于表面有装饰要求，一般用于需要粘贴柔性毡状隔热材料或涂敷厚质防火涂料的钢柱。

五、钢材的选用原则

选用钢材主要考虑的因素包括荷载性质（动荷载、静荷载等）、使用温度、连接方式、钢材厚度、结构重要性等。

思 考 题

1. 钢的冶炼方法有哪几种？说出依据脱氧程度钢的分类名称？
2. 钢的化学成分对钢材的性能有何影响？
3. 含碳量对钢材性能有何影响？硫磷含量对钢材性能有何影响？
4. 低碳钢的拉伸试验图分为几个阶段？各阶段的应力－应变有何特点？
5. 试述钢材锈蚀的原因。如何防止钢材的锈蚀？
6. 道桥工程用钢材有哪几类？其中预应力混凝土用钢丝的优异性能有哪些？

第八章　道路标线材料

第一节　道路标线材料概述

道路标线材料主要是指道路标线涂料、道钉、预成型标线带等。其中道路标线涂料是最重要的组成部分，在着重介绍道路标线涂料之前，先对道钉、预成型标线带简要介绍如下。

一、道钉

道钉分为铁路用道钉和公路用道钉。这里所说的道钉主要是指公路用的道钉，又叫做突起路标，是一种交通安全设施。主要安装在道路的标线中间或双黄线中间，通过其逆反射性能提醒司机按车道行驶。道钉的规格一般为 100mm × 100mm × 20mm，高度最高不超过 25mm。反射器有多种，有反光片、反光珠，Led 发光、反光膜等。道钉的安装一般采用环氧树脂安装。

按照材质可以分为：铸铝道钉、塑料道钉、陶瓷道钉、玻璃球道钉、反光珠道钉（分 21 珠和 43 珠，可以合并到铸铝和塑料道钉里面）。

按照功能可以分为：普通道钉、太阳能道钉、隧道有线道钉、无线道钉。

根据反光面数可以分为：单面道钉和双面道钉。

二、预成型标线带

预成型标线带在德、法使用时间较长，它属于一种特殊的标线材料，在工厂制作成型，施工时直接粘贴在路面上，主要用于制作文字、箭头和临时性标线。因价格昂贵、用量较少，德国规定白色为永久性标线，黄色为临时性标线。因此，在道路的修建过程中，德国临时划制的标线多采用黄色预成型标线带，待施工完毕后，标线带可撕下回收。

工程级预成型反光标线带的主要成分为柔韧聚合物、颜料、玻璃微珠，施工方法简单，施工作业不影响交通，基材里本身含有玻璃微珠，即使表面玻璃微珠磨损掉仍能反光，夜间反射性好。在水泥路面以及优质的沥青路面都有很强的黏结能力。感官上色彩突出，立体感很强，减速效果也有很明显。

压敏型预成型反光标线带在各种反光标线带的背面预涂压敏胶，施工简便，易于清除，可用于临时标识之用。

振荡型预成型反光标线带为凸凹结构，贴于路面，当车辆快速经过时能感到振动，提醒司机减速慢行，注意前方，可与立体减速标志配合使用，减速效果更佳。

第二节　涂料的基本性质

涂料俗称油漆，这是因为我国古代长久以来使用桐油、生漆等作为金属和木材的保护用材料，后来发展的涂料也多以亚麻油、豆油等油料作为主要的原材料。现在以合成树脂为主要原材料，所以称之为涂料更为恰当。作为道路标线材料及第九章“防腐涂装材料”的知识基础，这里对涂料的基本性质及其成膜机理基本知识进行介绍。

一、涂料的基本性质

1. 涂料的基本组成

涂料是由成膜物质、分散介质（溶剂）、颜料和助剂组成的多相分散体系（表8-1）。把这四种基本成分以正确的方式合理地混合在一起，就生产出了涂料。当然这一过程并不简单。规模生产通常要使用上千种原材料，配方原理也十分复杂，生产过程非常讲究。

表8-1　涂料的基本组成

组分类型	成膜物质	颜料	分散介质（溶剂）	助剂
组分内容	主要树脂 改性树脂	着色颜料 防锈颜料 体质颜料 其他功能性颜料	主溶剂 助溶剂 稀释剂	消泡剂 润湿分散剂 催干剂 触变剂 流平剂 增塑剂 其他添加剂

2. 成膜物质

涂料中的树脂等黏结剂，即成膜物质，在液态的时候可以分散或悬浮固体的颜料。它将所有的涂料组分黏结在一起形成整体均一的涂层或涂膜，同时对底材或底涂层发挥润湿、渗透和相互作用从而产生必要的附着力，并基本满足涂层的性能要求。

成膜物质是涂料中的主体，它的性能决定了涂料的基本性能。由于不同的树脂有不同的化学结构，其化学物理性质和力学性能各异，有的耐候性好，有的耐溶剂性好，有的力学性能好。不同的黏结剂对涂料的施工也有着很大的影响。正因为如此，常常以不同的黏结剂来区分并称呼涂料的类别名称，如环氧树脂涂料、沥青涂料、醇酸树脂涂料、有机硅耐热涂料等。

成膜物质可以从多个角度来进行类别划分。

按有机、无机分类，可以分为有机成膜物质、无机成膜物质和有机—无机杂化树脂。天然和合成聚合物，化学改性的天然树脂等，构成了有机涂层材料，它们是涂料工业的主体。无机成膜物主要是指以聚合硅酸盐或磷酸盐等黏结剂为主体的涂层材料，如硅酸锂、高模数硅酸钾和聚合磷酸锌等。有机—无机杂化树脂是近十几年来的新型树脂成膜物质，如环氧/丙烯酸聚硅氧烷等。

按其固化成膜的方式可以分为热塑性和热固性两大类。

热塑性成膜物质多是分子量较大的天然或合成聚合物树脂，例如聚合改性松香、沥青、硝基纤维素、氯化橡胶等天然及化学改性树脂，丙烯酸、氯磺化聚乙烯、过氯乙烯、高氯化聚乙烯及聚丙烯等合成氯化聚烯烃树脂等。通常将它们溶解在适当的溶剂体系中配成树脂溶液制备涂料产品，通过溶剂蒸发后固化成膜。树脂的化学结构成膜前后基本不变（物理状态如分子缠绕等可能有变化）。热塑型树脂的溶解度有限，很难制备高固体分涂料，有机挥发物含量VOC较高。热塑性溶剂涂料具有单组分、快干、施工方便的特点。

热固性成膜树脂或交联型成膜树脂，是分子量较低，带有一定数量的可参加交联成膜反应的基团的低聚物树脂，在成膜过程中与外加固化剂交联成膜（如环氧涂料和聚氨酯涂料等），或者吸收空气中的氧与醇酸树脂的不饱和酯键氧化交联，或者吸收湿气交联（如溶剂型无机硅酸锌涂料与单组分聚氨酯涂料），或者吸收空气中二氧化碳交联（水性硅酸锌涂料）。还有常温下惰性、高温烘烤反应成膜的氨基树脂，粉末涂料中的环氧、聚酯树脂等。热固性树脂大量应用在高性能工业涂料和特种功能涂料领域，可以加工成高固体分含量，低VOC涂料。大多数热固性树脂涂料的基料与固化剂分别包装，使用时混合，因此存在施工使用时间等问题，固化成膜与环境条件关系很大，对涂装控制要求较高。

我国涂料行业按成膜物质的化学结构和来源把成膜物质分为17大类，并写入了国家标准GB/T 2705—92，见表8-2。

表8-2　成膜物质分类

代　号	类　　别	主要成膜物质
Y	油性涂料	天然动植物油，清油，合成干性油
T	天然树脂涂料	松香及其衍生物
F	酚醛树脂涂料	纯酚醛树脂涂料，改性酚醛树脂涂料
L	沥青涂料	天然涂料，石油沥青，煤焦油沥青
C	醇酸树脂涂料	季戊四醇和各种油改性醇酸树脂
A	氨基树脂涂料	脲（或三聚氰氨）甲醛树脂
Q	硝基涂料	硝化树脂及其改性树脂
M	纤维素涂料	醋酸纤维，乙基纤维，醋丁纤维
G	过氯乙烯树脂涂料	过氯乙烯及其改性树脂
X	乙烯树脂涂料	聚乙烯醇缩丁醛树脂，氯乙烯—偏氯乙烯树脂共聚物
B	丙烯酸树脂涂料	丙烯酸树脂，丙烯酸共聚树脂及其改性树脂
Z	聚酯树脂涂料	饱和及不饱和聚酯树脂
H	环氧树脂涂料	环氧树脂，改性环氧树脂
S	聚氨酯涂料	聚氨基甲酸酯
V	元素有机聚合物涂料	有机硅，有机钛
J	橡胶涂料	天然，合成橡胶及其衍生物，如氯化橡胶，氯磺化聚乙烯
E	其他涂料	以上16大类包括不了的，如无机高聚物

3. 颜料

颜料是固体成分，可以增加涂料的物理或化学性能。颜填料在涂料分别起着着色、防锈、遮盖等作用，按其化学结构可分为无机颜料和有机颜料。按其性质可分为着色颜料、防锈颜料和体质颜料。

(1) 着色颜料

着色颜料是涂料中使用品种最多的一类，在涂料中主要起遮盖和装饰作用。除了要求不溶于水、油和溶剂外，在色彩方面要求鲜艳美丽，着色力要强，遮盖力要强，对光、热的稳定性好。着色颜料的分类和种类见表8-3。

表 8-3 着色颜料的分类和种类

颜 色	分 类	颜 料 品 种
白色颜料	无机	钛白粉、氧化锌、锌钡白、锑白、铅白和碱性硫酸钡
红色颜料	有机	颜料猩红（甲苯胺红）、蓝光色淀性红（立索尔红）、颜料枣红
	无机	银朱、镉红、钼红、氧化铁红、锑红
黄色颜料	有机	颜料耐晒黄（汉沙黄）、联苯胺黄、槐黄
	无机	铅铬黄、镉黄、锑黄、铁黄
紫色颜料	有机	甲基紫、苄基紫、颜料枣红（紫酱）、茜素紫
	无机	群青紫、钴紫、锰紫、亚铁氰化铜电
蓝色颜料	有机	酞菁蓝、孔雀蓝、靛蓝
	无机	铁蓝、群青、钴蓝
绿色颜料	有机	孔雀石绿、维多利亚绿、亮绿
	无机	铬绿、锌绿、钴绿、铬翠绿、氧化铬绿、镉绿、铁绿
黑色颜料	有机	苯胺黑，磺化苯胺黑
	无机	炭黑、松烟、石墨
金属光泽颜料	铝银粉、铜粉、锌粉	
珠光颜料	结晶碱式碳酸铅、云母钛、砷酸铅及磷酸铅、氯氧化铋	

钛白粉无毒，呈化学惰性，它可以代替其他所有的白色颜料。钛白粉的遮盖力很好，是锌钡白的5倍多。在耐光、耐热、耐碱和耐稀酸性方面，钛白粉都很好。钛白粉可以分为金红石型和锐钛型两类。金红石型钛白粉具有最稳定的晶体结构，其抗粉化性、耐候性十分优异，在所有白色颜料中遮盖力最高。锐钛型钛白粉在耐候性、抗粉化性和遮盖力方面不如金红石型，但是白度比金红石高，成本要低。锐钛型钛白粉主要用于室内环境的涂料。

镉红色泽鲜艳，着色力强，耐光耐热，耐硫化性好，遮盖力强，但是红色越深着色力越差，而耐光性越强。由于价格较高，仅在耐高温涂料和特殊的涂料中使用。

红色颜料中常用的是氧化铁红，耐光性好、耐碱、着色力强，遮盖力很强，仅次于炭黑。氧化铁红的颜色不够鲜艳，红中带黑。

甲苯胺红具有高度的耐光性、耐水性和耐油性、耐酸碱性能，是一种优良的红色颜料。

在黄色颜料中，铁黄的遮盖力最好。耐光、耐碱，但不耐酸。色彩不鲜艳，所以不用在装饰性面漆中。当温度达到150℃以上时，即会脱水变色而转变成铁红颜料。铬黄多年来一直是涂料中主要使用的黄色颜料，主要成分是铬酸铅或铬酸铅和不同比例的硫酸铅的混合结晶体。颜色鲜艳，遮盖力和着色力都很好，大气中不粉化，但是耐光性不好，遇强光会变暗。

酞菁蓝是用邻苯二甲酸酐、尿素、氯化亚铜，借助于钼酸铵的催化作用缩合而成的铜酞菁化合物。颜色鲜艳，着色力强，耐光耐候性好，化学性能稳定，耐溶剂性能良好。

铬绿是由铁蓝和铅铬黄共同沉淀而成的绿色颜料。铬绿为暗绿色调，遮盖力强，着色力好，耐光和耐腐蚀，在高于1000℃的温度下也能稳定存在。但是铬绿不耐酸也不耐碱。

群青在蓝色颜料中的色调非常艳丽，是其他颜料无法调配出来的，具有优良的耐光、耐碱、耐酸性能，耐高温可达700℃，而且耐腐蚀性气体，如SO_2，H_2S等，在日光下不变色。

酞菁绿又称氯化酞菁铜，为橄榄绿色。遮盖力、着色、耐光和耐酸性都很好。它只能用作绿色颜料，不宜与其他颜料调配。

金属色中使用的铝粉，俗称银粉，是由铝熔化后喷成细雾，再经研磨而成的细小鳞片状。铝粉质轻，极易遇火星而起爆，即使在倾倒铝粉时，因摩擦也会起火爆炸，所以要特别注意。漂浮型铝粉可以反射阳光和紫外线，隔绝水分的渗透，遮盖力强，耐热性强。对片状铝粉着色进行表面处理，可以得到有色铝粉。

珠光颜料是一种高折射率的片状颜料，光泽好，可以呈现出闪烁的金属质感，广泛用于轿车、家具、机器等涂料的使用。常用的珠光颜料有云母钛、氯氧化铋、磷酸铅和结晶式碱式碳酸铅等。要注意的是珠光颜料要和透明、遮盖力低的颜料配合使用。

（2）防锈颜料

防锈颜料主要用于底漆中配制防锈底漆，用来防止金属腐蚀，提高涂膜对金属表面的保护作用。防锈颜料的作用可以分为两类：物理性防锈和化学性防锈，其中化学性防锈颜料又可以分为缓蚀性和电化学作用型两种颜料。

物理性防锈颜料是借助其细密的颗粒填充涂膜结构，提高了涂膜的致密性，起到屏蔽作用，降低了涂膜渗透性，从而起到了防锈作用，最常用如氧化铁红。

结构呈片状的颜料如云母粉、铝粉、玻璃鳞片和云母氧化铁等，在涂料干燥时重叠在一起，在涂膜中形成薄片相隔，增加涂膜的封闭性，提高了涂膜的抗老化性能。同时在面漆中也能对紫外线进行有效的反射，从而提高涂膜的耐老化作用。片状颜料是现代重防腐蚀涂料的主要选用颜料成分之一。

化学缓蚀作用的防锈颜料，依靠化学反应改变表面的性质或反应生成物的特性来达到防锈目的。化学缓蚀作用的防锈颜料能与金属表面发生作用如钝化、磷化，产生新的表面膜层，钝化膜、磷化膜等。这些薄膜的电极电位较原金属为正，使金属表面部分或全部避免了成为阳极的可能性；另外薄膜上存在许多微孔，便于涂膜的附着。防锈颜料还可以与某些涂料中的成分进行化学反应，生成性能稳定、耐水性好的渗透性小的化合物。有些颜料成膜过程中形成阻蚀型络合物，提高了防锈效果。一般不能用于水下，否则容易起泡。常用的化学缓蚀颜料有铅系颜料、铬酸盐颜料、磷酸盐颜料等。

起电化学作用的防锈颜料最主要是锌粉，富锌涂料在目前是大气环境下和海洋工程中最为普遍、最为重要的防锈底漆。酸性环境下，腐蚀介质易与锌粉生成氢气，需使用其他涂料。以锌粉为颜料的富锌涂料，在钢铁表面形成导电的保护涂层。锌的化学反应在涂层表面形成锌盐及锌的络合物等，这些生成物是极难溶的稳定化合物并沉积在涂层表面上，以防止氧、水和盐类的侵蚀，从而起到防锈效果，使钢铁得到保护。

（3）填料

填料，又称体质颜料，不具有着色和遮盖力。

最早体质颜料的应用是增加涂料体积，起到填充作用，降低涂料成本。随着涂料技术的发展，体质颜料还可以提高涂料各方面的性能。在涂料膜中，体质颜料用来改善涂料的流平性、不渗透性、光泽度等，也起着改善涂膜的力学性能，使涂膜经久坚硬耐磨等作用。体质颜料可以更有效地提高钛白粉的遮盖力，增加涂料的固体分含量，降低涂料的 VOC 值。

体质颜料主要有天然和人工合成两种，体质颜料的分类见表 8-4。

表 8-4 体质颜料的分类

化合物种类	天然体质颜料	合成体质颜料
氧化物和氢氧化物	氧化铝、氧化镁	氢氧化铝、氢氧化镁
二氧化硅和硅酸盐	石英砂、硅藻土、滑石粉、高岭土、云母	煅烧二氧化硅、沉淀二氧化硅、硅铝酸钙
碳酸盐	方解石、白垩、白云石、菱镁石	沉淀碳酸钙
硫酸盐	重晶石、石膏	沉淀硫酸钡
其他体质颜料	软木粉、褐块石棉	玻璃珠、玻璃纤维、聚合物纤维

滑石粉（硅酸镁，$3MgO \cdot 4SiO_2 \cdot H_2O$）是天然滑石和透闪石的混合物经加工而成。它轻软细腻，密度小，吸油量大。在涂料中能防止沉降，对涂膜光泽有降低作用。常用于腻子中。

高岭土（白土，$Al_2O_3 \cdot 2SiO_2 \cdot H_2O$）即瓷土，由高岭石、正长石等风化而成的黏土层，经水洗加热干燥而制得。质地柔软细腻，密度小，吸油量大。常用于高黏度低颜料分的涂料中，可以增加涂膜厚度，防止颜料沉降。

石英粉（SiO_2）由石英砂加工而成，可以增强涂膜的耐磨性能。

碳酸钙（大白粉，$CaCO_3$）由大理石、方解石等粉碎后加水研磨，再经水洗加热干燥后制得。密度小，吸油量大，稳定性好，价格低，是最为常用的一种填料。

硫酸钡（$BaSO_4$）由重晶石矿粉碎后加水研磨，加热水洗后得到的白色粉末。它耐酸耐碱，密度大，吸油量低。

云母粉（$K_2O_3 \cdot 3Al_2O_3 \cdot 6SiO_2 \cdot 2H_2O$）由云母矿冲击成粉状，经水漂洗、过滤、干燥而成。密度小、吸油量大，在涂料中能增加涂膜的韧性，并能阻止紫外线及水分的透过，可以提高涂料的户外耐候性。

4. 助剂

助剂也称添加剂，在涂料中用量很少。在现代涂料生产中，广泛使用助剂改善涂料的生产、贮存、施工性能以及涂膜性能等。一种涂料中可以使用多种不同的助剂，以发挥其不同的作用。

润湿剂和分散剂都是表面活性剂，可以帮助获得良好的涂料分散体系。润湿剂在颜料润湿过程中发挥作用，降低液、固之间的界面张力，可以提高颜料的分散效率，缩短研磨时间。分散剂在颜料分散过程中发挥作用，能够吸附在颜料粒子的表面上构成电荷斥力、空间位阻效应，使分散体处于稳定状态。是新型的高分子表面活性剂，同时具有润湿和分散作用。

液态的涂料在生产、运输、施工等过程中，都会受到外力作用而有可能产生气泡。消泡剂能以微细粒子渗入到泡沫体系之中，在接触到泡沫后即捕获泡沫表面的憎水链端，再经过迅速铺展，形成很薄的双膜层，然后进一步侵入到泡沫体系中。低表面张力的消泡剂总是带动一些液体向高表面张力的泡沫体系中，促使膜壁逐渐变薄，最终导致气泡的破裂。

油性涂料、醇酸树脂涂料和酚醛树脂涂料等自干性涂料中，要加入催干剂加速涂膜的干燥过程。如亚麻仁油未加催干剂时要 140h 才可干燥，且干燥不彻底，加入催干剂后，12 ~16h 即可干燥成膜，对涂膜的外观、手感等均有改善。

氧化聚合型涂料在长期存放过程中，由于表面与氧气接触，导致涂料表面凝胶化，而使涂料表面结上一层厚皮，为了防止这种现象，常常添加能溶解凝胶或阻止氧化结皮的物质，此种物质叫防结皮剂。常用的防结皮剂有：甲乙酮肟、乙醛肟、邻甲氧基苯酚、对苯二酚等。一般甲乙酮肟适用于油性涂料，乙醛肟和酚类适用醇酸、环氧、聚氨酯涂料等。它们的涂料固体分约为0.1% ~0.4%。另外，强溶剂由于对涂膜表面轻微凝胶有溶解作用，所以强溶剂也可以作为防结皮剂使用。

触变剂的作用是控制、增加液体的黏度和触变性，防止流挂、沉降等，从而可制成厚浆型涂料，增加涂膜厚度。常用的触变剂有气相二氧化硅、氢化蓖麻油、改性膨润土等。

消光剂用于制造不同级别光泽的表面装饰涂料，光泽低，光反射少，以减少表面眩光，减少视觉错乱。消光剂的颗粒能产生改变光反射的效果，使只有少量的光线能正常地反射出来。

能抑制或延缓有机高分子材料在紫外线照射下发生老化的功能性助剂称为稳定剂。光稳定剂按其作用原理的不同，可以分为紫外线屏蔽剂、吸收剂、自由基扑灭剂和过氧化物分解剂等。紫外线屏蔽剂通过吸收或反射紫外线而起到屏蔽紫外线的作用，典型品种有炭黑、氧化铁红、金红石型钛白粉等。紫外线吸收剂优先于聚合物分子中易于光氧化的基团，有选择地强烈吸收紫外线，并将其转化成无害的低能量材料，如苯丙甲酮类、苯丙三唑类、芳香酯类等。

5. 溶剂

溶剂用于溶解黏结剂，有助于生产和施工，它们为涂料的挥发成分，在施工和涂膜干燥过程中挥发掉。为了获得满意的结果，在实际生产中，常常使用混合溶剂。

在涂料制造中，选择合适的溶剂要考虑两个基本性能，即溶解能力和挥发速度。溶解能力是指用溶剂溶解涂料并降低黏度，达到应用目的的能力。挥发速度是涂料成膜时溶剂挥发的快慢，它主要控制涂膜干燥过程中涂料黏度的变化。溶剂的挥发速度决定涂膜流动时间的长短。溶剂的挥发速度必须适应涂膜的形成，挥发太快，涂膜表面干燥太快，会造成发白、橘皮、鼓泡等问题；挥发太慢，涂膜表面会出现指触干时间长、流挂、针孔等毛病。克服这些问题可以用混合溶剂来解决，使用混合溶剂在涂料干燥的初始阶段挥发速度相对地快些，防止涂膜产生流挂等病态，但在涂料干燥后期也应慢些，使之有足够的流平时间。

有许多溶剂不能单独地溶解涂料用树脂，但是将它们与某种良溶剂混合，能获得与良溶剂相同或更大的溶解力，这类溶剂称为助溶剂，也称潜溶剂。例如醇类溶剂单独不能溶解硝基纤维素，但它与酮类、酯类溶剂以一定比例混合，能获得更大的溶解能力，因此醇类溶剂是硝基纤维素的助溶剂。

水是水性涂料的溶剂。水性涂料可以分成两大类。一类是水溶性涂料，由水溶性树脂为基料制成的涂料，如水溶性自干或烘干涂料、电沉积涂料（包括阳极电泳和阴极电泳涂料）。另一类是水分散涂料，是以水为分散介质合成聚合物乳状液为基本组成的水分散系统，如乳胶涂料、水溶胶涂料等。其中以电沉积涂料和乳胶涂料占主导地位，已普遍应用。以水作为溶剂既节约资源又减少污染，因此以水替代有机溶剂已是涂料开发的重点。

在涂料的施工过程中，可能还要加入稀释剂稀释涂料，以达到便于施工的目的。它是多种溶剂组合成的混合溶剂。稀释剂与溶剂的区别首先在于它们对特定主要成膜物质的溶解能力有差别。稀释剂只稀释现成涂料，降低涂料的黏度，并且一般是在施工过程中才加入涂料。而溶剂能独立溶解涂料中的成膜物质，且作为涂料的组成部分，已按一定的比例加入涂料产品中了。其次涂料中含有的溶剂都有可能作为该涂料的稀释剂，但是有的稀释剂不一定可以作为溶剂使用。

常用涂料的稀释剂成分举例说明如下：

（1）油性涂料采用200号溶剂汽油或松节油即可，如果涂料中树脂含量高，油含量低，可以加入少量二甲苯。

（2）醇酸树脂涂料，长油度的可以用200号溶剂汽油；中油度的用200号溶剂汽油与二甲苯按1∶1混合；短油度的可以用二甲苯。

（3）氨基涂料一般采用丁醇与二甲苯的混合溶剂，按1∶1混合；或者是80%的二甲苯，10%的丁醇再加上10%醋酸丁酯，混合而成。

（4）沥青涂料多用200号溶剂汽油、200号煤焦溶剂和二甲苯。

（5）环氧树脂涂料用二甲苯与丁醇，按7∶3混合配比。

（6）聚氨酯涂料用无水二甲苯、无水环己酮和无水醋酸丁酯，按7∶2∶1配比。

二、涂料的成膜机理

1. 涂料成膜的方式

防腐蚀涂料涂装在被涂物、钢铁或混凝土表面，经干燥或固化形成涂膜后才能发挥其保护作用。各种涂料由于采用的成膜物质不同，其成膜机理也不相同。正确了解涂料的成膜机理，可以进一步理解涂料的性能，便于正确地使用涂料。

涂料的成膜方式主要有两大类，物理干燥和化学固化。其中化学固化又可以分为氧气聚合、固化剂固化、水汽固化等。常见涂料的成膜方式分类见表8-5。

表8-5 常见涂料的成膜方式分类

物理干燥型	溶剂型	沥青涂料、氯化橡胶涂料、热塑性丙烯酸涂料、乙烯涂料
	水溶性分散型	乳胶涂料、水性涂料
化学固化型	氧化聚合	油性涂料、醇酸涂料、油改性酚醛涂料
	水汽固化	单组分聚氨酯涂料、正硅酸乙酯锌粉涂料
	固化剂固化	环氧涂料、聚氨酯涂料
	二氧化碳固化	水性无机富锌涂料
	热固化	有机硅耐热涂料、氨基涂料
	辐射固化	不饱和聚酯、环氧丙烯酸酯、聚氨酯丙烯酸酯

2. 物理干燥

物理干燥有两种形式，溶剂的挥发和聚合物粒子凝聚成膜。

溶剂型的涂料，经涂装后，溶剂挥发到大气中，就完成涂膜干燥的过程。常见的涂料产品有沥青涂料、乙烯树脂涂料、氯化橡胶涂料和热塑性丙烯酸树脂涂料等。这一类涂料的共性如下：

（1）可逆性，涂膜在几天甚至几个月后，还能被本身或更强的溶剂所溶解。溶剂分子会渗进黏结剂的分子间，迫使它们分离而后分解黏结剂。

（2）溶剂敏感性，作为可逆性的结果，这些涂料不耐本身的溶剂或更强的溶剂。

（3）涂膜成型不依赖于温度，这是因为涂膜成型中没有化学反应发生。

（4）热塑性，物理干燥的涂料在高温下会变软。

分散型涂料，如乳胶涂料等，在水的挥发过程中，聚合物粒子彼此接触挤压成型，由粒子状聚集变为分子状态而形成连续的涂膜。

这一类涂料的共性如下：

（1）在一定温度下的可逆性，因为其本身的或更强的接合剂或溶剂能够重新溶解涂膜，然而，只是加入水则不能重新分散涂膜。

（2）对溶剂的敏感性，相对于上面一点而言，相似或更强的溶剂会对涂膜有一定的攻击性。

（3）涂膜成型有温度依赖性，在软化点黏结剂粒子能融合在一起，通常是5℃或更高的温度，对于施工温度来说，最好是在10℃以上。

（4）如同溶剂型涂料一样，具有热塑性。

（5）重涂性能比较好。

3. 化学固化

化学固化的涂料，由转化型成膜物质组成，主要依靠化学反应方式成膜，成膜物质在施工时聚合为高聚物涂膜。

（1）氧化聚合

以天然油脂为成膜物的涂料，以及含有油脂成分的天然树脂涂料和以油料为原料合成的醇酸树脂涂料、酚醛树脂涂料和环氧酯涂料等都是依靠氧化聚合成膜。这是一种自由基链式聚合反应。这些涂料中的不饱和脂肪酸通过氧化而使分子量增加，其氧化聚合速度与其所含亚甲基基团数量、位置和氧的传递速度有关，利用有些金属盐（如钴、锰、铅）促进氧气的传递，来加速含有干性油组分涂料的成膜。

（2）固化剂反应

需要用固化剂反应成膜的涂料，通常为双组分包装，一个组分为基料含树脂、溶剂、颜料和填料等，另一组分为固化剂。使用时，把固化剂倒入基料中搅拌均匀才能使用。常见的有环氧涂料、聚氨酯涂料和不饱和聚酯涂料等。

（3）其他固化机理

涂料的固化机理还有其他几种化学反应或聚合过程，如湿气固化、二氧化碳固化和高温触发固化等。

湿气固化主要是基料的分子与水汽相反应，比如无机硅酸锌涂料和湿气固化单组分聚氨酯涂料。

二氧化碳固化是基料的分子与空气中的二氧化碳反应，比如自固化型水性无机硅酸钾富锌涂料，硅酸钾、锌粉与空气中的水分和二氧化碳起反应，完成涂膜的固化。

氨基类涂料、有机硅涂料一般要进行加温才能干燥成膜。比如有机硅耐热涂料，要求在230℃下1h才能达到最佳耐热性能。加热固化实际上是一种成膜工艺，它根据涂料性质和被涂物情况而决定其温度、时间等工艺条件。加热固化，即烘干工艺常用的有蒸汽、电、远红外加热等方式。

辐射固化涂料体系主要包括紫外线UV固化、电子束固化（EB）等。其中UV固化的应用较为广泛。它首先是光引发剂受到波长为200～400nm的紫外线辐射而被激活，并断裂为自由基；自由基与树脂中的双键作用形成长链自由基；增长的长链进一步反应形成聚合物。UV辐射固化类涂料主要有不饱和聚酯、丙烯酸类低聚物和环氧树脂等。

(4) 化学固化涂料的基本性能

化学固化的涂料具有以下一些基本性能：

①不可逆转性，固化后的涂膜是不可溶解的。

②耐溶剂性，不可逆转性的结果。

③成膜速度要依靠温度，比如说有些涂料对于最低成膜温度有具体的要求，低于该温度涂膜将不会固化。

④非热塑性，黏结剂的分子在高交联状态下不会有移动或振动，即使是在高温状态下也不会有变化，比如涂膜在高温下不会变软等。

⑤严格的重涂间隔。涂层间的重涂，必须是在固化完全结束之前进行。已经达到完全固化程度的涂层表面必须进行拉毛处理后才能涂下道涂料。

第三节　道路标线涂料

一、标线涂料的分类

道路交通标线涂料按施工温度可分为常温型（冷用）、加热型和熔融型三类。常温和加热（51℃~80℃）型属于溶剂型涂料，呈液态供应。加热型涂料固体成分略多一些，黏度也高。熔融型涂料呈粉末状供应，需加高温（180~220℃）使其熔解才可涂敷于路面，西方国家把这种涂料称为热塑涂料（Thermoplastic Marking Materials）。另外还有双组分涂料和水性涂料。

道路交通标线涂料除用作标线材料外，还有各种粘贴材料，如预成型标线带、铝箔标带、突起路标、分离器等。有关标线涂料的具体分类见表8-6。

表8-6　道路交通标线涂料的分类

型　号	规　格	玻璃珠含量和使用方法	状　态
溶剂型	普通型	涂料中不含玻璃珠，施工时也不撒布玻璃珠	液态
	反光型	涂料中不含玻璃珠，施工时涂布涂层后立即将玻璃珠撒布在其表面	
热熔型	普通型	涂料中不含玻璃珠，施工时也不撒布玻璃珠	固态
	反光型	涂料中含18%~25%的玻璃珠，施工时涂布涂层后立即将玻璃珠撒布在其表面	
	突起型	涂料中含18%~25%的玻璃珠，施工时涂布涂层后立即将玻璃珠撒布在其表面	
双组分	普通型	涂料中不含玻璃珠，施工时也不撒布玻璃珠	液态
	反光型	涂料中不含（或含18%~25%）玻璃珠，施工时涂布涂层后立即将玻璃珠撒布在其表面	
	突起型	涂料中含18%~25%的玻璃珠，施工时涂布涂层后立即将玻璃珠撒布在其表面	
水性	普通型	涂料中不含玻璃珠，施工时也不撒布玻璃珠	液态
	反光型	涂料中不含（或含18%~25%）玻璃珠，施工时涂布涂层后立即将玻璃珠撒布在其表面	

二、标线涂料的性能

交通标线主要划设于道路面层，经受日晒雨淋、风雪冰冻及车辆的冲击磨耗。因此，道路标线涂料的性能应当满足以下几方面的要求：

1. 鲜明的确认效果。不论是哪一类标线或哪一种颜色的涂料，都要求鲜明醒目，这样，可以给司机和行人以良好的条件反射。如在高速公路上，车道两侧鲜明的标线可以帮助司机自然和平滑地行使，既可以保证行车安全，又可提高行车效率。

2. 夜间反光性能。现代的交通，不仅要求昼时效应，也注重夜间的效果。夜间反光标线可大大提高夜间行车的安全性，同时也可提高夜间行车的效率。

3. 施工时干燥迅速。由于道路涂料所应用的环境是不能间断的交通流量始终存在，因此要求道路涂料尽可能迅速干燥。根据道路涂料类型的不同，一般 3～15min 内要求实干通车。

4. 附着力强。为充分保证标线的完整和清晰，要求道路涂料与地面间具有较强附着性能。

5. 经久耐用。好的道路涂料应耐磨损、具有较长的使用寿命，这样才能保证标线在较长时间内完整、清晰；同时，这样也可省去多次施工造成的人力、物力浪费，并减少对正常交通的阻碍和影响。

6. 耐候性好，抗污染，抗变色。这主要要求道路涂料能长期保持鲜明度，自然老化程度缓慢。

7. 施工方便容易，安全性好。这一方面要求道路涂料在具体使用时容易操作；另一方面要求在具体施工时道路涂料比较安全稳定，发生危险和意外的可能性小。

8. 所涂标线安全、防滑。

9. 经济合理。这要求道路涂料成本低，售价便宜。

三、标线涂料的特征及适用范围

道路交通标线涂料的特征见表 8-7。贴附材料、标线器（包括突起路标、分离器）均属于标线的范畴，它们是标线的派生物。由于它们具有独特的性能而受到重视，其应用范围逐步扩大。贴附材料系工厂化生产，是一种预成型的标带，施工方便迅速。铝箔带可印刷各种图案、文字，很方便地贴于路面或墙上。突起路标有比路面标线更优越的观察角度，在恶劣天气条件下具有更好的可见性，安装容易、经久耐用。

表 8-7　道路交通标线涂料的特征

特　性	常 温 性	加 热 性	熔　融　性
主要成分	合成树脂、体质颜料、骨材	着色颜料、添加剂、溶剂	合成树脂、着色颜料、体质颜料、骨材、添加剂、玻璃珠
树脂组成的代表示例	醇酸系、丙烯酸系、乙烯基系、氯化橡胶系	醇酸系、丙烯酸系、聚酯系	石油树脂系、松香醇系、聚酯系
涂料状态	液状	液状	分块状
密度（g/cm^3）	1.3～1.6	1.4～1.7	1.8～2.3

续表

特　性	常 温 性	加 热 性	熔　融　性
加热后剩余物	>60%	>65%	>99%
涂敷时底漆	不要	不要	需要
涂料温度	常温	加温（50℃~80℃）	熔融加热（180℃~220℃）
涂敷方法	辊筒、刷子、喷射	空气喷射、无气喷射	料斗（槽）划线（人工推、拉）、自动式机械、无气法、离心法
对操作人员的要求	无特殊要求	必须经培训合格	必须经培训合格
夜间反射性			
白色	良	优	优~良
黄色	良	优	优~良
黏结力	强	中（为了使涂料快干，减少溶剂数量，故黏度高，在水泥混凝土面上有黏结不良的表现）	中（不宜在龟裂多的水泥混凝土路面施工，在龟裂处易产生黏结不良现象）
干燥速度（开放交通）	慢（由于品种及气温不同，其干燥速度亦有差别，一般在3~20min之间）	中（3~5min）	快（1~3min）
白色程度	强	中（玻璃珠散布量过大，昼夜均成黑色）	中
玻璃珠的效果	中	好	好
灰尘污染程度	中	大	中
湿润的防滑阻力	中	中	中
耐磨耗性	弱	中	强
对清除积雪作业的影响	无	无	几乎没有影响（施工后有些凸起）
耐候（含变色）性	强	强	中
有效寿命	4~8个月	8~15个月	10~20个月
对各种标线的适应性	大（适用于各种路面标线）	小（适用于路面纵向标线）	中（适用于斑马线、文字符号，也适用于横向、纵向标线）
施工中对轮胎和尘土的附着度	有	有	少
施工和易性	好	差	中
一次施工厚度范围	小（0.12~0.2mm）	小（0.2~0.3mm）	大（1~2.5mm）
施工速度	中（使用涂敷机进行纵向标线施工，速度快，其他标线施工速度较慢）	快（仅指路面纵向标线施工）	快（纵向标线施工速度较快、斑马线、文字符号等施工速度慢）
妨碍交通的程度	大	中	小（由于施工机械不同，也有影响大的情况）

标线涂料适用性：由于各种标线涂料不同的特性，因而导致各自的耐久性和养护时间也各不相同，所以，各种标线涂料适用性也不同。

（1）常温型涂料

常温型涂料适宜于交通量小的道路中心线、车道分界线，边缘线及立面标线施工。可望用于砂石路面、砖路面以及临时路面与遭受损伤很大的路面标线施工，也可在积雪的严寒地带使用。

（2）加热型涂料

加热型涂料适宜于道路纵向标线（实线和虚线）。如高速公路车行道中心线、车道分界线及车行道外边线的施工。也适用于积雪的严寒地带。

（3）熔融型涂料

① 适宜于车轮碾压多的中心线、车道分界线、边缘线及导流标线的施工；

② 适宜于因车辆而磨耗较多的临时停车线、曲线路段和交叉口及人行横道标线的施工；

③ 不适宜用于石子路面、砖砌路面及在半年以内拟进行罩面的路面等。

四、标线涂料的组成

（一）常温型涂料与加热型涂料

1. 常温型涂料、加热型涂料原料组成

常温型涂料的原料组成如图 8-1 所示，加热型涂料的原料组成如图 8-2 所示。

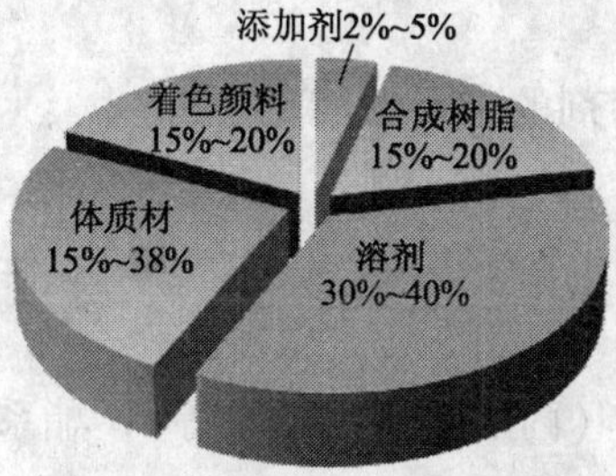

图 8-1　常温型涂料原料组成

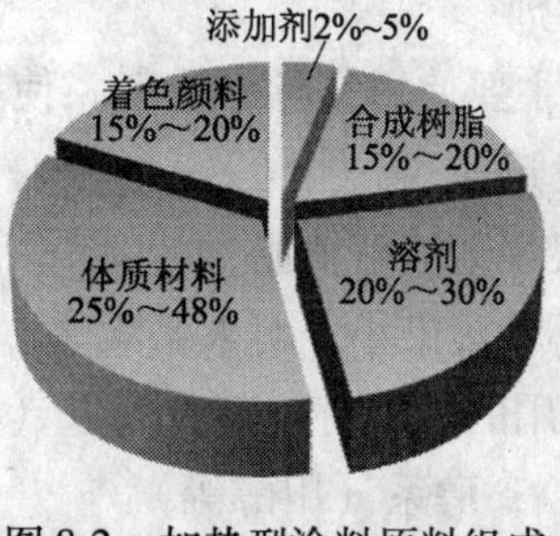

图 8-2　加热型涂料原料组成

2. 常温型涂料与加热型涂料的构成要素

（1）合成树脂

在原料组成中约占 15% ~20% 比例。合成树脂可与着色颜料、体质材料（充填料）结合；可提高与路面的粘接牢度；可提高涂膜的耐久性。

对合成树脂有以下要求：

① 色相，要求颜色较淡；

② 不挥发成分占 40% ~60% 左右；

③ 黏度 0.5 ~6Pa · s。

合成树脂选用种类有：

① 醇酸树脂；

② 乙烯树脂；

③ 丙烯树脂；

④ 石油树脂等。

（2）添加剂

在原料组成中约 2% ~5% 比例。添加剂可以具有以下几种作用：

① 增加可塑性，使涂膜具有可塑性和柔软性。因此，用可塑剂作为添加剂加入涂料中；

② 防止涂料中的固质材料和着色颜料沉淀。因此，用防沉淀剂作为添加剂加入涂料中；

③ 可以使树脂和着色颜料分散，在涂料中均匀分布。因此，用分散剂加入涂料中；

④ 防止涂料在保管中表面结皮。因此用防止结皮的添加剂加入涂料中。

（3）着色颜料

目前，标线的颜色主要是白色和黄色两种。

颜料要求着色力强，遮盖率好，加入涂料中后，不会急剧地增加黏度。

一般使用的着色颜料有：

白色有钛白（二氧化铁）、氧化锌、锌钡白（立德粉）等，但主要是钛白。

黄色有黄铅、有机系黄色颜料、氧化铁、铁黄等，但主要是黄铅。

（4）体质材（充填料）

体质材作为涂料的充填料而加入。它对涂膜的机械强度、耐磨性及色相均有影响，另外，体质材的粒径大小对涂料的流动性、沉淀性有影响，同时，对涂料的遮盖率也有影响。因此，体质材的加入比例和粒径大小应根据涂膜的机械强度、耐磨性及施工性能的要求进行选配。常温型涂料与加热型涂料的体质材所含比例不同。一般使用的种类有碳酸钙、滑石粉两种，可单独使用也可合并使用。

（5）溶剂

溶剂的主要使用是稀释涂料，使其易于涂敷。溶剂的主要性能是：

① 挥发迅速；

② 能很好地溶解树脂；

③ 对环境污染小，对人畜无害。

一般使用的种类有：芳香族系（甲苯等）；酮系（丙酮系、甲乙酮等）；酯系（醋酸酯、甲酸乙酸等）；醇系（甲醇等）。

（二）熔融型涂料

1. 熔融型涂料的原料组成（见图 8-3、图 8-4）。

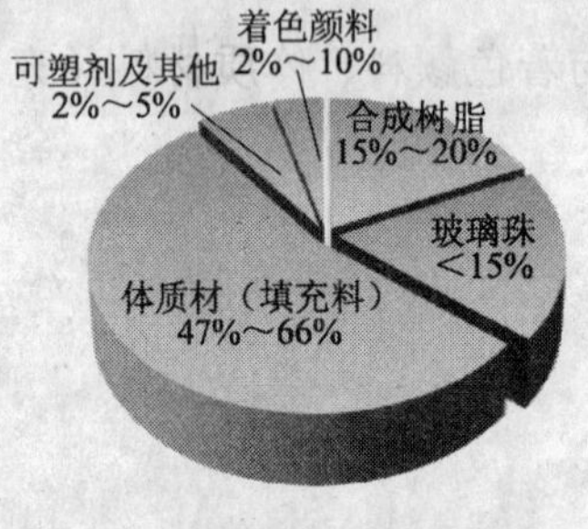

图 8-3　普通型热熔涂料的组成

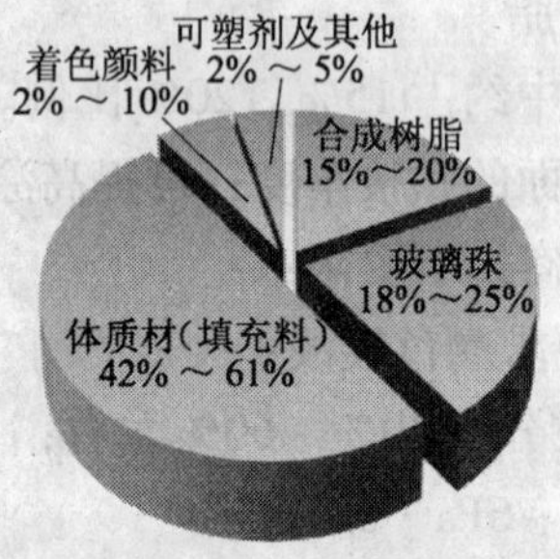

图 8-4　反光型或突起型热熔涂料的组成

2. 熔融型涂料的构成要素

（1）合成树脂

利用合成树脂热可塑性的特点，使熔融型涂料具有快干性。合成树脂可以与着色颜料、体质材（充填料）、玻璃珠等相结合，利用合成树脂的热熔着性，使标线与路面黏结牢固。

对合成树脂有以下要求：

① 软化点 80～120℃左右；

② 色相，要求颜色较淡；

③ 具有耐热性，在高温（180℃～230℃）时不会急剧热劣化；

④ 具有很好的耐候性，不因在室外暴露而显著地变黄，产生裂纹等。

合成树脂选用的种类：

① 松香及其衍生物改性树脂（顺丁烯松香酯等）；

② 石油树脂（脂肪族系，芳香族系等）；

③ 聚酯树脂。

使用两种以上树脂时，应采用能相容性的树脂，过热（例如：长期保持在230℃）会引起劣化，如变性、褪色、可塑性降低等，因此，要尽量避免过热，在施工时必须注意温度的管理。

（2）可塑剂

涂料中加入可塑剂，可赋予涂膜柔软，提高耐寒性，提高与路面的黏结牢度，使熔融的涂料黏度适宜。

可塑剂应具有以下特性：

① 常温时液体（也有一部分为固体的），高温时挥发少，稳定性要好，应为无毒、无味、无色的液体；

② 具有较好的耐热、耐寒性；

③ 与合成树脂有相容性。

一般使用的种类有：邻苯二甲酸酯类，植物油（天然油）、矿物油，植物油变性醇酸树脂（无溶剂型），环氧化油、液状合成橡胶。可单独使用，也可合并使用。

可塑剂也跟合成树脂一样，过热（例如长期保持在230℃左右）会引起劣化，应注意避免。

（3）着色颜料

标线的颜色主要是白色和黄色两种。

一般使用的着色颜料有：

白色有钛白（二氧化铁）、氧化锌、锌钡白（立德粉）等，但主要是钛白。

黄色有黄铅、有机系黄色颜料、氧化铁、铁黄等，但主要是黄铅。

（4）体质材（充填料）

体质材作为涂料的充填料而加入的。对涂膜的机械强度、耐磨性及色相均有影响，粒径的大小对流动性、沉淀性等有影响，同时，对表面加工也有影响。因此，对体质材要求本身颜色较白，粒径不能过大或过细，否则对沉淀性、流动性、表面加工等出现不良影响。

体质材使用的种类有碳酸钙、滑石粉、硅石粉、玻璃珠等。

（5）玻璃珠

涂料中加入玻璃珠的主要目的在于提高夜间标线的识别性，提高标线的亮度和耐久性。玻璃珠是无色透明的小球，对光线具有折射、聚焦和定向反射的功能。将玻璃珠混入涂料中或撒布于涂膜表面，可以将汽车灯光再回归反射到司机眼睛而大大提高了标线可见性，从而增强了标线的诱导作用。

思 考 题

1. 常见的道路标线材料有哪些？它们是如何分类的？

2. 和其他道路工程材料相比，道路标线涂料有哪些特征？
3. 简述道路标线涂料的成膜机理。
4. 道路标线涂料有哪些性能？
5. 简述标线涂料的适用范围。

第九章 其他道路交通工程设施材料

第一节 道路交通设施材料技术要求

一、交通安全设施的构成

1. 护栏

护栏设于道路两侧及中央分隔带，用以防止车辆驶出公路或闯入对向车道的设施，其作用是一旦车辆失控发生事故，可使其对乘客的伤害及对车辆的破坏减少到最低限度，使车辆恢复正常行驶，同时防撞护栏对驾驶员具有视线诱导的作用。中央分隔带上的防撞护栏是连续的，而道路两侧的护栏仅在路外有深沟、陡坡或有设施的地方设置。护栏必须坚固，能经受碰撞，以最大限度地减少车辆损伤和事故路段及时恢复行车，而且要经济、美观，以及有良好的视线诱导性。防撞护栏有三种基本类型：一是刚性护栏，多用混凝土或石料制成墙式，其特点是防止车辆驶出路外的效果比较好，但对乘客安全性和视觉的舒适性较差，有较强的行驶压迫感，该类型护栏抗腐蚀性好，沿海及炎热潮湿地区较适用；另一种是柔性护栏，如钢导轨、钢缆等，具有一定的弹性，既能拦挡车辆，又能对车辆冲撞起缓冲作用；第三种是半刚性护栏，具有一定的刚性和柔性，目前应用最广泛的波形梁钢护栏就是其中一种。

2. 交通标志、标线与视线诱导设施

交通标志、标线已在第八章中作了介绍，这里不再赘述。

为防止在雾、雨天气及夜间行驶时驾驶人因看不清道路标线，而致使汽车失去方向，一般在高等级道路中央分隔带两侧及道路的两侧每隔一定距离设置视线诱导设施。视线诱导设施能将车头灯光反射出十分醒目的橘黄色的光，使驾驶人容易看清道路的行进方向。目前广泛使用的线形诱导设施有轮廓标、突起路标、线形诱导标、分合流诱导标。

3. 隔离设施

用于封闭高速公路的设施，以防止行人、牲畜或野生动物进入高速公路，一般在道路用地边缘设置成金属网或刺钢丝网等。

4. 防眩设施

设于中央分隔带，夜间行车时，可防止对向来车灯光对驾驶人造成眩目的人工构造物，通常采用植树防眩和百叶板式或金属网式防眩栅等方法，设置高度一般为1.4～1.7m。

二、道路交通设施材料技术要求

1. 护栏材料

（1）双、三波形梁护栏的材料

① 护栏板、立柱和防阻块托架端头波形梁垫板等所用基底金属及连接螺栓所用的钢材为普通碳素结构钢（Q235. A3），其技术条件应符合《碳素结构钢》(GB 700—2006) 的规定，钢材屈服点不应小于235MPa，抗拉强度应在375～460MPa范围内。弯曲半径在不超过厚度的1.5倍条件下不发生裂纹。

② 高强螺栓、螺母、垫圈

波形梁是受拉构件，要求拼接螺栓采用高强螺栓，增强接头处的强度。其材料采用优质钢，并经适当的热处理，要求屈服点大于990MPa，抗拉强度大于1100MPa，延伸率大于等于10%，收缩率为42%，洛氏硬度为HRC33—99。高强螺栓机械性能应符合GB/T 1591的规定，见表9-1。

表9-1 双、三波形梁护栏的高强螺栓机械性能

公称直径（mm）	公称应力截面积（mm^2）	性能等级（s）	
		10.9	8.8
		抗拉荷载（kN）	
16	157	166～98	133～165

高强螺栓的螺母采用优质钢，并经适当的热处理，其性能要求荷载大于133kN，洛氏硬度为HRB95—HRC22（维氏硬度HV30为206—237）；三波形梁高强螺栓、螺母和垫圈等所用基底金属材质，其力学性能等级应为GB/T 3098.1规定的4.6级，其抗拉强度不小于400MPa，屈服强度不小于240MPa。

垫圈用扁钢或带钢连续冲成，垫圈的支承面影响扭矩系数。其洛氏硬度为HRC35—45（维氏硬度HV30为329—436）。

③ 混凝土埋置于混凝土中的立柱，混凝土强度等级不应小于C15。混凝土用材料应符合《公路桥涵施工技术规范》(JTJ 041—2000) 的规定。

（2）混凝土护栏的材料

混凝土护栏采用水泥、砂石和水及钢筋等材料，应符合现行交通行业标准《公路桥涵施工技术规范》(JTJ 041—2000) 的规定。凡在道路交通工程设施中采用的混凝土材料，包括在混凝土护栏中采用的材料，均已包含在现行《公路桥涵施工技术规范》(JTJ 041—2000) 和《公路钢筋混凝土及预应力混凝土桥涵设计规范》(JTG D62—2004) 中，可遵照有关规范执行。

混凝土护栏的强度一般指的是混凝土抗压强度。选用不同强度等级的水泥、不同级配的集料和不同的配合比，就可以制作出具有不同强度等级的混凝土。由于混凝土在护栏结构中主要起承受压力的作用，因此，抗压强度就成为它的所有力学性能中最为重要的性能。根据混凝土护栏的受力特性，参照国内一些高速公路护栏的使用经验，从安全、经济的角度出发，混凝土护栏相应的混凝土强度等级不应低于C25。

混凝土护栏与一般钢筋混凝土构件不同，在护栏中配置一定数量的钢筋，主要为满足安装起吊的要求，钢筋用量不必太多。因此，对钢筋的品种、规格及设计强度应符合现行交通行业标准《公路钢筋混凝土及预应力混凝土桥涵设计规范》(JTG D62—2004) 的有关规定。

2. 交通标志材料

道路交通标志一般由标志底板、标志面、立柱、紧固件、基础等几部分组成。各部分所用材料均需满足一定的要求。而且，在同一块标志板上，标志底板和标志面所采用的各种材料应具有相容性，防止因电化作用、不同的热膨胀系数或其他化学反应等造成标志板的锈蚀或损坏。

（1）交通标志底板

道路交通标志用标志底板可用铝合金板、薄钢板、合成树脂类板材等材料制作。大型标志的板面结构在条件许可时，首选挤压成型的铝合金板进行拼装。挤压成型板材应尽量使用最大尺寸，减少接缝，以保持板面的平整度。

一般结构的标志板，应采用滑动槽钢加固，以方便与立柱连接，制作标志底板的各种材料应符合以下规定。

铝合金板：道路交通标志用铝合金板的板材牌号、规格、力学性能、尺寸及允许偏差应符合 GB/T 3880、GB/T 3194 等有关标准的规定。高等级公路在条件许可时，首选综合性能等于或优于牌号 3A21 的铝合金板。大型标志板或用于沿海及多风地区的标志板，在条件许可时，首选综合性能等于或优于牌号 5A02 的铝合金板。铝合金板用于标志底板时，其最小实测厚度不应小于 1.5mm。

薄钢板：道路交通标志用碳素结构钢和低合金结构钢冷轧薄钢板、镀锌薄钢板应符合《冷轧钢板和钢带的尺寸、外形、重量及允许偏差》（GB/T 708—2006）、《连续热镀锌薄钢板和钢带》（GB/T 2518—1998）、《碳素结构钢冷轧薄钢板及钢带》（GB/T 11253—2007）等有关标准的规定。薄钢板的表面防腐处理应符合 GB/T 18226 的要求。薄钢板用于标志底板时，其最小实测厚度不应小于 1.0mm。

合成树脂类板材：道路交通标志用合成树脂类板材包括塑料、硬质聚氯乙烯板材或玻璃钢等材料，其性能应符合以下要求：

① 耐候性能：按规定的方法连续自然暴露两年或进行人工气候老化试验 1200h，标志底板不应有裂缝、刻痕、起泡、凹痕、变形、腐蚀、粉化、变色及层间分离现象。

② 耐盐雾腐蚀性能：按规定的方法试验后，标志底板不应有变色、损伤或被侵蚀的痕迹。

③ 机械性能：合成树脂类板材应能满足对标志底板机械强度的设计要求，如抗弯强度、抗冲击强度及刚度等。

④ 若合成树脂类标志底板在制作时加了保护层，则保护层在经受耐候性能、盐雾腐蚀、冲击等试验后，也不应出现开裂、起泡、粉化及剥落等现象。

铝合金型材：道路交通标志在使用挤压成型的铝合金型材制作标志底板时，应满足 GB 6892 的要求及设计要求，同时应具有轻质、高强、耐蚀、耐磨、刚度大等特点，经拼装后应能满足公路大型标志底板的性能要求。在条件许可时，首选综合性能等于或优于牌号 2024 的铝合金型材。

（2）标志面材料

标志面可用逆反射材料、油漆、油墨、胶黏剂、透明涂料及边缘填隙料等材料制造，目前较为广泛的是反光膜。反光膜一般由透明薄膜、黏结剂、高折射率微珠、反射层等材料组成。

道路反光膜按其不同的逆反射原理，可分为玻璃珠型和微棱镜型两类。

道路反光膜按其不同的结构，可分为透镜埋入型、密封胶囊型和微棱镜型三类。

道路反光膜按其不同的逆反射性能，可分为五个等级：一级反光膜为微棱镜型反光膜；

二级反光膜为密封胶囊型反光膜，通常称高强级反光膜；三级反光膜为透镜埋入型反光膜，通常称超工程级反光膜；四级反光膜为透镜埋入型反光膜，通常称工程级反光膜；五级反光膜为透镜埋入型反光膜，通常称经济级反光膜。

表 9-2 一级反光膜

观测角	入射角	最小逆反射系数[cd/(lx·m²)]					
		白色	黄色	红色	绿色	蓝色	棕色
0.2°	-4°	600	450	120	100	50	20
	15°	450	320	85	80	40	15
	30°	300	220	60	50	25	10
0.33°	-4°	360	250	60	60	25	15
	15°	260	180	40	40	18	10
	30°	160	110	25	25	10	6.0

表 9-3 二级反光膜

观测角	入射角	最小逆反射系数[cd/(lx·m²)]					
		白色	黄色	红色	绿色	蓝色	棕色
0.2°	-4°	250	170	45	45	20	12
	15°	200	130	35	35	16	10
	30°	150	100	25	25	10	6.5
0.33°	-4°	180	120	25	25	14	10
	15°	150	90	20	20	11	8.0
	30°	100	70	14	14	8.0	5.0
1°	-4°	20	12	3.0	3.0	1	0.8
	15°	15	8.0	2.0	2.0	0.8	0.6
	30°	9.0	5.0	1.0	1.0	0.4	0.3

表 9-4 三级反光膜

观测角	入射角	最小逆反射系数[cd/(lx·m²)]					
		白色	黄色	红色	绿色	蓝色	棕色
0.2°	-4°	140	100	30	30	10	5.0
	15°	110	80	22	22	8.0	3.5
	30°	60	36	12	10	4.0	2.0
0.33°	-4°	100	75	20	20	5.0	4.0
	15°	85	60	15	15	4.0	2.8
	30°	45	25	7.5	7.0	2.0	1.2
1°	-4°	11	6.0	2.5	2.5	0.8	0.6
	15°	9.0	4.0	1.6	1.6	0.6	0.4
	30°	5.0	2.0	0.8	0.8	0.3	0.2

表 9-5　四级反光膜

观测角	入射角	最小逆反射系数[cd/(lx·m²)]					
		白色	黄色	红色	绿色	蓝色	棕色
0.2°	-4°	80	50	14	9.0	4.0	3.0
	15°	55	35	11	7.0	3.0	2.0
	30°	30	22	6.0	3.5	1.5	1.0
0.33°	-4°	50	35	10	7.0	3.0	2.0
	15°	45	20	8.0	5.0	2.0	1.4
	30°	24	15	4.0	2.5	1.0	0.7
1°	-4°	5.0	3.0	2.0	1.0	0.6	0.4
	15°	3.0	2.0	1.0	0.8	0.3	0.2
	30°	2.0	1.5	0.6	0.4	0.2	0.1

表 9-6　五级反光膜

观测角	入射角	最小逆反射系数[cd/(lx·m²)]					
		白色	黄色	红色	绿色	蓝色	棕色
0.2°	-4°	50	25	8.0	5.0	3.5	2.0
	15°	35	14	6.0	4.0	2.5	1.5
	30°	18	10	3.5	2.0	1.0	0.7
0.33°	-4°	30	15	5.0	4.0	2.5	1.5
	15°	21	11	4.2	3.0	1.8	1.0
	30°	10	5.0	2.0	1.5	0.8	0.4
1°	-4°	4.0	2.0	0.8	0.5	0.4	0.2
	15°	2.5	1.3	0.6	0.4	0.2	0.1
	30°	1.5	0.8	0.4	0.2	0.1	—

道路反光膜应具有颜色的可印刷性能。按反光膜制造商推荐的彩色的、与反光膜相匹配的油墨及印刷条件、印刷方式等，可对反光膜进行各种颜色的印刷。

道路反光膜的技术要求，经《公路交通标志反光膜》(GB/T 18833—2002) 所规定的方法试验后，应达到如下要求。

色度性能：反光膜（包括丝网印刷后的反光膜）的各种颜色的色品坐标和亮度因数应在表 9-7 规定的范围内，各种颜色的色品图如图 9-1 所示。

表 9-7 反光膜颜色各角点的色品坐标

（标准照明体 D_{65}，照明观测条件：45/0，视场角 2°）

角点坐标 颜色	色品坐标								亮度因数
	1		2		3		4		
	x	*y*	*x*	*y*	*x*	*y*	*x*	*y*	
白	0.350	0.360	0.300	0.310	0.285	0.325	0.335	0.375	≥0.27
黄	0.545	0.454	0.464	0.534	0.427	0.483	0.487	0.423	0.16~0.40
红	0.690	0.310	0.658	0.342	0.569	0.341	0.595	0.315	0.03~0.10
绿	0.007	0.703	0.026	0.399	0.177	0.362	0.248	0.409	0.03~0.10
蓝	0.078	0.170	0.137	0.038	0.210	0.160	0.150	0.220	0.01~0.10
棕	0.430	0.730	0.430	0.390	0.550	0.450	0.610	0.390	0.01~0.10

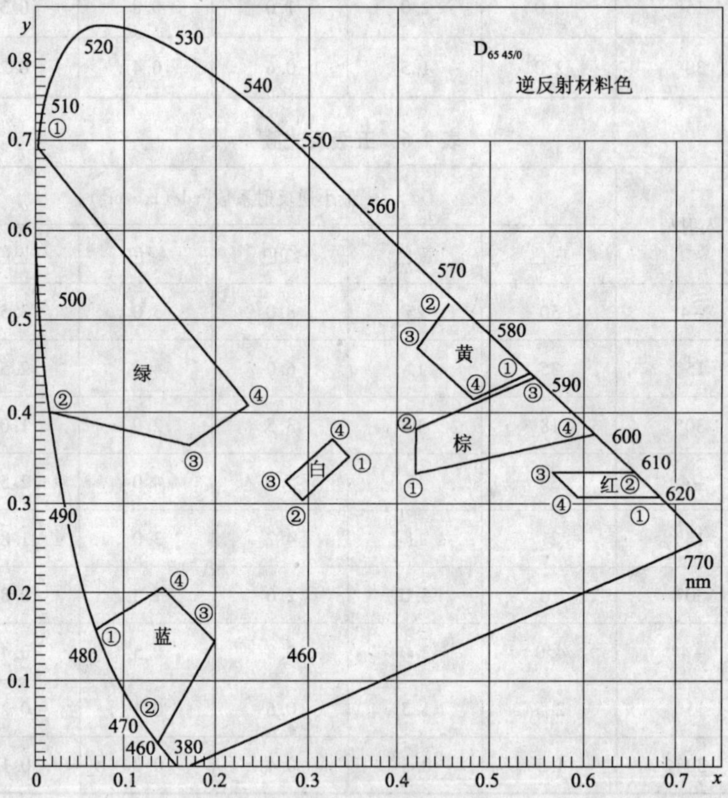

图 9-1 反光膜各种颜色的色品图

用于轮廓标或突起路标等在夜间显示颜色的交通设施上的反光膜的色度性能，也可按《中华人民共和国国家标准公路交通标志反光膜》(GB/T 18833—2002) 规定的方法测试。各种颜色的色品坐标应在表 9-8 规定的范围内，各种颜色的色品图如图 9-2 所示。

表 9-8　夜间用反光膜颜色各角点的色品坐标

（标准照明体 A 光源，照明观测条件：入射角 0°，观测角 0.2°，视场角 0.1°）

角点坐标 颜色	色品坐标											
	1		2		3		4		5		6	
	x	*y*	*x*	*y*	*x*	*y*	*x*	*y*	*x*	*y*	*x*	*y*
白	0.310	0.348	0.453	0.440	0.500	0.440	0.500	0.380	0.440	0.380	0.310	0.283
黄	0.545	0.424	0.559	0.439	0.609	0.390	0.597	0.390				
红	0.650	0.330	0.668	0.330	0.734	0.265	0.721	0.259				
绿	0.009	0.733	0.288	0.520	0.209	0.395	0.012	0.494				
蓝	0.039	0.320	0.160	0.320	0.160	0.240	0.183	0.218	0.088	0.142		

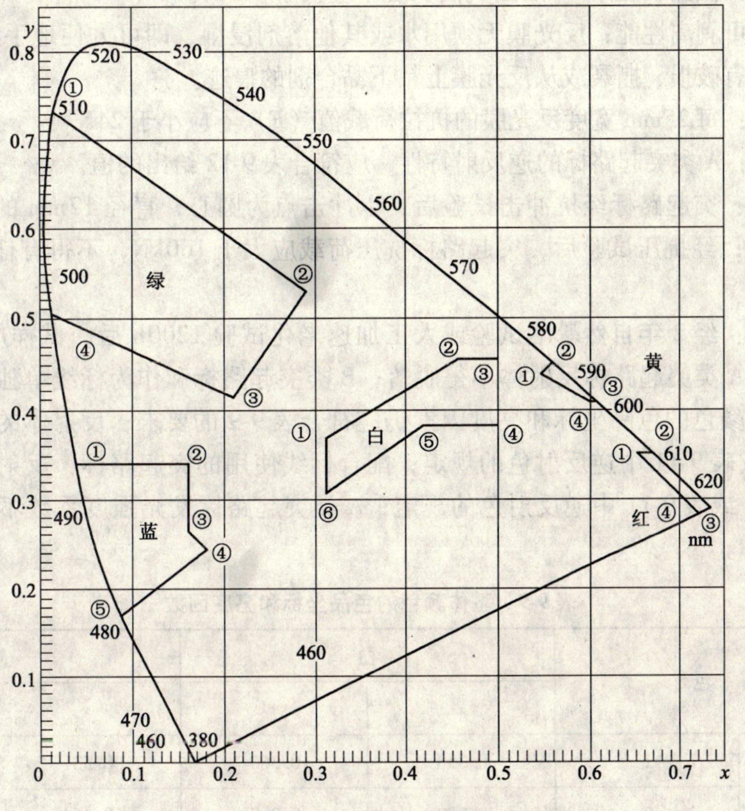

图 9-2　夜间用反光膜各种颜色色品图

耐候性能：连续自然暴露，或进行人工气候加速老化试验，（以连续自然暴露为仲裁）在试验完成后：

① 反光膜应无明显的裂缝、刻痕、凹陷、气泡、侵蚀、剥离、粉化或变形。

② 从任何一边均不应出现超过 0.8mm 的收缩，也不应出现反光膜从底板边缘翘曲或脱离的痕迹。

③ 反光膜各种颜色的色品坐标及亮度因数应保持在相应表 9-7 或表 9-8 的范围内。

④ 在观测角为0.2°，入射角为－4°，15°和30°时，一、二、三级反光膜的逆反射系数值不应低于表9-2、表9-3、表9-4相应规定值的80%，四级、五级反光膜的逆反射系数不应低于表9-5、表9-6相应规定值的50%。

耐盐雾腐蚀性能：反光膜表面不应有变色、渗漏、起泡或被侵蚀的痕迹。

耐溶剂性能：反光膜表面不应出现软化、皱纹、渗漏、起泡、开裂或表面边缘被溶解等损坏的痕迹。

抗冲击性能：反光膜在受到冲击的表面以外，不应出现裂缝、层间脱离或其他损坏。

耐弯曲性能：反光膜表面不应出现裂缝、剥落或层间分离的痕迹。

耐高低温性能：反光膜表面不应出现裂缝、软化、剥落、皱纹、起泡、翘曲或外观不均匀的痕迹。

收缩性能：反光膜样品任何一边的尺寸在10min内，其收缩不应超过0.8mm；在24h内，其收缩不应超过3.2mm。

附着性能：反光膜在5min后的剥离长度不应大于20mm。

防粘纸的可剥离性能：反光膜无须用水或其他溶剂浸湿，即可方便地手工剥下防粘纸。防粘纸也不应有破损、撕裂或从反光膜上粘下黏合剂的痕迹。

抗拉荷载：每25mm宽度反光膜的抗拉荷载值（*F*）不应小于24N。

光度性能：A类突起路标的逆反射特性，应符合表9-12给出的值。

机械性能：突起路标经抗冲击试验后，以冲击点为圆心，直径12mm的圆外不得有任何形式的破坏；经抗压试验后，突起路标抗压荷载应大于160kN，不得有任何破损开裂现象。

耐候性能：经2年自然暴晒试验或人工加速老化试验1200h后，试样应无明显裂痕、腐蚀、粉化。A类突起路标反射体不得脱落；B类突起路标和作为标线单独使用的A类突起路标，基体颜色的色品坐标和亮度因素仍应符合表9-9的要求；反射体的色品坐标需要符合表9-10或表9-11中逆反射色的规定；配合标线使用的突起路标，反射体的色品坐标应符合表9-10或表9-11中逆反射色的规定；A类突起路标发光强度系数不应低于表9-12规定值的80%。

表9-9　基体颜色的色品坐标和亮度因数

颜　色		白		黄	
		x	*y*	*x*	*y*
色品坐标	1	0.350	0.360	0.531	0.468
	2	0.300	0.310	0.464	0.534
	3	0.290	0.320	0.427	0.483
	4	0.340	0.370	0.477	0.433
亮度因数		≥0.75		≥0.45	

表 9-10　反射体的色品坐标

颜　色		白		黄	
		x	y	x	y
色品坐标	1	0.310	0.348	0.545	0.424
	2	0.453	0.440	0.559	0.439
	3	0.500	0.440	0.609	0.390
	4	0.500	0.380	0.597	0.390
	5	0.440	0.380	—	—
	6	0.310	0.283	—	—

表 9-11　反射体的色品坐标和亮度因数

颜　色		白		黄	
		x	y	x	y
色品坐标	1	0.350	0.360	0.545	0.454
	2	0.300	0.310	0.464	0.534
	3	0.285	0.325	0.427	0.483
	4	0.335	0.375	0.487	0.423
亮度因数		≥0.27		≥0.16	

表 9-12　发光强度系数

角　度		发光强度系数（mcd/lx）					
观察角 α	入射角 β_2 ($\beta_1=0$)	白色		黄色		红色	
		Ⅰ级	Ⅱ级	Ⅰ级	Ⅱ级	Ⅰ级	Ⅱ级
0.2°	0°	278	80	167	60	70	20
	±20°	111	35	67	20	28	5
0.33°	±5°	220	20	110	10	44	4

耐盐雾腐蚀性能：经耐盐雾试验后，突起路标不应有任何变色或被侵蚀的痕迹。

耐溶剂性：应无溶剂浸入现象，外观及反射体无明显的溶解及破坏现象。

耐水性：应无水浸入和破坏，陶瓷基体的突起路标吸水率不得大于 1%。

耐油性：反射层后应无进油现象，无其他破坏现象。

高等级道路的交通标志在条件许可时，首选一至三级反光膜；二、三级公路及一般城市道路的交通标志在条件许可时，首选四级以上的反光膜。四、五级反光膜可用于四级公路和交通量很小的其他道路。高等级道路上的曲线段标志及城市地区的多路交叉路口在条件许可时，首选三级以上反光材料。高速公路、城市快速路上的门架标志和悬臂标志，为获得与路侧标志相当的反光效果，在条件许可时，首选比路侧标志所用反光膜等级为高的反光材料，或把门架标志和悬臂标志上的字符改用反射器，以改善其夜间视认性。

反光膜应有平滑、光洁的外表面，其表面不应有明显的划痕、条纹、气泡、颜色不均匀或逆反射性能不均匀等缺陷或损伤。反光膜应具有颜色的可印刷性能，按反光膜制造商推荐的彩色的、与反光膜相匹配的油墨及印刷条件、印刷方式等，可对反光膜进行各种颜色的印刷。

反光膜在使用过程中受到其自身功能、使用环境及施工等各方面因素的影响，因此对其性能也提出了一定的要求。这主要体现在以下几方面。

① 产品功能的影响。反光膜的应用主要是为交通参与者提供较高的视觉辨认性，这就要求其应满足一定的色度性能、逆反射性能等。

② 环境侵蚀的影响。由于反光膜长期暴露于自然条件下，这就要求其在使用过程中应能抵御外界条件的侵蚀，因此其应满足一定的耐候性能、耐盐雾腐蚀性能、耐溶剂性能等。

③ 使用环境的其他因素的影响。反光膜暴露于自然条件下还受到外界的各种荷载、冲击、温度变化等外力的影响，这就要求其应当具有一定的抗冲击性能、耐弯曲性能、耐高低温性能、收缩性能等。

④ 施工因素的影响。为了保证反光膜在施工时的牢固性、方便性，其应当满足一定的附着性能、防粘纸的可剥离性能、抗拉荷载等。

考虑到以上各因素的影响，用各种材料制作的标志面应按《公路交通标志反光膜》(GB/T 18833—2002) 所规定的方法测试，符合以下规定。

色度性能：标志面（包括丝网印刷后）的各种颜色的色品坐标和亮度因数、各种颜色色品应符合规定。

逆反射性能：反光膜的逆反射系数值不应低于相应级别的规定。湿状态下的反光膜在观测角为0.2°、入射角为−4°时的逆反射系数值不应低于相应规定值的80%。

耐候性能：连续自然暴露，或进行人工气候加速老化试验（以连续自然暴露为仲裁）。在试验完成后：

① 反光膜应无明显的裂缝、刻痕、凹陷、气泡、侵蚀、剥离、粉化或变形；

② 从任何一边均不应出现超过0.8mm的收缩，也不应出现反光膜从底板边缘翘曲或脱离的痕迹；

③ 反光膜各种颜色的色品坐标及亮度因数应保持在表9-7的范围内；

④ 在观测角为0.2°，入射角为−4°、15°和30°时，一、二、三级反光膜的逆反射系数值不应低于表9-2、表9-3、表9-4相应规定值的80%，四级、五级反光膜的逆反射系数不应低于表9-5、表9-6相应规定值的50%。

耐盐雾腐蚀性能：反光膜表面不应有变色、渗漏、起泡或被侵蚀的痕迹。

耐溶剂性能：反光膜表面不应出现软化、皱纹、渗漏、起泡、开裂或表面边缘被溶解等损坏的痕迹。

抗冲击性能：反光膜在受到冲击的表面以外，不应出现裂缝、层间脱离或其他损坏。

耐弯曲性能：反光膜表面不应出现裂缝、剥落或层间分离的痕迹。

耐高低温性能：反光膜表面不应出现裂缝、软化、剥落、皱纹、起泡、翘曲或外观不均匀的痕迹。

收缩性能：反光膜样品任何一边的尺寸，在10min内，其收缩不应超过0.8mm；在24h内，其收缩不应超过3.2mm。

附着性能：反光膜在5min后的剥离长度不应大于20mm。

防粘纸的可剥离性能：反光膜无须用水或其他溶剂浸湿，即可方便地手工剥下防粘纸。防粘纸也不应有破损、撕裂或从反光膜上粘下黏合剂的痕迹。

抗拉荷载：每25mm宽度反光膜的抗拉荷载值（F）不应小于24N。

3. 视线诱导设施材料

由于视线诱导设施各部分功能与作用不同，则其所用材料种类及性能也不同。对于轮廓标及突起路标，主要考虑反射器或反光膜、底板材料、安装夹具及基础以及轮廓标柱体的材料性能，这是本节主要介绍的内容；对于分合流诱导标及线形诱导标，其材料性能要求与交通标志或轮廓标材料的要求相同。

（1）轮廓标反射器或反光膜

轮廓标的逆反射材料应采用反射器或反光膜。轮廓标的反射器分白色和黄色两种，白色反光片安装于道路右侧，黄色反光片安装于道路左侧或中央分隔带上。轮廓标的反射器有微棱镜型和玻璃珠型两种形式。微棱镜型反射器的发光强度系数较高，但玻璃珠型反射器的耐候性、耐盐雾腐蚀性、耐磨性等耐久性都非常优越，而且玻璃珠型反射器的逆反射性能随着时间的延长而性能下降的速率很慢。

以下各种性能为按照《公路交通标志反光膜》(GB/T 18833—2002）所规定的方法试验后所应达到的技术要求。

色度性能：轮廓标反射器材料颜色的色品坐标和亮度因素应在规定的范围内。

光度性能：轮廓标反射器的光度性能用发光强度系数 R 来衡量。按规定的方法测试，用做轮廓标的微棱镜型反射器的发光强度系数值不应低于规定值，用做轮廓标的玻璃珠型反射器的发光强度系数值不应低于规定值。

轮廓标反光膜的光度性能用逆反射系数 R 来衡量。按照规定的方法测试，轮廓标反光膜的逆反射系数应不低于规定值。

耐候性能：按规定的方法连续自然暴露，或进行人工气候加速老化试验，在试验完成后：

① 试样应无明显的裂缝、凹陷、刻痕、气泡、侵蚀、剥离、粉化或变形。轮廓标用反射器不应出现渗入的痕迹。轮廓标用反光膜不应出现边缘被剥离的现象。

② 试样各种颜色的色品坐标和亮度因素应保持在对应的表9-13或表9-14规定的范围内。

表9-13 轮廓标颜色各角点的色品坐标

角点坐标		色品坐标								亮度因数
		x	y	x	y	x	y	x	y	
表面色	白	0.350	0.360	0.300	0.310	0.290	0.320	0.340	0.370	≥0.75
	黑	0.385	0.355	0.300	0.270	0.260	0.310	0.345	0.395	≤0.03
逆反射材料色	白	0.350	0.360	0.300	0.310	0.285	0.325	0.335	0.375	≥0.27
	黄	0.545	0.454	0.464	0.534	0.427	0.483	0.487	0.423	≤0.16

表 9-14 轮廓标逆反射材料颜色各角点的色品坐标

	色品坐标											
角点坐标	x	y	x	y	x	y	x	y	x	y	x	y
白	0.310	0.348	0.453	0.440	0.500	0.440	0.500	0.380	0.440	0.380	0.310	0.283
黄	0.545	0.424	0.559	0.439	0.609	0.390	0.597	0.390				

注：A 光源，照明观测条件，入射角 0°，观测角 0.2°，视场角 0.1°。

③ 轮廓标用反射器的发光系数值不应低于相应规定值的 50%；轮廓标用反光膜的逆反射系数值不应低于相应规定值的 60%。

耐高低温性能：按照规定的方法试验后，轮廓标不应有裂缝、剥落、碎裂或翘曲等损坏的痕迹。

耐盐雾腐蚀性能：按照规定的方法试验后，轮廓标反射器不应出现被水渗入的痕迹，轮廓标用反光膜不应出现边缘被剥离的现象。

密封性能：按照规定的方法试验后，轮廓标用微棱镜反射器不应出现被水或雾气渗入的现象。

反光膜对底板的附着性能：轮廓标用反光膜对底板的附着性能应符合 JT/T 279 中反光膜对标志底板的附着性能的有关规定。

（2）轮廓标柱体材料

柱式轮廓标柱体一般应采用聚乙烯树脂、玻璃纤维增强塑料、聚碳酸树脂、氯乙烯树脂等强度高、耐候性好、耐磨蚀性好的合成树脂类材料，并且加工成型方便，价格便宜，可以考虑就地取材。立柱采用焊接钢管时，其技术条件应符合碳素结构钢的有关要求，同时还要考虑维修养护方便。

（3）轮廓标与突起路标的底板材料

轮廓标及突起路标底板可以采用铝合金板或者钢板及钢带制造。当采用铝合金板时应该符合 GB 3880 中牌号为 2A14—T6 或牌号为 6A02—T6 铝合金板的要求，用做轮廓标底板时，其最小实测厚度不应小于 2.0mm。当采用钢板及钢带时应该符合《一般结构用热连轧钢板和钢带》(GB 2517）中牌号为 RJ255、RJ294、RJ343 或 RJ392 钢板的要求，用做轮廓标底板时，应进行热浸镀锌的表面处理，镀锌层厚度同波形梁钢护栏。轮廓标及突起路标底板也可采用聚乙烯树脂、丙烯腈-丁二烯-苯乙烯树酯、玻璃纤维增强，塑料、聚碳酸酯树脂等材料制作。

（4）安装夹具及基础

安装夹具的材料，可采用铝合金、钢材等制作，对材料性质的要求与轮廓标底板所用材料的要求相同。轮廓标混凝土基础所要求的水泥、砂、石等材料可参照《公路钢筋混凝土及预应力混凝土桥涵设计规范》(JTG D62—2004）有关规定执行。当视线诱导设施的部件（底板、夹具、钢管、紧固件等）是用钢材部件时，其各部件表面必须进行防腐处理，其方法可采用热浸镀锌进行处理。底板、夹具钢管的镀锌量为 550～600g/m^2 时，紧固件镀锌量为 350g/m^2。螺栓、螺母在热镀锌后，必须清理螺纹或进行离心分离处理。条件允许的情况下，螺栓、螺母等紧固件可采用粉镀锌技术。用于镀锌层的锌应采用优质锌，以保证镀锌质量。

不同材质金属构件互相接触时，为防止静电腐蚀，在互相接触部位应使用非金属套、垫或保护层，使两者隔离。

4. 隔离设施材料

为使道路用地范围有效利用，防止横向干扰应设置道路隔离设施，隔离设施所用的各种材料，为了便于采购和加工，其型号、规格、尺寸尽可能选用标准化产品。材料的技术要求应符合国家和部颁标准。考虑到工程造价和经济成本，除特殊需要，一般不选用非标准产品。隔离设施的各种材料可分为网片材料、立柱、斜撑材料和连接材料三大类。

（1）网片材料

道路隔离网片因其加工工艺和材质性能的不同可分为钢板网、电焊网、编织网、刺钢丝网。钢板网是用普通低碳退火薄钢板经专用机床的切削和拉伸一次成型的产品。钢板网的材料应符合《碳素结构钢和低合金结构钢热轧冷钢板及钢带》(GB 912—2008）和《碳素结构钢和低合金结构钢冷轧薄钢板及钢带》(GB 11253—1989）规定的技术条件。除了采用低碳退火薄钢板作为加工材料以外，也可采用低碳冷轧（或热轧）钢板，其化学成分和机械性能应满足《碳素结构钢》(GB 700—2006)，《碳素结构钢和低合金结构钢热轧冷钢板及钢带》(GB 912—2008）的规定。钢板网弯曲90°无折断现象。电焊网是由钢丝机械纺织或经过机械点焊加工而成。电焊网的钢丝在条件许可时，首选低碳钢丝，其力学性能应符合《一般用途低碳钢丝》(YB/T 5294—2006）规定。对于片网，焊点脱落数应小于焊点总数的4%，对于卷网，任意面积为15m^2的网上焊点脱落数应小于此面积上焊点总数的4%。焊点抗拉力应符合表9-15的规定。编织网用金属丝，应采用低碳钢丝，其力学性能应符合GB/T 343—1994的规定，应采用纵向编织。刺钢丝网的股线及刺线应采用低碳钢丝，其力学性能应符合GB/T 343—1994的规定。刺钢丝每个结有4个刺，刺形应直，刺尖角$\alpha \leqslant 25°$，刺夹角β为$90° \pm 20°$，刺长L为16mm ± 3mm，刺线缠绕股线不得少于1.5圈，捻扎应牢固，刺形应均匀。

表9-15　焊点抗拉力性能

钢丝直径（mm）	2.2	2.8	3.5	4.0
焊点抗拉力（N）	400	650	1010	1320

（2）立柱、斜撑材料

立柱和斜撑是隔离设施的立体结构，应具有很好的稳定性和结构强度。立柱和斜撑一般采用直缝焊接钢管、型钢、Y形钢、混凝土柱等。钢管材料，以热轧钢带、冷轧钢带焊接或焊后冷加工方法制造，其化学成分及机械性能应满足《直缝电焊钢管》(GB/T 13793—2008）的规定。型钢材料，可用冷加工变形的冷轧或热轧钢带在连续辊式冷弯机组上加工生产，其化学成分及机械性能应满足《碳素结构钢》(GB 700—2006）的规定，连续铺设的型钢立柱上的挂钩经冲压加工而成。Y形钢，用普通碳素钢在普通的轧钢机上热轧而成，其化学成分及机械性能应满足《碳素结构钢》(GB 700—2006）的规定。

混凝土立柱用混凝土强度等级不低于C20，拌制混凝土所使用的各项材料及混凝土的配合比、拌制、浇筑、养护应满足有关标准的规定。

（3）连接件材料

隔离设施连接附件一般包括螺栓、螺母、垫片和条形钢片等。由于隔离设施的受力性质决定其通常采用普通低碳钢螺栓、螺母作为紧固件，其机械性能分级应符合《紧固件机械性能》(GB 3098—2000)的规定。条形钢片材料是热轧或冷轧钢板经专用设备分割而成。条形钢片和抱箍可采用冷轧或热轧钢板（带），其技术条件符合《碳素结构钢和低合金结构钢、热轧薄钢板及钢带》(GB 912)、《碳素结构钢和低合金结构钢冷轧薄钢板及钢带》(GB 11253)的规定。

5. 防眩设施材料

高等级道路通过防眩设施的设置可以有效降低交通事故的发生频率，提高行车安全性。

防眩板各部件可采用钢材、塑料或其他不易变形的耐久材料加工制作。防眩板若采用薄钢板或钢带制造，其性能应符合国家现行普通碳素结构钢板或钢带的有关规定。若采用塑料制作防眩板构件时，应选用在自然条件下不易老化、不易褪色和不易变形的高分子合成材料。防眩设施材料应满足相应的力学性能、耐溶剂性能、环境适应性能等要求。

防眩板纵向构件可采用方形型钢制造，应符合国家现行冷弯型钢的有关规定。非承重的板条可选用在自然条件下不易老化、不易褪色和不易变形的塑料板加工制作。钢制防眩板构件其表面防腐可采用镀锌、镀铝、镀锌（铝）后涂塑等方法处理。镀锌（铝）的处理方法和要求同波形梁护栏。防眩板经热浸镀锌（铝）处理后，为改善视觉景观，不给人以单调感，可在防眩板锌（铝）层上进行涂塑处理，或直接将钢构件进行涂塑处理，具体要求同隔离设施镀锌（铝）处理后涂塑。

第二节 道路交通设施防腐涂装材料

道路是一种三维带状线形的交通运输工程空间实体结构物，交通运输所需自然地理环境条件千差万别，不可避免地经受各种复杂腐蚀环境的考验，这些考验包括了大气腐蚀、水的腐蚀和土壤腐蚀三种主要的腐蚀环境。

随着现代道路建造技术水平的不断提高，交通需求对道路工程提出越来越高的环境条件耐受考验，从城市的繁华中心延伸到遥远的乡村，从盆地延伸到高原，沿线环境条件的变换带来了腐蚀环境的多样性和多变性。这就对道路交通工程设施的腐蚀防护提出了更高的要求。

一、道路交通工程设施的腐蚀防护措施

1. 钢铁等金属构件的涂料保护

道路交通工程设施常用的钢铁等金属材料的大敌就是腐蚀，防腐蚀涂料涂装是钢铁等金属材质工程设施防腐蚀的最方便有效的方法之一。从电化学腐蚀的原理，可以了解钢铁发生电化学腐蚀必须具备几个基本条件：

(1) 钢铁作为腐蚀阳极，其电位最低；

(2) 低电阻的电解质溶液，从外面渗入或残存在底漆与钢铁的界面上；

(3) 足够的氧气参与腐蚀过程，并维持在一定水平上。

采用涂料来保护钢铁，就是要提高其腐蚀电位，由腐蚀阳极成为阴极，隔绝电解质以免形成腐蚀电池。涂膜的耐腐蚀性一个重要原因就是涂层作为一种高聚物薄膜，能够不同程度地阻缓腐蚀因子水、氧气和离子的透过，从而发挥防锈防腐蚀的作用。此外，涂层涂膜对腐蚀介质的稳定性，与底材的附着力以及相应的力学性能对于涂层的防腐蚀性能都有着重要的

影响。

涂料对桥梁用钢铁的保护作用主要有三种，屏蔽作用、缓蚀作用和阴极保护作用。

涂料经过良好的施工，覆盖在钢铁表面，能有效地隔绝钢铁与外界腐蚀环境的接触。也就是说，涂料阻止了大气中的氧气、水汽和其他腐蚀性离子对钢铁的侵蚀。所有涂料都有着基本的屏蔽作用。

防锈底漆的防锈作用在很大程度上依靠防锈颜料的作用。铬酸锌、磷酸锌和红丹等对钢铁有着缓蚀作用。以磷酸锌为例，它具有形成碱式络合物的能力，可以与漆基的极性基团（羟基或羧基）进一步络合，生成稳定的交联络合物，不仅增强了涂膜的耐水性和附着力，同时在钢铁表面形成了牢固的铁—锌—磷酸盐络合物，阻止锈蚀的形成和发展，降低钢铁的腐蚀速度。

利用锌粉的阴极保护作用，制成的环氧富锌涂料和无机硅酸富钵涂料具有最好的防锈作用，是重防腐涂料体系中的首选底漆。高含量的锌粉与钢铁紧密接触，由于锌的电位比钢铁低，腐蚀电流就会从锌流向钢铁，锌粉首先被腐蚀从而保护了钢铁。锌粉在大气中的腐蚀产物为难溶碱式盐，它们会填注涂层中的空隙，也具有保护作用。

2. 混凝土构件的涂料保护

混凝土结构表面进行防腐蚀涂料的封闭，是一种经济有效的防腐蚀措施，可以有效地阻止氯离子、水和氧气等腐蚀介质的进入，减缓对钢筋的腐蚀速度，同时也可降低反复热胀冷缩对钢筋混凝土的损坏。

国内外有很多跨海大桥，包括市政桥梁的混凝土表面都开始进行防腐蚀涂料的涂装保护。目前大的工程案例为全长 36km 的杭州湾跨海大桥，混凝土表面涂装了氟碳树脂面漆。

混凝土结构防护涂层的基本要求如下。

（1）耐碱性混凝土的 pH > 13，所以用于混凝土表面的涂料必须具有良好的耐碱性。

（2）渗透性用于混凝土表面的涂料的渗透性能相当重要，它可以保证涂层良好的附着力以及抵御外界侵蚀的能力。

（3）涂层厚度用于混凝土表面的涂层必须达到一定的厚度，才可以克服混凝土表面的不规则性和可能产生的涂层缺陷。

（4）柔韧性相比较钢铁而言，混凝土具有一定的柔软性和延展性，所以用于混凝土表面的涂料也必须要有一定的柔软性和延展性，才能符合混凝土的收缩和膨胀。

（5）附着力由于混凝土可能处于潮湿环境，涂料必须具有很好的渗透性和润湿性来牢牢地附着在混凝十表面，而且涂层必须有能力抵抗来自于背面的水压，以防止涂膜起泡。

（6）防碳化性能由于二氧化碳是引起混凝土碳化的主要因素之一，所以表面使用的涂料要能有效地阻挡住二氧化碳的渗透。

（7）装饰性用于混凝土涂层体系的表层面漆，除了具有耐各种大气腐蚀和其他性能之外，还必须具有很好的装饰性能，色彩要丰富，涂膜要有丰满感，耐光保色性能要好。

3. 阴极保护

道路交通工程设施中的钢铁等金属构件和混凝土构件都可以采用阴极保护的方法防止和延缓腐蚀。混凝土构件的阴极保护技术主要应用在沿海混凝土建筑，如滨海公路、海港码头和跨海大桥方面。辽宁省“五点一线”滨海公路工程、杭州湾跨海大桥等均采用了强制电流阴极保护的方法，其技术要求为在阳极材料正常运行的电流密度条件下，结构钢筋始终处于阴极状态下而不发生腐蚀，以确保满足结构使用要求。

（1）钢铁构件的阴极保护

道路交通工程设施中的阴极保护措施是使钢铁成为阴极并极化，以减小或防止腐蚀。这种方法可以分成牺牲阳极保护和外加电流保护。

牺牲阳极保护法，是采用一种比所要保护金属的电位要负，即化学性质为更活泼的金属或合金，与被保护的金属联结在一起，通过该金属或合金不断地腐蚀牺牲掉所产生的电流，使其他金属获得阴极极化而受到保护。所以，这种自身腐蚀的金属或合金，称之为牺牲阳极。常见的牺牲阳极材料有锌基合金、铝基合金。

强制电流阴极保护是由直流电源通过辅助阳极对被保护体施加保护电流，使被保护体成为阴极并获得极化，从而免受腐蚀的一种保护技术。

（2）混凝土构件的阴极保护

对道路交通工程设施中的混凝土构件喷涂阳极材料的阴极保护系统是一种全新技术，它利用的是新型阳极材料铝—锌—铟合金，通过电弧喷涂的方法来保护混凝土结构中的钢筋，使其免受氯离子的损害。混凝土构件的强制电流阴极保护要复杂得多。辅助阳极的研究应用是强制电流阴极保护的主要关键。辅助阳极分为主阳极和次阳极。主阳极的作用是将供电电源的直流电与次阳极电连接，并将阴极保护电流分散到次阳极上；次阳极的作用是将供电电源提供的阴极保护电流分散到结构物表面。

二、道路交通工程设施防腐涂料的主要品种

道路交通工程设施用涂料的发展，与涂料用树脂和防锈颜料的开发应用有着密切的关系。每一种新的树脂或防锈颜料的试用成功，都会取代以前的涂料产品而作为某一时期的代表性涂装体系。

1. 车间底漆

车间底漆（shop primer），又称钢材预处理底漆，车间底漆发展至今，主要有聚乙烯醇缩丁醛车间底漆（PVB）、环氧富锌车间底漆、环氧铁红车间底漆和无机硅酸锌车间底漆四种类型。

无机硅酸锌车间底漆，由于其良好的耐热性、突出的防锈性，以及与其他涂层很好的相容性能等已经成为了道路交通工程设施上主要应用的车间底漆。

无机硅酸锌车间底漆，现在多用低锌型，体积固体分在28%左右，密度在1.3kg/L左右，干膜厚度范围在15~20μm。挥发性有机化合物含量较高，在620g/L左右。干燥非常快，3~5min即可搬运堆放。

2. 防锈底漆

（1）红丹防锈涂料

红丹加入亚麻油是较早使用的防锈涂料。由于红丹中的铅氧化物和含油介质氧化而衍生出低分子酸反应，所生成的铅皂具有较强的缓蚀作用，而且铅皂的形成也有助于延缓水汽渗透。亚麻油的表面张力低，即使对微锈的表面仍具有很强的润湿渗透性，所以两者的结合加强了防锈功能。不过亚麻油红丹涂料的干燥十分缓慢，在醇酸树脂合成应用于涂料工业后，醇酸红丹涂料以其良好的干燥性能得到了广泛应用。

在美国的道路交通工程设施中有典型的应用范例，在1965年以前，使用了亚麻油红丹

涂料底漆，中间层为醇酸红丹涂料，面漆使用的是含钛白粉和氧化铁红的铝橘红酚醛醇酸涂料。大量的道路交通工程设施和其他钢质建筑物，使用了以红丹底漆为主的涂装体系。到现在，仍有很多人对红丹涂料情有独钟，因为它的防锈性能的确很好，价格也不高。

我国铁道行业标准中，还规定了使用红丹涂料作为钢箱梁防锈底漆，并且规定了无论是醇酸还是酚醛树脂涂料，红丹的含量不得低于不挥发分的65%（质量）。然而，现在欧美发达国家除了限制红丹涂料的使用外，还正在考虑如何除去含红丹的涂料。因为红丹所含的铅会污染人们生活所依赖的空气、土壤和水源。

红丹为橘红色，主要含有四氧化三铅，是一种沿用已久的防锈颜料。通常和油料、酚醛树脂、醇酸树脂等配制成红丹防锈涂料。其中油性红丹涂料防锈能力最强，尽管它干燥较慢。油料的渗透润湿作用好，能容忍低表面处理的钢材，亚麻油红丹生成的铅皂能起缓蚀作用。红丹的防锈机理比较复杂，铅系颜料本身就具有缓蚀作用，在红丹的晶格中，Pb^{2+}、PbO_4^{4-} 有规律地排列着，当它与钢铁接触时，外层的 Pb^{2+} 与起始阶段阳极腐蚀产物的 Fe^{2+} 进行离子交换，会形成更为难溶的高价氧化物，使涂膜密实，减小涂膜的透气性和透水性，由晶格中置换出来的 Pb^{2+} 有助于吸收腐蚀介质中的 SO_4^{2-}，生成不溶的 $PbSO_4$，这对于工业大气环境中的防锈很有意义，但是对于 Cl^- 的作用不明．其缺点是毒性大，目前应用受到限制。正逐步被无铅颜料防锈涂料所代替。在轻金属上不适合使用红丹涂料，否则会加剧腐蚀。

（2）锌黄防锈涂料

锌黄的主要成分是铬酸锌，是铬酸盐类中应用最广泛的防锈颜料。呈淡黄或中黄色。除了在钢铁上应用外，主要用做铝、镁等轻金属的防锈涂料。锌黄微溶于水，形成铬酸铁覆盖在金属表面使之钝化而起到缓蚀作用。但锌黄用量要适量，一般在20%～50%之间。否则会产生锈蚀针孔。在潮湿环境中易起泡，所以常与低溶解度的铬酸盐或铁黄一起使用。对工业酸性大气抵抗力较弱。常可加入氧化锌一起使用。四盐基锌黄在油性中能生成锌皂，并可中和涂料中的酸性分解物。四盐基锌黄的水溶性小，但是溶解速度较均匀，防锈作用较持久。在磷化底漆中作为主要防锈颜料，能与聚乙烯醇缩丁醛和磷酸相互作用，形成的络合物牢固地附着在金属表面上，并提高与上层涂料的结合力。

由于锌黄具有致癌作用，其应用受到了限制。新的无毒颜料（磷酸盐防锈颜料）已经取代了它的作用。

（3）铁红防锈涂料

又称氧化铁红 Fe_2O_3，性质稳定，遮盖力强，颗粒细微，能在涂膜中起到很好的封闭作用。耐热、耐光性好，对大气、碱类和稀酸的作用非常稳定。常和铝粉等片状颜料，磷酸锌等缓蚀型颜料一起使用，以增强防锈作用。铁红是非常重要的一种防锈颜料，绝大多数的涂料都开发有铁红防锈涂料，如醇酸铁红防锈涂料、氯化橡胶铁红防锈涂料和环氧铁红防锈涂料。甚至在某些环氧富锌底漆中，都以铁红作为重要辅助防锈颜料。

（4）铝粉防锈涂料

呈鳞片状的铝粉或铝粉浆，因其颜色和色泽如银，所以称为铝银粉和铝银浆。分浮型和非浮型两类。其良好的延展性在涂膜中可形成连续不断的铝膜，可掩盖针孔，减少渗透性。铝粉涂料可反射60%以上的紫外线，用在面漆中可提高耐候性。制成醇酸耐热涂料可以耐200℃左右的高温，并且常在有机硅涂料中使用，耐高温达600℃。

在20世纪60年代，用铝粉锌粉制成66号灰色铝锌面漆，应用于南京地区交通工程设施上面。片状的铝粉涂膜层层重叠，与钢材底面平行，可以大大延缓外界腐蚀因子的渗透。

很多厚浆型环氧涂料中也添加铝粉防锈颜料，配制成重要的环氧铝粉防锈涂料。

(5) 云铁防锈涂料

云母氧化铁由硫铁矿加工而成，是2亿8000万年前石炭纪的天然矿产。有灰色和红褐色两种，因为呈细小鳞片，状似云母，所以称之为云母氧化铁（Micaceous Iron Oxide），简称云铁。我国生产云铁颜料的矿区主要有安徽繁昌、江苏茅山和广东清远南岭。

云母氧化铁为片状颜料，在涂膜中和底材平行重叠排列，可以有效地阻止腐蚀介质渗透。对阳光反射能力强，减缓涂膜老化。不仅防锈性能好，也可应用在面漆中提高耐候性。

云铁可以在很多种树脂中使用，因而开发出了多种防锈涂料。1976年，酚醛云铁底漆和醇酸云铁底漆开始在长江中下游地区得到应用，总的膜厚度达到200μm以上，而且钢材的处理也开始使用喷射处理。法国巴黎的埃菲尔铁塔，多年来一直使用醇酸云铁防锈涂料作为维修保养涂料。氯化橡胶云铁防锈涂料一直是与氯化橡胶铁红防锈涂料相配合使用于港口机械上面。

环氧云铁防锈涂料的面世，取代了上述醇酸、酚醛防锈涂料，应用于现代重防腐交通工程设施上面，现在环氧云铁主要作为中间漆使用。

(6) 磷酸锌防锈涂料

磷酸盐中最主要的防锈颜料是磷酸锌［$Zn_3(PO_4)\cdot 2H_2O$］，它能与涂料中的羟基、羧基等进行化学结合，也能在金属表面生成Fe［$Zn_3(PO_4)$］，这样形成的颜料—涂料—底材的高分子络合物，阻止锈的形成和发展。对磷酸锌原料的颗粒度及其分布和化学组成进行改性后，其性能可与铬酸锌相当。

新一代的磷酸锌通过微细化和进行化学改性提高了防锈能力，改进了颜料的性能。挪威Waardals公司生产的ZP—BS磷酸锌，99%的粒径<10μm；BASF公司生产的ZNP/M(CD)，80%的粒径<3μm；美国Mineral颜料公司推出的Phosguard—Hispaphosj—0853tmg微细化球形颗粒磷酸锌的粒径为1~5μm，防锈能力优于铬酸锌。化学改性的微细化磷酸锌适用于乳胶涂料和水性涂料，用其配制的涂料特别适用于铝材和电镀锌钢材表面。

三聚磷酸铝是近年新发展的新型防锈颜料，呈白色，微溶于水，在涂层下溶解时电离，在阳极部位与金属离子结合成不溶的钝化膜，该膜硬度高，附着牢固。三聚离子如果水解成二聚或磷酸根离子，因为仍然含有反应性基团，所以还可以形成类似的钝化膜。三聚磷酸铝可用于水性和溶剂型涂料体系中。

(7) 富锌涂料

锌粉具有阴极保护作用，所以被用来制成富锌底漆（Zinc Rich Primer），成为重防腐蚀涂装体系中的首选底漆。富锌底漆主要有环氧富锌底漆和无机硅酸锌涂料两种。无机硅酸锌涂料除了用做重防腐底漆外，还可以作为交通工程设施中栓板的防锈防滑涂料，摩擦系数不低于0.45。无机硅酸富锌车间底漆在道路交通工程设施建筑过程中，也取代了以往使用的长效磷化底漆和环氧类车间底漆等，成为道路交通工程设施用钢板预处理的必选车间底漆。

对富锌底漆中的锌粉含量，不同国家和地区有着不同的规范要求。

BS 4652—1995《富锌底漆（有机溶剂）》规范（英）中规定，干涂膜中锌粉含量不能低于85%（质量）。

ISO 12944—5—2007 防护涂层系统（英）中规定，富锌底漆，无论是有机还是无机，不挥发分中锌粉含量不得低于 80%（质量），锌粉颜料要符合 ISO 3549—2002 色漆用锌粉颜料规范和实验方法（德）的规定。

HG/T 3668—2009 不挥发分中的金属锌含量的规定，无机富锌底漆不低于 80%，有机富锌底漆不低于 70%。

SSPC—Pain20—2002 美国保护涂料协会标准（美）中规定两类富锌底漆，类型Ⅰ无机富锌涂料，类型Ⅱ有机富锌涂料，并且按干膜中的锌粉质量分数规定了三类涂料 Level 1 等于或大于 85%；Level 2 等于或大于 77%，少于 85%；Level 3 等于或大于 65%，少于 77%。这些涂料中的主要颜料成分必须是 ASTM D520 所规定的金属锌粉的要求。

用于涂料中的锌粉不可能是 100% 的纯金属锌，它会含有一定的氧化锌、氧化铅及其他非金属和金属元素。按 GB/T 6890—2000《锌粉》，其化学成分见表 9-16。

表 9-16　锌粉的化学成分

等级	化学成分（%）					
	主品位不小于		杂质不大于			
	全锌	金属锌	Pb	Fe	Cd	酶不溶物
一级	98	96	0.1	0.05	0.1	0.2
二级	98	94	0.2	0.2	0.2	0.2
三级	96	92	0.3	—	—	0.2
四级	92	88	—	—	—	0.2

ASTMD520—2000 锌粉颜料规范对作为涂料颜料的金属锌粉规定了三个种类。种类Ⅰ中铅含量最大限量没有规定，为通用等级；种类Ⅱ规定铅含量的质量比不大于 0.01%，为高纯度级；种类Ⅲ规定铅含量的质量比不大于 0.002%，属最高纯度级。任何等级的金属锌粉都可以用于 ASTM D520—2000 技术规范所列的锌粉涂料，当然，对于种类Ⅰ的锌粉，如果以后在表面喷砂处理时会清除掉锌粉涂层的，那么允许的铅含量可以超出 PEL（允许限量）。

道路交通工程设施使用的富锌涂料主要有两种：无机富锌和有机富锌。在多道涂层系统中，富锌涂料直接与钢材表面接触。无机富锌涂料的锌粉混合于硅酸乙酯黏结剂中，它有两种，水性和溶剂型。锌粉含量大于 80% 时，性能最好。有机富锌是锌粉混合于环氧或聚氨酯等黏结剂中。这些涂料中的高锌粉含量可以使其产生阴极保护作用。最常见的配套方案为：富锌底漆 + 环氧中间漆 + 聚氨酯面漆。

美国联邦公路局 FHWA 发起的正在进行和已经完成的研究表明，在喷砂处理的钢材表面（SSPC SP—10 或 SP—5），使用富锌底漆的涂层系统有着相当好的性能，即使在海洋环境中也是。三道涂层系统环氧/无机富锌底漆/环氧中间漆/聚氨酯面漆的测试板表面，其性能超过了所有其他传统的涂层系统（没有锌粉底漆）。富锌涂料系统和屏蔽型、缓蚀型系统的主要的区别在于耐阴极剥离和涂膜下锈蚀方面，特别是在有针孔或涂膜缺陷时，以及在交通工程设施的角落和边缘。

对于环氧富锌来说，锌粉一定要有足够的含量保证能够有电位接触。有些所谓的富锌底漆的含量很低，它的性能未必比屏蔽型涂料好多少。

在 FHWA 和 NACE 发起的研究中，相同条件下，富锌底漆与其他涂料的对比，性能最好。这个研究表明，富锌底漆可以有效地用于多种环境下，如海洋和工业环境。

测试结果和户外经验说明，使用富锌底漆在道路交通工程设施上，特别是在盐雾环境下。在新建时能获得最长效的保护。

水性无机硅酸锌涂料在近年来应用很多，由于其零 VOC，可以满足有关的法规要求。澳大利亚早期建的一些道路交通工程设施，使用的是单道水性无机富锌底漆 90～100μm，没有使用面漆，应用效果相当好。水性无机富锌涂料的施工要在一定的环境下才行，高湿低通风不适合施工，会引起固化不良。室内环境下，对于型钢的施工很好。

（8）玻璃鳞片涂料

使用玻璃鳞片的涂料已经发展成为一种特殊的涂料。由美国的 Owens—Corning 玻璃纤维公司在 20 世纪 50 年代成功开发应用于混凝土底材和钢管的内衬等。60 年代美国很多公司开发了一系列玻璃鳞片涂料，包括环氧煤沥青涂料。60 年代末日本也引入了这项玻璃鳞片涂料技术。欧洲市场上在 1970 年也开始应用玻璃鳞片涂料。玻璃鳞片的厚度在 2～5μm，这样能保证在涂料中有数十层的鳞片排列，形成涂层内复杂曲折的渗透扩散路径，其原理与铝粉、云铁在涂层中一样，使得腐蚀介质的扩散渗透路线变得相当曲折，很难渗透到基材。玻璃鳞片片径纵横比越大，涂层的抗渗透性能越强。

一般的涂料在液相介质中和温度较高的地方，很难抵挡住腐蚀介质的扩散渗透，而玻璃鳞片把涂层分割成了许许多多的小空间，固化后收缩率小，大大降低了涂层的收缩应力，减少各接触面的残余应力，增加了附着力。加上良好的耐热耐寒性能，突出的耐磨性能和其他力学性能，配合优良性能的树脂，组成的玻璃鳞片涂料，有着优异的重防腐蚀性能。

玻璃鳞片涂料常见树脂有氯化橡胶、氯磺化聚乙烯、环氧树脂、环氧煤沥青、酚醛环氧树脂（NOVLAC）、不饱和聚酯树脂和乙烯酸树脂等。作为最重要的一种重防腐蚀涂料，干膜厚度通常在 500～1500μm，主要应用于化工装置、海洋平台、储罐内壁、跨海大桥工程、港湾码头、电厂烟气脱硫等苛性腐蚀环境。

玻璃鳞片涂料，可以用于增强系统和延长耐久性。玻璃鳞片的结合使用一道或两道施工涂层可以达到 500～1000μm。固化时间很短，能在几个小时内进行覆涂施工。如果要求很好的外观，可以用面漆进行覆涂。高固体分通常使 VOC 含量很低，可以满足环保的要求。日本的很多道路交通工程设施，对于那些不易进行涂层维修的地方，通常使用环氧玻璃鳞片涂料。英国使用环氧玻璃鳞片涂料也具有典型的工程实例，该涂料通常是用来保护海洋平台的，然后以装饰性强，保色保光性能优良的丙烯酸聚氨酯面漆罩面。

3. 中间漆

在道路交通工程设施重防腐蚀涂料体系中，中间漆通常选用环氧云铁中间漆，尽管它也可以作为防锈底漆使用。

云铁作为重要的防锈颜料，被广泛应用于醇酸、酚醛和氯化橡胶涂料中，但是在现代重防腐涂料中，最为重要的是环氧云铁中间漆。因为云铁对太阳的紫外线具有反射作用，加上云铁会在涂料表面形成一定的粗糙面，所以它具有长期重涂性，而不像其他环氧涂料一样对于重涂间隔有着严格的限制。这样环氧云铁就提高了整个涂料配套方案的长期重涂性，使它适合于在车间内涂装后，然后把交通工程设施运送到现场拼接后再修补而后重涂面漆。

在我国，通常在环氧富锌底漆上，就以环氧云铁为中间漆，而氯化橡胶面漆中也添加了云铁，来增加其耐候性。环氧云铁在国外也一直是重要的防锈涂料和中间漆，很多国家的道路交通工程设施、铁路机车和电站等，都规定了使用环氧云铁作为中间漆。

环氧云铁中间漆，含有云铁的涂层表面粗糙。这样在中间漆完成后，就能把交通工程设施发运到安装现场，然后在安装完毕后再涂覆面漆。也对于云母氧化铁在环氧云铁中间漆内的含量，也有一定的要求，根据英国标准 BS4652（1995），要达到颜料总比例的 80% 以上。这样达到一定比例的云母氧化铁含量，进一步加强了涂料的封闭作用，相比与含很少云母氧化铁的一般配方的环氧云铁中间漆，防腐蚀作用明显得到了加强。

早期使用的环氧云铁中间漆的固体分在 50% 左右，现在新推出应用的环氧云铁中间漆都在 65% 左右，甚至 80% 以上，这样溶剂含量比原来减少了 15% ~30%。高固体分环氧云铁中间漆在施工时，可以单道涂层喷涂达到 75 ~250μm 的干膜厚度，而原先的低固体分的环氧云铁中间漆，一道喷涂只能达到 50μm 的干膜厚度。

4. 面漆

(1) 醇酸面漆

醇酸面漆的光泽好，耐候性较强，20 世纪 60、70 年代被广泛用于道路交通工程设施用面漆。常用的采用干性油改性的长油度季戊四醇苯二甲酸酐醇酸树脂为涂料的醇酸面漆硬度稍差，光泽不强。中油度醇酸树脂面漆的涂膜光泽和机械强度都比上述长油度醇酸面漆好，常见品种为我国传统的 C04—2 各色醇酸磁漆、C04—4 醇酸磁漆（以苍耳子油为原料）。

专门为道路交通工程设施设计的醇酸面漆有以下品种。

① C04—5 灰云铁醇酸磁漆以长油度醇酸树脂、云母氧化铁、铝粉浆、催干剂和松节油制成，耐候性好，涂膜坚韧，附着力和防潮性较好，能抵抗污染。

② C04—6 钢灰醇酸磁漆由季戊四醇酸树脂、铝粉浆及颜料制成，涂膜坚韧，耐候性好。

③ C04—8 灰云铁醇酸磁漆以季戊四醇酸树脂、云母氧化铁、铝粉浆、催干剂和 200 号溶剂汽油制成。该涂料耐候性好，可以延缓水汽透过，吸收、反射紫外线。

④ SQC04—11 锌铝醇酸交通设施专用磁漆耐候性比一般的醇酸磁漆都好。

⑤ C04—42 各色醇酸磁漆中专为道路交通工程设施制成的面漆有 C04—42 道路交通工程设施面漆和中灰钢梁面漆，采用金红型铁白粉，耐候性比 C04—2 要好，干燥时间稍长。

⑥ C04—45 灰铝锌醇酸磁漆（66 金属浆）为四罐包装，季戊四醇醇酸涂料、混合催干剂、混合稀释剂和铝锌混合颜料分别包装，耐候性是道路交通工程设施醇酸面漆中最强的。它是我国铁路工程设施上使用最多的醇酸面漆，最早应用于长江中下游道路与铁道工程设施、成昆线和京山线等铁路工程设施。

铁道工程设施用醇酸面漆最新的品种是灰色铝粉石墨醇酸面漆。它采用长油度季戊四醇改性醇酸树脂为基料，颜料浆为铝粉和石墨的片状复合浆料，加入助剂、溶剂和催干剂等，通过高速搅拌，砂磨使各组分分散均匀，过滤后即制得耐候性强的醇酸面漆。它与以往使用的醇灰色铝锌醇酸面漆和灰色云铁醇酸面漆相比，水汽透过率及粉化减薄试验都有不俗表现。我国试验研究曾进行过为期 10 年的大气老化试验，试验结果见表 9-17。

表 9-17 铁道工程设施面漆试验结果

涂层配套体系	试验结果
红丹酚醛防锈涂料/灰色铝锌醇酸面漆	完全失光
红丹酚醛防锈涂料/灰色云铁醇酸面漆	没有光泽，表面粗糙
红丹酚醛防锈涂料/灰色铝粉石墨醇酸面漆	表面光滑，有部分光泽

灰色铝粉石墨醇酸面漆与环氧富锌底漆、环氧云铁中间漆相配套，已经在我国交通工程设施上得到了广泛的应用。

目前已有经改性的醇酸面漆使用，特别是有机硅和丙烯酸改性的醇酸面漆，耐候性突出，实际应用表明，超过了氯化橡胶面漆的性能。

（2）环氧面漆

与环氧底漆配套使用，涂膜坚韧耐磨，寿命较长，耐水、耐油、耐化学品等各项性能突出。但施工时受温度限制，不能低温施工。作为双组分涂料，使用较为麻烦。环氧面漆户外耐候性差，会粉化失去光泽影响装饰性，但是对保护性能影响并不太大。很多厚浆型环氧涂料，已经作为不需要很好装饰性的面漆在结构件内部或室内环境中使用，因为这些地方不会受到太阳紫外线的照射，所以无须担心涂膜会粉化。

（3）聚氨酯面漆

聚氨酯面漆与环氧面漆相比，涂膜同样坚硬耐磨，耐化学品和耐溶剂性能优良，而且可以低温施工。

S04-2 灰聚氨酯桥板面漆是我国铁路工程专用面漆，它和 S04-1 棕黄/锌黄聚氨酯底漆共同组成了铁路与道路工程设施用聚氨酯涂料配套。S04-2 灰色聚氨酯面漆分为四个组分，醇酸树脂色浆为组分一，甲苯二异氰酸酯三羟甲基丙烷加成物为组分二，铝粉浆为组分三和金刚砂为组分四，用的时候按组分一：组分二：组分三：组分四 = 100：80：10：50 随配随用，稀释剂为 X—10 聚氨酯涂料稀释剂。

丙烯酸聚氨酯面漆是目前道路交通工程设施上面的经济有效的常用产品。体积固体分在 50%，高固体分产品的体积固体分达到了 63%，降低了 VOC 含量，可以高膜厚施工，喷涂一道可以达到 50 ~ 100μm。

（4）氟碳面漆

可以溶于溶剂，在常温下施工的含氟聚合物涂料，主要是以 FEVE（聚氟乙烯/乙烯基醚）配制的涂料，作为高性能腐蚀系统中的面漆使用，保护下层涂料并且防止紫外线辐射。高键能的 C—F 键达到 485kJ/mol，比典型的有机聚合物的 C—C 键的键能 358kJ/mol 要强得多。这意味着要更强的活化能才能破坏含氟聚合物。含氟聚合物面漆在我国被称为氟碳面漆。

FEVE 能用氟乙烯和乙烯基醚溶液共聚而成，给予涂料溶剂可溶性、透明度、光泽、硬度和柔韧性等。从有机溶剂的可溶性的角度来看，三氟氯乙烯（CTFE）由氟乙烯共聚而成。聚合物的羟基官能团能很容易地由羟基烷基乙烯基醚来制备，使其可以与异氰酸酯和三聚氰胺固化剂进行交联。

FEVE 涂料用多种加速测试评估了它的耐候性能，显示出了优良的性能。在我国和日本进行的多年多项测试都显示了其相似的优异耐候性结果，FEVE 涂料比丙烯酸聚氨酯涂料有着好得多的耐候性能和保光性。

有些氟聚合物面漆，挥发性有机化合物（VOC）含量相当高，施工过程中易流挂。尽管氟聚合物面漆可以提供超强的耐候性，但是由于市场不规范，实际的使用效果有些混乱。采用了低含氟量的产品，并不比丙烯酸脂肪族聚氨酯面漆有更好的耐久性能。

（5）工程硅氧烷涂料

聚硅氧烷进行有机改性后形成的无机—有机聚合物，面漆耐候性是目前最佳的。而且，聚硅氧烷聚合物面漆固体分含量高，符合环保要求。并且，它没有最大涂装间隔。

在道路交通工程设施涂层系统中，聚硅氧烷聚合物面漆可以取代中间漆和面漆，从而使三道涂层系统合并为两道涂层系统。通常的涂料系统已经简化成底漆 + 中间漆 + 面漆的三道涂层系统，典型的涂料系统如下：环氧富锌底漆 50μm—厚浆型环氧中间漆 100μm—脂肪族聚氨酯面漆 50μm。

使用聚硅氧烷面漆时，由于涂膜可以厚膜施工，所以完全可以省去中间漆，变成两道涂层系统，省去大量的施工时间和人力，这两道涂层系统为：环氧富锌底漆 75μm—丙烯酸聚硅氧烷面漆 125 ~ 150μm。

第一代产品是环氧聚硅氧烷面漆，环氧聚硅氧烷涂料，有着突出的物理和化学性能，如耐蚀性、保色保光性、长效性、很好的成膜性能以及溶剂的挥发控制等方面都有突出表现。

第二代产品为丙烯酸聚硅氧烷面漆，户外耐候性能高于脂肪族聚氨酯涂料。其耐候性能为脂肪族聚氨酯涂料的 2 ~ 3 倍。

5. 封闭涂料

交通工程设施所用的封闭底漆的主要作用是对底材或底漆进行封闭，根据具体的情况可以分以下几种。

（1）混凝土封闭涂料

用于道路交通工程设施混凝土构件的封闭涂料主要是环氧清漆，其作用是封闭毛细孔，粘住混凝土的表面颗粒，增强混凝土表面层强度，为后道涂料的施工提供足够强的基础。其他应用的产品还有丙烯酸封闭涂料、环氧砂浆等。

用于混凝土构件表面的环氧清漆，使用液态环氧树脂和渗透性强的溶剂，可以起到封闭涂料的作用，填充表面孔隙，对后道涂层形成良好的基础，还可以粘住混凝土的灰尘，避免黏结力受损。为了得到良好使用效果，使用前必须估计稀释的程度。实际稀释剂的需要量由温度、施工表面情况、混凝土类型和施工技术决定。另外，实际理论涂布率是无法按一般涂料用量的方法来计算的，根据混凝土表面粗糙度、表面空隙率和施工方法确定。如果体积固体分含量为 50% 时，一般实际使用量大约为 $14m^2/L$。有些环氧清漆的体积固体分可能比较小，只有 30%，那么实际使用量大约为 $10m^2/L$。在混凝土表面施工时，关键在于表面不能有清漆的光泽出现，以刚刚浸润混凝土表面为好。

（2）无机硅酸锌封闭涂料

由于无机硅酸锌中富含锌粉，其粒子存在着空隙，当直接使用厚浆型涂料进行覆盖时，就会使得锌粉粒子间的空气穿透涂膜逸出，造成针孔现象。解决办法之一就是使用封闭涂料。在无机硅酸锌涂料固化后，使用渗透力强的环氧类封闭涂料，薄喷 25 ~ 30μm，迫使空气逸出。这种封闭涂料通常可以由后道环氧中间漆稀释后进行喷涂。

（3）金属喷涂层封闭涂料

用于金属喷涂层如喷锌层或喷铝层的封闭涂料，可以参考使用无机硅酸锌表面的封闭涂层，也可以使用后道涂料进行薄雾层喷涂法（mist—coat）。环氧云铁防锈涂料是常用品种，另外还有专用于金属喷涂层的底漆，既能起到封闭作用，又能起到底材与下道涂料的联结作用，增加附着力。

（4）旧涂膜封闭涂料

很多时候对于旧涂膜进行翻新工程时，要考虑到新涂层与旧涂膜之间，或者与其他产品之间的相容性。如果没有实足的把握时，可以使用封闭涂料对旧涂膜进行封闭，然后再涂全新的涂层。使用最多的是厚浆型改性环氧涂料（MASTIC Epoxy）。这种涂料溶剂含量低，有表面容忍性，对于一般的表面处理可以接受，可以厚膜型施工。多数是铝粉型涂料可以直接施工在钢铁表面作为底漆或作为重涂用涂料。由于固体分非常高，相对费用很低，比起一般的高性能涂料来说，费用低30%，因此应用很普遍。国际一些著名的重防腐涂料公司都有相应产品，并被广泛应用于道路交通工程设施、港机、储罐等钢铁设施方面的维修应用。例如PPG下属的涂料SIGMACOV—ER630，佐敦油漆（JOTUN）的Jotamastic 87，国际油漆（International Paints）的Intergard 670HS，亚美隆的Amerlock400等，老人牌涂料（HEMPEL）的45880等，都是相类似的产品。

6. 磷化底漆

对于道路交通工程设施镀锌件、铝合金、不锈钢、喷锌喷铝等金属表面，通常使用乙烯磷化底漆来进行打底，保证后道涂层对于这些金属的附着力。乙烯磷化底漆又称洗涤底漆（Wash Primer）或蚀刻底漆（EtchingPrimer），涂膜厚度通常在10～15μm，不能太厚，因为不是所有磷酸都与底材产生反应，多余涂层会影响附着力。

磷化底漆由四盐基锌黄、聚乙烯酸醇缩丁醛、滑石粉、醇类溶剂和磷酸组成，分两罐包装，也有单罐装的产品。如果加入醇溶性酚醛树脂、氧化铁红等，可以增加其耐水性、防锈性、耐候性能，制成长曝型磷化底漆，防锈作用可以长达3～6月，作为车间底漆使用。

磷化底漆中使用了四盐基锌黄，这是一种六价铬，有致癌作用，在欧美等国已经限制使用。新型的磷化底漆已经不含有六价铬颜料，而使用磷酸锌、三聚磷酸铝、硼酸锌等作为防锈颜料，与醇溶磷酸溶液配伍而成，涂层性能良好。

7. 水性防腐涂料

水性涂料历来只是应用在建筑装饰涂料方面，但是由于环境保护的压力，对挥发性有机化合物（VOC）规范要求越来越严格，水性涂料也开始在重防腐蚀涂料方面得到了发展和应用。在道路交通工程设施方面，水性涂料也开始了应用。目前主要应用效果好的水性涂料品种有水性丙烯酸防锈底漆、水性丙烯酸中间漆、水性环氧防锈底漆涂料、水性环氧中间漆、水性环氧富锌底漆（三组分）、水性无机富锌底漆（双组分）、水性丙烯酸面漆和水性丙烯酸聚氨酯面漆等。

澳大利亚在1998年进行的一次调查中验证使用的水性无机富锌底漆（没有使用面漆），经过3～37年的考验，道路交通工程设施处于完好状态，即使是使用了37年的道路交通工程设施，其锈蚀部位仅达到Ri2（ISO4628—2005），没有起泡和开裂现象。

在丹麦，水性环氧富锌1×50μm、水性丙烯酸底漆2×75μm、水性丙烯酸面漆1×40μm的水性涂料配套方案的应用，取得了良好的效果。

美国的佛罗里达交通部门，1991年1月使用的水性丙烯酸涂料系统（VOC=250g/L），经过5年实际性能测试，效果令人满意。底漆为含有磷基钼酸锌钙作为防锈颜料的水性丙烯酸底漆，面漆为高光泽的水性丙烯酸面漆。在该项工程中的表现为：前3年的测试中只有1%的锈蚀，使用寿命为5年以上。

思考题

1. 交通安全设施是由哪些部分构成的?
2. 简述道路交通设施材料技术要求。
3. 轮廓标应采用哪些逆反射材料? 这些材料应具备哪些性能?
4. 简述道路交通工程设施腐蚀防护材料的应用。
5. 道路交通工程设施防腐涂料主要有哪些品种?

第二篇
道路建筑材料试验

概 述

工程实体都是由建筑材料修筑而成的，材料质量的优劣及能否正确、合理地使用建筑材料，直接关系着整个工程的质量和造价。作为土建工程技术人员，如果不懂建筑材料性能检测技术，在设计和施工时很难做到设计合理、经济等。

道路与桥梁都是无遮盖而裸露于大自然的结构物，除了承受频繁的车辆荷载作用外，还要承受各种自然因素的综合作用。因此，用于修筑它的建筑材料，除了要有良好的力学强度外，还应有抵抗各种自然因素破坏的能力，即在各种自然因素的长期恶劣影响下，材料的综合力学性能不产生明显的衰退。因此，要求道路建筑材料必须具备：

(1) 良好的力学性质，即材料具有抵抗车辆等作用的性能；

(2) 良好的物理性质，即材料在温度、湿度等各种自然因素变化的情况下，仍有良好的物理性能；

(3) 化学性质，即材料抵抗各种周围环境对其化学作用的性能；

(4) 工艺性质，即材料能够按照一定的工艺流程加工制造的特性。

道路建筑材料检测主要是对材料进行上述四方面性能的检测。对于材料技术性能的判定，是通过试验的手段来进行的。常用的方法主要有实验室内试验及现场修筑试验性结构物试验等，其中大量的是实验室内对原材料及模拟结构进行各种性能的检验，具体包括：

(1) 物理性质试验。主要测定材料的密度、孔隙率、吸水率等物理指标，用以分析材料的内部组成结构，测算其技术性能。

(2) 力学性质试验。通过对材料进行拉力、压力、弯曲、剪切、磨耗等试验，来测定材料的力学性能。

(3) 化学性质试验。通过测定材料的化学成分、元素含量等来了解材料的化学性能，分析强度形成原理及“老化”、腐蚀的原因。

(4) 工艺性能试验。对材料进行加工性能的试验，如钢筋弯曲、焊接试验，新拌混凝土施工和易性的试验等。

第一章 砂石材料试验

试验一 石料的强度和磨耗试验

道桥结构物所用的石料，除受到各种自然因素影响外，还要受到车辆荷载等复杂力系的作用。因此，石料除应具备上述的物理性质外，还必须具备各种力学性质，如抗压、抗拉、抗弯、抗磨耗、抗冲击、压碎性等。路用石料最基本的性质是抗压强度和磨耗试验，根据这两项试验的结果可以确定石料的技术等级和适用性。为了控制路面工程用集料的质量，亦可采用压碎值指标来表征石料的强度。

一、单轴抗压强度

单轴抗压强度是石料标准试件吸水饱和后，在单向受压状态下，破坏时的极限强度。

（一）目的与适用范围

单轴抗压强度试验是测定规则形状岩石试样单轴抗压的方法，主要用于岩石的强度等级和岩性描述。

（二）试验仪器

1. 压力机：加载范围为 300 ~ 2000 kN，检验合格且能按所要求的速率加载。

2. 承压板：圆盘形钢板，压板直径应大于试件直径 2mm 或试件承压面对角线，压板厚度至少为 15mm，圆盘表面应磨光。

3. 两压板之一应是球面座，球面座应放在试件的上端面，并用矿物油稍加润滑，以使在滑块自重作用下仍能闭锁。试件、压板和球面座要精确地彼此对中，并与加载机器设备对中，球面座的曲率中心应与试件端面的中心相重合。

4. 切石机或钻石机、磨平机。

5. 游标卡尺（精度 0.1mm）及角尺。

6. 石料吸水饱和使用的有关设备等。

（三）试验方法

1. 用切石机或钻石机从岩芯中钻取标准试件（边长 50 ±0.5mm 的正立方体或直径和高均为 50 ±0.5mm 的圆柱体）6 个。有显著层理的岩石，分别沿平行和垂直层理方向各取试件 6 个。试件上下端面应平行和磨平。试件端面的平面度公差应小于 0.02mm，端面对于试件轴线垂直度偏差不应超过 25°。

2. 用卡尺量取试件尺寸（精确至 0.1mm），对立方体试件在顶面和底面上各量取其边长，以各个面上相互平行的两个边长的算术平均值计算其承压面积；在圆柱体试件顶面和底面分别测量两个相互正交的直径，并以其各自的算术平均值分别计算底面和顶面的面积，取其顶面和底面面积的算术平均值作为计算抗压强度所用的截面积。

3. 按吸水率试验方法对试件进行饱水处理，最后一次加水深度应使水面高出试件顶面至少 20mm。

4. 试件自由浸水 48h 之后取出，擦干表面，将试件放在两承压板间，球面座应在试件上端面，并用矿物油稍加湿润，以致在滑块自重下仍能闭锁，试件、压板和球面座要精确地彼此对中，并与加载机设备对中，球座曲率中心与试件端面中心相重合。施加在试件上的荷载要始终保持一定的应力增长速率，即施加应力的速率在 0.5 ~ 1.0MPa 的限度内。

5 抗压试件试验的最大荷载记录以 N 为单位，精度 1%。

（四）结果计算与精度要求

石料的抗压强度按下式计算：

$$f_{sc} = \frac{F_{max}}{A_0} \qquad 试(1\text{-}1)$$

式中　f_{sc}——石料的抗压强度，MPa；

F_{max}——极限破坏荷载，N；

A_0——试件的载荷面，mm^2。

石料的抗压强度计算精确至 1MPa。

（五）结果整理

取 6 个试件的算术平均值作为试验结果。如其中任意 2 个均值与其余 4 个的强度均值相差 3 倍以上时，则取试验结果相近的 4 个试件的算术平均值作为试验结果。

对具有显著层理的岩石，取垂直以及平行层理的试件强度的平均值作为试验结果。

二、石料的磨耗试验

石料抵抗摩擦、撞击和边缘剪切等联合作用的性能称为石料抗磨耗性。

（一）目的与适用范围

测定石料的磨耗率。

（二）主要仪器设备

1. 小型碎石机或手锤。

2. 洛杉矶磨耗机。洛杉矶式磨耗由一个内径为 710 ± 5mm、长为 510 ± 5mm 的圆筒，圆筒通过中心轴而支撑于支架上而构成。圆筒可绕中心轴旋转。圆筒内壁装有高 89 ± 2mm 的角钢构成的搁板，在试验时加入 12 个直径 46.8mm 的钢球，质量为 390 ~ 445g。

3. 标准筛一套，以及筛孔为 1.7mm 的方孔筛一个。

4. 台秤：感量 5g。

5. 烘箱：能使温度控制在 105℃ ± 5℃ 范围内。

6. 容器：搪瓷盘等。

（三）试验方法

1. 将块石用轧石机轧碎（或人工敲碎）后用水洗净。置温度为 105℃ ± 5℃ 的烘箱中，烘干至恒重。按试表 1-1 规定选取碎石试样，并准确称出试样总质量 m_1，精确至 5g，以后各称量精确同此。

2. 开启磨耗机转筒的筒盖，清理转筒，将选好的碎石试样置于筒内，选择钢球，盖好筒盖，调整计数器至零。

3. 开动磨耗机，使圆筒以 30 ~ 33 r/min 的速度旋转，转动后停止，取出试样。

4. 用 1.7mm 的方孔筛，筛去试样中的石屑，用清水洗净留在筛上的试样，烘至恒重，并准确称出其质量 m_2。

试表 1-1　洛杉矶磨耗试验试样级配表

粒度类别	粒级组成（mm）	试样质量（g）	试样总质量（g）	钢球数量（个）	钢球总质量（g）	转动次数（转）
A	26.5 ~ 37.5 19.0 ~ 26.5 16.0 ~ 19.0 9.5 ~ 16.0	1250 ± 25 1250 ± 25 1250 ± 10 1250 ± 10	5000 ± 10	12	5000 ± 25	500
B	19.0 ~ 26.5 16.0 ~ 19.0	2500 ± 10 2500 ± 10	5000 ± 10	11	4850 ± 25	500
C	9.5 ~ 16.0 4.75 ~ 9.5	2500 ± 10 2500 ± 10	5000 ± 10	8	3330 ± 20	500
D	2.36 ~ 4.75	5000 ± 10	5000 ± 10	6	2500 ± 15	500
E	63 ~ 75 53 ~ 63 37.5 ~ 53	2500 ± 50 2500 ± 50 5000 ± 50	10000 ± 100	12	5000 ± 25	1000
F	37.5 ~ 53 26.5 ~ 37.5	5000 ± 50 5000 ± 25	10000 ± 75	12	5000 ± 25	1000
G	26.5 ~ 37.5 19 ~ 26.5	5000 ± 25 5000 ± 25	10000 ± 50	12	5000 ± 25	1000

（四）结果计算及精度要求

石料磨耗率按下式计算，精确至 0.1%。

$$Q = \frac{m_1 - m_2}{m_1} \times 100\% \qquad 试(1\text{-}2)$$

式中　Q——石料的磨耗率，%；

m_1——装入转筒中的烘干石料试样质量，g；

m_2——试样洗净烘干的石料试样质量，g。

石料的磨耗率取两次平行试验结果的算术平均值作为测定值。两次试验误差应不大于 2%，否则要重做试验。

试验二　集料的密度和级配试验

一、粗集料密度及吸水率试验

（一）目的与适用范围

本方法适用测定碎石、砾石等各种粗集料的表观相对密度、表干相对密度、毛体积相对密度、表观密度、表干密度、毛体积密度，以及粗集料的吸水率。

（二）试验仪器

1. 天平或浸水天平：可悬挂吊篮测定集料的水中质量，称量应满足试样数量称量要求，感量不大于最大称量的0.05%。

2. 容量瓶：1000mL，也可用磨口的广口玻璃瓶代替，并带玻璃片。

3. 烘箱：能控温在105℃ ±5℃。

4. 标准筛：4.75mm，2.36mm。

5. 其他：刷子、毛巾等。

（三）试验准备

1. 将取来的试样过筛，对水泥混凝土的集料采用4.75mm筛，沥青混合料的集料用2.36mm筛，分别筛去筛孔以下的颗粒，然后用四分法或分料器法缩分至试表1-2要求的质量，分两份备用。

试表1-2　测定密度所需要的试样最小质量

公称最大粒径（mm）	4.75	9.5	16	19	26.5	31.5	37.5	63	75
每一份试样的最小质量（kg）	800	1000	1000	1000	1500	1500	2000	3000	3000

2. 将每一份集料试样浸泡在水中，仔细洗去附在集料表面的尘土和石粉，经多次漂洗干净至水清澈为止。清洗过程中不得散失集料颗粒。

（四）试验步骤

1. 取试样一份装入容量瓶（广口瓶）中，注入洁净的水（可滴入数滴洗涤灵），水面高出试样，轻轻摇动容量瓶，使附着在石料上的气泡逸出。盖上玻璃片，在室温下浸水24h（水温应在15℃ ~25℃范围内，浸水最后2h内的水温相差不得超过2℃）。

2. 向瓶中加水至水面凸出瓶口，然后盖上容量瓶塞，或用玻璃片沿广口瓶瓶口迅速滑行，使其紧贴瓶口水面。玻璃片与水面之间不得有空隙。

3. 确认瓶中没有气泡，擦干瓶外的水分后，称取集料试样、水、瓶及玻璃片的总质量（m_2）。

4. 将试样倒入浅搪瓷盘中，稍稍倾斜搪瓷盘，倒掉流动的水，再用毛巾吸干漏出的自由水，需要时可称取带表面水的试样质量（m_4）。

5. 用拧干的湿毛巾轻轻擦干颗粒的表面水，至表面看不到发亮的水迹，即为饱和面干状态。当粗集料尺寸较大时，可逐颗擦干。注意拧湿毛巾时不要太用劲，防止拧得太干。擦颗粒的表面水时，既要将表面水擦掉，又不能将颗粒内部的水吸出。整个过程中不得有集料丢失。

6. 立即称取饱和面干集料的表干质量（m_3）。

7. 将集料置于浅盘中，放入105℃ ±5℃的烘箱中烘干至恒重。取出浅盘，放在带盖的容器中冷却至室温，称取集料的烘干质量（m_0）。

8. 将瓶洗净，重新装入洁净水，盖上容量瓶塞，或用玻璃片紧贴广口瓶瓶口水面。玻璃片与水面之间不得有空隙。确认瓶中没有气泡，擦干瓶外水分后称取水、瓶及玻璃片的总质量（m_1）。

（五）结果计算及精度要求

1. 计算表观相对密度、表干相对密度、毛体积相对密度按下列公式计算，计算结果保留至小数点后3位。

$$\gamma_a = \frac{m_0}{m_0 + m_1 - m_2} \quad 试(1\text{-}3)$$

$$\gamma_s = \frac{m_3}{m_3 + m_1 - m_2} \quad 试(1\text{-}4)$$

$$\gamma_b = \frac{m_0}{m_3 + m_1 - m_2} \quad 试(1\text{-}5)$$

式中　γ_a——集料的表观相对密度，无量纲；

γ_s——集料的表干相对密度，无量纲；

γ_b——集料的毛体积相对密度，无量纲；

m_0——集料的烘干质量，g；

m_1——水、瓶及玻璃片的总质量，g；

m_2——集料试样、水、瓶及玻璃片的总质量，g；

m_3——集料的表干质量，g。

2. 集料的吸水率 W_x、含水率 W 以烘干试样为基准，按下列公式计算，精确至0.1%。

$$W_x = \frac{m_3 - m_0}{m_0} \times 100\% \quad 试(1\text{-}6)$$

$$W = \frac{m_4 - m_0}{m_0} \times 100\% \quad 试(1\text{-}7)$$

式中　m_4——集料饱和状态下含表面水的试样质量，g；

W_x——集料的吸水率，%；

W——集料的含水率，%。

3. 粗集料表观密度 ρ_a、表干密度 ρ_s、毛体积密度 ρ_b 按下列公式计算至小数点后3位。

$$\rho_a = \gamma_a \times \rho_T 或 \rho_a = (\gamma_a - \alpha_T) \times \rho_w \quad 试(1\text{-}8)$$

$$\rho_s = \gamma_s \times \rho_T 或 \rho_s = (\gamma_s - \alpha_T) \times \rho_w \quad 试(1\text{-}9)$$

$$\rho_b = \gamma_b \times \rho_T 或 \rho_b = (\gamma_b - \alpha_T) \times \rho_w \quad 试(1\text{-}10)$$

式中　ρ_a——集料的表观密度，g/cm^3；

ρ_s——集料的表干密度，g/cm^3；

ρ_b——集料的毛体积密度，g/cm^3；

ρ_T——试验温度 T 时水的密度 g/cm^3，按试表1-3取用；

α_T——试验温度 T 时的水温修正系数，按试表1-3取用；

ρ_w——水在4℃时的温度，1.000 g/cm^3。

试表 1-3　不同水温时水的密度 ρ_T 及水温修正系数 α_T

水温（℃）	水的密度 ρ_T（g/cm^3）	水温修正系数 α_T
15	0.99913	0.002
16	0.99897	0.003
17	0.99880	0.003
18	0.99862	0.004
19	0.99843	0.004
20	0.99822	0.005
21	0.99802	0.005
22	0.99779	0.006
23	0.99756	0.006
24	0.99733	0.007
25	0.99702	0.007

（六）结果整理

重复试验的精密度，两次结果之差对相对密度不得超过 0.02，对吸水率不得超过 0.2%。

二、粗集料堆积密度及空隙率试验

（一）目的与适用范围

测定粗集料的堆积密度，包括自然堆积状态、振实状态、捣实状态下的堆积密度，以及堆积状态下的间隙率。

（二）仪器与材料

1. 天平或台秤：感量不大于称量的 0.1%。
2. 容量筒：10L，金属制。
3. 平头铁锹。
4. 烘箱：能控温在 105℃ ±5℃。
5. 振动台：频率为 3000 次/min +200 次/min，负荷下的振幅为 0.35mm，空载时的振幅为 0.5mm。
6. 捣棒：直径 16mm、长 600mm、一端为圆头的钢棒。

（三）试验准备

按规定的方法取样、缩分，质量应满足试验要求，在 105℃ ±5℃ 的烘箱中烘干，也可以摊在清洁的地面上风干，拌匀后分成两份备用。

（四）试验步骤

1. 自然堆积密度

取试样 1 份，置于平整干净的水泥地（或铁板）上，用平头铁锹铲起试样，使石子自由落入容量筒内。此时，从铁锹的齐口至容量筒上口的距离应保持为 50mm 左右，装满容量筒并除去凸出筒口表面的颗粒，并以合适的颗粒填入凹陷空隙，使表面稍凸起部分和凹陷部分的体积大致相等，称取试样和容量筒总质量（m_2）。

2. 振实密度

按堆积密度试验步骤，将装满试样的容量筒放在振动台上，振动3min，或者将试样分三层装入容量筒：装完一层后，在筒底垫放一根直径为25mm的圆钢筋，将筒按住，左右交替颠击地面各25下；然后装入第二层，用同样的方法颠实（但筒底所垫钢筋的方向应与第一层放置方向垂直）；然后再装入第三层，如法颠实。待三层试样装填完毕后，加料填到试样超出容量筒口，用钢筋沿筒口边缘滚转，刮下高出筒口的颗粒，用合适的颗粒填平凹处，使表面稍凸起部分和凹陷部分的体积大致相等，称取试样和容量筒总质量（m_2）。

3. 捣实密度

根据沥青混合料的类型和公称最大粒径，确定起骨架作用的关键性筛孔（通常为4.75mm或2.36mm等）。将集料混合料中此筛孔以上颗粒筛出，作为试样装入符合要求规格的容器中达1/3的高度，由边至中用捣棒均匀捣实25次。再向容器中装入1/3高度的试样，用捣棒均匀地捣实25次，捣实深度约至下层的表面。然后重复上一步骤，加最后一层，捣实25次，使集料与容器口齐平。用合适的集料填充表面的大空隙，用直尺大体刮平，目测估计表面凸起部分与凹陷部分的容积大致相等，称取容量筒与试样的总质量（m_2）。

4. 容量筒容积的标定

用水装满容量筒，测量水温，擦干筒外壁的水分，称取容量筒与水的总质量（m_w），并按水的密度对容量筒的容积作校正。

（五）结果计算及精度要求

1. 容量筒的容积按下式计算：

$$V=\frac{m_w-m_1}{\rho_T} \quad \text{试(1-11)}$$

式中 V——容量筒的容积，mL；

m_1——容量筒的质量，g；

m_w——容量筒与水的总质量，g；

ρ_T——试验温度T时水的密度，g/cm³，按试表1-3取用。

2. 堆积密度（包括自然堆积状态、振实状态、捣实状态下的堆积密度）按下式计算至小数点后2位：

$$\rho=\frac{m_2-m_1}{V} \quad \text{试(1-12)}$$

式中 ρ——与各种状态相对应的堆积密度，g/m³；

V——容量筒的容积，mL；

m_1——容量筒的质量，g；

m_2——容量筒与试样的总质量，g。

3. 水泥混凝土用粗集料振实状态下的空隙率按下式计算：

$$V_{\mathrm{c}} = \left(1 - \frac{\rho}{\rho_{\mathrm{a}}}\right) \times 100\% \qquad 试(1\text{-}13)$$

式中　V_{c}——水泥混凝土用粗集料空隙率，%；

ρ_{a}——粗集料的表观密度，g/cm^3；

ρ——振实法测定的粗集料的堆积密度，g/cm^3。

4. 沥青混合料用粗集料骨架捣实状态下的间隙率按下式计算：

$$VCA_{\mathrm{DRC}} = \left(1 - \frac{\rho}{\rho_{\mathrm{b}}}\right) \times 100\% \qquad 试(1\text{-}14)$$

式中　VCA_{DRC}——捣实状态下的间隙率，%；

ρ_{b}——粗集料的毛体积密度，g/cm^3；

ρ——捣实法测定的粗集料的堆积密度，g/cm^3。

（六）结果整理

以两次平行试验结果的平均值作为测定值。

三、细集料表观密度试验

（一）目的与适用范围

用容量瓶法测定细集料（天然砂、石屑、机制砂）在23℃时对水的表观相对密度和表观密度。本方法适用于含有少量大于2.36mm部分的细集料。

（二）仪器与材料

1. 天平：称量1kg，感量不大于1g。
2. 容量瓶：500mL。
3. 烘箱：能控温在105℃ ±5℃。
4. 烧杯：500mL。
5. 洁净水。
6. 其他：干燥器、浅盘、铝制料勺、温度计等。

（三）试验准备

将缩分至650g左右的试样在温度为105℃ ±5℃的烘箱中烘干至恒重，并在干燥器内冷却至室温，分成两份备用。

（四）试验步骤

1. 称取烘干的试样约300g（m_0），装入盛有半瓶洁净水的容量瓶中。

2. 摇转容量瓶，使试样在已保温至23℃ ±1.7℃的水中充分搅动以排除气泡，塞紧瓶塞，在恒温条件下静置24h左右，然后用滴管添水，使水面与瓶颈刻度线平齐，再塞紧瓶塞，擦干瓶外水分，称其总质量（m_2）。

3. 倒出瓶中的水和试样，将瓶的内外表面洗净，再向瓶内注入同样温度的洁净水（温差不超过2℃）至瓶颈刻度线，塞紧瓶塞，擦干瓶外水分，称其总质量（m_1）。

（五）结果计算及精度要求

1. 细集料的表观相对密度按下式计算，计算结果保留至小数点后3位。

$$\gamma_a = \frac{m_0}{m_0 + m_1 - m_2} \qquad 试(1\text{-}15)$$

式中 γ_a——集料的表观相对密度，无量纲；

m_0——集料的烘干质量，g；

m_1——水、瓶及玻璃片的总质量，g；

m_2——集料试样、水、瓶及玻璃片的总质量，g。

2. 细集料的表观密度按下列公式计算，计算结果保留至小数点后3位。

$$\rho_a = \gamma_a \times \rho_T \text{ 或 } \rho_a = (\gamma_a - \alpha_T) \times \rho_w \qquad 试(1\text{-}16)$$

式中 ρ_a——集料的表观密度，g/cm^3；

ρ_T——试验温度 T 时水的密度，g/cm^3，按试表1-3取用；

α_T——试验温度 T 时的水温修正系数，按试表1-3取用；

ρ_w——水在4℃时的温度，1.000 g/cm^3。

（六）结果整理

以两次平行试验结果的算术平均值作为测定值，如两次结果之差值大于0.01 g/cm^3 时，应重新取样进行试验。

四、粗集料的筛分试验

（一）目的与适用范围

测定粗集料（碎石、砾石、矿渣等）的颗粒组成。对水泥混凝土用粗集料可采用干筛法筛分，对沥青混合料及基层用粗集料必须采用水洗法试验。

本方法也适用于同时含有粗集料、细集料、矿粉的集料混合料筛分试验，如未筛碎石、级配碎石、天然砂砾、级配砂砾、无机结合料稳定基层材料、沥青拌合楼的冷料混合料、热料仓材料、沥青混合料经溶剂抽提后的矿料等。

（二）仪器与材料

1. 试验筛：根据需要选用规定的标准筛。
2. 摇筛机。
3. 天平或台秤：感量不大于试样质量的0.1%。
4. 其他：盘子、铲子、毛刷等。

（三）试验准备

按规定将粗集料用分料器或四分法缩分至试验要求的试样所需量，见试表1-4，风干后备用。根据需要可按要求的集料最大粒径的筛孔尺寸过筛。除去超粒径部分颗粒后，再进行筛分。

试表1-4 筛分用的试样质量

公称最大粒径（mm）	75	63	37.5	31.5	26.5	19	16	9.5	4.75
试样质量不少于（g）	10000	8000	5000	4000	2500	2000	1000	1000	500

（四）水泥混凝土用粗集料干筛法试验步骤

1. 取试样一份置105℃±5℃烘箱中烘干至恒重，称取干燥集料试样的总质量（m_0），准确至0.1%。

2. 用搪瓷盘作筛分容器，按筛孔大小排列顺序逐个将集料过筛。人工筛分时，需使集料在筛面上同时有水平方向及上下方向的不停顿的运动，使小于筛孔的集料通过筛孔，直至1min内通过筛孔的质量小于筛上残余量的0.1%为止；当采用摇筛机筛分时，应在摇筛机筛分后再逐个由人工补筛。将筛出通过的颗粒并入下一号筛，和下一号筛中的试样一起过筛，顺序进行，直至各号筛全部筛完为止。应确认1 min内通过筛孔的质量确实小于筛上残余量的0.1%。

3. 如果某个筛上的集料过多，影响筛分作业时，可以分两次筛分。当筛余颗粒的粒径大于19mm时，筛分过程中允许用手指较轻拨动颗粒，但不得逐颗塞过筛孔。

4. 称取每个筛上的筛余量，准确至总质量的0.1%。各筛分计筛余量及筛底存量的总和与筛分前试样的干燥总质量 m_0 相比，相差不得超过 m_0 的0.5%。

（五）沥青混合料及基层用粗集料水洗法试验步骤

1. 取一份试样，将试样置105℃±5℃烘箱中烘干至恒重，称取干燥集料试样的总质量（m_3），准确至0.5%。

2. 将试样置一洁净容器中，加入足够量的洁净水，将集料全部淹没，但不得使用任何洗涤剂、分散剂或表面活性剂。

3. 用搅棒充分搅动集料，使集料表面洗涤干净，使细粉悬浮在水中，但不得破碎集料或有集料从水中溅出。

4. 视集料粒径大小选择组成一组套筛，其底部为0.075mm标准筛，上部为2.36mm或4.75mm筛。仔细将容器中混有细粉的悬浮液倒出，经过套筛流入另一容器中，尽量不将粗集料倒出，以免损坏标准筛筛面。

5. 重复2~4步骤，直至倒出的水洁净为止，必要时可采用水流缓慢冲洗。

6. 将套筛每个筛子上的集料及容器中的集料全部回收在一个搪瓷盘中，容器上不得有黏附的集料颗粒。

7. 在确保细粉不散失的前提下，小心吸去搪瓷盘中的积水，将搪瓷盘连同集料一起置105℃±5℃烘箱中烘干至恒重，称取干燥集料试样的总质量（m_4），准确至0.1%。以 m_3 与 m_4 之差作为0.075mm的筛下部分。

8. 将回收的干燥集料按干筛方法筛分出0.075mm筛以上各筛的筛余量，此时0.075mm筛下部分应为0，如果尚能筛出，则应将其并入水洗得到的0.075mm的筛下部分，且表示水洗得不干净。

（六）结果计算

1. 干筛法筛分结果的计算

① 计算各筛分计筛余量及筛底存量的总和与筛分前试样的干燥总质量 m_0 之差，作为筛分时的损耗，并计算损耗率，若损耗率大于0.3%，应重新进行试验。

$$m_5 = m_0 - (\sum m_i + m_{底}) \qquad 试(1\text{-}17)$$

式中 m_5——由于筛分造成的损耗，g；

m_0——用于干筛的干燥集料总质量，g；

m_i——各号筛上的分计筛余，g；

i——依次为0.075mm，0.15mm，…，至集料最大粒径的排序；

$m_{底}$——筛底（0.075mm以下部分）集料总质量，g。

② 干筛分计筛余百分率

干筛后各号筛上的分计筛余百分率按下式计算，精确至0.1%。

$$p'_i = \frac{m_i}{m_0 - m_5} \times 100\% \qquad 试(1\text{-}18)$$

式中 p'_i——各号筛上的分计筛余百分率，%；

m_5——由于筛分造成的损耗，g；

m_0——用于干筛的干燥集料总质量，g；

m_i——各号筛上的分计筛余，g；

i——依次为0.075mm，0.15mm，…，至集料最大粒径的排序。

③ 干筛累计筛余百分率

各号筛的累计筛余百分率为该号筛以上各号筛的分计筛余百分率之和，精确至0.1%。

④ 干筛各号筛的质量通过百分率

各号筛的质量通过百分率 P_i 等于100减去该号筛累计筛余百分率，精确至0.1%。

⑤ 由筛底存量除以扣除损耗后的干燥集料总质量计算0.075mm筛的通过率。

⑥试验结果以两次试验的平均值表示，精确至0.1%。当两次试验结果 $P_{0.075}$ 的差值超过1%时，试验应重新进行。

2. 水筛法筛分结果的计算

① 按下式计算粗集料中0.075mm筛下部分质量 $m_{0.075}$ 和含量 $P_{0.075}$，精确至0.1%。当两次试验结果 $P_{0.075}$ 的差值超过1%时，试验应重新进行。计算公式如下：

$$m_{0.075} = m_3 - m_4 \qquad 试(1\text{-}19)$$

$$P_{0.075} = \frac{m_{0.075}}{m_3} = \frac{m_3 - m_4}{m_3} \times 100\% \qquad 试(1\text{-}20)$$

式中 $P_{0.075}$——粗集料中小于0.075mm的含量（通过率），%；

$m_{0.075}$——粗集料中水洗得到的小于0.075mm部分的质量，g；

m_3——用于水洗的干燥粗集料总质量，g；

m_4——水洗后的干燥粗集料总质量，g。

② 计算各筛分计筛余量及筛底存量的总和与筛分前试样的干燥总质量 m_4 之差，作为筛分时的损耗，若损耗率大于0.3%，应重新进行试验。

$$m_5 = m_3 - \left(\sum m_i + m_{0.075}\right) \qquad 试(1\text{-}21)$$

式中 m_5——由于筛分造成的损耗，g；

m_3——用于水筛筛分的干燥集料总质量，g；

m_i——各号筛上的分计筛余，g；

i——依次为0.075mm，0.15mm，…，至集料最大粒径的排序；

$m_{0.075}$——水洗后得到的0.075mm以下部分质量，g，即 $m_3 - m_4$。

③ 计算其他各筛的分计筛余百分率、累计筛余百分率、质量通过百分率，计算方法与1中干筛法相同；当干筛时筛分有损耗时，应按1的方法从总质量中扣除损耗部分。

④ 试验结果以两次试验的平均值表示。

（七）结果整理

筛分结果以各筛孔的质量通过百分率表示，对用于沥青混合料、基层材料配合比设计用的集料，宜绘制集料筛分曲线。

同一种集料至少取两个试样平行试验两次，取平均值作为每号筛上筛余量的试验结果，报告集料级配组成通过百分率及级配曲线。

五、细集料的筛分试验

（一）目的与适用范围

测定细集料（天然砂、人工砂、石屑）的颗粒级配及粗细程度。对水泥混凝土用细集料可采用干筛法。

（二）仪器设备

1. 试验筛，公称孔径为10.0mm、5.00mm、2.50mm、1.25mm、630μm、315μm、160μm、80μm的方孔筛（筛孔边长分别为9.50mm、4.75mm、2.36mm、1.18 mm、600μm、300μm、150μm、75μm），以及筛的底盘和盖各一只；筛框直径为300mm或200mm。

2. 天平，称量1000g，感量1g。

3. 摇筛机。

4. 烘箱，能使温度控制在105℃ ±5℃。

5. 浅盘和硬、软毛刷等。

（三）试样制备

按缩分方法进行缩分，用于筛分的试样，颗粒粒径不应大于10mm，试验前应先将试样通过10mm筛，并算出筛余百分率。然后称取每份不少于550g的试样两份，分别倒入两个浅盘中，在105℃ ±5℃的温度下烘干到恒重。冷却至室温备用。

（四）试验步骤

1. 干筛法试验步骤

① 准确称取烘干试样500g（m_1），置于按筛孔大小（大孔在上、小孔在下）顺序排列的套筛的最上一只筛（即5mm筛孔筛）上。

② 将套筛装入摇筛机内紧固，筛分时间为10min左右。

③ 取出套筛，再按筛孔大小顺序，在清洁的浅盘上逐个进行手筛，直至每分钟的筛出量不超过试样总量的0.1%时为止，通过的颗粒并入下一个筛，并和下一个筛中试样一起过筛，按这样顺序进行，直至每个筛全部筛完为止。

④ 称取各筛筛余试样的重量（精确至0.5g），所有各筛的分计筛余量和底盘中剩余量的总和与筛分前的试样总量相比，其相差不得超过1%。

2. 水洗法试验步骤

① 准确称取烘干试样约500g（m_1），准确至0.5 g。

② 将试样置一洁净容器中，加入足够量的洁净水，将集料全部盖没。

③ 用搅棒充分搅动集料，使集料表面洗涤干净，使细粉悬浮在水中，但不得有集料从水中溅出。

④ 用 1.18mm 筛及 0.075mm 筛组成套筛。仔细将容器中混有细粉的悬浮液徐徐倒出，经过套筛流入另一容器，但不得将集料倒出。

⑤ 重复②～④步骤，直至倒出的水洁净且将小于 0.075mm 的颗粒全部倒出。

⑥ 将容器中的集料倒入搪瓷盘中，用少量水冲洗，使容器上黏附的集料颗粒全部进入搪瓷盘中。将筛子反扣过来，用少量的水将筛上的集料冲洗入搪瓷盘中。操作过程中不得有集料散失。

⑦ 将搪瓷盘连同集料一起置于 105℃ ±5℃ 的烘箱中烘干至恒重，称取干燥集料试样的总质量（m_2），准确至 0.1%。m_1 与 m_2 之差即为通过 0.075mm 筛部分。

⑧ 将全部要求筛孔组成套筛（但不需 0.075mm 筛），将已经洗去小于 0.075mm 部分的干燥集料置于套筛上（通常为 4.75mm 筛），将套筛装入摇筛机，摇筛约 10min，然后取出套筛，再按筛孔大小顺序，从最大的筛号开始，在清洁的浅盘上逐个进行手筛，直至每分钟的筛出量不超过筛上剩余量的 0.1% 时为止。将筛出通过的颗粒并入下一号筛，和下一号筛中的试样一起过筛，顺序进行，直至各号筛全部筛完为止。

⑨ 称量各筛筛余试样的质量，精确至 0.5g。所有各筛的分计筛余量和底盘中剩余量的总质量与筛分前后试样总量 m_2 的差值不超过后者的 1%。

（五）结果计算与精度要求

1. 计算分析筛余百分率（各筛上的筛余量除以试样总量的百分率），精确至 0.1%。

2. 计算累计筛余百分率（该筛上的分计筛余百分率与大于该筛的各筛上的分计筛余百分率之总和），精确至 1%。

3. 计算质量通过百分率。各号筛的质量通过百分率等于 100 减去该号筛的累计筛余百分率，准确至 0.1%。

4. 根据各筛的累计筛余百分率绘制筛分曲线，评定该试样的颗粒级配分布情况。

5. 按下式计算砂的细度模数（精确至 0.01）：

$$\mu_f = \frac{(\beta_2 + \beta_3 + \beta_4 + \beta_5 + \beta_6) - 5\beta_1}{100 - \beta_1} \qquad \text{试(1-22)}$$

式中　μ_f——细度模数；

β_1、β_2、β_3、β_4、β_5、β_6——分别为公称直径 5.00mm、2.50mm、1.25mm、630μm、315μm、160μm 方孔筛上的累计筛余。

（六）结果整理

筛分试验应采用两个试样平行试验。细度模数以两次试验结果的算术平均值为测定值（精确至 0.1）。如两次试验所得的细度模数之差大于 0.20 时，应重新取试样进行试验。

试验三　集料磨光值试验

一、目的与适用范围

1. 集料磨光值是利用加速磨光机磨光集料。用摆式摩擦系数测定仪测定的集料经磨光后的摩擦系数值，以 *PSV* 表示。

2. 本方法适用于各种粗集料的磨光值测定。

二、仪器与材料

1. 加速磨光试验机由下列部分组成：传动机构、道路轮、橡胶轮、磨料供给系统、供水系统、配重、试模、荷载调整机构、控制面板等。

2. 摆式摩擦系数测定仪，简称摆式仪。

3. 磨光试件测试平台：供固定试件及摆式摩擦系数测定仪用。

4. 天平：感量不大于0.1g。

5. 烘箱：装有温度控制器。

6. 黏结剂：能使集料与砂、试模牢固黏结。确保在试验过程中不致发生试件摇动或脱落。常用环氧树脂6101（E-44）及固化剂等。

7. 丙酮。

8. 砂：<0.3mm，洁净、干燥。

9. 金刚砂：30号（棕刚玉粗砂），280号（绿碳化硅细砂），用做磨料，只允许一次性使用，不得重复使用。

10. 橡胶石棉板：厚1mm。

11. 标准集料试样：由指定的集料产地生产的符合规格要求的集料。每轮两块，只允许使用一次，不得重复使用。

12. 其他：油灰刀、洗耳球、各种工具等。

三、试验准备

1. 试验前应按相关试验规程对摆式仪进行检查或标定。

2. 将集料过筛，剔除针片状颗粒，取9.5～13.2mm的集料颗粒用水洗净后置于温度为105℃±5℃的烘箱中烘干。根据需要，也可采用4.75～9.5mm的粗集料进行磨光值试验。

3. 将试模拼装并涂上脱模剂（或肥皂水）后烘干。安装试模端板时要注意使端板与模体齐平（使弧线平滑）。

4. 用清水淘洗小于0.3mm的砂，置105℃±5℃的烘箱中烘干成为干砂。

5. 预磨新橡胶轮：新橡胶轮正式使用前要在安装好试件的道路轮上进行顶磨、C轮用粗金刚砂预磨6h，X轮用细金刚砂预磨6h。然后方能投入正常试验。

四、试件制备

1. 排料：每种集料宜制备6～10块试件，从中挑选4块试件供两次平行试验用。将9.5～13.2mm集料颗粒尽量紧密地排列于试模中（大面、平面向下）。排料时应除去高度大于试模的不合格颗粒。采用4.75～9.5mm的粗集料进行磨光试验时，各道工序需更加仔细。

2. 吹砂：用小勺将干砂填入已排妥的集料间隙中，并用洗耳球轻轻吹动干砂，使之填充密实。然后再吹去多余的砂，使砂与试模台阶大致齐平，但台阶上不得有砂。用洗耳球吹动干砂时不得碰动集料，且不使集料试样表面附有砂粒。

3. 配制环氧树脂砂浆：将固化剂与环氧树脂按一定比例（如使用6101 环氧树脂时为1：4）配料、拌匀制成黏结剂，再与干砂按1：4～1：5 的质量比拌匀制成环氧树脂砂浆。

4. 填充环氧树脂砂浆：用小油灰刀将拌好的环氧树脂砂浆填入试模中，并尽量填充密实，但不得碰动集料，然后用热油灰刀在试模上刮去多余的填料，并将表面反复抹平，使填充的环氧树脂砂浆与试模顶部齐平。

5. 养护：通常在40℃烘箱中养护3h，再自然冷却9h 拆模；如在室温下养护，时间应更长。使试件达到足够强度。有集料颗粒松动脱落，或有环氧树脂砂浆渗出表面时，试件应予废弃。

五、磨光试验准备

1. 试件分组：每轮1 次磨14 块试件，每种集料为2 块试件，包括6 种试验用集料和1 种标准集料。

2. 试件编号：在试件的环氧树脂砂浆衬背和弧形侧边上用记号笔对6 种集料编号1～12，1 种集料赋以相邻两个编号，标准试件为13、14 号。

3. 试件安装：按试表1-5 的序号将试件排列在道路轮上，其中1 号和8 号为标准试件。试件应将有标记的一侧统一朝外（靠活动盖板一侧），每两块试件间加垫一片或数片1mm 厚的橡胶石棉板垫片，垫片与试件端部断面相仿，但略低于试件高度2～3mm。然后盖上道路轮外侧板，边拧螺钉边用橡胶锤敲打外侧板，确保试件与道路轮紧密配合，以避免磨光过程中试件断裂或松动。随后将道路轮安装到轮轴上。

试表1-5　序号表

位置号	1	2	3	4	5	6	7	8	9	10	11	12	13	14
试件号	13	9	3	7	5	1	11	14	10	4	8	6	2	12

六、磨光过程操作

1. 试件的加速磨光应在室温20℃ ±5℃的房间内进行。

2. 粗砂磨光

① 把标记C 的橡胶轮安装在调整臂上，盖上道路轮罩，下面置一积砂盘，给贮水支架上的贮水罐加满水，调节流量阀、使水流暂时中断。

② 准备好30 号金刚砂粗砂，装入专用贮砂斗，将贮砂斗安装在橡胶轮侧上方的位置上并接上微型电机电源，转动荷载调整手轮，使凸轮转动放下橡胶轮，将橡胶轮的轮辐完全压着道路轮上的集料试件表面上。

③ 调节溜砂量：用专用接料斗在出料口接住溜出的金刚砂，同时开始计时。1min 后移出料斗，用天平称出溜砂量，使流量为27 ±7g/min，如不满足要求，应用调速按钮或调节贮料斗控制闸板的方法调整。

④ 在控制面板上设定转数为57600 转，按下电源开关启动磨光机开始运转，同时按动粗砂调速按钮，打开贮砂斗控制闸板，使金刚砂溜砂量控制为27 ±7g/min。此时立即

调节流量计，使水的流量达60mL/min。

⑤ 在试验进行1h和2h时磨光机自动停机（注意不要按下面板上复零按钮和电源开关），用毛刷和小铲清除箱体上和沉在机器底部积砂盘中的金刚砂，检查并拧紧道路轮上有可能松动的螺母，再启动磨光机，至转数显示屏上显示57600转时磨光机自动停止，所需的磨光时间约为3h。

⑥ 转动荷载调整手轮使凸轮托起调整臂，清洗道路轮和试件，除去所有残留的金刚砂。

3. 细砂磨光

① 卸下C标记橡胶轮，更换为X标记橡胶轮按2中①的方法安装。

② 准备好280号金刚砂细砂，按2中②方法装入专用贮砂斗。

③ 重复2中③步骤，调节溜砂量使流量为3±1g/min。

④ 按2中④的步骤设定转数为57600转，开始磨光操作，控制金刚砂溜砂量为3±1g/min，水的流量达60mL/min。

⑤ 将试件磨2h后停机作适当清洁，按2中方法检查并拧紧道路轮螺母，然后再启动磨光机至57600转时自动停机；

⑥ 按2中⑥方法清理试件及磨光机。

七、磨光值测定

1. 在试验前2h和试验过程中应控制室温为20℃±2℃。

2. 将试件从道路轮上卸下并清洗试件，用毛刷清洗集料颗粒的间隙，去除所有残留的金刚砂。

3. 将试件表面向下放在18℃～20℃的水中2h，然后取出试件，按下列步骤用摆式摩擦系数测定仪测定磨光值。

① 调零：将摆式仪固定在测试平台，松开固定把手，转动升降把手使摆升高并能自由摆动，然后锁紧固定把手，转动调平旋钮，使水准泡居中，当摆从右边水平位置落下并拨动指针后，指针应指零。若指针不指零，应拧紧或放松指针调节螺母，直至空摆时指针指零。

② 固定试件：将试件放在测试平台的固定槽内，使摆可在其上面摆过，并使滑溜块居于试件轮迹中心。应使摆式仪摆头滑溜块在试件上的滑动方向与试件在磨光机上橡胶轮的运行方向一致，即测试时试件上作标记的弧形边背向测试者。

③测试：调节摆的高度，使滑溜块在试件上的滑动长度为76mm，用喷水壶喷洒清水润湿试件表面（注意，在试验中的任何时刻，试件都应保持湿润）。将摆向右提起挂在悬臂上，同时用左手拨动指针使之与摆杆轴线平行。按下释放开关使摆回落向左运动，当摆杆达到最高位置后下落时，用左手将摆杆接住，读取指针所指（小度盘）位置上的值，记录测试结果。准确到0.1。

④ 一块试件重复测试5次，5次读数的最大值和最小值之差不得大于3。取5次读数的平均值作为该试件的磨光值读数（PSV_r）。标准试件的磨光值读数用PSV_{br}表示。

4. 一种集料重复测试2次，每次都需同时对标准集料试件进行测试。

八、结果计算

1. 按下式计算两次平行试验4块试件（每轮2块）的算术平均值PSV_{ra}，精确到0.1。但4块试件的磨光值读数PSV_r的最大值与最小值之差不得大于4.7，否则试验作废，应重新试验。

$$PSV_{ra} = \sum PSV_{ri}/4 \quad \text{试(1-23)}$$

式中 $i=1\sim4$，PSV_{ri}为4块试件的磨光值读数。

2. 按下式计算两次平行试验4块标准试件（每轮2块）的算术平均值PSV_{bra}，准确到0.1。但4块标准试件的磨光值读数的平均值PSV_{bra}必须在46~52范围内，否则试验作废，应重新试验。

$$PSV_{bra} = \sum PSV_{bri}/4 \quad \text{试(1-24)}$$

式中 $i=1\sim4$，PSV_{bri}为4块试件的磨光值读数。

3. 按下式计算集料的PSV值，取整数。

$$PSV = PSV_{ra} + 49 - PSV_{bra} \quad \text{试(1-25)}$$

九、结果整理

试验报告应报告集料的磨光值PSV、两次平行试验的试样磨光值读数平均值PSV_{ra}和标准试件磨光值读数平均值PSV_{bra}。

第二章　胶凝材料试验

试验四　石灰有效氧化钙和氧化镁含量试验

一、有效氧化钙的测定

（一）试验目的

石灰的质量主要取决于有效氧化钙和氧化镁的含量，它们的含量越高，则石灰黏结力越好。（注：石灰中的有效氧化钙是指游离的氧化钙，它不同于总钙量，因为有效氧化钙不包括碳酸钙、硅酸钙以及其他钙盐中的钙。石灰中氧化钙的含量，以能溶解于蔗糖溶液中，并能与盐酸作用生成蔗糖钙的钙含量占石灰原试样的质量的百分率表示。）

（二）仪器及试剂

1. 筛子：筛孔 2mm 和 0.15mm 各一个。
2. 烘箱：50℃～250℃。
3. 干燥器：ϕ25cm。
4. 称量瓶：ϕ30cm×ϕ50cm。
5. 分析天平：万分之一。
6. 架盘天平：感量 0.1g。
7. 玻璃珠：ϕ3mm，一袋（0.25g）。
8. 具塞三角瓶：250mL 一个。
9. 量筒：50mL 一个。
10. 酸滴定管：5mL 一支。
11. 滴定架。
12. 蔗糖（分析纯）。
13. 酚酞指示剂：称取 0.5g 酚酞溶于 50mL95% 乙醇中。
14. 0.5mol/L 盐酸标准溶液：将 42mL 浓盐酸（相对密度 1.19）稀释至 1L，经标定后备用。

（三）试样

1. 生石灰试样。将生石灰样品打碎，使颗粒不大于 2mm，拌合均匀后用四分法缩减至 200g 左右，放入瓷研钵中研细，再经四分法缩减几次剩下 20g 左右，研磨所得石灰样品，使其通过 0.15mm 筛。从细样中均匀挑取 10 余克，置于称量瓶中在 100℃烘干 1h，储于干燥器中供试验用。

2. 消石灰试样。将消石灰样品用四分法缩减至 10g 左右，如有大颗粒，在瓷研钵中磨细至无不均匀颗粒存在为止。置于称量瓶中在 105℃～110℃供干 1h，储存于干燥器中，供试验用。

（四）试验步骤

1. 用称量瓶按减量法称取试样约 0.5g（准确至 0.0005g），置于干燥的 250mL，具塞三角瓶中，取 5g 蔗糖覆盖在试样表面，投入干玻璃珠 15 粒。迅速加入新煮沸并已冷却的蒸馏水 50mL，立即加塞振荡 15min（如有试样结块或粘于瓶壁现象，则应重新取样）。

2. 打开瓶塞，加入 2～3 滴酚酞指示剂，溶液即呈现粉红色，然后置于滴定架上，用 0.5mol/L 盐酸标准溶液滴定。

3. 滴定时应先读出滴定管初读数，然后以 2～3 滴/s 的速度滴定，至溶液的粉红色显著消失并在 30s 内不再复现即为终点。

4. 读出中和后盐酸消耗的滴定管读数，减去初读数，即为实际消耗的盐酸数量（mL）。

（五）计算方法

有效氧化钙的百分含量按下式计算：

$$\text{CaO} = \frac{V \times C \times 0.028}{G} \times 100\% \qquad \text{试(2-1)}$$

式中　V——滴定时消耗盐酸标准溶液的体积，mL；

C——盐酸标准溶液物质的当量浓度，mol/L；

G——试样质量，g。

对同一石灰样品应取两个试样分别进行测定，并取两次结果的平均值代表最终结果。

二、有效氧化镁的测定

（一）试验目的

石灰中有效氧化钙和氧化镁含量越高，石灰黏结力越好。按氧化镁含量可将石灰划分为钙质石灰或镁质石灰。

（二）仪器设备

1. 电炉：1500W；
2. 石棉网：20cm×20cm；
3. 三角瓶：300mL、250mL 各 2 个；
4. 容量瓶：250mL、1000mL 各 1 个；
5. 量筒：200mL、100mL、5mL 各 1 个；
6. 试剂瓶：250mL、1000mL 若干个；
7. 烧杯：250mL；
8. 棕色广口瓶：60mL 若干个；
9. 大肚移液管：25mL、50mL 各 2 支；
10. 表面器：直径 7cm；
11. 吸耳球：大、小各 1 个；
12. 玻璃棒、吸水管数支，试剂勺若干个；
13. 其余同有效氧化钙的测定所用仪器。

（三）试剂

1. 1：10 盐酸：将1体积盐酸（相对密度1. 9）以10体积蒸馏水稀释。

2. 氨水—氯化铵缓冲溶液（pH = 10）：将67. 5g 氧化氨溶于300mL 无二氧化碳蒸馏水中，加浓氨水（相对密度为0. 90）570mL，然后用水稀释至1000mL。

3. 酸性铬蓝 K—萘酚绿 B（1：2. 5）混合剂：称取0. 3g 酸性铬蓝 K、0. 75g 萘酚绿和50g 已在105℃烘干的硝酸钾混合研细，保存于棕色广口瓶中。

4. EDTA 二钠标准溶液：将10gEDTA 二钠溶于温热蒸馏水中，待全部溶解并冷却到室温后，用水稀释至1000mL。

5. 氧化钙标准溶液：精确称取1. 784g 在105℃烘干（2h）的碳酸钙（优质纯），置于250mL 烧杯中，盖上表面器，从杯嘴缓慢滴入1：10 盐酸100mL，加热溶解，待溶液冷却后，移入1000mL 的容量瓶中，用新煮沸冷却后的蒸馏水稀释至刻度摇匀。此溶液每毫升相当于一毫克氧化钙。

6. 20% 氢氧化钠溶液。

7. 钙指示剂：将0. 2g 钙试剂经酸钠和20g 已在105℃烘干的硫酸钾混合研细，保存于棕色广口瓶中。

8. 10% 酒石酸钾钠溶液。

9. 三乙醇胺（1：2）溶液。

（四）EDTA 标准溶液与氧化钙和氧化镁关系的标定

1. 精确吸取50mL 氢氧化钙标准溶液放入300mL 三角瓶中，用水稀释至100mL 左右，然后加入钙指示剂约0. 1g，以20% 氢氧化钠溶液调整溶液碱度至出现酒红色，再过量加3 ~ 4mL。

2. 以 EDTA 二钠标准液滴定，直至溶液由酒红色变为纯蓝色为止，记录 EDTA 二钠耗量。

EDTA 二钠标准溶液对氧化钙的滴定度 T_{CaO} 即1 mL EDTA 二钠标准溶液相当于氧化钙的毫克数按下式计算：

$$T_{CaO} = C \times \frac{V_1}{V_2} \qquad \text{试(2-2)}$$

式中 C——1mL 氧化钙标准溶液含有氧化钙的毫克数，等于1；

V_1——吸取氧化钙标准溶液体积，mL；

V_2——消耗 EDTA 标准溶液体积，mL。

EDTA 二钠标准溶液对氧化镁的滴定度 T_{CaO} 即1mLEDTA 二钠标准溶液相当于氧化钙的毫克数，按下式计算：

$$T_{MgO} = \frac{T_{CaO} \times 40.31}{56.08} = 0.72T_{CaO} \qquad \text{试(2-3)}$$

（五）试验步骤

1. 采用与有效氧化钙测定相同的方法，用称量瓶称取约0. 5g（准确至0. 0005g）试样，放入250mL 烧杯中，用蒸馏水湿润，加1：10 盐酸30mL，用表面器盖住烧杯，在电炉加热近沸并保持微沸8 ~ 10min，用吸管吸取蒸馏水洗净表面器，洗液冲入烧杯中。冷却后把烧杯内的沉淀及溶液移入250mL容量瓶中，加水到刻度，仔细摇匀静置。

2. 待溶液沉淀后，用移液管吸取25mL溶液，放入250mL三角瓶中，加50mL蒸馏水稀释，然后顺序加酒石酸钾钠溶液1mL、三乙醇胺溶液5mL，加入氨水—氯化铵缓冲溶液10mL、酸性铬蓝K—萘酚绿B指示剂约0.1g，此时溶液呈酒红色。

3. 用EDTA二钠标准溶液滴定至溶液由酒红色变为纯蓝色即为滴定终点，记录EDTA标准溶液耗用体积V_1。

4. 再从前述同一容量瓶中，用移液管吸取25mL溶液，置于300mL三角瓶中，加150mL蒸馏水稀释。然后依次加入三乙醇胺溶液5mL、20%氢氧化钠溶液5mL，放入约0.1g钙指示剂。此时溶液呈酒红色。

5. 用EDTA二钠标准溶液滴定，直至溶液由酒红色变为纯蓝色即为滴定终点，记录耗用EDTA二钠标准溶液体积V_2。

（六）计算方法

氧化镁的百分含量按下式计算：

$$MgO = \frac{T_{MgO} \times (V_1 - V_2)}{G \times 1000} \times 100\% \qquad 试(2\text{-}4)$$

式中 T_{MgO}——EDTA二钠标准溶液对氧化镁的滴定度；

V_1——滴定钙、镁含量消耗EDTA二钠标准溶液体积，mL；

V_2——滴定钙消耗EDTA二钠标准溶液体积，mL；

G——试样质量，g。

试验五 水泥性能试验

一、试验目的和一般规定

1. 试验目的

学习水泥性质的检验方法，熟悉水泥的主要技术性质，检验水泥是否合格。

2. 一般规定

（1）取样单位

以同一水泥厂、同期到达、同品种、同标号的水泥不超过400t为一个取样单位，不足400t也作为一个取样单位。

（2）取样应有代表性

① 在袋装水泥堆场取样。用取样管随机选择20个以上不同的部位，将取样管插入水泥适当深度，用大拇指按住气孔，小心抽出取样管。将所取样品放入洁净、干燥、不易受污染的容器中。

② 散装水泥卸料处或输送水泥运输机具上取样。当所取水泥深度不超过2m时，采用散装水泥取样管，通过取样管内管控制开关，在适当位置插入水泥一定深度，关闭后小心抽出，将所取样品放入洁净、干燥、不易受污染的容器中。

（3）样品制备

样品缩分可采用二分器，一次或多次将样品缩分到标准要求的规定量。水泥样要通过0.9 mm方孔筛，均分为试验样和封存样。样品应存放在密封的金属容器中，加封条。容器应洁净、干燥、防潮、密闭、不易破损、不与水泥发生反应。存放于干燥、通风的环境中。

（4）试验室条件

① 用水必须是洁净的淡水。

② 试验室温度为17℃~25℃，相对湿度应大于50%。养护箱温度为20℃±2℃，相对湿度应大于90%。水中温度20℃±1℃。

③ 水泥试样、标准砂、拌合用水及试模等的温度均应与试验室温度相同。

二、水泥细度试验

（一）仪器设备

1. 试验筛

试验筛由圆形筛框和筛网组成，分负压筛和水筛两种，其结构尺寸如试图2-1和试图2-2所示。负压筛应附有透明筛盖，筛盖与筛上口应有良好的密封性。

试图2-1 负压筛
1—筛网；2—筛框

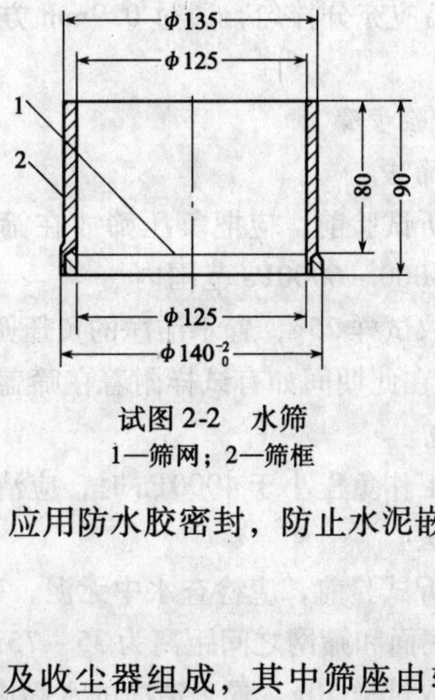

试图2-2 水筛
1—筛网；2—筛框

筛网应紧绷在筛框上，筛网和筛框接触处，应用防水胶密封，防止水泥嵌入。筛孔尺寸的检验方法按有关标准规定进行。

2. 负压筛析仪

（1）负压筛析仪由筛座、负压筛、负压源及收尘器组成，其中筛座由转速为30±2r/min的喷气嘴、负压表、控制板、微电机及壳体等构成，如试图2-3所示。

（2）筛析仪负压可调范围为4000~6000Pa。

（3）喷气嘴上口平面与筛网之间距离为2~8mm。喷气嘴的上开口尺寸如试图2-4所示。

（4）负压源和收尘器，由功率600W的工业吸尘器和小型旋风收尘筒组成或用其他具有相当功能的设备。

3. 水筛架和喷头

水筛架和喷头的结构尺寸应符合《水泥物理检验仪器标准筛》（GB 3350.7）规定，但其中水筛架上筛座内径为$140^{+3}_{\ 0}$mm。

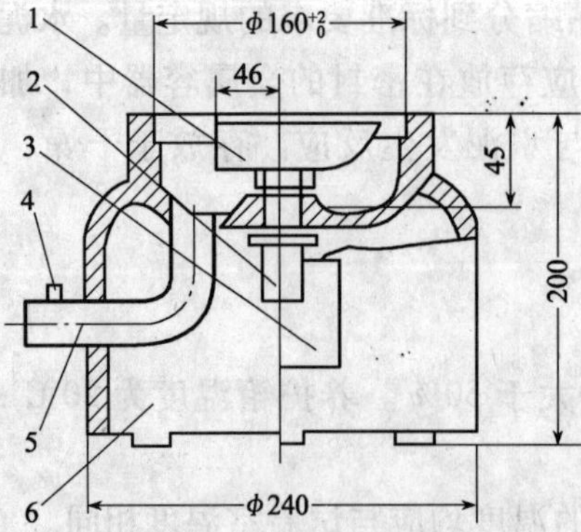

试图 2-3 筛座

1—喷气嘴，2—微电机，3—控板开口，
4—负压表接口，5—负压源及收尘器接口，6—壳体

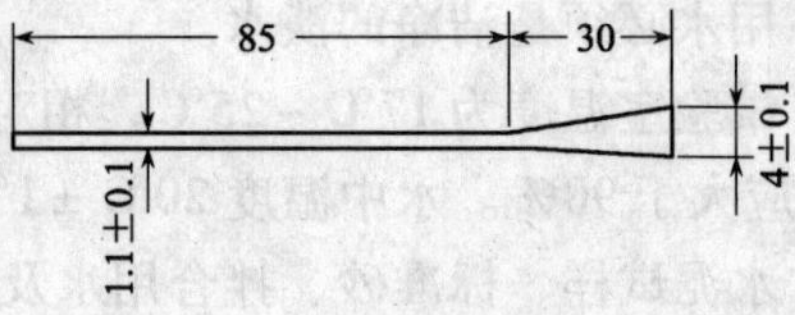

试图 2-4 喷气嘴上开口

4. 天平

最大称量为100g，分度值不大于0.05g。

（二）样品处理

水泥样品应充分拌匀，通过0.9mm方孔筛，记录筛余物情况，要防止过筛时混进其他水泥。

（三）试验步骤

1. 负压筛法

（1）筛析试验前，应把负压筛放在筛座上，盖上筛盖，接通电源，检查控制系统，调节负压至4000~6000Pa范围内。

（2）称取试样25g，置于洁净的负压筛中，盖上筛盖，放在筛座上，开动筛析仪连续筛析2min，在此期间如有试样附着在筛盖上，可轻轻地敲击，使试样落下。筛毕，用天平称量筛余物。

（3）当工作负压小于4000Pa时，应清理吸尘器内水泥，使负压恢复正常。

2. 水筛法

（1）筛析试验前，应检查水中无泥、砂，调整好水压及水筛架的位置，使其能正常运转。喷头底面和筛网之间距离为35~75mm。

（2）称取试样50g，置于洁净的水筛中，立即用淡水冲洗至大部分细粉通过后，放在水筛架上，用水压为0.05±0.02MPa的喷头连续冲洗3min。筛毕，用少量水把筛余物冲至蒸发皿中，等水泥颗粒全部沉淀后，小心倒出清水，烘干并用天平称量筛余物。

3. 手工干筛法

在没有负压筛析仪和水筛的情况下，允许用手工干筛法测定。

（1）称取水泥试样50g倒入符合规定要求的干筛内。

（2）用一只手执筛往复摇动，另一只手轻轻拍打，拍打速度每分钟约120次，每40次向同一方向转动60°，使试样均匀分布在筛网上，直至每分钟通过的试样量不超过0.05g为止。

（3）称量筛余物。

4. 试验筛的清洗

试验筛必须经常保持洁净，筛孔通畅。如筛孔被水泥堵塞影响筛余量时，可用弱酸浸泡，用毛刷轻轻地刷洗，用淡水冲净、晾干。

（四）结果处理

1. 水泥试样筛余百分数按下式计算；

$$F = \frac{R_s}{W} \times 100 \qquad 试(2\text{-}5)$$

式中 F——水泥试样的筛余百分数，%；

R_s——水泥筛余物的质量，g；

W——水泥试样的质量，g。

2. 筛余结果的修正

为使试验结果可比，应采用试验筛修正系数方法修正上述的计算结果。修正系数的测定，按有关规定进行。

3. 负压筛法或手工干筛法测定的结果发生争议时，以负压筛法为准。

三、水泥标准稠度用水量、凝结时间和安定性试验

（一）仪器设备

1. 水泥净浆搅拌机：符合《水泥物理检验仪器水泥净浆搅拌机》（JC/T 729）的要求。

2. 净浆标准稠度与凝结时间测定仪；符合《水泥物理检验仪器净浆标准稠度与凝结时间测定仪》（GB 3350.6）的要求。或技术参数符合该标准要求的凝结时间自动测定仪。

3. 沸煮箱：有效容积约为410mm×240mm×310mm，篦板结构应不影响试验结果，篦板与加热器之间的距离大于50mm。箱的内层由不易锈蚀的金属材料制成，能在30±5min内将箱内的试验用水由室温升至沸腾并可保持沸腾状态3h以上，整个试验过程中不需补充水量。

4. 雷氏夹：由铜质材料制成，其结构如试图2-5所示。当一根指针的根部先悬挂在一根金属丝或尼龙丝上，另一根指针的根部再挂上300g质量的砝码时，两根指针的针尖距离增加应在17.5±2.5mm范围以内，即2X=17.5±2.5mm（试图2-6），当去掉砝码后，针尖的距离能恢复至挂码前的状态。

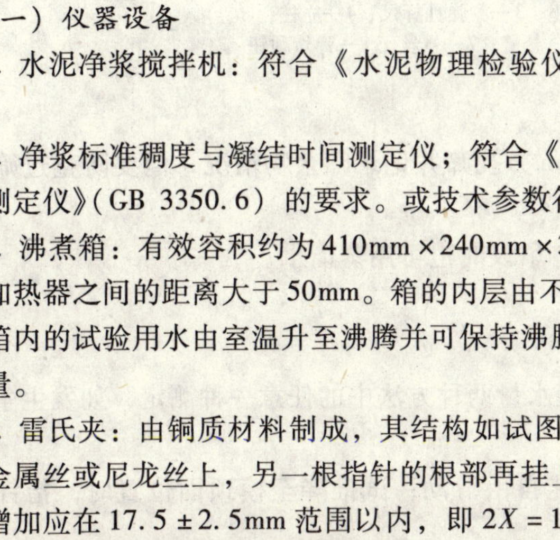

试图 2-5 雷氏夹
1—指针，2—环模

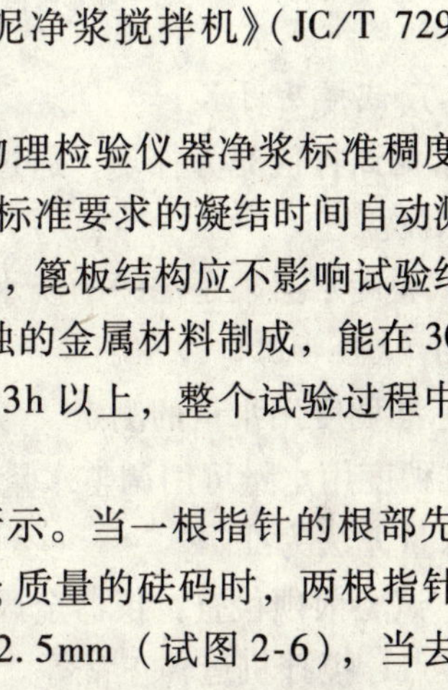

试图 2-6 雷氏夹受力示意图

5. 量水器：最小刻度为0.1mL，精度1%。
6. 天平：能准确称量至1g。
7. 湿气养护箱：应能使温度控制在20℃ ±1℃，湿度大于90%。
8. 雷氏夹膨胀值测定仪：如试图2-7所示，标尺最小刻度为1mm。

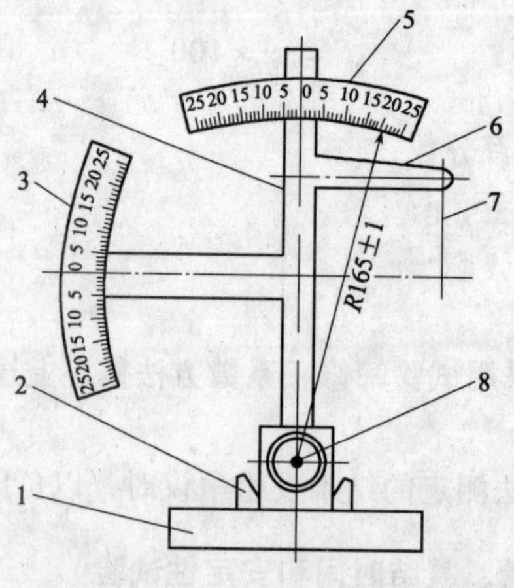

试图2-7 雷氏夹膨胀值测量仪
1—底座；2—模子座；3—测弹性标尺；4—立柱；
5—测膨胀值标尺；6—悬臂；7—悬丝；8—弹簧顶钮

（二）试样及用水

1. 水泥试样应充分拌匀，通过0.9mm方孔筛并记录筛余物情况，但要防止过筛时混进其他水泥。

2. 试验用水必须是洁净的淡水，如有争议时也可用蒸馏水。

（三）试验步骤

1. 标准稠度用水量的测定

标准稠度用水量可用调整水量和不变水量两种方法中的任意一种测定，如发生争议时以调整水量方法为准。

（1）试验前须检查：仪器金属棒应能自由滑动；试锥降至模顶面位置时，指针应对准标尺零点；搅拌机运转正常等。

（2）水泥净浆的拌制：水泥净浆搅拌机搅拌，搅拌锅和搅拌叶片先用湿棉布擦过，将称好的水和500g水泥试样按先后次序倒入搅拌锅内。拌合时，先将锅放到搅拌机锅座上，升至搅拌位置，开动机器，慢速搅拌120s，停拌15s，接着快速搅拌120s后停机。

采用调整水量方法时拌合水量按经验找水，采用不变水量方法时拌合水量为142.5mL水，水量准确至0.5mL。

（3）标准稠度的测定

拌合结束后，立即将拌好的净浆装入锥模内，用小刀插捣，振动数次，刮去多余净浆；抹平后迅速放到试锥下面固定位置上，将试锥降至净浆表面拧紧螺丝，然后突然放松，让试锥自由沉入净浆中，到试锥停止下沉时记录试锥下沉深度，整个操作应在搅拌后1.5min内完成。

用调整水量方法测定时，以试锥下沉深度28 ±2mm时的净浆为标准稠度净浆。其拌合水量为该水泥的标准稠度用水量（P），按水泥质量的百分比计。如下沉深度超出范围，须另称试样，调整水量，重新试验，直至达到28±2mm时为止。

用不变量方法测定时，根据测得的试锥下沉深度S（mm）按下式（或仪器上对应标尺）计算得到标准稠度用水量P（%）：

$$P = 33.4 - 0.185S \qquad \text{试(2-6)}$$

当试锥下沉深度小于13mm时，应改用调整水量方法测定。

2. 凝结时间的测定

此时仪器试棒下端应改装为试针，装净浆的试模采用圆模。凝结时间的测定可以用人工测定也可用符合标准操作要求的自动凝结时间测定仪测定，两者有矛盾时以人工测定为准。

（1）测定前的准备工作：将圆模放在玻璃板上，在内侧稍稍涂上一层机油，调整凝结时间，测定仪的试针接触玻璃板时指针应对准标尺零点。

（2）试件的制备：以标准稠度用水量加水制成标准稠度净浆后，立即一次装入圆模，振动数次刮平，然后放入湿气养护箱内。记录开始加水的时间作为凝结时间的起始时间。

（3）凝结时间的测定：试件在湿气养护箱中养护至加水后30min时进行第一次测定。

测定时，从湿气养护箱中取出圆模放到试针下，使试针与净浆面接触，拧紧螺丝1～2s后突然放松，试针垂直自由沉入净浆，观察试针停止下沉时指针读数。当试针沉至距底板2～3mm时，即为水泥达到初凝状态；当下沉不超过1～0.5mm时为水泥达到终凝状态。由开始加水至初凝、终凝状态的时间分别为该水泥的初凝时间和终凝时间，用小时（h）和分（min）来表示。测定时应注意，在最初测定的操作时应轻轻扶持金属棒，使其徐徐下降以防试针撞弯，但结果以自由下落为准；在整个测试过程中试针贯入的位置至少要距圆模内壁10mm。临近初凝时，每隔5min测定一次，临近终凝时每隔15min测定一次，到达初凝或终凝状态时应立即重复测一次，当两次结论相同时才能定为到初凝或终凝状态。每次测定不得让试针落入原针孔，每次测试完毕须将试针擦净并将圆模放回湿气养护箱内，整个测定过程中要防止圆模受振。

3. 安定性的测定

安定性的测定方法可以用饼法也可用雷氏法，有争议时以雷氏法为准。饼法是观察水泥净浆试饼沸煮后的外形变化来检验水泥的体积安定性。雷氏法是测定水泥在雷氏夹中沸煮后的膨胀值。

（1）测定前准备工作

若采用雷氏法时，每个雷氏夹需配备质量约75～80g的玻璃板两块。若采用饼法时，一个样品需准备两块约100mm×100mm的玻璃板。每种方法、每个试样需成型两个试件。凡与水泥净浆接触的玻璃板和雷氏夹表面都要稍稍涂上一层油。

（2）水泥标稠度净浆的制备

以标稠度用水量加水制成标准稠度净浆。

（3）试饼的成型

将制好的净浆取出一部分分成两等份，使之呈球形，放在预先准备好的玻璃板上，轻轻振动玻璃板并用湿布擦过的小刀由边缘向中央抹动，做成直径70～80mm、中心厚约

10mm、边缘渐薄、表面光滑的试饼，接着将试饼放入湿汽养护箱内养护24±2h。

（4）雷氏夹试件的制备方法

将预先准备好的雷氏夹放在已稍擦油的玻璃板上，并立刻将已制好的标稠度净浆装满试模，装模时一只手轻轻扶持试模，另一只手用宽约10mm的小刀插捣15次左右然后抹平，盖上稍涂油的玻璃板，接着立刻将试模移至湿汽养护箱内养护24±2h。

（5）沸煮

调整好沸煮箱内的水位，使能保证在整个沸煮过程中都没过试件，不需中途添补试验用水，同时又保证能在30±5min内升至沸腾。

当用饼法时，先检查试饼是否完整（如已开裂翘曲要检查原因，确证无外因时，该试饼已属不合检不必沸煮），在试饼无缺陷的情况下将试饼放在沸煮箱的水中篦板上，然后在30±5min内加热至沸，并恒沸3h±5min。

当用雷氏法时，先测量试件指针尖端间的距离（A），精确到0.5mm，接着将试件放入水中篦板上，指针朝上，试件之间互不交叉，然后在30±5min内加热至沸并恒沸3h±5min。

（6）结果判别

沸煮结束，即放掉箱中的热水，打开箱盖，待箱体冷却至室温，取出试件进行判别。

若为试饼，目测未发现裂缝，用直尺检查也没有弯曲的试饼为安定性合格，反之为不合格。当两个试饼判别结果有矛盾时，该水泥的安定性为不合格。

若为雷氏夹，测量试件指针尖端间的距离（C），记录至小数点后一位，当两个试件煮后增加距离（$C-A$）的平均值不大于5.0mm时，即认为该水泥安定性合格，当两个试件的（$C-A$）值相差超过4mm时，应用同一样品立即重做一次试验。

第三章　水泥混凝土试验

试验六　水泥混凝土拌合物试验

一、试验目的

测定和评价混凝土拌合物的工作性（和易性）；测定混凝土拌合物的表观密度，用以校正混凝土的配合比。

二、主要仪器设备

1. 搅拌机，容量 75 ~ 100L，转速为 18 ~ 22r/min。

2. 磅秤，称量 50kg，感量 50g。

3. 天平（称量 5kg，感量 5g）、量筒（200mL，1000mL）、拌铲、拌板（1.5m × 2m 左右）、盛器。

三、拌合物的取样和拌制

1. 取样方法

（1）混凝土拌合物试验用料应根据不同要求，从同一盘搅拌或同一车运送的混凝土中取出。

（2）混凝土工程施工中取样进行混凝土试验时，其取样方法和原则应按现行《混凝土结构工程施工质量验收规范》GB 50204—2002 以及其他有关规定执行。

（3）拌合物取样后应尽快进行试验。试验前，试样应经人工略加翻拌，以保证其质量均匀。

2. 一般规定

① 拌混凝土的原材料应符合有关技术要求，并与施工实际用料相同，水泥如有结块，应用 0.9mm 筛将结块筛除。

② 在试验室拌制混凝土进行试验时，拌合用的集料应提前运入室内。拌合时试验室的温度应保持在 20℃ ±5℃。需要模拟施工条件下所用的混凝土时，试验室原材料的温度宜保持与施工现场一致。

③ 材料用量以重量计。称量精度：集料为 ±1%，水、水泥和外加剂均为 ±0.5%。

④ 拌合物从加水拌合时算起，全部操作（包括稠定测定或试件成型等）须在 30min 内完毕。

3. 拌合方法

（1）人工拌合

① 按配合比称量各材料。

② 将拌板和拌铲用湿布润湿后，将砂、水泥倒在拌板上，用拌铲自拌板的一端翻拌至另一端，如此重复直至颜色均匀，再加上石子，翻拌至均匀。

③ 将干混合料堆成堆，在中间作一凹坑，倒入部分拌合用水，然后仔细翻拌，逐步加入全部用水，继续翻拌直至均匀为止。

④ 拌合时间从加水时算起，在 10min 内完毕。

（2）按配合比称量各材料

① 按配合比称量各材料。

② 按配合比先预拌适量混凝土进行挂浆，以免正式拌合时浆体的损失。

③ 开动搅拌机，向搅拌机内依次加入石子、砂子和水泥，干拌均匀，再将水徐徐加入，全部加料时间不超过 2min，水全部加入后，继续拌合 2min。

④ 将拌合物自搅拌机中卸出，倾倒在拌板上，再人工拌合 1～2min，使其均匀。

四、坍落度法

本方法适用于集料最大粒径不大于 40mm、坍落度值不小于 10mm 的混凝土拌合物稠度测定。

1. 仪器设备

（1）坍落度筒：由薄钢板或其他金属制成的圆台形筒（试图 3-1）其内壁应光滑、无凸凹部位。底面和顶面应互相平行并与锥体的轴线垂直。在坍落筒外三分之二高度处安两个手把，下端应焊脚踏板。筒的内部尺寸为：底部直径 200 ± 2mm、顶部直径 100 ± 2mm、高度 300 ± 2mm、筒壁厚度不小于 1.5mm。

（2）捣棒直径 16mm、长 600mm 的钢棒，端部应磨圆。

2. 试验步骤

（1）湿润坍落度筒及其他用具，并把筒放在不吸水的刚性水平底板上，然后用脚踩住两边的脚踏板，使坍落度筒在装料时保持位置固定。

（2）把按要求取得的混凝土试样用小铲分三层均匀地装入筒内，使捣实后每层高度为筒高的三分之一左右。每层用捣棒插捣 25 次。插捣应沿螺旋方向由外向中心进行，各次插捣应在截面上均匀分布。插捣应贯穿整个深度，插捣第二层和顶层时，捣棒应插透本层至下一层的表面。浇灌顶层时，混凝土应灌到高出筒口。插捣过程中，如混凝土沉落到低于筒口，则应随时添加。顶层插捣完后，刮去多余的混凝土，并用抹刀抹平。

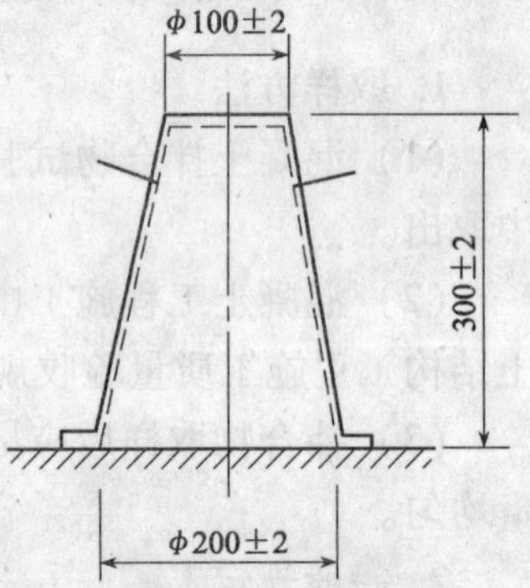

试图 3-1　坍落度筒（单位：mm）

（3）清除筒边底板上的混凝土后，垂直平稳地提起坍落度筒，坍落度筒的提离过程应在 5～10s 内完成。从开始装料到提坍落度筒的整个过程应不间断地进行，并应在 150s 内完成。

（4）提起坍落度筒后，测量筒高与坍落后混凝土试体最高点之间的高度差，即为该混凝土拌合物的坍落度值。混凝土拌合物坍落度以毫米为单位，结果表达精确到 5mm。坍落度筒提离后，如混凝土发生崩坍或一边剪坏现象，则应重新取样另行测定。如第二次试验仍出现上述现象，则表示该混凝土和易性不好。应予记录备查。

提起筒后混凝土扩展后的最大直径和最小直径的算术平均值作为混凝土的坍落扩展度，若两个直径之差超过50mm（包括50mm），则此次试验无效。当坍落度≤220mm时，仅用坍落度反映混凝土的流动性。当坍落度>220mm时，坍落度不能准确反映混凝土的流动性，同时用坍落扩展度作为流动性指标。

（5）观察坍落后的混凝土试体的黏聚性及保水性。黏聚性的检查方法是用捣棒在已坍落的混凝土锥体侧面轻轻敲打。此时，如果锥体逐渐下沉表示黏聚性良好，如果锥体倒塌、部分崩裂或出现离析现象，则表示黏聚性不好。保水性以混凝土拌合物中稀浆析出的程度来评定。坍落度筒提起后如有较多的稀浆从底部析出，锥体部分的混凝土也因失浆而集料外露，表明此混凝土拌合物的保水性能不好。如坍落度筒提起后无稀浆或仅有少量稀浆自底部析出，则表示此混凝土拌合物保水性良好。

五、维勃稠度法

本方法适用于集料最大粒径不大于40mm，维勃稠度在5~30s之间的混凝土拌合物稠度测定。

1. 仪器设备

（1）维勃稠度仪（试图3-2）由以下部分组成：

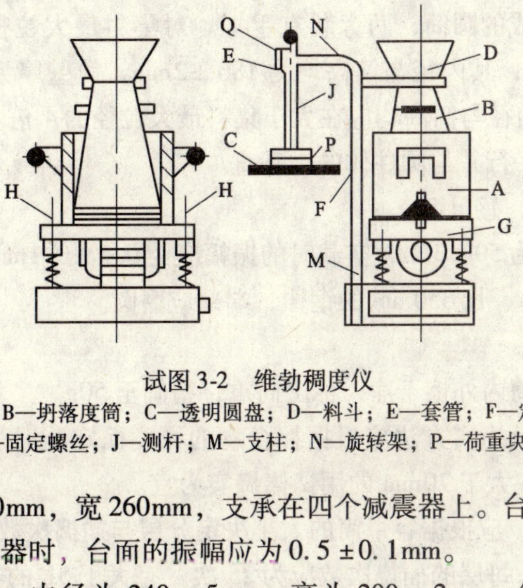

试图3-2 维勃稠度仪

A—容器；B—坍落度筒；C—透明圆盘；D—料斗；E—套管；F—定位螺丝；G—振动台；H—固定螺丝；J—测杆；M—支柱；N—旋转架；P—荷重块；Q—测杆螺丝

① 振动台台面长380mm，宽260mm，支承在四个减震器上。台面底部安有频率为50±3Hz的振动器。装有空容器时，台面的振幅应为0.5±0.1mm。

② 容器由钢板制成，内径为240±5mm，高为200±2mm，筒壁厚3mm，筒底厚为7.5mm。

③ 坍落度筒其内部尺寸为：底部直径200±2mm，顶部直径100±2mm，高度300±2mm。

④ 旋转架与测杆及喂料斗相连。测杆下部安装有透明且水平的圆盘，并用测杆螺丝把测杆固定在套管中。旋转架安装在支柱上，通过十字凹槽来固定方向，并用定位螺丝来固定其位置。就位后，测杆或喂料斗的轴线均应与容器的轴线重合。

透明圆盘直径为230±2mm，厚度为10±2mm。荷重块直接固定在圆盘上。由测杆、圆盘及荷重块组成的滑动部分总重量应为2750±50g。

（2）捣棒直径16mm、长600mm的钢棒端部应磨圆。

2. 试验步骤

（1）把维勃稠度仪放置在坚实水平的地面上，用湿布把空容器、坍落度筒、喂料斗内壁及其他用具润湿。

（2）将喂料斗提到坍落度筒上方扣紧，校正容器位置，使其中心与喂料斗中心重合，然后拧紧固定螺丝。

（3）把按要求取得的混凝土试样用小铲分三层经喂料斗均匀地装入筒内。

（4）把喂料斗转离，垂直地提起坍落度筒，此时应注意不使混凝土试体产生横向的扭动。

（5）把透明圆盘转到混凝土圆台体顶面，放松测杆螺丝，降下圆盘，使其轻轻接触到混凝土顶面。

（6）拧紧定位螺丝，并检查测杆螺丝是否已经完全放松。

（7）在开启振动台的同时用秒表计时，当振动到透明圆盘的底面被水泥浆布满的瞬间停止计时，关闭振动台。

由秒表读出的时间（s）即为该混凝土拌合物的维勃稠度值。

六、拌合物表观密度试验

1. 仪器设备

（1）容量筒金属制成的圆筒，两旁装有手把。对集料最大粒径不大于40mm的拌合物采用容积为5L的容量筒，其内径与筒高均为186±2mm，筒壁厚为3mm；集料最大粒径大于40mm时，容量筒的内径与筒高均应在大于集料最大粒径的4倍。容量筒上缘及内壁应光滑平整，顶面与底面应平行并与圆柱体的轴垂直。

（2）磅秤称量50kg，感量50g。

（3）振动台频率应为50±3Hz，空载时的振幅应为0.5±0.1mm。

（4）捣棒直径16mm、长650mm的钢棒，端部应磨圆。

2. 试验步骤

（1）用湿布把容量筒内外擦干净，称出筒重，精确至50g。

（2）混凝土的装料及捣实方法应根据拌合物的稠度而定。坍落度不大于70mm的混凝土，用振动台振实为宜，大于70mm的用捣棒捣实为宜。

① 采用捣棒捣实时，应根据容量筒的大小决定分层与插捣次数。用5L容量筒时，混凝土拌合物应分两层装入，每层的插捣次数应为25次。有大于5L的容量筒时，每层混凝土的高度不应大于100mm，每层插捣次数按$100cm^2$截面不小于12次计算。各次插捣应均匀地分布在每层截面上，插捣底层时捣棒应贯穿整个深度，插捣第二层时，捣棒应插透本层至下一层的表面。每一层捣完后可把捣棒垫在筒底，将筒左右交替地颠击地面各15次。

② 采用振动台振实时，应一次将混凝土拌合物灌到高出容量筒口。装料时可用捣棒稍加插捣，振动过程中如混凝土沉落到低于筒口，则应随时添加混凝土，振动直至表面出浆为止。

（3）用刮尺齐筒口将多余的混凝土拌合物刮去，表面如有凹陷应予填平。将容量筒外壁擦净，称出混凝土与容量筒总质量，精确至50g。

3. 结果处理

混凝土拌合物表观密度 r_h 应按下列公式计算：

$$r_h = \frac{W_2 - W_1}{V} \times 1000 \qquad 试(3\text{-}1)$$

式中　W_1——容量筒质量，kg；

W_2——容量筒及试样总重，kg；

V——容量筒容积，L。

试验结果的计算精确至 $10kg/m^3$。

容量筒容积应经常予以校正。校正方法可采用一块能覆盖住容量筒顶面的玻璃板，先称出玻璃板和空桶的重量，然后向容量筒中灌入清水，灌到接近上口时，一边不断加水，一边把玻璃板沿筒口徐徐推入盖严。应注意使玻璃板下不带入任何气泡，然后擦净玻璃板面及筒壁外的水分，将容量筒连同玻璃板放在台秤上称重。两次称量之差（以 kg 计）即为容量筒的容积（L）。

试验七　水泥混凝土的力学性能试验

一、试验目的

通过测定混凝土立方体抗压强度和混凝土立方体劈裂抗拉强度，熟悉有关强度的评定方法。

二、试件的制作及养护

（一）试件制作

试件的成型方法应根据混凝土的稠度而定。坍落度不大于 70mm 的混凝土，宜用振动台振实；大于 70mm 的宜用捣棒人工捣实。检验现浇混凝土工程和预制构件质量的混凝土，试件成型方法应与实际施工采用的方法相同。制作试件前应将试模擦拭干净并在其内壁涂上一层矿物油脂或其他脱模剂。

1. 采用振动台成型时，应将混凝土拌合物一次装入试模，装料时应用抹刀沿试模内壁略加插捣并使混凝土拌合物高出试模上口。振动时应防止试模在振动台上自由跳动。振动应持续到混凝土表面出浆为止，刮除多余的混凝土，并用抹刀抹平。试验室用振动台的振动频率应为 50 ± 3Hz，空载时振幅约为 0.5mm。

2. 人工插捣时，混凝土拌合物应分层装入试模，每层的装料厚度大致相等。插捣用的钢制捣棒长为 600mm，直径为 16mm，端部应磨圆。插捣应按螺旋方向从边缘向中心均匀进行，插捣底层时，捣棒应达到试模表面，插捣上层时，捣棒应穿入下层深度为 20 ~ 30mm，插捣时捣棒应保持垂直，不得倾斜。同时，还应用抹刀沿试模内壁插入数次。每层的插捣次数应根据试件的截面而定，一般每 $100cm^2$ 截面积不应少于 12 次。插捣完后，刮除多余的混凝土，并用抹刀抹平。

（二）试件养护

根据试验目的不同，试件可采用标准养护或与构件同条件养护。

试件一般养护到28d龄期（由成型时算起）进行试验。但也可以按要求（如需确定拆模、起吊、施加预应力或承受施工荷载等时的力学性能）养护到所需的龄期。

1. 采用标准养护的试件成型后应覆盖表面，以防止水分蒸发，并应在温度为20℃±5℃情况下静置一昼夜至两昼夜，然后编号拆模。拆模后的试件应立即放在温度为20℃±2℃、相对湿度大于95%的养护室中或温度为20℃±2℃的不流动的饱和氢氧化钙溶液中养护。

2. 同条件养护的试件成型后应覆盖表面。试件的拆模时间可与实际构件的拆模时间相同，拆模后，试件仍需保持同条件养护。

三、立方体抗压强度试验

（一）仪器设备

压力试验机：混凝土立方体抗压强度试验所采用试验机的精度（示值的相对误差）为±1%，其量程应能使试件的预期破坏荷载值不小于全量程的20%，也不大于全量程的80%。

试验机上、下压板及试件之间可各垫以钢垫板，钢垫板的两承压面均应机械加工。与试件接触的压板或垫板的尺寸应大于试件的承压面，其不平度应为每100mm不超过0.02mm。

（二）试件

混凝土试件的尺寸应根据混凝土中集料的最大粒径按试表3-1选定。

试表3-1 混凝土立方体试件尺寸选用表

试件尺寸（mm）	集料最大粒径（mm）
100×100×100	31.5
150×150×150	40
200×200×200	63

（三）试验步骤

试件从养护地点取出后，应尽快进行试验，以免试件内部的温度、湿度发生显著变化。

1. 先将试件擦拭干净，测量尺寸，并检查其外观。试件尺寸测量精确至1mm，并据此计算试件的承压面积。如实测尺寸与公称尺寸之差不超过1mm，可按公称尺寸进行计算。试件承压面的不平度应为每100mm不超过0.05mm，承压面与相邻面的不垂直度不应超过±1°。

2. 将试件安放在试验机的下压板上，试件的取压面应与成型时的顶面垂直。试件的中心应与试验机下压板中心对准。开动试验机，当上压板与试件接近时，调整球座，使接触均衡。混凝土试件的试验应连续而均匀地加荷，加荷速度应为：混凝土强度等级低于C30时，取每秒钟0.3~0.5MPa；混凝土强度等级高于或等于C30时，取每秒钟0.5~0.8MPa。当试件接近破坏而开始迅速变形时，停止调整试验机油门，直至试件破坏。然后记录破坏荷载。

（四）结果处理与评定

1. 混凝土立方体试件抗压强度应按下式计算；

$$f_{cc}=\frac{P}{A} \qquad 试(3\text{-}2)$$

式中　f_{cc}——混凝土立方体试件抗压强度，MPa；

P——破坏荷载，N；

A——试件承压面积，mm^2；

混凝土立方体抗压强度计算应精确至0.1MPa。

2. 以三个试件测值的算术平均值作为该组试件的抗压强度值。三个测值中的最大值或最小值中如有一个与中间值的差值超过中间值的15%时，则把最大值及最小值一并舍除，取中间值作为该组试件的抗压强度值。如有两个测值与中间值的差均超过中间值的15%时，则该组试件的试验结果无效。

取150mm×150mm×150mm试件的抗压强度为标准值，用其他尺寸试件测得的强度值均应乘以尺寸换算系数，其值为对200mm×200mm×200mm试件为1.05；对100mm×100mm×100mm试件为0.95。

四、劈裂抗拉强度试验

（一）仪器设备

1. 试验机。要求同立方体抗压强度试验机。

2. 垫条。采用直径为150mm的钢制弧形垫条。垫条的长度不应短于试件的边长。垫条与试件之间应垫以木质三合板垫层，垫层宽应为15～20mm，厚3～4mm，长度不应短于试件边长，垫层不得重复使用。

（二）试件

劈裂抗拉强度试验应采用150mm×150mm×150mm的立方体作为标准试件，制作标准试件所用混凝土中集料的最大粒径不应大于40mm。

必要时，可采用100mm×100mm×100mm非标准尺寸的立方体试件，非标准试件混凝土所有集料的最大粒径不应大于20mm。

（三）试验步骤

试件从养护地点取出后，应及时进行试验。试验前，试件应保持与原养护地点相似的干湿状态。

1. 先将试件擦拭干净，测量尺寸检查外观，并在试件中部划线定出劈裂面的位置。劈裂面应与试件成型时的顶面垂直。试件尺寸测量精确至1mm，并据此计算试件的劈裂面面积。如实测尺寸与公称尺寸之差不超过1mm，可按公称尺寸计算。试件承压区的不平度应为每100mm不超过0.05mm，承压线与相邻面的不垂直度应不超过±1°。

2. 将试件放在试验机下压板的中心位置，在上、下压板与试件之间垫以圆弧形垫层各一条，垫条应与成型时的顶面垂直（试图3-3）。为了保证上、下垫条对准，提高试验效率，可以把垫条安装在定位架上使用。

3. 开动试验机，当上压板与试件接近时，调整球座，使其接触均衡。

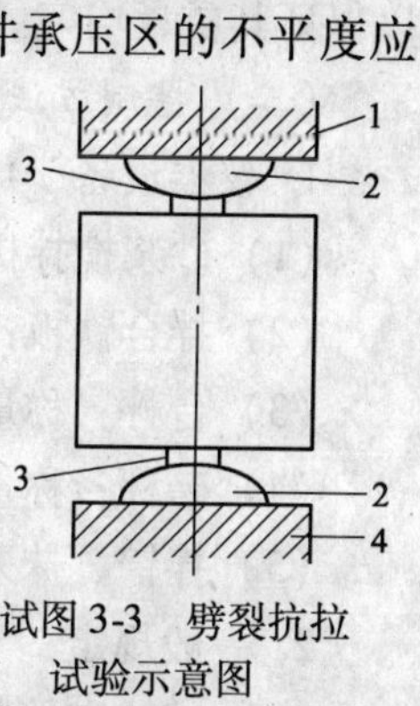

试图3-3　劈裂抗拉试验示意图
1—上压板；2—垫条；3—垫层；4—下压板

试件的试验应连续而均匀地加荷，加荷速度应为：混凝土强度等级低于C30时，取每秒钟0.02～0.05MPa；强度等级高于或等于C30时，取每秒钟0.05～0.08MPa。当试件接近破坏时，应停止调整试验机油门，直至试验破坏，然后记下破坏荷载。

（四）结果处理与评定

1. 混凝土劈裂抗拉强度应按下式计算：

$$f_{ts}=\frac{2P}{\pi A}=0.637\frac{P}{A} \qquad 试(3\text{-}3)$$

式中 f_{ts}——混凝土劈裂抗拉强度，MPa；

P——破坏荷载，N；

A——试件劈裂面面积，mm^2。

劈裂抗拉强度计算精确到0.01MPa。

2. 以三个试件测值的算术平均值作为该组试件的壁裂抗拉强度值。三个测值中的最大值或最小值中如有一个与中间值的差值超过中间值的15%，则把最大值及最小值一并舍去，取中间值作为该组试件的劈裂抗拉强度值。如有两个测值与中间值的差均超过中间值的15%，则该组试件的试验结果无效。

采用100mm×100mm×100mm非标准试件取得的劈裂抗拉强度值，应乘以尺寸换算系数0.85。

试验八 砂浆试验

一、砂浆拌合物取样及拌制方法

（一）取样方法

1. 建筑砂浆试验用料应根据不同要求，可从同一盘搅拌机或同一车运送的砂浆中取出；在试验室取样时，可从机械或人工拌合的砂浆中取出。

2. 施工中取样进行砂浆试验时，其取样方法和原则按相应的施工验收规范执行，应在使用地点的砂浆槽、砂浆运输车或搅拌机出料口，至少从一个不同部位取样。所取试样的数量应多于试验用料的1~2倍。

3. 砂浆拌合物取样后，应尽快进行试验。现场取来的试样，在试验前应经人工再翻拌，以保证其质量均匀。

（二）拌制方法

1. 仪器设备

（1）砂浆搅拌机。

（2）拌合铁板：约1.5m×2m，厚约3mm。

（3）台秤：称量10kg，感量5g。

（4）磅秤：称量50kg，感量50g。

（5）拌铲、抹刀、量筒等。

2. 一般规定

（1）试验室拌制砂浆进行试验时，拌合用的材料要求提前运入室内，拌合时试验的温度应保持在20℃±5℃。

（2）需要模拟施工条件下所用的砂浆时，试验室原材料的温度宜保持与施工现场一致。

（3）试验用水泥和其他原材料应与现场使用材料一致。水泥如有结块应充分混合均匀，以0.9mm筛过筛。砂也应以5mm筛过筛。

（4）试验室拌制砂浆时，材料应称重计量。称量的精确度：水泥、外加剂等为±0.5%；砂、石灰膏、黏土膏、粉煤灰和磨细生石灰粉为±1%。

（5）试验室用搅拌机搅拌砂浆时，搅拌的用量不宜少于搅拌机容量的20%，搅拌时间不宜少于2min。

3. 拌合方法

拌合方法有人工拌合和机械拌合两种。

（1）人工拌合方法

① 将称量好的砂子倒在拌合铁板上，然后加入水泥，用拌合铲将混合物拌合均匀（颜色均匀为止）。

② 用拌合铲在中间做一凹槽，将称好的石灰膏倒入凹槽中，倒入适量的水，将石灰膏调稀，然后再与水泥和砂共同拌合，用量筒逐次加水拌合，直至拌合物色泽一致、和易性凭经验观察，符合要求时为止。

（二）机械拌合方法

① 先拌合适量砂浆（与正式拌合的砂浆配比一致），使搅拌机内壁黏附一薄层水泥砂浆。

② 将称好的砂、水泥装入搅拌机。

③ 开动搅拌机，并将水徐徐加入（混合砂浆需将石灰膏或黏土膏用水稀释至浆状），搅拌约3min。搅拌的用量不宜少于搅拌机容量的20%。

④ 关闭搅拌机，将砂浆拌合物倒入拌合板上，用拌合铲翻拌几次，使砂浆均匀。

二、砂浆稠度试验

（一）试验目的

测定砂浆的稠度（沉入度），评定砂浆的流动性。

（二）仪器设备

1. 砂浆稠度仪由试锥、容器和支座三部分组成（试图3-4）试锥由钢材或铜材制成，试锥高度为145mm、锥底直径为75mm、试锥连同滑杆的质量应为300g；盛砂浆容器由钢板制成，筒高为180mm，锥底内径为150mm；支座分底座、支架及稠度显示三个部分，由铸铁、钢及其他金属制成。

2. 钢制捣棒直径10mm、长350mm、端部磨圆。

3. 秒表等。

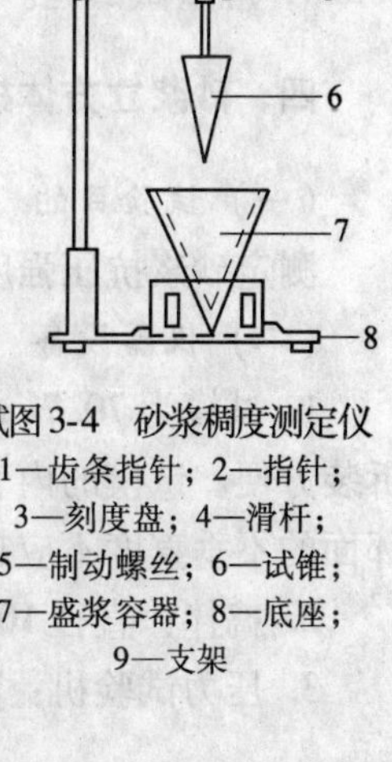

试图3-4　砂浆稠度测定仪

1—齿条指针；2—指针；3—刻度盘；4—滑杆；5—制动螺丝；6—试锥；7—盛浆容器；8—底座；9—支架

（三）试验步骤

1. 盛浆容器和试锥表面用湿布擦干净，并用少量润滑油轻擦滑杆后将滑杆上多余的油用吸油纸擦净，使滑杆能自由滑动。

2. 将砂浆拌合物一次装入容器，使砂浆表面低于容器口约10mm左右，用捣棒自容器中心向边缘插捣25次，然后轻轻地将容器摇动或敲击5～6下，使砂浆表面平整，随后将容器置于稠度测定仪的底座上。

3. 拧开试锥滑杆的制动螺丝，向下移动滑杆，当试锥尖端与砂浆表面刚接触时，拧紧制动螺丝，使齿条侧杆下端刚接触滑杆上端，并将指针对准零点上。

4. 拧开制动螺丝，同时计时间，待10s立即固定螺丝，将齿条测杆下端接触滑杆上端，从刻度盘上读出下沉深度（精确至1mm）即为砂浆的稠度值。

5. 圆锥形容器内的砂浆，只允许测定一次稠度，重复测定时，应重新取样测定之。

（四）结果处理

取两次试验结果的算术平均值，计算值精确至1mm；两次试验值之差如大于20mm，则应另取砂浆搅拌后重新测定。

三、砂浆分层度试验

（一）试验目的

测定砂浆的分层度，评定其保水性。

（二）仪器设备

1. 砂浆分层度筒（试图3-5）。内径为150mm，上节高度为200mm，下节带底净高为100mm，用金属板制成，上、下层连接处需加到3～5mm，并设有橡胶垫圈；

2. 水泥胶砂振动台。振幅0.85±0.05mm，频率50±3Hz；

3. 稠度仪、木锤等。

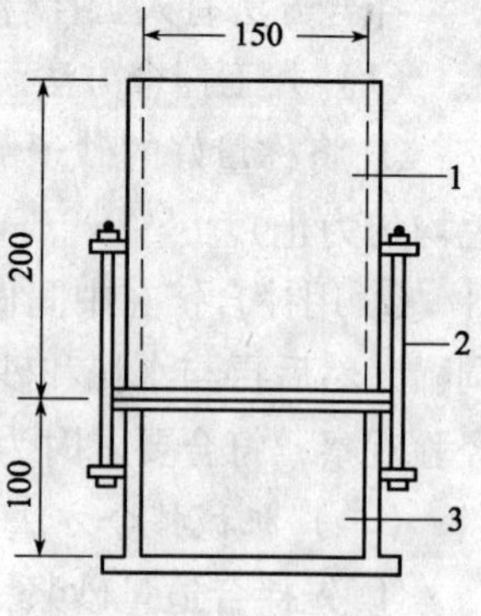

试图3-5 砂浆分层度测定仪（单位：mm）
1—无底圆筒；2—连接螺栓；3—有底圆筒

（三）试验步骤

1. 首先将砂浆拌合物按稠度试验方法测定稠度。

2. 将砂浆拌合物一次装入分层度筒内，待装满后，用木锤在容器周围距离大致相等的四个不同地方轻轻敲击1～2下，如砂浆沉落到低于筒口，则应随时添加，然后刮去多余的砂浆并用抹刀抹平。

3. 静置30min后，去掉上节200mm砂浆，剩余的100mm砂浆倒出放在拌合锅内拌2min，再按稠度试验方法测其稠度。前后测得的稠度之差即为该砂浆的分层度值（cm）。

（四）结果处理

取两次试验结果的算术平均值作为该砂浆的分层度值；两次分层度试验值之差如大于20mm，应重做试验。

四、砂浆立方体抗压强度试验

（一）试验目的

测定砂浆抗压强度，评定其强度等级。

（二）仪器设备

1. 试模为70.7mm×70.7mm×70.7mm立方体，由铸铁或钢制成，应具有足够的刚度并拆装方便。试模的内表面应机械加工，其不平度应为每100mm不超过0.05mm。组装后各相邻面的不垂直度不应超过±0.5°。

2. 捣棒：直径10mm，长350mm钢棒，端部应磨圆。

3. 压力试验机：精度应为1%，其量程应能使试件的预期破坏荷载值不小于全量程的

20%，也不大于全量程的80%。

4. 垫板：试验机上、下压板及试件之间可垫以钢垫板，垫板的尺寸应大于试件的承压面，其不平度应为每100mm不超过0.02mm。

5. 振动台：空载中台面的垂直振幅应为0.5±0.05mm，空载频率应为50±3Hz，空载台面振幅均匀度不应大于10%，一次试验应至少能固定3个试模。

（三）试件制作和养护方法

1. 应采用立方体试件，每组试件应为3个。

2. 应采用黄油等密封材料涂抹试模的外接缝，试模内应涂刷薄层机油或隔离剂。应将拌制好的砂浆一次性装满砂浆试模，成型方法应根据稠度而确定。当稠度大于50mm时，宜采用人工插捣成型，当稠度不大于50mm时，宜采用振动台振实成型。

（1）人工插捣：应采用振捣棒均匀地由边缘向中心按螺旋方式插捣25次，插捣过程中当砂浆沉落低于试模口时，应随时添加砂浆，可用油灰刀插捣数次，并用手将试模一边抬高5～10mm各振动5次，砂浆应高出试模顶面6～8mm。

（2）机械振动：将砂浆一次装满试模，放置到振动台上，振动时试模不得跳动，振动5～10s或持续到表面泛浆为止，不得过振；应待表面水分稍干后，再将高出试模部分的砂浆沿试模顶面刮去并抹平。

3. 试件养护

① 试件制作后应在20℃±5℃温度环境下停置一昼夜（24±2h），当气温较低时，可适当延长时间，但不应超过两昼夜，然后对试件进行编号并拆模。试件拆模后，应在标准养护条件下，继续养护至28d，然后进行试压。

② 标准养护的条件是：温度20℃±2℃，相对湿度90%以上；养护期间，试件彼此间隔不少于10mm。

（四）抗压强度试验步骤

试件从养护地点取出后，应尽快进行试验，以免试件内部的温度、湿度发生显著变化。

1. 将试件擦拭干净，测量尺寸，并检查其外观。试件尺寸测量精确至1mm，并据此计算试件的承压面积。如实测尺寸与公称尺寸之差不超过1mm可按公称尺寸进行计算。

2. 将试件安放在试验机的下压板上（或下垫板上），试件的承压面应与成型时的顶面垂直，试件中心应与试验机下压板（或下垫板）中心对准。

3. 开动试验机，当上压板与试件（或下垫板）接近时，调整球座，使接触面均衡受压。承压试验应连续而均匀地加荷，加荷速度应为每秒钟0.25～1.5kN（砂浆强度不大于2.5MPa时，宜取下限），当试件接近破坏而开始迅速变形时，停止调整试验机油门，直至试件破坏，然后记录破坏荷载。

（五）结果处理与评定

1. 每个试件的砂浆立方体抗压强度应按下列公式计算：

$$f_{m,cu} = K\frac{N_u}{A} \quad 试(3\text{-}4)$$

式中 $f_{m,cu}$——砂浆立方体抗压强度，MPa，精确至0.1MPa；

N_u——立方体破坏压力，N。

A——试件承压面积，mm^2；

K——换算系数，一般取 1.35。

2. 以三个试件测值的算术平均值作为该组试件抗压强度值，平均值计算精确至 0.1MPa。

当三个试件的最大值或最小值中有一个与中间值的差超过中间值的 15% 时，应把最大值与最小值一并舍去，取中间值作为该组试件的抗压强度值。当最大值、最小值与中间值的差值均超过中间值的 15% 时，该组试验结果应为无效。

第四章　沥青材料试验

试验九　石油沥青的针入度、延度和软化点试验

一、试验目的

通过测定石油沥青的针入度、延度、软化点，熟悉石油沥青的主要技术性质。

二、取样

（一）取样方式

从桶、袋、箱中取样，应在样品表面以下及容器侧面以内至少5cm处采取。若沥青是能够打碎的，则用干净的适当工具打碎后取样；若沥青是软的，则用干净的适当工具切割取样。

（二）取样数量（从沥青桶中取样）

1. 同批产品的取样数量

当能确认是同一批生产的产品时，应随机取出一件按上述取样方式取4kg供检验用。

2. 非同批产品的取样数量

当不能确认是同一批生产的产品或按同批产品取样取出的样品，经检验不符合规格要求时，则须按随机取样的原则，选出若干件后再按上述取样方式取样，其件数等于总体数的立方根。试表4-1给出了不同装载件数所要取出的样品件数。每个样品的质量应不少于100g，这样取出的样品，经充分混合后取出4000g供检验用。

试表4-1　石油沥青取样件数

装载件数	2~8	9~27	28~64	65~125	126~216	217~343	344~512	513~729	730~1000	1001~1331
选取件数	2	3	4	5	6	7	8	9	10	11

三、针入度的测定

（一）仪器设备

1. 针入度仪：针入度仪的构造如试图4-1，试验温度为25℃时，标准针、连杆与附加砝码的总质量为100±0.05g。

2. 标准针：经淬火的不锈钢针。

3. 盛样皿：金属制，平底筒状，内径为55±1mm，深35±1mm。

4. 恒温水浴：容量不小于10L，能保持温度在试验温度的±0.1℃范围内。水中应备有一个带孔的支架，位于水面下不少于100mm，距浴底不少于50mm处。

5. 平底保温皿：容量不小于0.5L，深度不少于80mm。内设一个不锈钢三脚支架，能使试样皿稳定。

6. 秒表：刻度≤0.1s。

7. 温度计：分度为0.1℃。

8. 筛：孔径为0.3~0.5mm。

9. 金属皿或瓷皿：熔化试样用；砂浴；用煤气炉或电炉加热。

（二）试样制备

将试样在砂浴上加热至120℃~180℃温度下脱水，充分搅拌后，用筛过滤，注入盛样皿内，其深度不少于30mm。放置于15℃~30℃的空气中冷却1~2h，冷却时须注意不使灰尘落入。然后将盛样皿浸入25℃±0.5℃的水浴中，恒温1~2h。浴中水面应高于试样表面25mm以上。

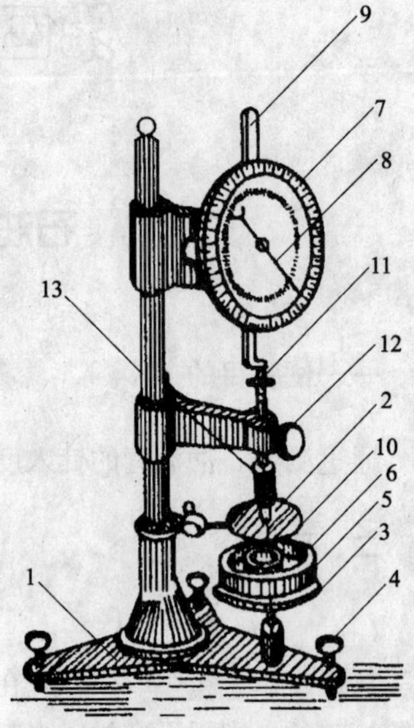

试图4-1 针入度仪

1—底座；2—小镜；3—圆形平台；4—调平螺丝；5—保温皿；6—试样；7—刻度盘；8—指针；9—活杆；10—标准针；11—连杆；12—按钮；13—砝码

（三）试验步骤

1. 调节针入度计水平；检查连杆是否能自由滑动；洗净擦干并装好标准针。

2. 从恒温水浴中取出盛样皿，放入水温严格控制为25℃的平底保温皿中，试样表面以上的水层高度应不少于10mm。将保温皿放于圆形平台上，慢慢放下连杆，使针尖与试样表面恰好接触。拉下活杆使与连杆顶端接触，调节刻度盘使指针指零。

3. 开动秒表，同时用手紧压按钮，使标准针自由地插入沥青中，经过5s停压按钮，使指针停止下沉。

4. 拉下活杆与标准针连杆顶部接触。这时刻度盘指针所指的读数即为试样的针入度。

5. 同一试样重复测定至少三次，每次测定前都应检查并调节保温皿内水温，每次测定后都应将标准针取下，用浸有溶剂（煤油、苯、汽油或其他溶剂）的布或棉花擦净，再用干布或棉花擦干。每次插入点相互距离及与盛样皿边缘距离都不得小于10mm。

（四）结果处理与评定

以三次测定针入度的平均值，取至整数，作为试验结果。三次测定的针入度值相差不应大于试表4-2所列数值，否则试验应重做。

试表4-2 针入度测定允许最大差值 0.1mm

针入度	0~49	50~149	150~249	250~500
允许最大差值	2	4	12	20

四、延度试验

（一）仪器

1. 延度仪：为一带标尺的长方形容器，内装有移动速度为 5 ±0. 5cm/min 的拉伸滑板。

2. 试模：由两个端模和两侧模组成，其形状尺寸如试图 4-2 所示。

3. 温度计：0℃ ~50℃，分度 0. 5℃。

4 瓷皿或金属皿（熔沥青用）、筛（筛孔 0. 3 ~ 0. 5mm）、刀（切沥青用）、金属板（附有夹紧模具的活动螺丝）、砂浴（用煤气炉或电炉加热）、甘油滑石粉隔离剂（甘油 2 份，滑石粉 1 份，以质量计）等。

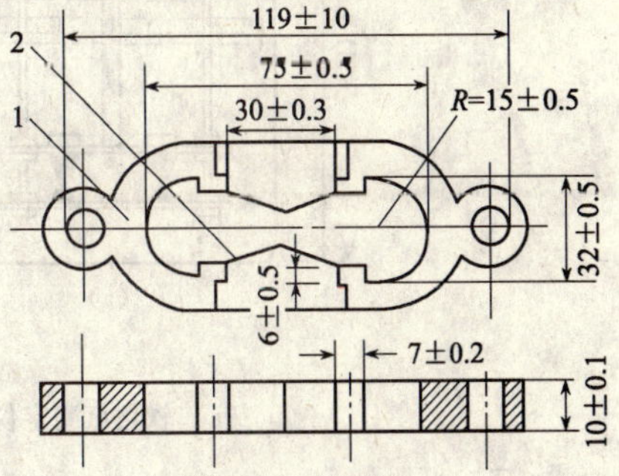

试图 4-2　试模
1—端模；2—侧模

（二）试样及仪器准备

1. 将隔离剂拌合均匀，涂于磨光的金属板上有侧模的内侧面，将试模在金属垫板上卡紧。

2. 将除去水分的试样，在砂浴上加热浴化、搅拌，加热温度不得高于试样估计软化点 100℃；用筛过滤，并充分搅拌至气泡完全消除。然后将试样自模的一端至他端往返多次，缓缓注入模中，并略高出模具。

3. 浇注好的试样在 15 ~30℃的空气中冷却 30min 后，然后放入 25℃ ±0. 1℃的水浴中，保持 30 min 后取出，用热刀将高出模具部分的沥青刮去，使沥青面与模面齐平。沥青刮除应自模的中间，刮至两边，表面应刮得平整、光滑。将试件连同金属板浸入 25℃ ±0. 1℃的水浴 1 ~1. 5h。

4. 检查延度仪滑板的移动速度是否符合要求，然后移动滑板使其指针正对标尺的零点。保持水槽中水温为 25℃ ±0. 5℃。

（三）测定步骤

1. 试件移至延度仪水槽中，然后将模具两端的孔分别套在滑板及槽端的金属柱上，并取下试件侧模，水面距试件表面应不少于 25mm。

2. 当延度中的水温恰为 25℃时，开动延度仪的电动机，此时仪器不得有振动，观察沥青的延伸情况。如测定时沥青细丝浮于水面或沉于槽底，则加入乙醇（酒精）或食盐水，调整水的比重至与试样的比重相近后，再进行测定。

3. 试件拉断时记下指针所指标尺上的读数，即为试样的延度（以 cm 表示）。

（四）结果处理与评定

取平行测定的三个结果的平均值作为测定结果，若三次测定值不在其平均值的 5% 以内，但其中两个较高值在平均值的 5% 之内，则弃去最低测定值，取两个较高值的平均值作为测定结果。

五、软化点试验

（一）仪器设备

1. 沥青软化点测定仪（包括温度计、800 ~1000mL 烧杯，测定架、黄铜环、套环、钢球），如试图 4-3 所示。

2. 电炉或其他加热器、金属板（一面必须磨至光洁度 8）或玻璃板、刀（切沥青用）、筛（筛孔 0. 3 ~0. 5mm）、甘油滑石粉隔离剂、新煮沸的蒸馏水、甘油。

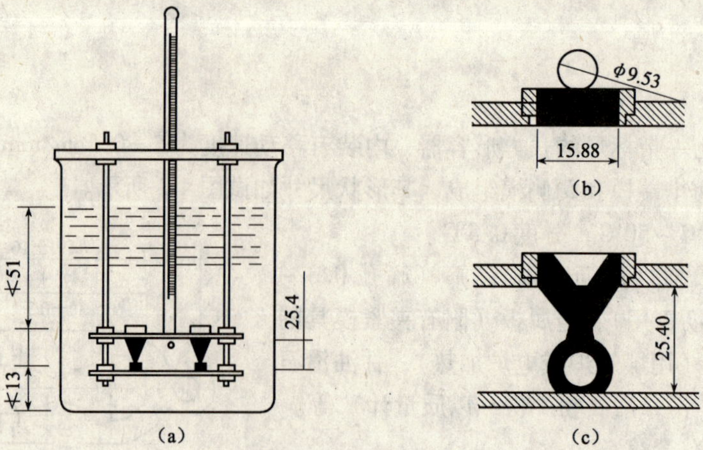

试图 4-3 软化点测定仪

(a) 软化点测定仪装置图；(b)，(c) 试验前后钢球位置图

(二) 试样及仪器准备

1. 将试样环置于涂有隔离剂的金属板或玻璃上，将预先脱水的试样加热熔化，加热温度不得高于估计软化点 100℃，搅拌、过筛后注入试样环内至略高于环面为止，如估计软化点有 120℃以上时，应将试样环与金属板预热至 80～100℃。

2. 将盛有试样环及板置于盛满水（估计软化点不高于 80℃的试样）或甘油（估计软化点高于 80℃的试样）的保温槽内，或将盛试样的环水平地安在环架中层板的圆孔内，然后放在烧杯中，恒温 15min。水温保持 5℃ ±0.5℃；甘油温度保持 32℃ ±1℃。同时，钢球也置于恒温的水或甘油中。

3. 烧杯内注入新煮沸并冷却至 5℃的蒸馏水（估计软化点不高于 80℃的试样）或注入预先加至约 32℃的甘油（估计软化点高于 80℃的试样），使水面或甘油液面略低于连接杆上的深度标记。

(三) 试验步骤

1. 从水浴或甘油保温槽中取出盛有试样的试样环置于环架中层板上的圆孔中，并套上套环（钢球定位用），把整个环架放入烧杯内，调整水面或甘油液面至深度标记，环架上任何部分不得有气泡。将温度计由上层板中心孔垂直插入，使水银环与试样环下面齐平。

2. 移烧杯至放有石棉网的三脚架上或电炉上，然后将钢球放在试样上（须使各环的平面在全部加热时间内完全处于水平状态）立即加热，使烧杯内水或甘油温度在 3min 后保持每分钟上升 5℃ ±0.5℃，否则重做。

3. 试样受热软化下坠至与下层底板面接触时记下此时的温度（即为试样的软化点）。

(四) 结果处理及评定

取平行测定两个结果的算术平均值作为测定结果。

当试样软化点小于 80℃时，重复性试验允许差为 1℃；

当试样软化点大于 80℃时，重复性试验允许差为 2℃。

试验十 沥青黏度试验

沥青的标准黏度是沥青试样在规定的温度条件下，自道路沥青黏度仪规定直径的流孔流出 50mL 所需的时间，以 s 表示。

一、主要仪器设备

1. 沥青黏度仪包括：

（1）盛样管：管底部有一流孔，孔直径有 3mm、4mm、5mm、10mm 四种，根据需要选用。

（2）球塞：用于堵塞流孔。

（3）保温水浴：用于保持试验温度。

（4）保温水浴盖和搅拌器：水浴盖和搅拌器连在一起，盖上有一孔供插温度计用。

2. 温度计、量筒、秒表、酒精灯、肥皂水、有机溶剂等。

二、试验步骤

1. 架设黏度仪：选择所需孔径的盛样管，装入保温水浴的井孔中，用球塞堵住流孔，在黏度仪保温水浴中注入温水，水温比试验温度约高 1～2℃（若试验温度低于室温时则用冷水，水温应比试验温度低 1～2℃）。

2. 将沥青试样加热脱水、过滤，当沥青试样温度较试验温度高 2～3℃时，将其注入黏度仪的盛样筒中，注入深度以液面稍高于球杆螺钉为度。

3. 当沥青试样与恒温水浴中液体的温度达到平衡，保温 1～1.5min，当温度符合试验温度时（允许误差 0.1℃），在流孔下放置容积 100mL 的量筒，量筒中预先注入 25mL 的温热肥皂水，以便于量筒的洗涤。

4. 取出盛样筒中的温度计，并用吸管吸去多余的试样，使试样液面与指示螺丝的中心齐平，然后提起球杆，待沥青试样流出 25mL 时，按动秒表。待沥青试样流出 75mL 时，按停秒表。记录经历的时间，即为沥青试样的黏度，以 s 计。

三、试验结果

当两次平行试验测值的差值不大于平均值的 4% 时，取其平均值的整数作为试验结果。

第五章 沥青混合料试验

试验十一 沥青混合料的制备和物理指标

一、沥青混合料的制备和试件成型

（一）目的与适用范围

1. 本方法用于标准击实法或大型击实法制作沥青混合料试件（本节只介绍标准击实法），以供试验室进行沥青混合料物理力学性能试验使用。

2. 沥青混合料的制备和试件成型是按照设计的配合比，应用现场实际材料，在实验室内用小型拌合机，按规定的拌制温度制备成沥青混合料，然后将这种混合料在规定的成型温度下，用击实法制成直径为101.6mm、高为63.5mm圆柱体试件。

（二）主要仪器设备

1. 标准击实仪：由击实锤（质量4536±9g）、ϕ98.5mm平圆形压实头及带手柄的导向棒组成。击实锤从457.2±1.5mm高处自由落下击实试件。

2. 标准击实台：用以固定试模，在200mm×200mm×457mm的硬木墩上面有一块305mm×305mm×305mm的钢板，木墩用4根型钢固定在下面的水泥混凝土板上。

自动击实仪是将标准击实锤及标准击实台安装于一体，并用电力驱动使击实锤连续击实试件且可自动记数，使速度为60±5次/min。

3. 实验室用沥青混合料拌合机：能保证拌合温度并充分拌合均匀，可控制拌合时间。

4. 脱模器、试模、烘箱、电子秤、温度计、插刀、沥青运动黏度测定设备等。

（三）试验准备

1. 确定制作沥青混合料试件的拌合温度与压实温度：用毛细管黏度计测定沥青的运动黏度，绘制粘温曲线。当使用石油沥青时，以运动黏度为170±20mm^2/s时的温度为拌合温度，以280±30mm^2/s时的温度为压实温度；若用赛氏黏度计测定赛波特黏度，以85±10s时的温度为拌合温度，以140±15s时的温度为压实温度；当缺乏运动黏度测定条件时，试件的拌合温度与压实温度可按试表5-1选用。

试表5-1 沥青混合料拌合及压实温度参数表

沥青结合料类型	拌合温度（℃）	压实温度（℃）
石油沥青	130~160	120~150
煤沥青	90~120	80~110
改性沥青	160~175	140~170

2. 将各种规格的矿料置于105℃ ±5℃的烘箱中烘干至恒重（一般不少于4 ~6h）。根据需要，可将粗、细集料过筛后，用水冲洗再烘干备用。

3. 分别测定不同粒径粗、细集料及填料的表观密度，并测定沥青的密度。

4 将烘干分级的粗、细集料，按每个试件设计级配成分要求称其质量，在一金属盘中混合均匀，矿粉单独加热，置烘箱中预热至拌合温度以上约15℃备用。一般按一组试件4 ~6个备料，但进行配合比设计时宜每个试件分别备料。

5. 将沥青试样用电热套或恒温烘箱熔化加热至规定的沥青混合料拌合温度备用。

6. 用蘸有少许黄油的棉纱擦净试模、套筒及击实座等，然后将它们置于100℃左右烘箱中加热1h备用。

（四）沥青混合料拌制

1. 将沥青混合料拌合机预热至拌合温度以上10℃左右备用。

2. 将每个试件预热的粗、细集料置于拌合机中，用小铲适当混合，然后再加入需要数量的已加热至拌合温度的沥青，开动拌合机一边搅拌，一边将拌合叶片插入混合料中1 ~1.5min，然后暂停拌合，加入单独加热的矿粉，继续拌合至均匀为止，并使沥青混合料保持在要求的拌合温度范围内。总拌合时间为3min。

（五）试件成型（马歇尔方法）

1. 将拌好的沥青混合料，均匀称取一个试件所需的用量（约1200g）。当一次拌合几个试件时，宜将其倒入经预热的金属盘中，用小铲拌合均匀分成几份，分别取用。

2. 从烘箱中取出预热的试模和套筒，用蘸有少许黄油的棉纱擦拭套筒、底座及击实锤的底面，将试模装在底座上（也可垫一张圆形的吸油性小的纸），按四分法从四个方向用小铲将混合料铲入试模中，用插刀沿周边插捣15次，中间10次。插捣后将沥青混合料表面整平成凸圆弧面。

3. 插入温度计，至混合料中心附近，检查混合料温度。

4. 待混合料温度符合要求的压实温度后，将试模连同底座，一起放在击实台上固定（也可在装好的混合料上垫一张吸油性小的圆纸），再将装有击实锤及导向棒的压实头插入试模中，然后开启电动机（或人工）将击实锤从457mm的高度自由落下击实规定的次数。

5. 试件击实一面后，取下套筒，将试模掉头，装上套筒，然后以同样方式击实另一面。

6. 试件击实结实后，如上、下面垫有圆纸应立即应镊子取掉，用卡尺量取试件离试模上口的高度，如高度不符合要求时，试件应作废，并按下式调整试件的混合料数量，使高度符合63.5 ±1.3mm的要求。

$$\text{调整后混合料质量} = \frac{\text{要求试件高度} \times \text{原用混合料质量}}{\text{所得试件的高度}}$$

7. 卸去套筒和底座，将装有试件的试模横向放置冷却至室温后，置脱模机上脱去试件。将试件置于干燥洁净的平面上，在室温下静置12h以上，待用。

二、沥青混合料的密度试验

（一）目的与适用范围

1. 表干法适用于测定吸水率不大于2%的各种沥青混合料试件，包括Ⅰ型或较密实的Ⅱ

型沥青混凝土、抗滑表层混合料、沥青玛琋脂碎石混合料（SMA）试件的毛体积相对密度或毛体积密度。

2. 本方法测定的毛体积密度适用于计算沥青混合料试件的空隙率、矿料间隙率等各项体积指标。

（二）主要仪器设备

1. 浸水天平或电子秤：应备有测量水中质量的挂钩。

2. 溢流水箱、网篮、试件悬吊装置、秒表、烘箱、毛巾等。

（三）试验步骤

1. 除去试件的表面浮尘，称取干燥试件在空气中的质量（m_a）。

2. 挂上网篮浸入溢流水箱的水中，调节水位，将天平调平，把试件置于网篮中，浸水约3~5min，称取水中质量（m_w）。

3. 从水中取出试件，用洁净的拧干湿毛巾轻轻擦去试件的表面水（不得吸走空隙内的水），称取试件的表干质量（m_f）。

（四）计算结果与精确要求

1. 计算试件的吸水率，取1位小数。

试件的吸水率即试件吸水体积占沥青混合料毛体积的百分率，按下式计算：

$$S_a = \frac{m_f - m_a}{m_f - m_w} \times 100\% \quad \text{试(5-1)}$$

式中 S_a——试件的吸水率，%；

m_a——干燥试件的空中质量，g；

m_w——试件的水中质量，g；

m_f——试件的表干质量，g。

2. 计算试件的毛体积相对密度和毛体积密度，取3位小数。

$$\gamma_f = \frac{m_a}{m_f - m_w} \quad \text{试(5-2)}$$

式中 γ_f——试件的毛体积相对密度，无量纲；

ρ_f——试件的毛体积密度，g/cm^3；

ρ_w——常温水的密度，g/cm^3。

3. 试件的空隙率（取1位小数）：

$$VV = \left(1 - \frac{\gamma_f}{\gamma_t}\right) \times 100\% \quad \text{试(5-3)}$$

式中 VV——试件的空隙率，%；

γ_t——沥青混合料理论最大相对密度；

γ_f——试件的毛体积相对密度。

（五）报告

应在试验报告中注明沥青混合料的类型及采用的测定密度的方法。

试验十二　沥青混合料马歇尔稳定度试验

一、试验目的

将沥青混合料制成马歇尔试件，在稳定度仪上测定其稳定度和流值，用以表征沥青混合料在高温时的稳定性和抗变形能力。

二、主要仪器设备

1. 混合料马歇尔稳定度仪：包括测定荷载与试件变形的应力环或传感器、流值计（或位移计）、钢球和上、下压头等。

2. 温水槽：控温准确度为1℃，深度不小于150mm。

3. 烘箱、天平、温度计、棉纱、黄油、卡尺等。

三、试验步骤

1. 歇尔试验方法

（1）将恒温水槽（或烘箱）调节至要求的试验温度，对黏稠石油沥青混合料为60±1℃。试件置于恒温水槽（或烘箱）中保温30~40min。上下压头也一同保温至相同温度。

（2）将上下压头从保温水槽（或烘箱）中取出，擦净，在下压头导棒上涂少量黄油使压头滑动自如。将试件取出置于下压头上，盖上上压头，然后装在加载设备上。

（3）将流值测定装置安装在导棒上使导向套管轻轻地压住上压头，同时，将流值计读数调零。在上压头的球座上放妥钢球，并对准荷载测定装置的压头，然后调整应力环中百分表对准零或将荷重传感器的读数复位为零。

（4）启动加载设备，使试件承受荷载。当试验荷载达到最大的瞬间，取下流值计，同时读取应力环中百分表（或传感器）读数和流值计的读数。

（5）试验结果

① 稳定度由荷载测定装置读取的最大值，即为试样的稳定度。当用应力环百分表测定时，根据应力环标定曲线，将应力环中百分表的读数换算为荷载值，即为试件的稳定度（MS），以kN计。

② 流值由流值计及位移传感器测定装置读取的试件垂直变形，即为试件的流值（FL），以0.1mm计。

③ 马歇尔模数按下式计算：

$$T = \frac{MS}{FL} \qquad \text{试(5-4)}$$

式中　T——试件的马歇尔模数，kN/mm；

MS——试件的稳定度，kN；

FL——试件的流值，mm。

（6）试验结果报告

① 当一组测定值中某个数据与平均值之差大于标准差的 k 倍时，该测定值应予舍弃，并以其余测定值的平均值作为试验结果。当试验数目 n 为3、4、5、6个时。k 值分别为

1.15、1.46、1.67、1.82。

② 试验应报告马歇尔稳定度、流值、马歇尔模数以及试件尺寸、密度、空隙率、沥青用量、沥青体积百分率、沥青饱和度、矿料间隙率等各项物理指标。

2. 浸水马歇尔试验方法

（1）将沥青混合料试件在规定温度60℃ ±1℃的恒温水槽中保温48h，然后测其稳定度。其余方法与标准马歇尔试验方法相同。

（2）按下式计算试件的残留稳定度：

$$MS_0 = \frac{MS_1}{MS} \times 100\% \qquad 试(5\text{-}5)$$

式中　MS_0——试件的浸水残留稳定度,%；

MS_1——试件的浸水48h后的稳定度，kN；

MS——试件按标准方法的稳定度，kN。

试验十三　沥青混合料车辙试验

一、车辙试验用试件的制作

（一）试验目的

车辙试验用的试件是采用轮碾法制成，尺寸为300mm×300mm×50mm的板块状试件。

（二）主要仪器设备

1. 轮碾成型机：轮碾成型机具有圆弧形碾压轮，轮宽300mm，压实线荷载为300N/cm，碾压行程等于试件长度，碾压后试件可达到马歇尔试验标准击实密度的（100±1）%。

2. 试验室用沥青混合料拌合机能保证温度并充分拌合均匀，可控制拌合时间。

3. 试模：由高碳钢或工具钢制成，内部平面尺寸为300mm×300mm，高50mm。

4. 小型击实锤钢制端部断面300mm×300mm，厚10mm，带手柄，总质量0.5kg左右。

5. 沥青运动黏度测定设备毛细管黏度计或赛波特黏度计。

6. 烘箱、台秤、电子秤、温度计、电炉、沥青熔化锅、拌合铲、标准筛、滤纸、胶布、卡尺、秒表、粉笔、垫木、棉纱等。

（三）试件制作

1. 按马歇尔稳定度试件成型方法，确定沥青混合料的拌合温度和压实温度。

2. 将金属试模及小型击实锤等置于约100℃的烘箱中加热1h备用。

3. 称出制作一块试件所需要的各种材料的用量。先按试件体积（V）乘以马歇尔稳定度击实密度（ρ），再乘以系数1.03，即得材料总用量（M）。再按配合比计算出各种材料用量。分别将各种材料放入烘箱中预热备用。

4. 将预热的试模从烘箱中取出，装上试模框架，在试模中铺一张纸，使底面和侧面均被纸隔离，将拌合好的沥青混合料用小铲均匀地沿试模由边至中按顺序装入试模，中部略高于四周。

5. 取下试模框架，用预热小型击实锤由边至中压实一遍，整平成凸圆弧形。

6. 插入温度计，待混合料冷却至规定的压实温度时，在表面铺一张纸。

7. 将试模置于轮碾机的平台上，轻轻放下预热至约100℃左右的碾压轮，调整总荷载为9kN（线荷载300N/cm）。

8. 启动碾压机，先在一个方向碾压两个往返（4次），卸载，再抬起碾压轮，将试件掉转方向，再加相同荷载碾压至马歇尔标准密实度（100±1)%为止。一般12个往返（24次）左右可达到。

9. 压实成型后，用粉笔在试件表面上标明碾压方向。

10. 试模在室温下冷却，至少12h后方可脱模。

二、沥青混合料车辙试验

（一）试验目的

沥青混合料车辙试验是用一块经碾压成型的板块试件，在规定温度条件下（通常为60℃），以一个轮压为0.7MPa的实心橡胶轮在其上行走，测量试件在变形稳定期时，每增加1mm变形需要行走的次数，即为动稳定度，以次/mm表示。

（二）主要仪器设备

1. 车辙试验机、试件台、橡胶轮、加载装置、变形测量装置、温度检测装置。

2. 恒温室：车辙试验机安放在恒温室内，装有加热器、气流循环装置及自动温度控制设备，能保持恒温室温度60℃±1℃，试件内部温度60℃±0.5℃。温度应能自动连续记录。

3. 台秤。

（三）试验方法

1. 测定试验轮压强应符合0.7±0.05MPa，将试件装于原试模中。

2. 将试件连同试模一起，置于达到试验温度的恒温室中，保温不少于5h，也不得多于24h。在试件的试验轮不行走的部位上，粘贴一个热电偶温度计控制试件温度稳定在60℃±0.5℃。

3. 将试件连同试模置于车辙试验机的试验台上，试验轮在试件的中央部位，其行走方向需与试件碾压方向一致。开动车辙自动变形记录仪，然后启动试验机，使试验轮往返行走约1h，或最大变形达25mm为止。记录仪自动记录变形曲线，如试图5-1所示。

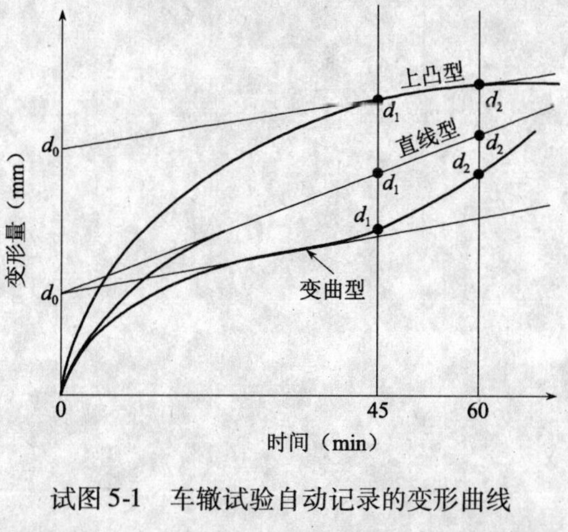

试图5-1　车辙试验自动记录的变形曲线

（四）结果计算

1. 从试图5-1上读取45min（t_1）及60min（t_2）时的车辙变形d_1及d_2，精确至0.01 mm。如变形过大，在未到60min变形已达25mm时，则以达到25mm（d_2）时的时间为t_2，将其前15min为t_1，此时的变形量为d_1。

2. 沥青混合料试件的动稳定度按下式计算：

$$DS=\frac{(t_2-t_1)\times N}{d_2-d_1}\times C_1\times C_2 \qquad \text{试(5-6)}$$

式中 DS——沥青混合料的动稳定度，次/mm；

d_1——时间t_1（一般为45min）的变形量，mm；

d_2——时间t_2（一般为60min）的变形量，mm；

N——试验轮每分钟行走次数，通常为42次/min；

C_1——试验机类型修正系数，曲柄连杆驱动试件的变速行走方式为1.0；链驱动试验轮的等速方式为1.5；

C_2——试件系数，试验室制备的宽300mm的试件为1.0；从路面切割的宽150mm的试件为0.8。

（五）报告

1. 同一沥青混合料或同一路段的路面，至少平行试验三个试件，当三个试件动稳定度变异系数小于20%时，取其平均值作为试验结果。变异系数大于20%时应分析原因，并追加试验。

2. 试验报告应注明试验温度、试验轮接地压强、试件密度、空隙率及试件制作方法等。

第六章 建筑钢材试验

试验十四 建筑钢材性能试验

一、钢筋拉伸试验

（一）试验目的

测定低碳钢的屈服强度、抗拉强度与伸长率，注意观察拉力与变形之间的变化，确定应力与应变之间的关系曲线，评定钢筋的强度等级；检定钢筋承受规定弯曲程度的弯曲变形性能，并显示其缺陷。

（二）试验仪器

1. 万能材料试验机：为保证机器安全和试验准确，其吨位选择最好是使试件达到最大荷载时，指针位于第三象限内（即180°～270°之间）。试验机的侧力示值误差不大于1%。

2. 游标卡尺和引伸计。

（三）试验方法

1. 准备试样

（1）取样方法和结果评定规定，每批钢筋任意抽取两根，在每根距端部50cm处各取一套试样（两根试件）。

（2）试验前，先将材料制成一定形状的标准试样，如试图6-1所示。试样一般应不经切削加工。受拉力机吨位的限制，直径为22～40mm的钢筋可进行切削加工，制成直径（标距部分直径 d_0）为20mm的标准试样。试样长度：拉伸试样分短试件为 $5d_0+100$mm，或长试件为 $10d_0+200$mm。当直径 $d_0=10$mm 的试样，其标距长度 $l_0=200$mm（长试样，δ_{10}）或100mm（短试样，δ_5）；标距部分到头部的过渡必须缓和，其圆弧尺寸 R 最小值为5mm，$l=230$mm（长试样）或130mm（短试样）；$h=50\sim70$mm。

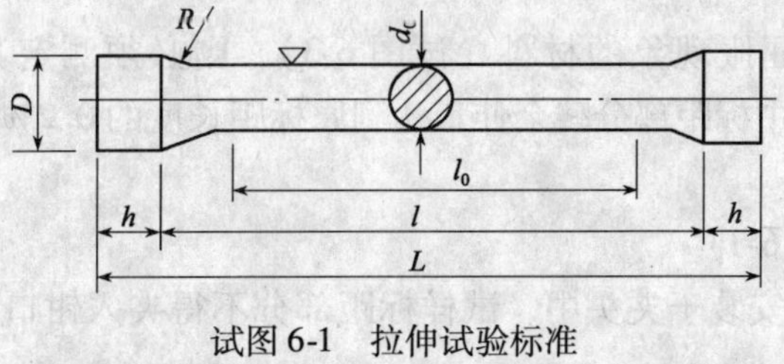

试图6-1 拉伸试验标准

（3）标距部分直径 d_0 的允许偏差为不大于 ±0.2mm；标距部分长度的 l_0 允许偏差大于 ±0.1mm；试样标距长度内最大直径与最小直径的允许偏差为0.05mm。

（4）根据试样的横截面积确定试样的标距长度。然后按标距的两端用不深的冲眼刻画出标志，并按试样标距长度，以每隔5～10mm作一分格标志，以计算试样的伸长率。

（5）确定未经车削的试样横截面积 S_0（mm^2），应按试式（6-1）求得：

$$S_0 = \frac{m}{\rho L} \times 1000 \qquad \text{试(6-1)}$$

式中 m——试样质量，g；

ρ——试样密度，g/cm^3；

L——试样总长度，mm。

将试样安置在万能试验机的夹头中，试样应对准夹头的中心，试样轴线应绝对垂直，然后进行拉伸试验，测定试样的屈服点（有明显屈服现象的材料）、屈服强度（没有明显屈服现象的材料）、抗拉强度和伸长率。

2. 屈服点的测定

（1）测定屈服点时，在向试样连续而均匀地施加负荷的过程中，在液压式试验机上，当负荷指示器上的指针停止转动或开始回转（在杠杆式试验机上，杠杆平衡或开始明显下落）时之恒定力，最大或最小负荷读数，即为屈服负荷 F_s 值。

（2）屈服点也可以从试验机自动记录的负荷伸长曲线上确定。屈服负荷系位于曲线上的一点，该点相当于负荷不变而试样继续伸长时之平台（试图6-2a），或负荷开始下降而试样继续伸长时之最高或最低点（试图6-2b），但此时曲线图纵坐标每1mm长度所代表的应力不得大于10MPa。

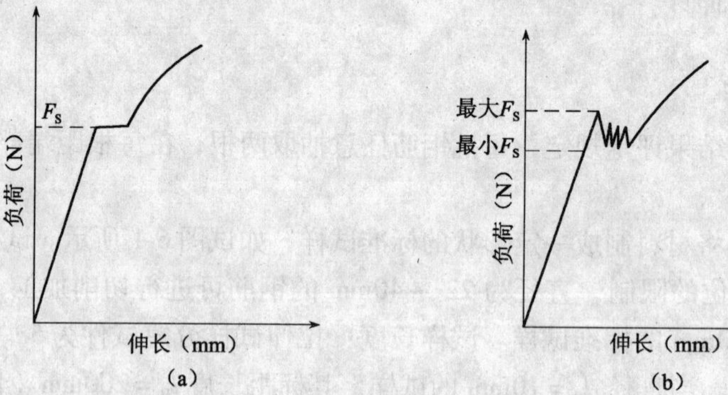

试图6-2 负荷-伸长曲线上屈服点的确定示意图

3. 屈服强度的测定

对拉伸曲线无明显屈服现象的材料（试图6-3），则必须测定其屈服强度。屈服强度 $f_{y(0.2)}$ 指试样在拉伸过程中标距部分残余伸长达到原标距长度的0.2%时应力。屈服强度可用图解法或引伸法测定。

（1）图解法（试图6-3）

① 将制备好的试样安装于夹头中，试样标距部分不得夹入钳口中，试样被夹部分不小于钳口的2/3。

② 试样被夹紧后，把自动绘图装置或电子引伸计调整好，处于工作状态。然后向试样连续均匀而无冲击地施加荷载。此时自动记录装置或电子引伸计绘出拉伸曲线。达到规定的要求停止试验，卸去试样关闭机器。

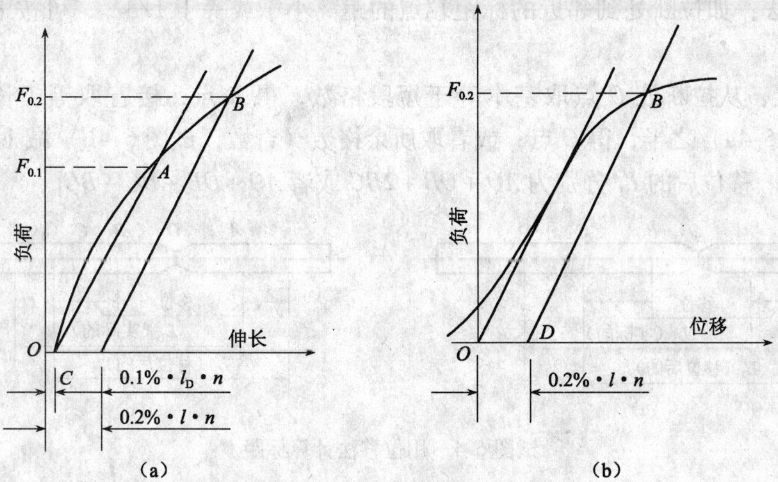

试图 6-3　无屈服平台的应力应变曲线

③ 在自动记录装置（配合电子引伸计）绘出拉伸曲线，或根据从测力度盘与示值引伸计读取的荷载与伸长值而绘出的拉伸曲线（试图 6-3）。自初始弹性直线段与横坐标轴的交点 O 起截取一等于规定残余伸长的距离 OD，再从 D 点作平行于弹性直线段的 DB 线交拉伸曲线于 B 点，对应于此点的荷载即为所求规定残余伸长应力荷载 $F_{0.2}$。此时对于上述两种曲线应分别在引伸计基础长度 l_0 及试件平行长度 l 上求得规定残余伸长。前一种曲线的伸长放大倍数应不低于 50 倍，后者的夹头位移放大倍数可适当放低。而荷载坐标轴每毫米所代表的应力不大于 10MPa。

（2）引伸计法

将试样固定在夹头内，施加约相当于屈服强度 10% 的初负荷 F_0，装上引伸计，继续加至 $2F_0$ 后再卸至 F_0。记下引伸计读数作为条件零点。以后按如下两种方法往复加、卸荷（卸荷至 F_0）或连续施荷，直至实测或计算的残余伸长等于或大于规定残余伸长为止。

① 卸荷法：从 F_0 起第一次负荷加至使试样在引伸计标距内产生的总伸长 $0.2\% \cdot l_e \cdot n + (1 \sim 2)$ 分格。式中第一项为规定残余伸长，第二项为引伸计标距。在引伸计上读出首次卸荷至 F_0 时的残余伸长，以后每次加荷应使试样产生的总伸长为：前一次总伸长加上规定残余伸长与该次残余伸长（卸荷至 F_0）之差，再加上 1 ~2 分格的弹性伸长增量。

② 直接加荷法：从 F_0 起按测定上述方法逐级施荷，求出弹性直线段相应于小等级负荷的平均伸长增量，由此计算出偏离直线段后的各级负荷的弹性伸长。从总伸长减去弹性伸长即为残余伸长。

4. 抗拉强度的测定

（1）将试样安置在拉力机上，连续施加负荷到拉断为止，此时从负荷指示器上读出的最大负荷即为抗拉强度的负荷 F_b。

（2）试样拉断后标距长度 l_1 测量，将试样拉断后的两段在拉断处紧密对接起来，尽量使其轴线位于一条直线上。如拉断处由于各种原因形成缝隙，则此缝隙应计入试样拉断后的标距部分长度内，l_1 用下述方法之一确定：

① 直测法：如拉断处到邻近标距端点的距离大于 $l_0/3$ 时，可直接测量两端点之间的距离。

② 移位法：如拉断处到邻近的标距端点的距离小于或等于 $1/3L_0$，可按下述移位法确定 L_1；

在长段上，从拉断处 O 点取基本等于短段格数，得 B 点，接着取等于长段所余格数（偶数，试图 6-4a）之半，得 C 点；或者取所余格数（奇数，试图 6-4b）减 1 与加 1 之半，得 C 与 C_1 点。移位后的 L_1 分别为 $AO+OB+2BC$ 或者 $AO+OB+BC+BC_1$。

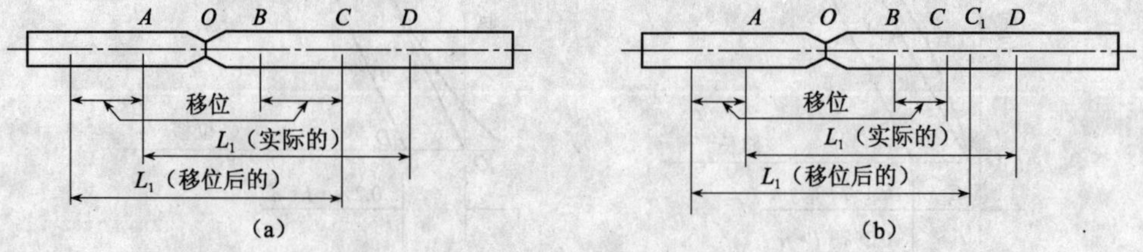

试图 6-4　用位移法计算标距

（四）试验结果

1. 屈服点

$$\sigma_s = \frac{F_s}{S_0} \qquad 试(6\text{-}2)$$

式中　σ_s——屈服强度，MPa；计算精确度应达 5MPa；

F_s——相当于所求应力的负荷，N；

S_0——试样的原横截面面积，mm^2。

硬钢和线材的屈服强度：

$$\sigma_{s(0.2)} = \frac{F_{0.2}}{S_0} \qquad 试(6\text{-}3)$$

式中　$\sigma_{s(0.2)}$——硬钢和线材的屈服强度，MPa；计算精确度应达 5MPa；

$F_{0.2}$——相当于所求应力的负荷，N；

S_0——试样的原横截面面积，mm^2。

2. 伸长率

$$\delta_n = \frac{l_1 - l_0}{l_0} \times 100 \qquad 试(6\text{-}4)$$

式中　δ_n——试样的伸长率，计算精确度应达 0.5%；

l_1——试样拉断后标距部分的长度，mm；

l_0——试样原标距的长度，mm；

n——长试样或短试样的标距。

（五）试验结果评定

钢筋作拉伸试验的两根试样中，如其中一根试样的屈服强度、抗拉强度、伸长率三个指标中，有一个指标不符合规定要求时，即为拉力试验不合格。应再取双倍数量的试样重新测定三个指标。在第二次拉伸试验中，如仍有一个指标不符合规定要求，不论这个指标在第一次试验中是否合格，拉力试验项目也作为不合格，该批钢筋即为不合格品。

二、金属材料弯曲试验

（一）试验目的与适用范围

本方法适用于金属材料相关产品标准规定试样的弯曲试验，测定其弯曲塑性变形能力，但不适用于金属管材和金属焊接接头的弯曲试验。

（二）仪器设备

压力机或万能试验机，支辊式弯曲装置（试图6-5）、虎钳式弯曲装置（试图6-6）等弯曲装置。

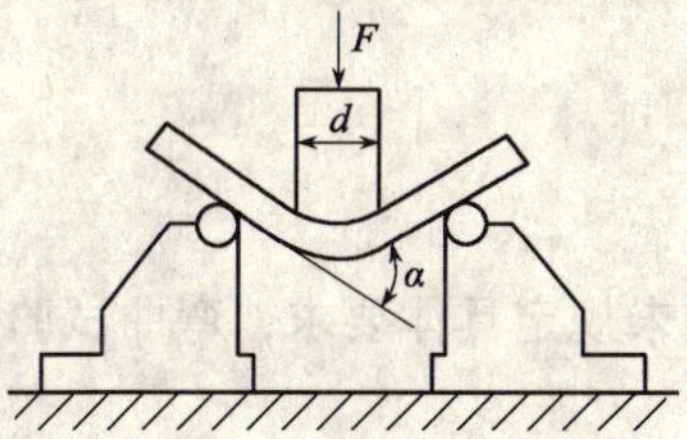

试图6-5 支辊式弯曲装置

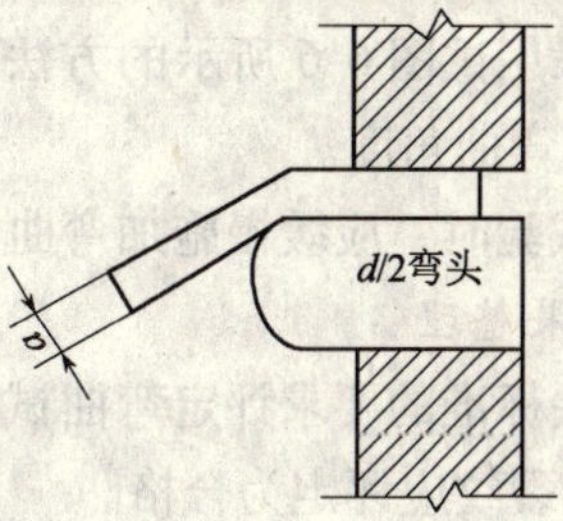

试图6-6 虎钳式弯曲装置

（三）试验准备

1. 试验使用圆形、方形、矩形或多边形横截面的试样。试样表面不得有划痕和损伤。

2. 试样的宽度、厚度或直径应按相关产品的标准要求。

3. 直径或多边形横截面的内切圆直径不大于50mm的产品，其试样横截面应为产品的横截面。钢筋类的产品均以其全截面进行试验。

4. 试样的长度应根据试样的厚度和所使用的试验设备确定。

（四）试验步骤

1. 试验应在10℃～35℃的室温范围内进行。对温度要求严格的试验，试验温度应控制在23℃±15℃条件下。

2. 试样弯曲规定弯曲角度的试验，应将试样放于两支辊上，试样轴线应与弯曲压头轴线垂直，弯曲压头在两支座之间的中点处对试样连续施加力使其弯曲，直至达到规定的弯曲角度。如不能直接达到规定的弯曲角度，应将试样置于两平行压板之间（试图6-7），连续施加力压其两端使其进一步弯曲，直至达到规定的弯曲角度。

3. 试样弯曲180°角至两臂相距为规定距离且相互平行的试验，如采用试图6-5的方法时，应首先对试样进行弯曲（弯曲角度尽可能大），然后将试样置于两平行压板之间（试图6-7）连续施加压力其两端使进一步弯曲，直至两臂平行（试图6-8）。试验时可以加或不加垫块。

4. 试样弯曲至两臂直接接触的试验，应将试样进行初步弯曲（弯曲角度应尽可能大），然后将其置于两平行压板之间（试图6-7），连续施加力压其两端使进一步弯曲，直至两臂直接接触（试图6-9）。

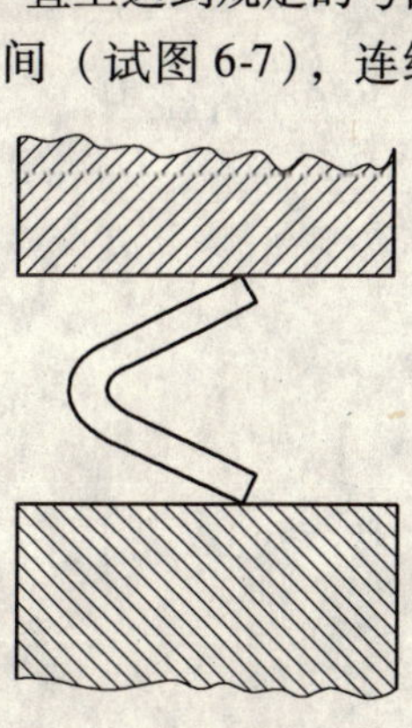
试图6-7 试样置于两平行压板之间

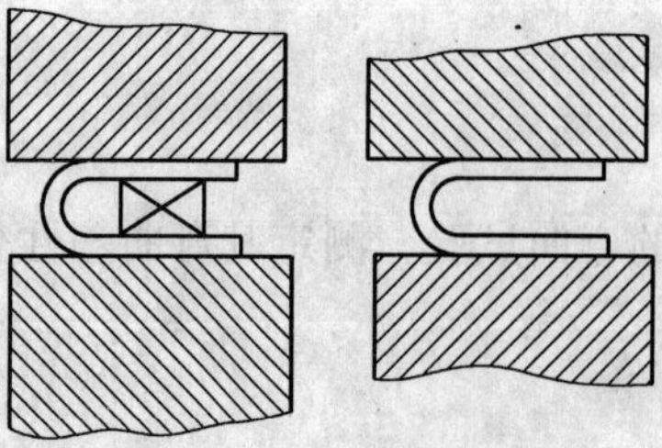

试图 6-8　试样弯曲至两臂平行

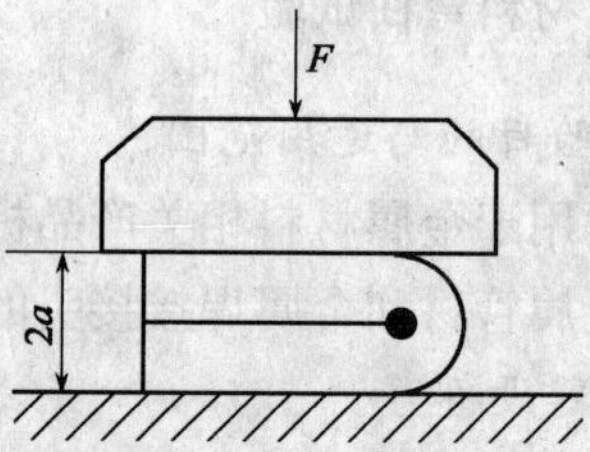

试图 6-9　试样弯曲至两臂直接接触

5. 可以采用试图 6-6 所示的方法进行弯曲试验。试样一端固定，绕弯心进行弯曲，直至达到规定的弯曲角度。

6. 弯曲试验时，应缓慢施加弯曲力。

（五）结果整理

1. 按相关标准的要求评定弯曲试验结果。如未规定具体要求，弯曲试验后试样弯曲表面无肉眼可见裂纹应评定为合格。

2. 相关标准规定的弯曲角度认作为最小值，规定的弯曲半径认作为最大值。

参考文献

[1] 葛勇．道路建筑材料［M］．北京：人民交通出版社，2005. 3.

[2] 李立寒 张南鹭．道路建筑材料［M］．上海：同济大学出版社，1999. 7.

[3] 郜连河，张家平．新型道路建筑材料［M］．北京：化学工业出版社，2003. 10.

[4] 蒋玲．道路建筑材料［M］．北京：机械工业出版社，2005. 9.

[5] 林丽娟．道路建筑材料实训［M］．北京：机械工业出版社，2005. 9.

[6] 马玫．市政工程基础［M］．北京：中国建材工业出版社，2006. 7.

[7] 陈桂平，张丽．道路建筑材料［M］．沈阳：东北大学出版社，2005. 10.

[8] 李上红．道路建筑材料［M］．北京：机械工业出版社，2006. 1.

[9] 李炜光，袁志英，彭加武．修正平衡面积法在 AC－20C 配合比设计中的应用［J］．公路，2008. 4（4）.

[10] 钱树波．矿质混合料配合比设计的电算化［J］．实验技术与管理，2001，1，（24）. No. 1.

[11] 涂建平．路用矿质混合料的级配设计及其优化［J］．重庆交通学院学报，2006. 8，（25）No. 4.

[12] 刘晏荣，曹梦醒，廖陈林．级配理论的应用研究［J］．山西建筑，2007. 4. Vol. 33 No. 12.

[13] 许新权．基于规划求解的矿质混合料级配调试方法及其应用［J］．河北交通科技，2007. 6. Vol. 4 No. 2.

[14] 杨静．建筑材料与人居环境［J］．北京：清华大学出版社，2001，9.

[15] 黄晓明，吴少鹏，赵永利．沥青与沥青混合料［M］．南京：东南大学出版社，2002.

[16] 沈金安．沥青与沥青混合料路用性能［M］．北京：人民交通出版社，2003.

[17] 谭忆秋．沥青与沥青混合料［M］．哈尔滨：哈尔滨工业大学出版社，2007.

[18] 张思梅．道路建筑材料［M］．北京：中国水利水电出版社，2007.

[19] 湖南大学，天津大学，同济大学，东南大学．土木工程材料［M］．北京：中国建筑工业出版社，2002.

[20] 苏达根．土木工程材料，第 2 版［M］．北京：高等教育出版社，2008.

[21] 黄政宇．土木工程材料［M］．北京：高等教育出版社，2008.

[22] 黄晓明，赵永利，高英．土木工程材料［M］．南京：东南大学出版社，2007.

[23] 梁松，程从密，王绍怀，秦怀泉．土木工程材料［M］．广州：华南理工大学出版社，2007.

[24] 中华人民共和国国家标准．GB50017－2003. 钢结构设计规范．中华人民共和国建设部，2003.

[25] 焦宝祥．土木工程材料［M］．北京：高等教育出版社，2009.

[26] 柳俊哲．土木工程材料，第 2 版［M］．北京：科学出版社，2009.

[27] 王立久．建筑材料学，第 2 版［M］．北京：中国水利水电出版社，2008.

[28] 伍必庆，张青喜．道路建筑材料［M］．北京：清华大学出版社，北京交通大学出版社，2006.

[29] 虎增福．乳化沥青及稀浆封层技术［M］．北京：人民交通出版社，2001.

[30] 中华人民共和国行业标准．JTG F40－2004. 公路沥青路面施工技术规范［S］．北京：人民交通出版社，2004.

[31] 王宝民．建筑材料［M］．大连：大连理工大学出版社，2009.

[32] 吴中伟，廉慧珍．高性能混凝土［M］．北京：中国铁道出版社，1999.

[33] 袁润章．胶凝材料学［M］．武汉：武汉工业大学出版社，1996.

[34] 冯乃谦．高性能混凝土［M］．北京：中国建筑工业出版社，1996.

参考文献

[illegible]